Général DU BARAIL

MES SOUVENIRS

TOME PREMIER

1820 — 1851

AVEC UN PORTRAIT

DOUZIÈME ÉDITION

PARIS

LIBRAIRIE PLON

E. PLON, NOURRIT et Cⁱᵉ, IMPRIMEURS-ÉDITEURS

RUE GARANCIÈRE, 10

1897

Tous droits réservés

MES SOUVENIRS

L'auteur et les éditeurs déclarent réserver leurs droits de reproduction et de traduction en France et dans tous les pays étrangers, y compris la Suède et la Norvège.

Ce volume a été déposé au ministère de l'intérieur (section de la librairie) en mars 1894.

PARIS. TYP. DE E. PLON, NOURRIT ET Cie, 8, RUE GARANCIÈRE. — 2345.

LE MARÉCHAL DES LOGIS DU BARAIL

1840

A

MES VIEUX CAMARADES D'AFRIQUE

MES SOUVENIRS

I

ENFANCE.

Mon père. — Au collège Rollin. — Cuirassiers d'Orléans. — En Afrique. — Oran. — Le maréchal Clausel. — Le général d'Arlanges. — Deux corvées. — Le colonel Combes. — Deux révoltes. — Arzew. — Une correspondance. — Mostaganem. — Mon premier cheval. — Chevaux arabes. — Mon professeur d'arabe. — Un échouage. — Paix de la Tafna. — Un procès criminel. — Première mission. — Un sanglier.

Je suis issu d'une race de soldats. On n'a jamais connu dans ma famille d'autre métier que celui des armes.

Les premiers objets qui ont frappé mes yeux étaient des panoplies d'armes portées par mes ancêtres. Les premiers bruits qui ont frappé mes oreilles étaient des conversations où sonnaient des fanfares de manœuvres et de combats.

En 1805, mon père avait dix-neuf ans. Son éducation littéraire et scientifique, faite en Autriche pendant l'émigration, comme celle des jeunes gens de sa génération, avait été un peu négligée. En revanche, il était de première force à tous les exercices du corps. Ébloui par la gloire que le génie de Napoléon jetait sur nos armes, il s'échappait de la maison paternelle pour s'engager dans les vélites de la Garde. Son père, dont il n'avait pas demandé le consentement, trouvait le moyen de faire réformer, pour faiblesse de constitution, un jeune homme qui allait être bientôt réputé pour l'un des soldats les plus vigoureux et les plus robustes de l'armée.

Mon père prit sa revanche l'année suivante. L'Empereur, qui, pour l'entretien et le recrutement de l'armée, trouvait dans son génie des ressources inépuisables, imagina, pour la campagne de 1806, la création de corps nouveaux, et entre autres celle de deux compagnies, dites de Gendarmes d'ordonnance. Elles ne devaient être levées que pour la durée de la guerre et n'être composées que de jeunes gens s'équipant et s'entretenant à leurs frais. Dès qu'elles eurent été formées à Mayence, elles furent assimilées aux Guides de la Garde, et leurs jeunes soldats furent considérés comme définitivement et régulièrement liés au service.

Mon père fut incorporé dans la 1re compagnie. Il y eut pour camarades le futur général de Labédoyère, son ami intime le colonel de Quélen, frère de l'archevêque de Paris, le général de Brossard, qui devait être le héros d'un triste et célèbre procès, etc.

La compagnie avait pour commandant le général de Laval-Montmorency qui avait été, avant la Révolution, le colonel de mon grand-père. Le nouveau gendarme d'ordonnance dut à cette circonstance, et aussi à sa parfaite connaissance de la langue allemande, d'être choisi comme secrétaire interprète par le général.

Les Gendarmes d'ordonnance, corps d'élite dans le genre des Gardes d'honneur de 1813, portaient un uniforme brodé d'argent. Les capitaines avaient le grade de général de division et les lieutenants celui de général de brigade. Il n'eurent qu'une existence éphémère : la 2e compagnie fut presque entièrement détruite au pont de Golberg et, après Eylau, l'Empereur licencia ce qui en restait, en donnant une commission d'officier à tous les sous-officiers, et en envoyant les simples soldats comme sous-officiers dans les régiments de la Garde.

Maréchal des logis, mon père fut nommé sous-lieutenant au 10° de dragons, et assista avec ce régiment à la bataille de Friedland.

Envoyé ensuite à l'École d'équitation de Versailles, il en sortit en 1809, au moment de la guerre contre l'Autriche, comme lieutenant au 2° de carabiniers. Il arriva à ce régiment, la veille de la journée de Ratisbonne, où le 2° de carabiniers perdit six capitaines. Ce fut à cette bataille que l'Empereur, frappé par la vue d'un officier de ce régiment qui avait la figure coupée par un terrible coup de sabre, décida qu'à l'avenir les carabiniers porteraient le casque et la cuirasse ornés d'un soleil. Le lendemain, par la force des choses, mon père était nommé adjudant-major. Il était fait chevalier de la Légion d'honneur, après la bataille de Wagram, où il fut très grièvement blessé. Il fit avec le 2° de carabiniers, et à la tête de la compagnie d'élite, les campagnes de Russie, de Saxe et de France. En 1815, il passa, comme capitaine, mais avec le rang de chef d'escadrons, au 1ᵉʳ régiment de grenadiers à cheval de la Garde royale.

Ce régiment avait alors pour colonel le général Auguste de la Rochejacquelein qui, lieutenant de carabiniers à la Moskowa, mérita par une magnifique blessure le surnom de Balafré, fut fait prisonnier et envoyé en Sibérie. Sa femme, fille du duc de Duras et veuve en premières noces du prince de Talmont, avait conquis par ses charmes le surnom de « la ravissante comtesse » qu'on lui donnait à la cour. On lui pardonnait toutes les excentricités. Je me souviens de l'avoir vue, en 1827, passer en revue l'ancien régiment de son mari. Elle en portait l'uniforme : le bonnet à poil, l'habit à brandebourgs d'argent avec épaulettes et aiguillettes, le tout surmontant une jupe d'amazone grise.

En 1817, mon père épousa Mlle de Chalendar, dont le père mourut colonel en retraite, et dont le frère devait mourir général de division.

Pendant tout le temps que j'ai eu le bonheur de vivre auprès d'elle et depuis que le ciel me l'a enlevée, ma mère m'est toujours apparue comme une adorable et sainte femme.

D'un caractère admirable, indulgente pour tous, rigoureuse pour elle seule, elle a trouvé dans sa piété éclairée la force de traverser, avec une soumission et une résignation parfaites, les épreuves douloureuses que la Providence ne lui a pas ménagées. Elle eut trois fils : mon frère aîné, qui mourut à Mostaganem, moi ensuite, et mon frère cadet, qui mourut en bas âge.

Je suis né à Versailles, le 28 mai 1820, et j'ai passé presque toute mon enfance dans la ville du Grand Roi. Je vois encore l'appartement que nous occupions sur l'avenue de Paris, juste en face de l'hôtel des gardes du corps de la compagnie de Noailles. Mon rêve d'enfant était de faire un jour partie de cette magnifique troupe. Qui m'eût dit à cette époque que je commanderais un régiment de cuirassiers caserné à ce même hôtel de Noailles, et que j'habiterais pendant un an, comme ministre de la guerre, le charmant hôtel du capitaine des gardes?

Je vois encore également les belles troupes qui formaient la garnison de Versailles. Il y avait, outre les deux compagnies de gardes du corps, les deux régiments de grenadiers à cheval de la Garde, commandés, le premier par M. de la Rochefontenille qui avait remplacé le général Oudinot, qui lui-même avait succédé à M. de la Rochejacquelein; le deuxième par M. de Bourzac; puis le régiment suisse de M. de Salis. Les Suisses étaient superbes, avec leur habit écarlate et leur pantalon gros bleu. On ne pouvait voir une meilleure troupe : mais les troupes nationales ne pouvaient les supporter à cause des avantages qui leur étaient accordés. Il éclatait presque tous les jours des rixes qui dégénéraient en bagarres sanglantes.

Il y avait encore à Versailles une institution dont je rêvais : la brillante École des pages. On n'y entrait que sur la désignation réelle ou fictive du Roi. Elle a disparu avec le régime qui l'avait créée, mais l'armée n'a rien gagné à cette suppression.

Les officiers qui sortaient des pages, comme on disait, arrivaient dans les régiments, imbus d'une forte éducation militaire et de sentiments très élevés, qui valent quelquefois mieux, pour l'ascendant moral, qu'une éducation scientifique, même très développée.

Mon père fut notre premier professeur, à mon frère et à moi. Les partisans actuels de l'éducation athlétique auraient été contents de sa méthode. Il était aux armes d'une force extraordinaire et redoutable. Il défiait les maîtres d'armes, et se couvrait avec la coquille de son épée contre cinq assaillants. Les exploits des Mousquetaires de Dumas étaient pour lui jeux d'enfants. Aussi à peine au sortir du maillot, nous inspirait-il à tous deux une confiance illimitée. Quand il voulut nous apprendre à nager, il nous jeta à l'eau et s'y jeta après nous pour nous repêcher. Nous piquâmes notre tête sans hésiter. Nous l'aurions suivi dans le feu. En fait de littérature, son auteur préféré était le rédacteur anonyme de la théorie. De sorte qu'à l'âge où les bambins apprennent, pour la fête des parents, une fable de La Fontaine, nous récitions imperturbablement, debout dans un coin, l'école du cavalier à pied, ou la position de la main de bride. Quant à notre équipement, il avait abandonné à ma mère le vêtement, mais il s'était expressément réservé la coiffure. Aussi étions-nous généralement surmontés de couvre-chefs invraisemblables. A huit ans, mon frère portait des chapeaux hauts de forme qui lui donnaient l'apparence d'un nain, et moi je faisais la joie de mes compagnons de jeux avec une casquette qui aurait pu servir indifféremment à un conducteur de diligence ou à un chevau-léger bavarois.

A la rentrée des classes de 1829, on nous mit, mon frère et moi, au collège Rollin, situé alors rue des Postes, et qui venait de passer des mains du célèbre abbé Nicole dans celles de M. Defauconpret, le traducteur bien connu des romans de Walter Scott. D'ailleurs, le collège portait encore le nom de Sainte-Barbe. Trois ans plus tard, en 1832, à la suite d'un procès qu'il perdit contre la pension de ce nom, il prit l'étiquette sous laquelle il est connu aujourd'hui. Il se divisait en grand, moyen et petit collèges. On y était admirablement soigné. Les élèves ne couchaient pas au dortoir. Chacun avait sa chambre. Par une faveur spéciale, on me mit avec mon frère, qui n'appartenait pas à la même division que moi.

Le collège était très bien composé et plusieurs de mes condisciples ont joué un certain rôle ici-bas.

Outre Désiré Nisard, qui sortait de Rollin comme j'y entrais, j'y ai connu : Agénor de Guiche et son frère, Auguste de Gramont ; l'un devait être ministre des affaires étrangères et l'autre général de division ; Fleury, le futur grand écuyer ; les de Maillé, les Larochefoucauld-Liancourt, les Perregaux, les Missiéssy, mon ami de Talhouet, les deux fils du duc de Vicence. J'ai vu plus d'une fois le maréchal de Macdonald, alors souffrant de la goutte, venir visiter son fils.

Les études à Rollin n'étaient pas extrêmement fortes, quoique nous fussions peu nombreux dans les classes, et quoique nous eussions de très bons professeurs. Je me souviens encore de la plupart d'entre eux. En 1873, ministre de la guerre, j'ai retrouvé, à un dîner d'anciens élèves, le préfet du moyen collège, le brave père Boulard. Il avait quatre-vingt-cinq ans. Le chansonnier Nadaud improvisa au dessert un couplet pour me demander de faire décorer notre vieux maître, qui sanglotait à cette manifestation. Je n'ai jamais pu obtenir cette faveur de mon collègue de l'instruction publique.

J'étais un élève studieux, travaillant de son mieux, mais ne réussissant guère. Mon frère était toujours le premier dans sa classe. A seize ans, il avait terminé toutes ses études: moi je finissais péniblement ma troisième, lorsque des événements de famille vinrent brusquement changer notre position.

Mon père avait quitté la Garde dès 1822, pour passer, avec son grade de chef d'escadrons, au 5⁵ de cuirassiers, avec lequel il fit la campagne d'Espagne. Beaucoup de régiments de cavalerie, à cette époque, portaient le nom d'un prince de la famille royale. Le 5⁵ de cuirassiers s'appelait cuirassiers d'Orléans. Il était de règle d'aller rendre ses devoirs aux princes, chefs titulaires des régiments auxquels on appartenait. Mon père, qui partageait les idées des royalistes de ce temps-là sur l'attitude du duc d'Orléans, se dispensait volontiers de ces visites, tandis que son colonel, le marquis de Montcalm et les autres officiers supérieurs se rendaient très exactement aux réceptions du Prince. Il a toujours attribué à cette attitude la disgrâce dont il fut frappé par le gouvernement de Juillet. En 1830, il était lieutenant-colonel au 2⁵ de carabiniers, ce régiment avec lequel il avait fait toutes les campagnes de l'Empire.

Le régiment, en garnison à Cambrai, était commandé par le colonel Gussler. Officier de l'ancienne armée, le colonel Gussler avait débuté comme trompette, et il avait conservé toutes les passions et tous les préjugés de la Révolution. Sous son influence pernicieuse, aussitôt que les événements de Paris furent connus à Cambrai, le régiment s'insurgea et réclama le départ de tous les officiers soupçonnés de sympathie pour le gouvernement déchu. Mon père dut s'éloigner. Il se retira d'abord en Belgique, puis il se rendit en Angleterre pour porter ses hommages au roi détrôné, à Holy-Rood. Il resta un an hors de France. Mais sa fortune, déjà ébranlée par son imprévoyance, avait été tout à fait compromise par la révolution de Juillet, et il dut demander à reprendre du service. Cette faveur, prodiguée à tous ses camarades, lui coûta de longues démarches qui épuisèrent ses dernières ressources.

Enfin, en 1833, réintégré sur les contrôles de l'armée comme lieutenant-colonel de cavalerie hors cadres, il fut envoyé à Oran, sous les ordres du général des Michels. A peine débarqué, il fut chargé d'aller prendre possession de Mostaganem, que le caïd Ibrahim était disposé à nous livrer, à la tête d'une colonne composée d'un bataillon du 66° de ligne, d'un bataillon de la légion étrangère, d'un escadron à pied de chasseurs d'Afrique et de détachements d'artillerie et de génie. Il avait sous ses ordres, comme capitaine du génie, le futur président de la République française, Cavaignac.

A peine le général des Michels, qui avait conduit ces troupes jusqu'à Mostaganem, se fut-il embarqué sur le brick *le Hussard*, que la petite garnison eut sur les bras Abd-el-Kader en personne, à la tête de nombreux contingents arabes. Le général, retenu par un calme plat, assista en spectateur impuissant aux premiers moments d'une lutte acharnée qui, commencée le 26 ou le 27 juillet, dura jusqu'aux premiers jours d'août. Mostaganem ne fut dégagée que le 6 août, par une démonstration de la garnison d'Oran. Dans son *Histoire de la conquête de l'Algérie*, M. Camille Rousset parle avec grands éloges de cette première défense de Mostaganem, mais il se trompe quand il l'attribue au colonel de Fitz-James. L'honneur en revient à mon père, ainsi que le constatent ses états de service. Le colonel de Fitz-James n'y était même pas. Seulement, dès son arrivée à Oran, le général le fit partir précipitamment à la tête de renforts, et son rapport officiel lui accorda dans le succès une part qui ne lui appartenait pas, et qui lui valut les étoiles de maréchal de camp, dont il ne jouit pas longtemps, car il mourut peu de temps après du choléra. Mon père, naturellement, fut oublié.

Justement blessé de ce déni de justice, il demanda et obtint son rappel en France. Mais là, on lui refusa un emploi de son grade dans un régiment de cavalerie, et à toutes ses instances on répondit invariablement : L'Afrique ou rien ! En 1835, poussé par la nécessité, il se décida à retourner en Algérie, avec sa famille. J'abordais l'Afrique à quinze ans. Je ne devais la quitter que vingt ans plus tard, comme lieutenant-colonel des chasseurs de la Garde.

Nous nous embarquâmes à Toulon sur la *Chimère*. C'était un aviso à vapeur et à roues, un des premiers spécimens de la marine nouvelle qui allait révolutionner le monde. Il filait modestement ses sept ou huit nœuds à l'heure, et mit cinq jours pour nous porter à Oran, où nous arrivâmes le 17 décembre. La mer fut très mauvaise. Cependant, le commandant, M. Dispans, lieutenant de vaisseau, avait embarqué deux jeunes passagères qui allaient, disait-on, rejoindre leur famille en Algérie ; et, à en juger par les éclats de rire qui partaient du carré du commandant, la traversée fut très gaie. Nous débarquâmes à Mers-el-Kébir, excellente rade qui sert de port à Oran, et qui est dominée par une majestueuse et sombre citadelle espagnole.

Là, un petit bateau frété par mon père vint nous prendre et nous jeta sur la plage, au milieu de divers amoncellements de marchandises de toute espèce : ballots variés, tonneaux pleins d'œufs, cages de volaille, montagnes d'oignons et de melons d'eau, etc. Mon père avait dans sa poche sa nomination ministérielle au poste de commandant de la place d'Oran, et il croyait descendre dans la maison affectée à son service. Elle était occupée par le commandant intérimaire, le colonel Barthélemy, et je ne sais à la suite de quelle intrigue, la nomination de mon père n'ayant pas été confirmée par le gouverneur général, cet officier conserva son poste. On offrait à mon pauvre père, en guise de compensation, le commandement de la place de Mostaganem. Il ne l'entendait pas de cette oreille-là, et il ne se rendait pas compte que, si Oran était une place plus importante, il y serait perdu au milieu de fonctionnaires militaires plus élevés que lui, tandis qu'à Mostaganem il serait le premier, le seul en vue, son maître, pour ainsi dire. Il ne pouvait pas se douter surtout que là il allait enfin, par une action d'éclat qu'on ne pourrait pas lui contester cette fois, décrocher ce grade de colonel qu'il mit seize années à atteindre.

L'habitude héréditaire de porter l'épée lui faisait croire qu'on dénoue toutes les difficultés avec cet instrument, et peu s'en fallut qu'il ne rendît son collègue personnellement responsable du déni de justice dont il était l'objet. Il céda pourtant aux supplications de ma mère, qui lui proposa de repartir elle-même, après quelques jours, pour Paris afin de faire dans les bureaux les démarches nécessaires. Et, après bien des allées et venues, notre famille, échouée, reçut un billet de logement qui l'envoya chez un Juif de la rue Napoléon. Ce Juif, pour nous céder deux petites chambres sans cheminée, dut entasser son mobilier et ses enfants dans un rez-de-chaussée humide. Un peu plus tard, on nous trouva une maison arabe où nous nous installâmes sommairement.

Je laisse à penser si j'ouvrais de grands yeux au spectacle extraordinaire qui s'offrait à moi. Oran portait encore le cachet que les Espagnols lui avaient imprimé, pendant deux cents ans d'occupation. Un ravin la coupait en deux : sur sa rive droite, le quartier de la marine, seul habitable ; sur sa rive gauche, au pied de la montagne de Santa-Cruz, couronnée par un fort à moitié démantelé, la vieille ville mauresque complètement détruite par un tremblement de terre. Entourée d'une chemisette de murailles, la ville était défendue du côté de la mer, d'abord par le Château-Neuf, magnifique forteresse espagnole où logeait et où loge encore le commandant de la province, et qui contient en outre de grands établissements militaires ; puis, par les forts étagés de la Môle et de Saint-Grégoire. Du côté de la terre, elle était couverte à l'ouest par le fort Saint-Philippe et à l'est par le fort de Saint-André, qui fermait l'accès du ravin. Au delà des murailles, des blockhaus ; puis une plaine immense d'où émergeait la Montagne des Lions et que bornaient à l'horizon les monts de Thessala. Dans cette plaine, des palmiers nains et des aloès, avec de loin en loin les taches blanches du sel, déposé par l'eau évaporée d'un lac qu'avait laissé la mer. Oran contenait une population espagnole considérable mélangée aux Français. Beaucoup de Juifs et de Juives et peu d'Arabes, appartenant aux tribus alliées des Douairs et des Smélahs, campées contre les murs de la place, et imparfaitement garanties par les blockhaus contre l'agression de nos ennemis communs, et en particulier des Gharrabas.

Le jour, c'était dans les rues mal entretenues un grouillement bruyant d'hommes et de bêtes de somme, transportant dans des outres l'eau potable, puisée dans le ruisseau du ravin. La nuit, c'étaient les cris répétés de : « Sentinelle, prenez garde à vous ! » qui se répercutaient le long des murailles, et que soulignaient de temps à autre des coups de feu tirés contre les factionnaires. Pour un garçon habitué aux horizons restreints des cours du collège Rollin, il y avait de quoi regarder et de quoi écouter. Aussi je regardais de tous mes yeux, j'écoutais de toutes mes oreilles; et, quand je n'étais pas dans les rues à suivre les soldats, j'étais blotti dans un coin à boire, pour ainsi dire, les récits de guerres et de combats que les anciens compagnons d'armes, retrouvés par mon père, venaient lui faire. Ils en avaient à raconter, car, à l'époque où nous arrivâmes à Oran, ils ramenaient d'une expédition sur Mascara leurs troupes épuisées, déguenillées, boueuses, malades, qui remplissaient les rues de la ville et ne contribuaient pas peu à ajouter au désordre extrême qui y régnait. Cette campagne de Mascara dont je vis la fin avait eu pour but de venger un échec très grave subi par le général Trézel, d'abord le 28 juin, dans la forêt de Muley-Ismaïl, et les jours suivants, dans le marais de la Macta, formé par le confluent de deux rivières : le Sig et l'Habra. Cet échec et les bruits continuels d'évacuation, favorisés par l'opposition que rencontrait au Parlement français notre établissement en Algérie, avaient grandi le prestige d'Abd-el-Kader qui rêvait de devenir le maître absolu du peuple arabe, constitué en nation, et dont notre politique semblait encourager les ambitions. Nous ne pouvions pas rester sous le coup d'un pareil insuccès. Mascara apparaissait comme la capitale de l'Émir. On résolut une expédition sur Mascara.

Le gouverneur général, le maréchal Clausel, la commanda en personne. Et pour qu'elle eût plus d'importance, le Prince royal vint de France, afin de commander une des deux divisions engagées. L'autre était sous les ordres du général d'Arlanges, commandant de la province d'Oran. Enfin le général Oudinot, fils du maréchal de l'Empire, avait demandé à y prendre part, afin de venger la mort de son frère, colonel du 2ᵉ chasseurs d'Afrique, tué dans la forêt de Muley-Ismaïl, en chargeant à la tête des lanciers de son régiment.

La lourde colonne, embarrassée de ses bagages, parvint sans trop de difficultés jusqu'à Mascara qu'elle trouva déserte. L'Émir en avait fait partir les habitants et demantelé les maisons. Il fallut revenir, et le retour fut presque désastreux. L'automne était pluvieux. On choisissait de préférence cette saison, pour ne pas exposer les soldats aux chaleurs de l'été. Les troupes sans abri, sans bois pour faire du feu, couchant dans la boue, furent bientôt dans un pitoyable état. L'Émir, à la tête d'innombrables cavaliers, harcelait sans cesse leur retraite. Il fallait marcher en carrés. Tout homme qui s'écartait de la colonne ainsi formée était invariablement décapité par les Arabes. Le service des subsistances était mal assuré. Il n'y avait pas d'administration militaire, et on traitait avec des entrepreneurs civils qui montraient autant de négligence que de mauvaise volonté. On racontait que le Prince royal lui-même avait dû vivre de figues sèches, tandis que les soldats du train nourrissaient leurs chevaux avec du pain blanc qui moisissait dans leurs voitures. Aussi avait-on vu, pendant cette lamentable retraite, des soldats exténués se faire sauter la cervelle dans le rang, pour échapper à tant de misères et de fatigues. L'état sanitaire était si pitoyable que le Prince royal, atteint d'une violente attaque de dysenterie, avait dû rentrer en France.

Le général Oudinot n'avait donc pas pu venger son frère et il n'avait pas même eu la consolation de retrouver son cadavre. Le colonel avait été enterré sur le lieu de la charge, avec un trompette. On retrouva le corps du trompette et celui du colonel échappa à toutes les recherches. C'est dans cette campagne de Mascara qu'on parla pour la première fois de deux hommes qui devaient atteindre rapidement les sommets de la hiérarchie militaire : un capitaine de carabiniers au 2ᵉ léger, qui s'appelait Changarnier, et un lieutenant du 47ᵉ de ligne, qui s'appelait Canrobert. Ce dernier donna en cette circonstance une première preuve de cette abnégation et de cette modestie, compagnes ordinaires du véritable héroïsme, qui distinguent sa carrière. Son colonel, le colonel Combes, le proposa pour la croix. « Je suis tout jeune, répondit le lieutenant. Mon capitaine est un vieux soldat qui se battait déjà à Marengo. Donnez-lui la croix que vous me destinez. » Le vieux capitaine fut décoré, et le jeune lieutenant n'eut la croix qu'au second siège de Constantine, alors que, devenu à son tour capitaine et blessé très grièvement lui-même, il reçut entre ses bras, en montant à l'assaut, ce même colonel Combes mortellement frappé par trois balles, qui le traversèrent de part en part. On les rapporta tous deux sur la même civière. Pauvre colonel ! C'était un vieux soldat qui avait eu des déboires dans la carrière. Il attendait que ses trente ans de service eussent sonné pour quitter l'armée. Ils sonnèrent pendant qu'on préparait la seconde expédition de Constantine. « Je ne peux pas m'en aller maintenant, écrivait-il à sa femme, ce serait déserter. Mais je te jure de revenir aussitôt que Constantine sera prise. » Constantine fut prise ; mais Combes ne revint pas !

Je me souviens parfaitement d'avoir vu, à cette époque, le maréchal Clausel, rentrant un jour à cheval à la tête d'un nombreux état-major, au Château-Neuf. C'était un des derniers survivants de la grande épopée impériale, et il apparut à ma jeune imagination le front comme illuminé d'un des rayons de la gloire de l'Empereur. Plus tard, quand j'ai pu établir un jugement personnel sur les hommes et les choses, je me suis rendu compte qu'il n'avait peut-être pas tout ce qu'il fallait pour cette guerre spéciale, qu'il faisait comme s'il eût eu affaire à des peuples civilisés. Le même jour, sur la porte d'un Juif nommé Ben-Durand, on me montra, assis à l'orientale, vêtu d'un burnous blanc par-dessus son uniforme, et coiffé d'un tarbouch sur ses cheveux longs et noirs, un officier de vingt-neuf ans déjà célèbre. C'était le commandant des zouaves, de Lamoricière, qui avait trouvé son brevet de lieutenant-colonel en revenant de Mascara, où il devait retourner plus tard, comme général et dans des circonstances extraordinaires. Par exemple, un homme qui ne payait pas de mine et qui ne jouissait pas du moindre prestige aux yeux des soldats, c'était le commandant de la province, le général d'Arlanges. Il avait eu un passé bizarre. Émigré, il avait obtenu une sous-préfecture à la première Restauration, et à la seconde, le grade de lieutenant-colonel d'infanterie. C'était un bon soldat, suffisamment instruit, d'une incontestable bravoure personnelle, mais un peu au-dessous de sa situation. Quand il pleuvait, il arborait son képi d'ordonnance par-dessus le bonnet de soie noire qui lui servait pour dormir, et le troupier, caustique, riait.

Le maréchal Clausel ne resta à Oran que le temps nécessaire pour préparer une expédition sur Tlemcen. Il en partit bientôt avec le 17ᵉ léger, les 11ᵉ, 47ᵉ et 66ᵉ de ligne, le 1ᵉʳ bataillon d'infanterie légère d'Afrique, le 2ᵉ de chasseurs d'Afrique, plusieurs batteries d'artillerie et des détachements du génie et du train. Il avait pour but de dégager l'agha des Douairs, le général Mustapha-ben-Ismaïl, notre premier allié en Algérie, qui nous resta toujours fidèle et que le grade de maréchal de camp devait récompenser de sa fidélité.

Il faut savoir, pour bien comprendre l'Algérie au moment de la conquête, et pour se rendre compte du génie extraordinaire d'Abd-el-Kader, que les Arabes ont toujours été dans un état de divisions intestines et d'hostilité fratricide, d'ailleurs, soigneusement entretenu par les Turcs, au profit de leur domination. Non seulement les tribus luttaient les unes contre les autres, mais les grands chefs appartenaient à deux partis implacables : le parti aristocratique et le parti théocratique.

Le parti aristocratique avait fourni ce qu'on appelait les tribus Maghzen, qui guerroyaient au service des Turcs, moyennant certains privilèges. Le parti théocratique, dont les chefs prétendaient descendre du Prophète, avait pour clientèle les sociétés secrètes (les Khouans), les marabouts, les fanatiques. Mustapha-ben-Ismaïl était le chef du parti aristocratique. Abd-el-Kader était devenu le chef du parti théocratique, depuis qu'une légende, habilement répandue par son père Si-El-Hadji-Mahi-Eddin, et non moins habilement entretenue par lui, le représentait comme l'homme indiqué par les prophéties pour ressusciter l'empire arabe. Ils étaient ennemis jurés, et, en venant faire sa soumission à la tête des Douairs et des Smélahs, Mustapha-ben-Ismaïl obéissait autant à sa haine contre Abd-el-Kader qu'à l'habitude contractée par ses tribus de collaborer avec les dominateurs du pays. Aussitôt, Abd-el-Kader à qui le traité des Michels avait reconnu le titre d'Émir, et qui, en vertu de ce traité, prétendait exercer sa domination sur tout le pays arabe non occupé par nous, somma les Douairs et les Smélahs d'avoir à abandonner leurs campements dans les environs d'Oran, possédé par les Chrétiens. Les deux chefs négocièrent quelque temps. Quand l'Émir se crut suffisamment fort, il saccagea les tentes les plus éloignées d'Oran. C'est pour les secourir et punir l'agresseur que le général Trezel avait entamé la campagne de 1835, dont le premier acte s'était terminé par l'échec de la Macta, et le second par la prise de Mascara. Mustapha-ben-Ismaïl s'était emparé de Tlemcen et, bloqué par les contingents d'Abd-el-Kader, il s'y défendait avec une rare énergie.

Le maréchal Clausel, avec les forces considérables dont il diposait, le dégagea sans difficulté et le ramena, lui et ses guerriers, dans la colonne. Mais il eut le tort de reculer devant une opération nécessaire, qui eût consisté à établir des communications entre Tlemcen et l'embouchure de la Tafna, et qu'il imposa au malheureux général d'Arlanges avec des moyens insuffisants. Il eut le tort, plus grave peut-être, de rançonner la population de Tlemcen, composée de Maures et de Coulouglis qui s'étaient empressés de se soumettre et dont Mustapha-ben-Ismaïl, en se gardant de les molester, avait su tirer de précieuses ressources. Lorsque l'armée française fut partie, Abd-el-Kader vint à son tour punir cruellement cette malheureuse population pressurée par nous. Il en résulta que, lorsque plus tard les Français revinrent à Tlemcen, la population entière se sauva, les laissant dans le dénuement le plus absolu.

Pendant que ces événements se passaient, mon père se rongeait les poings dans l'inactivité. Le chagrin l'avait cloué sur un fauteuil, sous les étreintes de la goutte. Un jour, de la terrasse où nous le traînions, et d'où l'on découvrait la plaine immense, nous vîmes s'élever, dans la direction de la Montagne des Lions, quelques jets de fumée blanche. C'était le canon ; et aussitôt la générale de battre partout dans la ville. A cette époque toutes les provisions venaient de France, toutes, jusqu'au bois de chauffage. Le pays fournissait à peine quelques bœufs vendus par les Arabes qui les avaient volés ; et les transports étaient faits par des navires à voiles de commerce qui n'abordaient qu'avec une extrême prudence une côte, toujours battue par les vents et dont leurs capitaines avaient peur. Le bois pour le chauffage des fours de la garnison manquait.

On avait donc commandé une grande corvée, composée d'un bataillon du 17° léger, de deux escadrons à pied du 2° de chasseurs d'Afrique et d'une batterie d'artillerie, pour aller au pied de la Montagne des Lions, couper des broussailles qu'on devait rapporter sur les prolonges. Le chef de bataillon qui commandait la corvée, vieux soldat, récemment arrivé de France et peu au courant de la guerre d'Afrique, avait laissé son monde aller à l'aventure, à travers cette plaine qui, de loin, paraissait unie, mais qui était sillonnée de ravins assez profonds pour dissimuler des cavaliers. Les broussailles coupées et les prolonges chargées, la corvée revenait en désordre. Les soldats s'étaient écartés pour chercher des asperges sauvages dont ils étaient friands, lorsqu'un gros de cavaliers de la tribu des Gharrabas, fondant à l'improviste sur cette petite colonne désunie, en compléta le désarroi. Ses soldats eurent la présence d'esprit de se grouper d'eux-mêmes autour de l'artillerie, dont quelques coups de canon mirent l'agresseur en fuite. Il emportait, hélas ! sept têtes de pauvres troupiers, morts pour des asperges. Et, quand la corvée rentra dans Oran, j'eus, pour la première fois, l'horrible vision de sept cadavres décapités, étendus sur les fagots des prolonges.

Quelques jours après, une scène analogue, mais heureusement moins grave, se produisit. Une seconde corvée alla faire du bois, dans les environs de Misserghin. Quelques amateurs de chasse l'accompagnaient. Il faisait du brouillard. Les chasseurs, qui pourtant étaient à portée de voix de la colonne, furent chargés par les terribles Gharrabas. L'un d'eux, un huissier d'Oran, fut tué raide d'une balle en pleine poitrine. Quatre autres furent plus ou moins grièvement blessés, et parmi eux un lieutenant d'état-major, arrivé la veille de France pour faire son stage au 47° de ligne : M. Gouget-Desfontaines. On le rapporta, le coude fracassé par une balle, et il fallut l'amputer. Je l'ai retrouvé, bien des années après, receveur des finances, et toujours navré d'avoir eu la funeste idée de chasser en touchant la terre d'Afrique. Je crois que c'est ce souvenir qui m'a préservé de la passion et même du goût de la chasse.

Au mois d'avril 1836, le général d'Arlanges se mit en mouvement pour accomplir, avec les seules troupes disponibles de la province, l'opération devant laquelle avait reculé le maréchal Clausel. Il alla à Tlemcen, emmenant un convoi considérable. Il trouva la ville abandonnée, pour les raisons que j'ai dites, et y laissa une garnison de six cents volontaires, tirés des régiments, pourvue des cadres nécessaires et commandée par le capitaine du génie, Cavaignac, qui n'eut pour vivre que les ressources du convoi. Puis, il se mit en route vers l'embouchure de la Tafna. Mais pour y arriver, il dut livrer de sanglants combats, dont il ne sortit vainqueur que grâce à son artillerie et grâce au concours très efficace de Mustapha-ben-Ismaïl et de ses cavaliers. L'un d'eux accomplit un véritable prodige de vigueur et d'adresse en enlevant, à la force du poignet, un jeune maréchal des logis des chasseurs d'Afrique, M. de Staël de Holstein, qui gisait par terre, le cou traversé de part en part par une balle, et en l'emportant, couché en travers sur l'encolure de son cheval.

Parvenu péniblement, avec tout son monde, à l'embouchure de la Tafna et en face de l'île de Rachgoun, le général d'Arlanges se trouva acculé à la mer, bloqué étroitement par les contingents, sans cesse grossissants, de l'Émir et dans une telle pénurie que, pour célébrer le 1ᵉʳ mai, la fête du Roi, les hommes ne reçurent comme gratification qu'un quart de ration de riz. Heureusement, dans un des engagements journaliers qu'il fallait livrer pour n'être pas serré de trop près, le général fut blessé assez sérieusement, pour être obligé de laisser le commandement au plus ancien colonel. C'était le colonel Combes.

Les troupes, qui rendaient justice à la bravoure de leur général, mais ne se fiaient pas à ses lumières, avaient, par contre, une confiance sans bornes dans le colonel Combes, vieux soldat de l'Empire, rude, violent mais d'une lucidité merveilleuse et d'un sang-froid inaltérable. Il la justifia en remontant leur moral par quelques coups de main heureux. De légers transports purent aborder, apportant des vivres et des nouvelles de France, et on attendit sans inquiétude les renforts annoncés. En effet, bientôt une escadre, partie de Port-Vendres, jetait à l'embouchure de la Tafna trois régiments de ligne : les 23°, 24° et 62°, commandés par le maréchal de camp Bugeaud, le futur duc d'Isly, le futur maréchal de France. La carrière de Bugeaud appartient à l'Histoire et tout le monde sait, qu'engagé volontaire dans les vélites, il était caporal dans la vieille Garde à Austerlitz. Officier en 1806, il guerroyait en Espagne à partir de 1808, et colonel, en 1814, se couvrait de gloire en défendant avec son régiment le Pont du Var contre un corps autrichien, quatre fois plus nombreux. Déjà très discuté par les journaux de gauche, le général Bugeaud n'avait pas encore acquis dans l'armée la grande popularité qu'il devait avoir. Mais il se présentait aux troupes avec tant d'assurance, mais il exposait aux officiers, avec tant de précision, la théorie de la guerre d'Afrique, qui ressemblait à la guerre d'Espagne, qu'il conquit immédiatement sa petite armée. Il profita de ses bonnes dispositions pour la mener à l'ennemi qui fut, partie tourné, partie bousculé. Elle rentra à Tlemcen, y laissa ses malades et ses blessés et repartit pour Oran, afin d'y organiser un convoi dont on avait le plus pressant besoin à Tlemcen.

C'est là que se place le combat fameux de la Sikkak

dont le retentissement fut considérable et le succès incontesté. Là, les Douairs et les Smélahs se couvrirent de gloire, et leur chef, Mustapha-ben-Ismaïl, comprenant la tactique du général Bugeaud, déploya une intelligence et un dévouement qui auraient suffi pour illustrer un général régulier. Le 6⁰ escadron du 2⁰ de chasseurs d'Afrique, lancé à propos dans une charge vigoureuse, sous les ordres du capitaine de Montauban, le futur commandant de l'expédition de Chine, rompit la cavalerie arabe et lui fit près de deux cents prisonniers. Cela ne nous était jamais encore arrivé, et jusque-là les cavaliers arabes avaient toujours passé pour insaisissables. Ces prisonniers, envoyés en France, y furent montrés comme des bêtes curieuses. Le ravitaillement de Tlemcen marqua la fin de la mission du général Bugeaud, qui rentra en France pour y exercer ses fonctions de député. Le général d'Arlanges avait été rapatrié pour soigner sa blessure, et ce fut le général l'Étang qui lui succéda.

C'était une figure militaire bizarre. Tout petit, les cheveux roux, il avait l'air d'un gamin, et pour augmenter encore cette apparence juvénile, il portait la veste ronde et la casquette plate, dont on affublait en ce temps-là les lycéens. Soldat de premier ordre, décoré de la croix d'officier de la Légion d'honneur, comme lieutenant aux chasseurs de la Garde impériale, ce qui était tout à fait inusité, il comptait de magnifiques services de guerre. Mais, violent, autoritaire, rageur, substituant sa volonté aux règlements, il avait organisé d'une façon déplorable, à Oran même, le 2⁰ chasseurs d'Afrique dont on lui avait confié la formation. Chose inouïe dans l'armée française, en dehors des révolutions, ce régiment se révolta deux fois, presque coup sur coup.

Un jour, un brigadier ivre rencontra des femmes arabes qui revenaient des bains maures. Il enleva le voile d'une d'entre elles, la femme du caïd Ibrahim. Emoi parmi les notables, qui vinrent se plaindre au général des Michels, alors commandant à Oran. Celui-ci, se rappelant que Napoléon en Égypte imposait à ses soldats, sous les peines les plus sévères, le respect des mœurs et coutumes des indigènes, infligea au brigadier de chasseurs trente jours de prison, et ordonna que le coupable serait conduit à la prison de Mers-el-Kébir, monté sur un âne et portant, sur sa veste retournée, une pancarte où seraient inscrites la faute et la punition. Les chasseurs d'Afrique, à cette époque-là, se recrutaient parmi les mauvaises têtes de France. Quelques cavaliers rencontrèrent le brigadier ainsi accoutré, coururent au quartier, persuadèrent à leurs camarades que l'honneur du régiment était compromis; le corps entier monta à cheval et alla délivrer le coupable qu'il ramena en triomphe. Ce fut un scandale qu'atténua cependant le colonel l'Étang, en faisant rentrer à force d'énergie les mutins dans l'obéissance et reconduire le coupable en prison, après l'avoir dispensé cependant de l'écriteau.

Quelques mois plus tard, le colonel trouvait dans une rue d'Oran deux de ses cavaliers aux prises avec un bourgeois qui fit appel à son autorité. Fâcheuse idée, car, non seulement le colonel donna raison à ses hommes, mais il tomba lui-même sur le bourgeois. C'était le fonctionnaire remplissant la charge de maire et d'officier de l'état civil. Autre scandale, dont le général des Michels profita pour faire partir le colonel l'Étang, qui revint pourtant, pour accompagner le Prince Royal à Mascara et y gagner ses épaulettes de général.

Le choix de son successeur à la tête du 2ᵉ de chasseurs d'Afrique était très difficile. Il tomba sur un des plus jeunes colonels de l'armée : le colonel Oudinot, le fils du maréchal, qui trouva un régiment en feu, un corps d'officiers divisé en Montaigus et en Capulets, des discussions perpétuelles, des duels. Trop timide, trop jeune pour tenir en bride ces mauvaises têtes, il vit finalement son régiment en révolte, à propos d'une ordonnance ministérielle qui enlevait aux chasseurs d'Afrique des avantages de solde et de vivres. La mutinerie, qui dura trois jours, faillit entraîner un bataillon de la légion étrangère. On la réprima sévèrement. Le conseil de guerre prononça plusieurs condamnations à mort, dont une fut exécutée. Six capitaines furent mis en retrait d'emploi, pour être repris cependant plus tard. L'animosité alla si loin contre le malheureux colonel, qu'on en vint à suspecter son courage. Le vieux maréchal était navré, et on a prétendu que c'est pour répondre à ses injustes détracteurs que le colonel Oudinot se fit tuer dans la forêt de Muley-Ismaïl, à la tête de ses lanciers. Les chasseurs d'Afrique, en effet à ce moment, comme les chasseurs sous la Restauration, avaient dans chaque régiment le premier et le sixième escadron armés de la lance. Légende! Le colonel Oudinot ne s'est pas fait tuer, d'abord parce que l'on ne se fait pas tuer à la guerre. On est tué par des armes qui ne demandent jamais votre avis. Il fut percé d'une balle.

Le temps s'écoulait, les courriers de France se succédaient. Ma mère n'avait pas réussi dans ses démarches à Paris et, de guerre lasse, mon père se décida à accepter le commandement de la place de Mostaganem. Lui, mon frère et moi, nous partîmes d'Oran, au commencement de juillet 1836, pour faire les vingt-huit lieues de mer qui séparaient Oran de Mostaganem, à bord d'une petite barque non pontée. Il n'y avait pas d'autre moyen de communication entre les deux villes. Le courrier de quinzaine, qui reliait Alger à Oran, ne touchait jamais à Mostaganem, et pour les communications avec ce dernier poste, l'administration militaire d'Oran nolisait des barques de pêche, conduites généralement par d'anciens marins de la flotte barbaresque, par conséquent par d'anciens corsaires. Le patron qui nous reçut à son bord s'appelait Reiss-Kaddour. C'était un petit marin fort laid, à figure chafouine, au bras gauche estropié par une blessure, reçue à l'abordage d'un vaisseau français. Il avait pour équipage deux pauvres diables, soumis et sobres, qui suaient à grosses gouttes sur leurs rames. Le temps nous obligea à passer la première nuit dans la rade de Mers-el-Kébir. Le lendemain, nous eûmes toutes les peines du monde à doubler le cap Faicon, et nous nous crûmes heureux de pouvoir aller, après une navigation fatigante, à Arzew, rade assez sûre, située dans le même golfe que Mostaganem qu'on découvrait dans le lointain, lorsque le temps était clair.

Ce port fut très long à se développer, parce qu'il ne fournissait pas d'eau potable. Il n'y avait, quand nous y abordâmes, qu'un petit fortin commandant l'entrée de la rade, une maison abritant le commandant du poste et ses officiers, une caserne fortifiée, habitée par une compagnie du premier bataillon d'Afrique, et quelques baraques en planches où nichaient des mercantis, attirés par la garnison. Sur cette côte qui inspirait une terreur superstitieuse aux navigateurs, un aviso de l'État, *la Salamandre,* s'était perdu récemment sur un bas-fond. Il avait donné son nom à la crique où son épave était encore visible. Mais, dans la rade d'Arzew stationnait un brick de l'État dont le capitaine, M. de Chabert, entretenait d'excellentes relations avec le commandant du poste d'Arzew, un capitaine de l'état-major des places, M. Révéroni. Peu de temps avant notre arrivée, M. Révéroni avait invité M. de Chabert à une partie de chasse qu'il avait décommandée au dernier moment, parce qu'on lui avait signalé la présence de nombreux rôdeurs de la tribu des Amyans, qui campait aux environs. M. de Chabert, sans tenir compte de cet avis, avait voulu descendre à terre, avec une compagnie de fusiliers marins, pour ramasser les projectiles qu'il avait lancés la veille, dans un exercice au canon, et aussi pour chasser. Il avait été chargé par les Arabes, avait eu un quartier-maître blessé grièvement, avait reçu lui-même un coup de yatagan qui lui avait enlevé deux doigts et avait perdu un enseigne de vaisseau, M. de France, enlevé et conduit à Abd-el-Kader dont il fut le premier prisonnier français. Le général l'Étang avait puni M. Révéroni, pour ne s'être pas opposé au passage des marins, ce qui était injuste, car le commandant n'avait aucun moyen efficace d'interdire la côte à l'équipage d'un stationnaire.

Arzew avait dépendu d'abord de Mostaganem. Mais, pour la facilité des communications, on l'avait rattaché à Oran.

Son premier commandant avait été un officier de dragons, le capitaine Gay, dont la correspondance, conservée aux archives de Mostaganem, m'amusa beaucoup plus tard. Ce capitaine Gay avait une façon à lui de correspondre avec ses chefs. Il écrivait à son général, à Oran :

« MON GÉNÉRAL,

« La gourmandise qui a perdu nos premiers pères
« vient de causer la mort de onze soldats du bataillon.
« Ces malheureux, ayant voulu aller cueillir des figues
« de Barbarie, dans un enclos près d'Arzew, y ont
« trouvé des Bédouins embusqués qui leur ont coupé
« le cou. »

Quelques jours après, nouvelle lettre :

« MON GÉNÉRAL,

« Nouveau désastre. Six chasseurs d'Afrique ont

« encore voulu aller cueillir des figues de Barbarie.
« Poussés par le démon de la gourmandise, ils ont eu
« le même sort que leurs camarades, surpris par les
« Bédouins. »

Il y avait encore dans les archives une lettre annonçant l'envoi de quelques pots de miel au général Trézel :

« Mon Général,

« Je vous envoie quelque chose analogue au carac-
« tère de Madame : des pots de miel. »

Enfin, ce brave capitaine Gay, explorant un jour avec sa lunette d'approche les environs, avait vu des rôdeurs arabes : « Tiens ! des Arabes ! » s'était-il écrié. « Voilà qu'ils attaquent notre troupeau. Mais c'est qu'ils le prennent ! Ah ! mon Dieu ! Ils l'emmènent ! » Il rentra dans son cabinet, et il écrivit l'aventure à ses chefs.

Sans lui tenir compte des pots de miel, on l'avait remplacé par le capitaine Révéroni.

A Arzew, nous trouvâmes toute une flottille de petites barques, immobilisées comme la nôtre par le gros temps. Il ne nous fallut pas moins de huit jours pour faire nos vingt-huit lieues et toucher à Mostaganem, où nous débarquâmes modestement sur les épaules de notre équipage. De la plage, une route sablonneuse d'environ dix-huit cents mètres monte jusqu'à la ville, partiellement assise sur des rochers escarpés, qui lui constituent des remparts, notamment du côté de la mer. La plage est protégée par un petit fortin, appelé fortin de la Marine, et, entre cette plage et la ville, on trouve encore un blockhaus. Ce n'était pas superflu à cette époque pour contenir les rôdeurs qui, la nuit tombée, s'emparaient des environs de la ville. Mostaganem est à cheval sur un ravin, comme beaucoup d'autres villes arabes de la côte. Ce ravin sert de lit à un ruisseau qui sort, à quelques kilomètres, de la fontaine d'Aïn-Seffra, et vient se perdre dans la mer, au pied du fortin de la Marine. Il partage la ville en deux parties, reliées ensemble par une bonne route et un pont de bois : Mostaganem proprement dit, et Matamore, qui ne contient guère que des établissements militaires. Tout cela est entouré d'une chemisette crénelée, suffisante pour que les défenseurs n'aient guère à craindre d'assaillants non munis de grosse artillerie. D'anciennes constructions espagnoles ont été utilisées pour la défense et sont devenues le Fort des Cigognes et le Fort des Sauterelles; et cet ensemble est dominé par une vieille forteresse espagnole : le Fort de l'Est, armé de pièces à longue portée. Enfin l'habitation du commandant de place, où loge encore aujourd'hui le commandant de la subdivision, est une très belle maison mauresque, surmontée de sa terrasse d'où l'on a une vue magnifique, puisqu'elle s'étend jusqu'à Mazagran, sur toute la banlieue, garnie de jardins et de vergers, fournissant des fruits excellents.

Autour de la ville, deux faubourgs en ruine prouvaient que, jadis, elle avait été un centre de population des plus importants. Sa population, aujourd'hui réduite, se composait de Maures, de Coulouglis, de M'zabites, de quelques Turcs, et d'un certain nombre de familles arabes logeant, non sous la tente, mais en ville, et appartenant aux Douairs, aux Smélahs et aux Bordjias, trois tribus soumises. Les Douairs et les Smélahs, dont la principale fraction était campée, comme je l'ai dit, autour d'Oran, étaient des dissidents, groupés autour du neveu de Mustapha-ben-Ismaïl, un beau vieillard, aux nobles allures, qui s'appelait El Mezari. Les Bordjias obéissaient à un magnifique et gigantesque cavalier nommé Kaddour-ben-Morfi. Ces deux chefs relevaient de l'autorité militaire. Le reste de la population indigène était administré par un magistrat appelé le Hakem, qui dépendait du commissaire civil. Le principal personnage indigène était le mufti nommé Si-el-Haïachi, homme très fin et très intelligent.

La population européenne, en dehors des militaires, ne dépassait pas soixante personnes ; elle se composait de quelques débitants italiens et de quelques Espagnols, jardiniers ou portefaix. L'autorité civile était représentée par deux fonctionnaires : le commissaire civil, M. Tixier, homme de relations faciles et agréables; et le receveur des douanes, M. Viton, homme systématiquement insupportable, dont le rôle se réduisait à taxer les denrées apportées par les Arabes au marché et à soulever de perpétuelles difficultés avec l'autorité militaire. La garnison se composait d'un bataillon du 47° de ligne, qui avait ses deux compagnies d'élite à Mostaganem, et ses six compagnies du centre réparties entre Matamore, les forts et les blockhaus. Il avait pour commandant le chef de bataillon de Ménonville, officier très distingué, mais d'un caractère violent, soupçonneux, et dont je raconterai bientôt la fin tragique. L'artillerie était dirigée par le capitaine Palais, qui commandait à un nombre de canonniers gardes-côtes suffisant pour assurer le service des pièces en position sur les remparts. Le génie était représenté par le capitaine Mazuel.

A cette époque, encore plus que maintenant, le service était perpétuellement entravé par les prétentions de ces deux armes savantes : l'artillerie et le génie, dont les officiers ne voulaient obéir qu'à leurs chefs particuliers, sans tenir compte des exigences du service local, et se retranchaient derrière leur budget spécial, pour transformer en affaire interminable la moindre demande des commandants de place.

Mon père, qui exerçait toutes les fonctions du commandement et de l'administration, et qui faisait l'office de sous-intendant militaire, eut perpétuellement à se débattre contre les entrepreneurs de l'administration, et contre les exigences du génie et de l'artillerie qui, plus tard, sans son énergie, auraient fait échouer la défense de Mazagran. Enfin, pour être complet, il faut mentionner, dans la garnison de Mostaganem, cinq compagnies turques, campées à Mazagran, et formées avec d'anciens miliciens du bey Ibrahim, qui faisaient un service auxiliaire et qu'on allait malheureusement licencier.

Bien que l'on fût en état de guerre permanent avec les Arabes, cette fin de l'année 1836 fut assez calme dans la province d'Oran. Il régnait une espèce de trêve tacite, qui répondait à la fois au désir secret du gouvernement français et aux desseins cachés d'Abd-el-Kader. Le gouvernement avait accepté la proposition du maréchal Clausel d'aller détruire le pouvoir indépendant du bey Achmed, et il préparait la première expédition de Constantine, avec des moyens insuffisants qui devaient la faire aboutir à un échec. Il était important qu'Abd-el-Kader ne fût pas tenté d'aller au secours du bey de Constantine, et c'est dans ce but que le général l'Étang fut chargé de faire une diversion dans l'Ouest, en se portant sur la Minah, au milieu de populations que le général Perregaux avait visitées, quelques mois auparavant. Leur chef, Sidi-el-Aribi, ne voulant se brouiller ni avec Abd-el-Kader, ni avec la France, évita toute rencontre et sut préserver son pays des maux de la guerre. De sorte qu'en revenant de la Minah, le général l'Étang, passant par Mostaganem, se contenta de nous laisser comme instructions l'ordre de ne rien faire et de maintenir de notre mieux la sécurité dans la place. Il allait être d'ailleurs bientôt remplacé à Oran par le général de Brossard, qui avait servi avec mon père aux Gendarmes d'ordonnance.

De son côté, Abd-el-Kader ne songeait guère à intervenir en faveur du bey Achmed, d'abord, parce qu'il voyait en lui un rival, et ensuite parce qu'il employait la trêve qu'on lui laissait à réparer ses forces, à fonder des établissements militaires, et à tout préparer pour rallumer la guerre sainte. C'est ce qui explique la tranquillité dont nous jouîmes pendant quelques mois, sans autre incident que des engagements insignifiants de nos cavaliers indigènes contre les rôdeurs arabes, qui attaquaient leurs compatriotes apportant des provisions au marché, ou tentaient quelques coups de main contre nos troupeaux qu'on envoyait pâturer au loin.

J'ai conservé de cette époque et de Mostaganem un souvenir à la fois enchanté et attendri. Ma mère nous avait rejoints. Je voyais autour de moi ma famille tranquille, résignée et apaisée. L'Afrique me paraissait un séjour délicieux, et je ne comprenais pas qu'on pût lui préférer la vie agitée des grandes villes. Enfin, je connaissais la première grande joie du cavalier : j'avais mon premier cheval. Un jour, revenant d'une sortie tentée contre les maraudeurs, un cavalier des Douairs arriva, tenant en main un très joli cheval gris, abandonné sur le terrain. La pauvre bête était dans un pitoyable état. Elle avait reçu une balle qui avait pénétré profondément dans les reins. « Veux-tu ce cheval? me dit-il; je te le vends trente-cinq francs. » J'avais deux louis d'économie dans ma bourse de jeune homme. La modicité du prix me tenta; j'achetai le cheval. Je le soignai; je le dorlotai comme un enfant. Je le guéris et je grimpai dessus. C'était à la fois un mouton et un cerf.

A cette époque, on avait en Algérie un bon cheval pour très peu d'argent, et je me souviens que mon père avait acheté pour trois cent cinquante francs, prix qui parut exorbitant, un cheval d'armes qui vaudrait deux mille francs aujourd'hui. Il était étoffé presque autant qu'un de nos chevaux d'omnibus, et son corps magnifique reposait sur des jambes d'un modèle admirable. Aujourd'hui, non seulement les prix se rapprochent de ceux de France, mais la race barbe s'est singulièrement abâtardie depuis la conquête. On doit attribuer ce résultat déplorable à des circonstances dont nous ne sommes pas responsables, mais malheureusement aussi à la faute de nos savants hippiâtres. Le peuple arabe, peuple cavalier par excellence, était en même temps un merveilleux éleveur. Le livre du général Daumas : *Les chevaux du Sahara*, malgré quelques exagérations dues à l'imagination de son auteur, ne laisse aucun doute à cet égard. Dans un pays où il n'existait pas une seule route, le cheval était le seul moyen de transport et de voyage. D'autre part, la dissémination des populations sur des espaces immenses allongeait les déplacements. L'Arabe ne tenait aucun compte des distances, et il m'est arrivé dans la suite, bien des fois, d'envoyer des estafettes porter une lettre dans des localités aussi éloignées de celle où je me trouvais que Paris l'est de Marseille. L'homme partait sur une bête qui n'avait pas l'air de tenir d'aplomb sur ses jambes, et rapportait la réponse avec une rapidité invraisemblable. Pour l'Arabe, comme aujourd'hui encore pour le Cosaque, un cheval était ce qu'est une paire de souliers pour nos paysans. De plus, au milieu des querelles perpétuelles de tribu à tribu, des insurrections incessantes contre le pouvoir central, la bonté de son coursier était pour l'Arabe une question de vie ou de mort. Enfin, quoiqu'il en abusât parfois, dans ses chasses à travers les steppes des hauts plateaux, l'Arabe ménageait son cheval, le soignait, le nourrissait, le considérait comme son luxe suprême. Le manque absolu de commerce extérieur l'obligeait à faire consommer, en vert ou en grain, par ses chevaux les quantités prodigieuses d'orge que produisait le Tell.

Aujourd'hui, la situation a changé. Nous avons ouvert des routes partout. Nous avons construit un réseau de chemins de fer, et l'Arabe a abandonné, pour ses voyages, le cheval, au bénéfice des diligences et des wagons. Il vend son grain, aussitôt la moisson terminée. Il n'a plus de silos. La colonisation a réduit ses terres de culture ou de pâturages. Et enfin, la guerre qu'il a soutenue contre nous, avec tant de constance et de courage, a fait mourir l'élite de sa population chevaline.

Voilà la part des circonstances. Voici maintenant celle de nos fautes. Nous sommes intervenus indiscrètement et inopportunément dans ses habitudes d'élevage, en lui imposant comme reproducteurs des étalons que ses connaissances pratiques l'engageaient à repousser. Tout le monde sait que le fameux barbe pur sang sur qui reposent tant de légendes et qui vaut une fortune, le pur sang du Nedje, ne se trouve que sur les hauts plateaux de la Syrie, et que le cheval syrien des bords de la mer n'a qu'une faible valeur.

En Afrique, le même phénomène se reproduisait. Le centre de l'élevage et des naissances se trouvait dans les steppes qui s'étendent des confins du Tell jusqu'aux régions des oasis, et quand on racontait que l'Arabe ne voulait vendre ses juments à aucun prix, on oubliait d'ajouter qu'il n'y avait pas de juments dans les contrées que nous occupâmes primitivement. Elles étaient toutes dans le Sud, où se trouve encore la masse du contingent chevalin. C'était là que venaient se remonter les cavaliers du Tell. Le poulain était généralement acheté de six mois à un an et conduit dans le Tell, où il prenait des formes spéciales, suivant les pâturages qu'il fréquentait. Dans les pays de montagnes se développait le caractère distinctif de la race barbe : les formes grêles, la croupe basse et ravalée, le tempérament nerveux et énergique. Au contraire, les chevaux élevés, par exemple, dans les grasses prairies de la Minah acquéraient une taille élevée et des performances qu'on eût vues sans surprise chez un percheron. Ils devenaient des montures de parade recherchées par les chefs, mais moins dures à la fatigue que les chevaux plus petits et de moindre apparence.

Quand le pays fut pacifié, nous établîmes des haras sur le bord de la mer, à l'Allalick, près de Bône, à Mazagran, à Blidah, à Constantine, ce dernier dans une situation plus avantageuse. Puis on acheta fort cher en Syrie, — mais sur les côtes et non dans le bon pays, — et même dans le sud de l'Afrique, des étalons qui répondaient à nos goûts français, mais pas du tout aux goûts des Arabes, et qu'on voulut imposer aux indigènes. Ils résistèrent, dédaignant les qualités que nous apprécions le plus. Ainsi, sous le gouvernement du maréchal Randon, j'ai vu, plus tard, le fameux *Selim*, un étalon qui avait été payé vingt mille francs. Les Arabes dédaignaient absolument sa monte. Nous avons fait tant et si bien qu'aujourd'hui, en Algérie, on paye de huit cents à mille francs des chevaux moins bons que ceux qui nous coûtaient jadis deux cents francs.

Il existait, dans les commencements de la conquête, en Algérie, une industrie qui remontait beaucoup plus loin que nous, et qui nous permettait d'éluder les entraves apportées par Abd-el-Kader à notre remonte : celle des voleurs de chevaux. Ils formaient une véritable corporation d'outlaws qui avaient fini, comme les brigands de la Calabre et les faux sauniers d'autrefois, par conquérir la considération publique, à force d'audace, de courage et de témérité. Ils nous vendaient des chevaux, il est vrai, mais ils venaient aussi nous en enlever jusque dans nos camps. Une nuit, au camp de Dréhan, que commandait Yusuf, deux voleurs de chevaux de la tribu des Beni-Salahs s'introduisirent jusque dans les écuries. Ils détachèrent un cheval, à un bout de l'écurie, et, pendant que les gardes d'écurie couraient après lui pour le rattraper, ils s'emparèrent d'un lot de chevaux, à l'autre bout, sautèrent chacun sur une bête, à poil, et filèrent grand train. On les poursuivit, et une balle tirée au hasard, dans l'obscurité, vint casser la cuisse à l'un d'eux. Son camarade essaya de l'entraîner. Puis, voyant qu'ils allaient être pris tous les deux, il lui tint ce langage : « Tu sais qu'Yusuf rendra notre tribu responsable de ce que nous venons de faire. Il ne faut donc pas qu'il sache à quelle tribu nous appartenons. Par conséquent, je vais te couper la tête. »

L'autre trouvait la précaution exagérée, mais il ne fut pas tenu compte de ses réclamations, et, en rentrant chez lui, le survivant dit simplement : « Un tel est mort; mais on ne saura jamais qu'il appartenait à la tribu. Voici sa tête. »

Un incident de guerre m'avait fourni mon premier cheval. Un autre incident allait me fournir mon premier professeur d'arabe. On accusait un nommé Adda-ben-Baccouch, de la tribu des Amyans, d'être l'auteur de la mésaventure arrivée au commandant du stationnaire d'Arzew, M. de Chabert, et de l'enlèvement de l'enseigne de vaisseau, M. de France, et le général l'Etang avait donné l'ordre de s'en emparer partout où on le trouverait. Ce Ben-Baccouch n'était pas le premier venu. Il avait conduit sain et sauf d'Oran à Mascara, Yusuf, réclamé par le duc d'Orléans, et arrivant trop tard pour partir avec la colonne expéditionnaire. C'était de la loyauté et du désintéressement, car Abd-el-Kader aurait payé fort cher la capture d'Yusuf, et ce trait suffisait à faire planer un doute sur la culpabilité de l'accusé. Quoi qu'il en soit, on l'arrêta sur le marché de Mazagran, où il était venu vendre des bœufs. Mon père le fit garder étroitement, dans une des chambres de la maison. L'Arabe, un très bel homme, au regard fin, protesta de toutes ses forces qu'il était innocent, et demanda pour toute faveur qu'on lui permît de faire venir sa jeune femme, en attendant son transfert à Oran. La permission lui fut octroyée. Je dévorais les œuvres de Walter Scott, et cette petite Bédouine de dix-sept ans m'apparut comme la figure de Rebecca, dans le roman d'*Ivanhoë*. Elle était ravissante, avec son petit nez droit, ses grands yeux de gazelle et les légers tatouages bleus qu'elle portait, suivant la mode arabe, au front, aux tempes et au menton. Je trouvais que cela lui allait à ravir.

Le conseil de guerre acquitta son mari, dont la présence au combat livré contre l'équipage du stationnaire ne put être prouvée. Cependant, on le garda quelques mois en prison, comme dangereux. Puis, il revint s'établir à Mostaganem, et il nous rendit par la suite des services qui lui valurent la croix d'honneur et les fonctions d'agha, qu'il exerçait quand il fut tué sous nos drapeaux, en 1841. Je me mis à le fréquenter. Il était au courant de tout ce qui se passait dans le pays arabe, et puis il m'apprenait la langue indigène, dont l'étude était encore négligée par mes compatriotes. On ne songeait pas à établir les bureaux arabes, et on ne se rendait pas compte de l'intérêt qu'il y avait à pouvoir se faire comprendre des populations.

Au mois de janvier, nous vîmes arriver un aviso à vapeur de l'État, *le Brazier*, qui amenait le commandant Pellion, aide de camp du ministre de la guerre, chargé d'une mission spéciale. A peine le commandant était-il à terre, que le capitaine du *Brazier* conçut l'idée d'aller visiter de près l'épave de la *Salamandre*. Il était dix heures du matin; il faisait un temps splendide; la mer était unie comme une glace. De notre fenêtre qui donnait sur le golfe, nous regardions évoluer le vapeur, lorsque mon père s'écria tout à coup : « Il va s'échouer ! » Ces paroles n'étaient pas prononcées que le *Brazier*, devenu subitement immobile, se mit à tirer le canon. Il avait donné sur le même bas-fond que la *Salamandre*. Mon père envoya au secours du bâtiment, échoué à près de six kilomètres de la place, tous les hommes dont il pouvait disposer, et partit lui-même avec eux. Il trouva le capitaine du *Brazier* fou de désespoir. Le malheureux se serait déjà fait sauter la cervelle, sans le commandant Pellion, qui était remonté à bord presque aussitôt. « Je suis perdu ! disait-il, s'échouer à cette heure et par un temps pareil, c'est le fait d'un fou ou d'un traître ! » On eut beau alléger le navire de tout ce qu'on put débarquer, porter des amarres à terre. Rien n'y fit.

Notre vieille connaissance, Reiss-Kaddour, était là, prodiguant ses efforts. Mon père le consulta. « Ce soir, au lever de la lune, répondit l'ancien corsaire, il y aura de la brise et un peu de mer. Le navire flottera peut-être. — Allons donc ! repartit le capitaine du *Brazier*, le bateau talonnera, et il sera perdu ! » La science pratique du vieux pirate l'emporta cependant sur le savoir du capitaine. Au lever de la lune, la brise survint, la mer moutonna. Le capitaine, qui avait tenu sa machine sous pression, commanda : « Machine en arrière ! » et le *Brazier*, dégagé, partit sans même reprendre ce qu'il avait laissé à terre. On n'ébruita pas l'aventure, et le capitaine en fut quitte pour changer le service agréable de la correspondance de Toulon à Alger contre un poste plus lointain.

Pendant que nous vivions ainsi sans grands incidents, la première expédition de Constantine avait échoué. On préparait la revanche de cet échec et, pour avoir le plus de troupes disponibles, il s'agissait de remplacer par une paix officielle la trêve tacite observée entre les Français et Abd-el-Kader. On voulait, en même temps, donner satisfaction aux députés qui, préoccupés avant tout de leur intérêt électoral, ne voyaient, dans l'occupation encore impopulaire de l'Algérie, qu'une augmentation de dépenses et de mortalité pour notre armée. On était persuadé, en France, que le climat de l'Algérie était mortel pour les races européennes, et le débat n'existait qu'entre les partisans de l'évacuation pure et simple et les partisans de l'occupation, limitée à quelques points de la côte.

Le général Bugeaud, qui n'avait pas encore trouvé son chemin de Damas, figurait parmi ces derniers. Il fut chargé, en apparence de venir ravitailler encore une fois Tlemcen, et en réalité de signer la paix avec l'Émir. Le secret le plus absolu fut gardé sur le but réel de cette mission. Un beau matin, le général, suivi d'une faible escorte, quitta son camp sans dire où il allait, et se rendit sur les bords de la Tafna, en un endroit convenu, pour y rencontrer Abd-el-Kader.

L'Emir, qui avait tout calculé, le fit attendre longtemps, pour prouver à ses gens que les Français venaient à lui en solliciteurs. Il apparut enfin, précédé et escorté d'une cavalerie resplendissante, montée sur des chevaux d'apparat, richement caparaçonnés. Le général Bugeaud s'appliqua, pendant toute la durée des pourparlers, à faire régner entre l'Émir et lui une égalité absolue. A l'issue de la conférence, il se leva pour remonter à cheval, et l'Émir affecta de rester assis, comme si un inférieur prenait congé de lui. Le général Bugeaud lui tendit la main et, l'attirant violemment à lui, le mit debout sur ses pieds.

A peine le général était-il rentré au camp, que la nouvelle de la paix de la Tafna se répandit. Cette paix, qui donnait satisfaction à l'opinion publique, était incontestablement un acte de faiblesse de la part du gouvernement français. De la part d'Abd-el-Kader, elle était un acte de génie; car non seulement son titre et ses pouvoirs étaient reconnus officiellement, mais sa signature figurait, sur un acte diplomatique, à côté de celle du roi des Français. Le traité de la Tafna, réduisant dans les provinces d'Alger et d'Oran notre occupation aux villes déjà possédées, avec une banlieue déterminée, comportait l'évacuation de Tlemcen. Le général Bugeaud y procéda immédiatement. Le bataillon provisoire du capitaine du génie Cavaignac entra au régiment des zouaves du lieutenant-colonel de Lamoricière, avec son chef, qui reçut l'épaulette de chef de bataillon. Mais le commandant Cavaignac ne voulait pas servir sous les ordres du lieutenant-colonel de Lamoricière, qui avait été son cadet à l'école. Il se fit mettre en non-activité. Plus tard, nous le verrons succéder au général de Lamoricière, comme colonel des zouaves, et servir sous ses ordres directs à Tlemcen, pendant que le général commandait à Oran.

A la suite de la paix de la Tafna, les relations pacifiques avec Abd-el-Kader reprirent, sur le même pied qu'après la paix des Michels. L'Émir accrédita auprès de nous un consul, un mandataire, un oukil. De notre côté, nous déléguâmes auprès de lui, à Mascara, un consul. Le commandant de Menonville, du bataillon de Mostaganem, fut choisi pour remplir ces fonctions délicates. Il lui manquait la souplesse d'esprit pour résister aux intrigues, et la force d'âme pour supporter les ennuis de l'isolement. Il partit avec un interprète israélite nommé Lévy. Son esprit s'aigrit, s'exalta au milieu des difficultés du séjour de Mascara. Il se crut trahi par son interprète, le tint, pendant deux jours et deux nuits de suite, sous le canon de son pistolet, lui cassa la tête et se fit sauter la cervelle sur le cadavre. Après un court intérim rempli par le commandant Guerre, les fonctions de consul à Mascara furent dévolues au capitaine instructeur Daumas, du 2ᵉ de chasseurs d'Afrique, qui, pendant son séjour à Mascara, fit une ample moisson de documents précieux, plus tard employés à asseoir notre domination et à créer notre administration en pays arabe.

La paix de la Tafna donna lieu à une intrigue qui aboutit, assez longtemps, après à un procès retentissant.

Ce traité, ainsi que je l'ai déjà dit, restreignait notre occupation à quelques villes du littoral ayant une importance maritime. Mostaganem n'en avait aucune, et le général de Brossard conçut la singulière idée d'en fomenter la rétrocession à l'Émir. Le général de Brossard était avant tout un homme de plaisir, et il était perpétuellement travaillé par des besoins d'argent. Il s'imagina qu'Abd-el-Kader payerait, à beaux deniers comptants, la conquête pacifique de Mostaganem et que lui, de Brossard, ne ferait en somme qu'imiter le prince de Talleyrand, qui réalisa une si grosse fortune par ses complaisances envers les puissances étrangères. Déjà hanté par ce projet criminel, quand il vint inspecter Mostaganem, il fit tous ses efforts pour persuader à mon père, son ancien compagnon d'armes, de demander son changement, lui faisant valoir le peu d'avenir que présentait ce poste, l'insécurité de sa possession, lui donnant à entendre que tôt ou tard on l'abandonnerait. Il n'était bruit d'ailleurs, dans la ville, que d'une évacuation prochaine, et, chose curieuse! les indigènes en profitaient pour offrir à très bas prix la cession de leurs propriétés, et notamment des riches jardins de la banlieue. Leurs calculs étaient fort simples et ils jouaient pour ainsi dire sur le velours. En effet, si par hasard notre séjour devenait définitif, ils étaient résolus à quitter le pays occupé par nous; et si, au contraire, comme c'était probable, nous partions, ils comptaient bien rentrer, sans bourse délier, en possession des biens qu'ils nous auraient vendus. Mon père eut de ce chef de nombreux assauts à repousser. S'il y avait cédé, il aurait fait une fortune considérable, car ce qu'on lui offrait, alors, pour quelques billets de mille francs valut, peu de temps après, plusieurs millions.

Sa correction fut d'ailleurs mise à l'épreuve d'une autre manière. La guerre civile régnait en Espagne, et tout ce pays souffrait de la disette. L'Afrique, au contraire, regorgeait de céréales que des négociants avisés commençaient à acheter à bas prix aux Arabes, pour les revendre fort cher à Malaga et à Valence. Ainsi commença la prospérité d'Arzew. Or, mon père avait sous la main l'oukil, le mandataire d'Abd-el-Kader, c'est-à-dire l'intermédiaire en quelque sorte obligé de toute transaction, et de véritables compagnies commerciales auraient voulu intéresser le commandant de la place de Mostaganem à leurs opérations. Mon père repoussa toutes ces propositions, estimant que, lorsqu'on porte une épée, on ne doit la compromettre dans aucune affaire. Lui et moi, nous sommes restés en Afrique pendant près de vingt-six ans. Nous n'y avons jamais possédé ni un pied de vigne ni une masure, et, en dehors de notre solde, nous n'y avons jamais touché un sou. Le général de Brossard avait d'ailleurs excité la méfiance de mon père par ses ouvertures et ses marques d'intérêt, et lorsque, rentré à Oran, il le pria de faire porter à l'Émir, à Mascara, deux lettres écrites en arabe et cachetées, sous prétexte que Mostaganem était plus près de Mascara qu'Oran, mon père les retourna au général, en lui faisant observer que le commandant de la province avait des occasions et des moyens plus fréquents de communiquer avec l'Émir que le commandant de place de Mostaganem.

Le pot aux roses fut découvert par le général Bugeaud, qui, de déductions en déductions, finit par saisir la manœuvre exécutée par le général de Brossard, de connivence avec le Juif Ben Durand. Ce fut un esclandre épouvantable, que le général Bugeaud lui-même aurait voulu étouffer, mais dont l'opinion publique s'empara et qui aboutit à un procès retentissant devant le conseil de guerre de Perpignan. Dans sa déposition, le général Bugeaud se compromit bénévolement lui-même, en dévoilant un article secret du traité de la Tafna par lequel l'Émir lui concédait trente mille boudjous, pour les chemins vicinaux du village d'Excideuil.

Tout cela, il faut l'avouer, rappelait un peu les mœurs des conquêtes de l'Empire, et ne faisait pas encore présager celles des bureaux arabes qui, pris dans leur ensemble, furent irréprochables au point de vue de la probité.

En cette année 1837, mon père me ménagea l'orgueil et la joie d'entrer à dix-sept ans, et pour une part infime, dans les événements d'Afrique. Il s'agissait simplement de porter un pli cacheté et quelques menus cadeaux à Abd-el-Kader, campé près de Mascara. Il y avait dix-huit lieues de pays arabe à traverser; c'était presque aventureux. Monté sur mon bon petit cheval gris, et escorté d'un cavalier indigène porteur d'un sauf-conduit signé par l'oukil d'Abd-el-Kader, je fis le voyage, en deux étapes à l'aller, en une seule au retour. Le premier soir, nous reçûmes l'hospitalité sous les tentes des Beni-Chougran, qui nous offrirent leur meilleur couscous. Hélas! les pauvres gens, je devais bientôt les razzier de fond en comble. A Mascara, je descendis chez le consul de France, le capitaine Daumas, dont le personnel fort réduit se composait d'un médecin aide-major, M. Warnier, qui se lança plus tard dans la politique et fut, si j'ai bonne mémoire, député à l'Assemblée nationale de 1871, et d'un jeune interprète israélite, M. Amerane. Le capitaine Daumas ne vivait pas sur des roses à Mascara. Il osait à peine sortir de chez lui, de peur d'avoir à subir quelque algarade dont il aurait eu toutes les peines du monde à tirer vengeance, malgré la courtoisie extérieure des chefs arabes. Je me souviens qu'un soir, pour satisfaire ma curiosité, il me mena prendre une tasse de café dans un établissement maure, et je fus bousculé, jusqu'à être jeté à terre, par un soldat régulier de l'Émir. Je ne dis rien, mais j'ai pris largement ma revanche, dans la suite, sur les camarades de ce brutal.

Je n'eus pas la bonne fortune d'être reçu par l'Émir, car, pour d'excellentes raisons, le capitaine Daumas tenait à être le seul Français communiquant avec lui. Néanmoins, à mon retour à Mostaganem, Abd-el-Kader m'envoyait, comme cadeau et en souvenir de ma mission, un très beau cheval que je cédai, dix-huit mois plus tard, à un lieutenant de spahis, M. Lepic, et qui eut l'honneur de porter S. A. R. Mgr le duc d'Orléans, à sa seconde campagne d'Afrique, car le lieutenant le lui vendit fort cher.

Les quelques mois qui séparèrent mon voyage à Mascara de mon entrée au service, s'écoulèrent très tranquillement. Je me perfectionnais dans l'étude de la langue arabe, avec laquelle je fus bientôt assez familiarisé pour pouvoir servir d'interprète à mon père. Et, en même temps que j'essayais de surprendre les secrets de leur langue, je m'efforçais de m'initier, auprès des Arabes à leur science de l'équitation et je suivais assidument les chasses à courre que Kaddour-ben-Morfi organisait chaque semaine, dans les plaines broussailleuses des environs. Ces plaines fourmillaient de gibier. On chassait avec des lévriers sloughis. Les Arabes ne se servaient que de leurs longs fusils à pierre qu'ils chargeaient à balle. Ils ne chassaient d'ailleurs que pour leur plaisir, puisqu'ils ne pouvaient pas manger de gibier. Ils faisaient cadeau du produit de leur chasse à mon père, qui s'en servait pour améliorer l'ordinaire de la troupe. Le gibier préféré était le sanglier, et les Arabes déployaient à sa poursuite et à son trépas une adresse vraiment merveilleuse.

Par-ci par-là, ils rencontraient quelques-unes de ces hyènes pour lesquelles ils ont un souverain mépris et qu'ils tuaient, sans accidents aucuns. Les sangliers étaient autrement redoutables, et je me souviens encore des émouvantes péripéties d'une chasse qui eut lieu vers la fin de 1838, et à laquelle assistait le colonel Yusuf, amenant à Mostaganem deux escadrons de ses spahis. Le colonel était un chasseur forcené. Ses chasses au lion, à la panthère et au sanglier, étaient célèbres. Elles avaient été illustrées par le pinceau d'Horace Vernet. Voici comment il procédait pour le sanglier. Quand la bête était levée, on la forçait jusqu'à ce qu'elle se décidât à faire tête. Alors, le colonel mettait pied à terre et, armé d'une carabine anglaise, avec baïonnette à ressort, attaquait l'animal de pied ferme et le recevait sur sa baïonnette, quand il fonçait sur lui.

Ce jour-là, nous chassions dans les marais de la Macta, qui servaient de bauge à une infinité de sangliers, lorsque le colonel, à la tête de ses deux escadrons, nous rencontra. Il se joignit immédiatement à nous. Un vieux solitaire débucha et, bientôt fatigué de courir, se mit en défense dans un fourré. La baïonnette d'Yusuf s'embarrassa dans les branches et, en un clin d'œil, le sanglier fut sur lui. D'un coup de boutoir, il lui ouvrit d'abord les deux cuisses ; puis, revenant à la charge, se mit à lui labourer la poitrine, embarrassant heureusement ses défenses dans les vêtements flottants d'Yusuf, vêtu à la mode arabe, comme toujours. La bête et l'homme formaient une masse compacte sur laquelle personne n'osait tirer. Un interprète du Roi, M. Alix Desgranges, qui accompagnait le colonel pour son agrément, n'hésita pas, lui. Il tira, manqua le sanglier, et sa balle, pénétrant dans la cuisse par la partie postérieure, sortit à la partie antérieure, par le trou qu'avait déjà fait le boutoir. Ce coup de maladresse sauva pourtant Yusuf, en détournant l'attention du sanglier, qui lâcha l'homme et fut immédiatement foudroyé.

Puis, les deux escadrons rétrogradèrent vers Oran, en emmenant le colonel sur une civière. Mais cet enragé ne voulait pas quitter la chasse, et continuait à la diriger du haut de sa civière. Un mois après, il était sur pied, guéri de sa blessure, mais non pas de sa passion.

II

AUX SPAHIS.

Yusuf. — Un sauvetage. — Troupes indigènes. — Prise de Bône. A Constantine. — Le colonel de Thorigny. — A la cantine. — Maurice Persat. — Duel à cheval. — Élève trompette. — Avec les Nègres. — A la chambrée.

Ma dix-neuvième année allait sonner. J'étais un homme et même, j'ose le prétendre, un assez vigoureux gaillard.

Dire que j'avais la vocation militaire serait trop peu. Je ne comprenais pas qu'on pût être sur cette terre autre chose que soldat. Cependant, je ne pouvais pas songer, un seul instant, à entrer à Saint-Cyr, puisque depuis de longues années déjà mes études classiques avaient été forcément suspendues. Je n'avais donc pas d'autre ressource que de m'engager comme simple soldat, et mon pauvre père, qui redoutait les débuts de son rude métier pour un garçon habitué à toutes les douceurs de l'existence, hésitait à me donner son consentement.

Je l'obtins cependant, à force de supplications, et un jour vint où je n'eus plus qu'à choisir mon régiment. Je voulais, bien entendu, servir dans la cavalerie, et j'avais à opter entre les spahis et les chasseurs d'Afrique.

Les chasseurs d'Afrique, et en particulier le 2ᵉ régiment commandé par le colonel Randon, m'offraient incontestablement, au point de vue militaire, une meilleure école; mais ils étaient encombrés de fils de famille, de sous-officiers de France qui avaient démissionné pour y entrer, de jeunes gens à l'esprit aventureux, venus en Afrique pour y chercher fortune, prêts à tous les coups d'audace. L'avancement y eût été fort long.

— Tu auras peut-être la chance de mourir dans la peau d'un vieux capitaine retraité, me disait invariablement mon père, quand je lui parlais des chasseurs d'Afrique. J'optai donc pour les spahis.

Eux non plus ne manquaient pas cependant de sujets d'élite. J'allais y trouver, comme sous-officiers, des maréchaux des logis de la Garde royale, portant le double galon : Reboulet de Louvinières des grenadiers à cheval, Fonblanc des lanciers, Créton des dragons, etc. Quant aux jeunes gens de famille, on ne les comptait pas. Je me rappelle Bruyère, le fils du général de division de l'Empire, de Revel, fils d'un colonel de la Garde, un fils de Talma, le maréchal des logis Fleury, le futur grand écuyer de Napoléon III, Curély, le fils du fameux cavalier, sans compter une foule de sous-officiers d'avenir, qui devaient être de redoutables rivaux pour mes jeunes ambitions.

Mais j'avais déjà quatre années d'Afrique. Je commençais à parler la langue des Arabes. J'étais familiarisé avec leurs habitudes. C'était une petite spécialité qui pouvait attirer sur moi l'attention des chefs, en attendant que je méritasse leur intérêt par ma bonne conduite.

Enfin, mon père avait eu jadis sous ses ordres un chef d'escadrons qui commandait en second le régiment : le commandant de Montauban, et il croyait pouvoir compter sur lui, pour me faciliter ces débuts si rudes qui influent sur toute une carrière militaire.

Voilà pourquoi je m'engageai aux spahis d'Oran, qui portaient alors le nom de : corps de cavalerie indigène, et qui formaient un régiment de quatre escadrons, commandé par le fameux lieutenant-colonel Yusuf.

Le nom de ce grand soldat est déjà venu plusieurs fois sous ma plume. Je m'en voudrais de ne pas m'y arrêter un instant, au moment où je commence à servir sous ses ordres, car il fut bon pour moi, et sa glorieuse figure a plané, bienveillante et protectrice, sur les premières années de ma vie militaire.

Populaire, entouré d'amitiés chaudes dans la province de Bône, qu'il venait de quitter et où il avait rendu des services considérables, il était encore peu connu et mal apprécié dans la province d'Oran.

Sa situation comme chef de corps était assez délicate, en face des cadres français qui se cabraient sous le commandement, quelquefois inégal et capricieux, d'un officier étranger. Tout en rendant justice à ses mérites, bien des officiers déjà blanchis sous le harnais, et qui portaient l'épaulette dix ans avant qu'il fût même question de lui, comparant leur carrière lente, régulière, laborieuse, avec son élévation rapide et irrégulière, en avaient conçu une jalousie qui n'allait pas jusqu'à l'insubordination déclarée, mais qui les entretenait dans l'irritation et la mauvaise humeur. Tel était en particulier le cas du commandant de Montauban, désolé d'avoir vu son ami, le lieutenant-colonel de Thorigny, remplacé à la tête des spahis d'Oran par ce romanesque personnage qui ne devait pas tarder, d'ailleurs, à faire taire toutes les susceptibilités, toutes les rancunes, à force de mérite et de courage.

Yusuf était né vers 1810, dans une ville du littoral de l'Italie, près de Livourne. Dans une traversée qu'il fit en bas âge, il fut enlevé avec sa mère par des corsaires barbaresques. Comme il ne dédaignait pas la légende, il laissait volontiers entendre, en se rajeunissant d'au moins cinq années, qu'il était né à l'île d'Elbe, à la suite du court séjour et de l'éphémère souveraineté de Napoléon. Mais il suffit de rapprocher les dates pour rejeter cette version. Quoi qu'il en soit, la mère et l'enfant furent conduits à Tunis. Il ne fut plus question de la mère, mais l'enfant fut élevé dans le palais du Bey, qu'il charma par sa gentillesse, avant de mériter sa faveur quasi paternelle, par une rare intelligence et une adresse merveilleuse à tous les exercices du corps. Le Bey lui fit donner une éducation supérieure. Yusuf parlait fort bien l'italien et suffisamment le français. En arabe, c'était un lettré. Enfin, il avait un véritable talent de calligraphe dont il se montrait très fier.

A dix-neuf ans, il avait déjà été nommé deux fois aux fonctions de bey du camp, c'est-à-dire chargé d'aller, à la tête d'une troupe régulière, lever l'impôt dans les tribus. Ces missions procurent de grands avantages pécuniaires, sans compter l'habitude du commandement, le prestige et la connaissance de toutes les mœurs et de toutes les ruses africaines.

Ce fut l'amour qui perdit ce beau garçon, ou plutôt qui fixa ses destinées futures. Yusuf devint l'amant d'une princesse parente du Bey. Leurs rendez-vous, qui se passaient la nuit, dans un jardin, furent surpris par un serviteur nègre qui, d'ailleurs, paya fort cher, dit-on, son excès de zèle, car la princesse reçut le lendemain un bouquet symbolique contenant, au milieu des fleurs, une oreille, un œil humains, et par lequel Yusuf la rassurait, en lui apprenant que le nègre était pour toujours condamné au silence.

Mais les musulmans ne plaisantent jamais avec ces escapades, et Yusuf reçut des avis secrets qui lui annonçaient une punition exemplaire, la seule usitée là-bas : la mort.

Le consul de France à Tunis s'appelait alors de Lesseps. C'était le père de Ferdinand de Lesseps. Yusuf courut se mettre sous la protection du drapeau français. Le consul lui refusa l'hospitalité. On était en 1830. On venait de prendre Alger. Il fallait éviter soigneusement toute affaire qui eût compliqué notre situation délicate.

— Je ne peux pas vous prendre au consulat, dit le consul au jeune Yusuf ; mais je puis écrire au commandant du stationnaire français d'envoyer demain, à un endroit convenu, une embarcation, sous prétexte de faire de l'eau, en le prévenant qu'il s'agit de recueillir un fugitif. Ce fugitif sera vous, qui serez exact au rendez-vous. Dès que vous aurez mis le pied dans le canot, vous serez sur la terre française, où personne n'ira vous chercher.

Yusuf accepta — comme bien l'on pense — et le lendemain matin il quittait Tunis, monté sur son plus beau cheval et suivi d'un écuyer qui portait, dans une cassette, quelques bijoux précieux devant servir de poires pour les soifs à venir.

Le canot était bien là, attendant à quelque distance de la côte le fugitif. Mais les matelots ne pouvaient reconnaître dans ce cavalier, arrivant en superbe équipage, un malheureux fuyant la vengeance du Bey.

« J'avais beau multiplier les signes désespérés, racontait Yusuf, les marins ne bougeaient pas, et leur inaction me semblait d'autant plus fâcheuse que, derrière moi, arrivait à fond de train une troupe de janissaires chargés de s'emparer de ma personne.

« Enfin, on me comprit, et je vis la barque s'approcher. J'étais entré à cheval dans la mer, pour aller au-devant de mes sauveurs, avec les janissaires derrière moi. Au moment où je sautais du cheval dans la barque, un d'eux mettait déjà la main sur le plat-bord, pour arrêter à la fois l'embarcation et le fugitif. »

Yusuf ne racontait pas ce qu'était devenu son

écuyer, mais il laissait entendre que la cassette avait été sauvée.

Yusuf arriva à Alger, au lendemain de la conquête. Il accepta d'abord une place d'interprète. Nous n'avions alors, pour remplir cet office difficile, que d'anciens officiers des mameluks de la Garde, et encore étaient-ils assez peu initiés aux habitudes du pays, où ils avaient vécu sans contact intime avec la population.

Yusuf parut un aigle au milieu d'eux. Jeune, beau, intelligent, actif, infatigable, l'esprit toujours éveillé, connaissant les Arabes comme sa poche, c'est le cas de le dire, puisqu'il avait été employé à vider les leurs, il séduisit rapidement le maréchal Clausel, qui l'attacha à sa personne et lui demanda plusieurs fois des avis.

La prise foudroyante d'Alger avait frappé les Arabes de stupeur, et, si nous avions eu un plan, si nous avions su ce que nous voulions, si la révolution de Juillet n'avait pas tout bouleversé, nous aurions pu profiter de leur découragement pour asseoir solidement notre domination. Mais le corps expéditionnaire fut bientôt réduit à une division d'occupation, qui fut elle-même réduite à un très faible effectif. On tenta bien quelques expéditions dans la Mitidja. On alla à Blidah. On poussa même jusqu'à Médéah. Mais c'étaient là des sorties, des reconnaissances, des voyages d'exploration, en quelque sorte, et non des promenades de conquérant à travers sa conquête.

D'ailleurs, ces premières tentatives ne furent pas toutes heureuses, et les Arabes des tribus voisines d'Alger, reprenant confiance en nous voyant tâtonner, vinrent bientôt jusqu'aux fossés mêmes de la ville porter le meurtre et la désolation.

Alors, on regretta la faute qu'on avait commise, au lendemain de la prise d'Alger, en licenciant et en rapatriant la milice turque du Dey : les mameluks, qu'il eût été possible et même facile de gagner à notre cause et de retenir à notre service. On avait détruit toute l'administration indigène sans rien mettre à sa place, et si imparfaite qu'elle fût, elle eût été préférable à l'anarchie que nous apportâmes avec nous.

Il y avait encore pourtant, à Alger, quelques éléments qu'on pouvait utiliser. Je veux parler des Coulouglis, fils de Turcs et de femmes indigènes, dont les pères avaient servi sous le Dey. Yusuf proposa au gouverneur général d'organiser, avec quelques-uns de ces jeunes gens, une sorte de gendarmerie locale qui ferait la police de la plaine et assurerait la tranquillité dans les environs d'Alger. L'essai réussit parfaitement et Yusuf, élargissant son champ d'opérations, se chargea d'aller porter un convoi de munitions à Médéah, où nous avions jeté une garnison qui manquait de cartouches. Il fit franchir à ses mulets les montagnes qui séparent Médéah de la plaine de la Mitidja, par un sentier que les Arabes jugeaient impraticable et qu'ils ne gardaient pas. Ces services le mirent en lumière. On ne parlait plus que du capitaine Yusuf et de ses intrépides cavaliers.

L'idée d'appuyer notre corps d'occupation par un contingent indigène prit faveur. Des officiers distingués de l'armée française avaient conçu de l'enthousiasme pour notre nouvelle conquête et ne demandaient qu'à s'y consacrer avec un parfait dévouement. On commença timidement par organiser, sous les ordres d'un officier d'état-major, le commandant Maumet, un bataillon d'infanterie dans lequel l'élément arabe fut mélangé à l'élément français ; et, comme on tirait ses recrues de la Kabylie, habitée par la puissante corporation des Zouaouas, on lui donna le nom de bataillon des zouaves.

Au milieu d'un peuple de cavaliers, il eût été extraordinaire qu'on ne tentât pas pour la cavalerie ce qui venait de réussir pour l'infanterie. Comme je n'écris pas l'histoire de la conquête de l'Algérie, je n'ai pas à m'occuper de l'organisation des chasseurs numides, ni de celle des chasseurs algériens, qui se fondirent dans le corps magnifique et définitif des chasseurs d'Afrique. Je m'en tiens à la troupe où je fis mes premières armes. On décida la création d'un régiment de spahis, dont la base fut le corps des volontaires du capitaine Yusuf, qui se trouva admis dans l'armée française avec le grade de capitaine dont il portait déjà le titre. D'ailleurs, les chasseurs d'Afrique avaient permis de voir ce qu'on pouvait faire avec le cavalier arabe. Le 2ᵉ régiment de cette arme possédait une division (deux pelotons), composée d'indigènes avec des cadres mi-partie français, mi-partie indigènes. Cette troupe était admirable. Dans les premiers combats dont la province d'Oran fut le théâtre, elle était toujours engagée en tête. Elle servit de modèle à nos cavaliers français.

Ses sous-officiers possédaient une réputation extraordinaire de bravoure et d'audace, et ses soldats, qui avaient fait partie de l'ancien Maghzen turc, avaient l'habitude de traiter l'Arabe en peuple conquis, et avaient sur lui un ascendant considérable dont nous profitâmes.

Quand elle fut versée, avec les hommes de Yusuf, aux spahis, elle avait perdu presque tous ses excellents sous-officiers.

Le premier régiment indigène de cavalerie que l'Afrique nous ait donné fut confié à un officier d'artillerie sorti de l'École polytechnique, un homme excellent et original que j'ai beaucoup connu.

Petit-neveu du savant Monge, comte de Péluse, dont il releva le nom et le titre, le colonel Marey appartenait à une riche famille de Bourgogne.

Il était propriétaire du Clos-Vougeot et possédait, cela va sans dire, une cave célèbre. C'était un cœur d'or et une âme tendre, enfermés dans une boîte longue et sèche.

Très grand, très maigre, la figure osseuse, la joue creuse, l'œil fixe, presque sans regard, Marey ressemblait à un moine poitrinaire et austère, découpé dans l'angle d'un portail d'église par le ciseau d'un sculpteur. Je ne l'ai jamais vu rire. Il écoutait et disait les choses les plus énormes sans sourciller. Il ne parlait pas ; il psalmodiait avec une lenteur extrême, en tenant perpétuellement, entre le pouce et l'index de la main gauche, une tabatière que les doigts de sa main droite faisaient virer, par un geste automatique et doux. Un des premiers, il s'était passionné pour l'Algérie et pour ce peuple dont il avait la gravité sévère. Il en avait étudié les mœurs et appris la langue.

Les premiers gouverneurs de l'Algérie avaient pris le système de faire administrer directement le pays soumis, par des officiers remplacés aujourd'hui, désavantageusement, j'ose le dire, par des agents civils. Le colonel Marey avait été nommé agha de la Mitidja, pendant que le lieutenant Vergé exerçait les fonctions de caïd des Beni-Khélil.

Ce fut donc sous les ordres du colonel Marey que Yusuf fit son apprentissage du métier militaire. Il fut dur, car le colonel, très méthodique, exigeait de lui les mêmes connaissances techniques et professionnelles que de ses camarades sortis de l'École ou du rang. Mais Yusuf n'était pas homme à rester en arrière, et moins de deux ans après son entrée au service régulier, il enlevait le grade de chef d'escadron par une action d'éclat.

En 1831, nous avions essuyé un échec devant Bône. On avait mal conçu et mal préparé l'expédition. On avait mis à terre des troupes qu'on avait dû rembarquer précipitamment, et le gouverneur général ne pensait qu'à réparer le tort porté au prestige de nos armes par cet insuccès.

Yusuf, par les relations qu'il avait conservées à Tunis, s'était ménagé des intelligences dans la garnison turque qui occupait la citadelle de Bône, et tranquillement il vint, un jour, proposer au gouverneur d'aller prendre cette citadelle, accompagné seulement de son ami, le capitaine d'artillerie Buisson d'Armandy.

Les deux compères débarquèrent d'une frégate devant la place, et moitié de gré, moitié de force, Yusuf, appuyé par ses amis de la garnison, se fit ouvrir les portes de la citadelle. Un détachement des marins de la frégate s'installa derrière lui, dans ce poste qui dominait les défenses de la place. Elle se rendit et les Français y entrèrent.

Chef d'escadron, Yusuf entrevit une carrière illimitée, un trône, tout simplement. Il rêva de devenir bey de Constantine et de se servir de ce premier marchepied pour devenir ensuite bey de Tunis, sous la suzeraineté de la France. Le maréchal Clausel, qui ne voyait que par ses yeux et qu'il avait positivement fasciné, l'institua bey de Constantine, au lieu et place d'Achmed, dont la déchéance fut proclamée.

Yusuf, en attendant qu'il pût prendre possession de ses nouveaux États, établit son quartier général et le siège de sa souveraineté *in partibus* au fameux camp de Dréhan, et s'offrit tous les honneurs et toutes les prérogatives de sa dignité nouvelle. Il eut sa petite armée beylicale, composée des escadrons de spahis réguliers et irréguliers, de deux sections d'artillerie de montagne servies par des indigènes, et d'un bataillon d'infanterie commandé par un Italien nommé Allegro, élevé comme lui à Tunis, père du général tunisien de ce nom, qui a joué un rôle considérable dans les événements qui ont rangé récemment la Tunisie sous notre protectorat.

Il eut ses drapeaux, sa musique, ses bourreaux, en un mot, tout ce qu'il faut pour être monarque. Et alors commença une guerre d'intrigues entre le bey Achmed et le bey Yusuf.

Achmed, comme tous les pachas turcs, ne se souciait que médiocrement de l'amour de ses sujets, qu'il tyrannisait et pillait à plaisir. Yusuf attisait les mécontentements et cherchait à se ménager des intelligences semblables à celles qui lui avaient si bien réussi à Bône.

Yusuf avait des espions auprès d'Achmed, et Achmed avait des espions auprès de Yusuf qui, un jour, surprit une lettre écrite par son kodja (secrétaire), ne laissant subsister aucun doute sur les relations de ce confident avec l'ennemi.

Yusuf, sans laisser soupçonner sa découverte, continua à dévoiler ses pensées les plus intimes au traître, et quand le malheureux se fut enferré jusqu'à la garde dans ses protestations de dévouement et de fidélité, il lui passa la lettre révélatrice. Aucun mot ne fut échangé entre eux. Le secrétaire se leva, salua, sortit de la tente, s'agenouilla, impassible, devant le chaouch (bourreau), qui, moins d'une minute après cette petite scène muette, lui faisait tomber la tête entre les genoux, sur le sol. Tout cela s'était passé avec une tranquillité, une correction parfaites.

On connaît l'insuccès de la première expédition dirigée contre Constantine, en 1836. Yusuf resta jusqu'à la fin de sa vie parfaitement convaincu que, si cette expédition avait été préparée et conduite dans des conditions moins déplorables; si l'armée s'était présentée devant Constantine abondamment pourvue de tout, pouvant attendre l'effet des trahisons que l'impopularité d'Achmed et les manœuvres de Yusuf avaient préparées; si nous n'avions pas été obligés de compter sur des heures pour éviter un désastre que le manque absolu de vivres suffisait à lui seul à provoquer, l'entreprise eût réussi. Et il avait probablement raison. Tandis que l'insuccès de la première expédition, en décourageant nos partisans, en raffermissant le pouvoir d'Achmed, en augmentant la confiance et le courage de nos adversaires, rendit la seconde infiniment plus difficile et plus meurtrière.

Le maréchal Clausel, tout en croyant au succès, jugeait tout à fait insuffisants les moyens qu'on avait mis à sa disposition. Il aurait pu ne pas commander lui-même, et laisser au général Damrémont, désigné éventuellement pour le remplacer, la responsabilité d'une défaite dont son renom militaire eût profité par un choc en retour. Et le maréchal, pour ne pas partager avec son lieutenant un peu de gloire, lui épargna, en somme, un affront.

Mais un vétéran des grandes guerres, comme lui, un maréchal de France, ne pouvait rester sous le coup d'une faute ou d'une erreur ! Il fallait un bouc émissaire. Yusuf fut choisi pour ce rôle ingrat. On l'accusa d'avoir trompé le gouvernement sur les dispositions des habitants de Constantine, d'avoir réuni des moyens de transport insuffisants pour les approvisionnements.

Yusuf aurait pu répondre péremptoirement que ce qui avait surtout nui à l'expédition, c'était le mauvais temps, qui avait rendu la marche de l'infanterie et de l'artillerie des plus pénibles et des plus longues, et qu'on aurait évité le mauvais temps si on était parti plus tôt, comme il l'avait conseillé ; qu'alors on aurait pu attendre devant la place les résultats de ses intelligences et de ses menées. Il aurait pu répondre enfin, en ce qui concernait les bêtes de somme, qu'il en avait réuni plus qu'il n'en fallait pour les besoins de l'armée, mais qu'il n'avait pu les garder, parce qu'on l'avait fait attendre un mois, sans lui donner de quoi nourrir bêtes et conducteurs ; que, malgré tous ses efforts, il avait dû subir la désertion d'un grand nombre de ces gens affamés.

En dépit de ces bonnes raisons, enveloppé dans la disgrâce du maréchal Clausel, Yusuf, tout en conservant son grade de chef d'escadrons et le commandement de ses spahis, fut mandé à Paris et y fut retenu pendant près de dix-huit mois, dans une situation équivoque. Du reste, il n'eut pas à se plaindre de son séjour dans la capitale. Il y obtint des succès de tous genres. Il y accomplit de douces razzias, et il ravagea peut-être plus de boudoirs parisiens qu'il n'avait jamais ravagé de douars arabes.

Avec sa beauté physique, rehaussée par la sobre élégance de son costume oriental, avec son esprit original, ses idées toutes personnelles, pas banales du tout, avec son langage ardent et imagé, il devait devenir et il devint la coqueluche des salons, le convive des hommes d'État et l'attraction des fêtes royales.

Il circulait dans la haute société parisienne comme s'il n'en fût jamais sorti, et lorsque, aux Tuileries, parlant du temps passé à Tunis, il disait : « Quand j'étais à la Cour », on eût pu croire qu'il arrivait de Versailles et qu'il sortait du petit lever du Grand Roi.

On a prétendu, et c'était peut-être vrai, que Yusuf ne fut retenu si longtemps à Paris que pour le soustraire aux intrigues qui auraient pu se nouer autour de lui, au moment de la seconde expédition de Constantine, et à la tentation de reprendre d'une façon effective, cette fois-ci, son rôle de bey.

Enfin, cette place que la nature semblait rendre imprenable venait d'être prise, et le succès de ce second effort avait remis en faveur ceux qui avaient tenté le premier.

Yusuf avait plu au Château. Il avait plu au monde politique. Il avait plu au ministre de la guerre, avec lequel il avait plusieurs fois traité des problèmes de la conquête, en homme tout à fait compétent. On reconnut qu'il était absurde de se priver de ses services et on décida qu'il retournerait en Algérie, avec un grade plus élevé, pour l'indemniser de la disgrâce momentanée dont il avait à la fois souffert et profité.

On lui donna le grade de lieutenant-colonel et le commandement des spahis de la province d'Oran, corps formé le 1ᵉʳ octobre 1836, et établi dans l'ancien palais du bey d'Oran, appelé Misserghin, situé à trois lieues environ de la ville d'Oran, sur la route de Tlemcen.

Yusuf succédait là au colonel de Thorigny, qui commanda le premier les spahis d'Oran. Beau-frère de M. Édouard Bocher, le sénateur actuel, époux d'une très jolie femme, homme d'action et de plaisir, le colonel de Thorigny tenait un peu du héros de roman. On a même raconté qu'il servit de modèle à Alexandre de Lavergne pour le personnage du commandant de Saint-Phal, dans un roman célèbre : *La recherche de l'inconnue*. Grand ami du général l'Étang, il fut intimement mêlé aux querelles de toute nature qui signalèrent, comme je l'ai raconté, les premiers jours d'existence du 2ᵉ de chasseurs d'Afrique. Il se battit même en duel au pistolet, à trente pas, avec le médecin-major du régiment qui l'avait provoqué. Ce médecin était tellement myope qu'il n'aurait pas vu un bœuf à dix pas. Il tira le premier, et le hasard conduisit sa balle dans la joue de Thorigny. La blessure faillit être mortelle. Elle guérit pourtant, grâce aux soins dévoués de celui qui l'avait faite.

En 1837, le colonel de Thorigny dut demander un congé pour raisons de santé. Il comptait bien revenir en Afrique, mais il dut y renoncer et entra avec son grade dans un régiment de lanciers.

Et maintenant, après cette randonnée à travers l'histoire, il est temps de revenir au nouveau soldat du colonel des spahis d'Oran, à la recrue de Yusuf, c'est-à-dire à moi-même.

Dès que j'eus arraché à mon père son consentement, je partis de Mostaganem comme j'y étais venu, c'est-à-dire sur un petit caboteur. Nous étions deux passagers : un sous-officier nommé Cayrolles et moi. Cayrolles venait de perdre un bras, le bras droit, dans de fâcheuses circonstances.

Il faisait partie d'un détachement de deux escadrons de spahis qui avaient escorté le général de Guéheneuc venant visiter Mostaganem. Les deux escadrons étaient allés camper à Matamore, où les Arabes leur avaient volé pendant la nuit plusieurs chevaux, en pratiquant tout bonnement un grand trou dans le mur de leur écurie. Cayrolles revenait de Matamore à Mostaganem, à la nuit tombante ; il touchait déjà la porte de la ville, lorsqu'une balle partie du ravin lui brisa le coude. A cette époque, pour une blessure semblable, on ne connaissait qu'un remède : l'amputation.

L'aide-major qui était seul chargé du service de la garnison et qui procéda à cette opération, le docteur Mothès, avait, ce jour-là, trop bien dîné. Bacchus pourtant guida sa main aussi bien que l'eût fait Esculape, et l'amputation réussit à merveille. Cayrolles, privé de son bras, rejoignait son escadron. Il allait obtenir une place de surveillant aux Tuileries.

Nous arrivâmes à Mers-el-Kébir, trop tard pour entrer à Oran le soir même. J'invitai Cayrolles à dîner et nous allâmes prendre notre repas à la cantine du fort.

Je mentirais si je disais que ce premier contact avec la vie militaire me plongea dans le ravissement.

Établie dans une casemate du fort, au pied du rocher dont la paroi lui servait de mur de fond ; triste, sombre, à peine éclairée par un quinquet fumeux, meublée seulement de quelques lourdes tables graisseuses et de quelques bancs grossiers, la cantine n'avait rien de folâtre pour un décor de prologue, et surtout pour un acteur qui sortait encore tout chaud du duvet du nid de famille et qui, élevé dans le bien-être, se présentait, un peu troublé par l'appréhension de l'inconnu, au pied et au gradin le plus infime de la dure échelle militaire. Là dedans, s'agitait un monde tout nouveau pour moi, composé de braves gens, mais de gens qui ne brillaient point, il faut le reconnaître, par l'aménité des formes, la délicatesse du langage et l'élégance de la toilette.

J'eus un accès de découragement que dissipa, d'ailleurs, le beau soleil matinal du lendemain, 26 mai 1839. Ce jour-là, j'entrai de mon pied léger à la mairie d'Oran pour signer mon engagement. Il ne fallait pas beaucoup de cérémonies pour faire un soldat, et, en quelques minutes, toutes les formalités étant remplies, je me trouvai bien et dûment lié au service de la patrie pour sept ans. Sept ans! quand on n'en a pas vingt, ou toute la vie, c'est la même chose! J'aurais signé, sans plus d'hésitation, un engagement pour mon existence entière. D'ailleurs, sept ans, est-ce qu'on s'imagine en voir la fin?

Hélas! on la voit. Les sept ans ont passé. Ils ont passé plus de sept fois, saupoudrant de neige la tête et la moustache du spahi, et aujourd'hui il n'a qu'un regret : c'est de ne pas pouvoir recommencer. Il ne choisirait pas autre chose, et il ne choisirait pas mieux.

J'ai dit que toutes les formalités étaient accomplies. Eh bien, elles n'étaient pas accomplies du tout. Le maire d'Oran n'avait pas qualité pour recevoir mon engagement qui, pour être valable, aurait dû être enregistré par un maire régulier d'une commune de France, et non par un officier de l'état civil faisant fonction de maire. J'ignorais cela, le maire aussi, et bien d'autres personnes aussi, dont c'était le métier pourtant d'être ferrées sur les questions administratives. De sorte que je n'ai jamais été lié régulièrement au service militaire, car, lorsque j'eus l'âge de la conscription, comme j'étais en Afrique, le maire de Versailles, qui aurait dû tirer un numéro pour moi, n'y pensa pas. Nous étions cinq ou six dans le même cas, aux spahis. Au bout de trois ans, on se demanda, au ministère de la guerre, ce que c'étaient que ces six spahis, sortis on ne savait d'où. Le général commandant la division fut invité à nous mettre en demeure de régulariser notre situation, ou à nous envoyer promener en nous rayant des contrôles de l'armée. Quand arriva cet ordre péremptoire, j'étais en train de galoper à travers les tentes des tribus du Sud. On en renvoya l'exécution à mon retour. Sur ces entrefaites, je fus nommé sous-lieutenant, ce qui mit fin à l'irrégularité signalée comme une énormité par les bureaux de la guerre.

Avant de me rendre au quartier des spahis, à Misserghin, j'allai présenter mes devoirs à quelques officiers de la garnison d'Oran dont j'avais fait la connaissance chez mon père et qui me firent un accueil très aimable. L'un d'eux, M. Gély de Montcla, adjudant-major au 1ᵉʳ de ligne, que je connaissais plus particulièrement parce que nous avions pris ensemble des leçons d'arabe chez le même *taleb* (lettré), me retint à déjeuner. Il avait précisément alors pour commensal un ancien compagnon d'armes de mon père, M. Persat, échoué à Oran comme adjudant de place, après la plus romanesque de toutes les carrières militaires. Nous déjeunâmes tous les trois.

« Mauvaise tête et bon cœur », telle aurait pu être la devise de Maurice Persat, qui gâcha comme à plaisir sa vie.

En 1814, il était déjà capitaine de cavalerie. C'était le type du cavalier de guerre. Il maniait la lance avec une vigueur et une adresse incomparables, et, pendant la campagne de France, il donnait journellement à ses camarades le spectacle d'un combat singulier avec un Cosaque ou un uhlan, qu'il allait tranquillement défier, sur le front des escadrons ennemis, et qu'il transperçait invariablement.

Un jour, à la suite d'une de ces prouesses, l'Empereur se le fit présenter et lui attacha, de sa propre main, la croix sur la poitrine. Depuis ce jour mémorable, Persat, fanatique du grand homme, ne signait plus, même les lettres les plus insignifiantes, même les billets doux les plus intimes, que : Maurice Persat, décoré par l'Empereur. Et tout le monde, en parlant de lui, avait pris l'habitude de joindre ce qualificatif à son nom.

A la seconde Restauration, Maurice Persat « décoré par l'Empereur », qui faisait partie des brigands de la Loire, fut mis en demi-solde, au licenciement de l'armée. Il chercha aussitôt d'autres dangers, un autre Napoléon. Il n'était bruit, à ce moment, que du fameux Champ d'Asile et du non moins fameux Bolivar. Un mirage attirait au delà de l'Océan les infatigables grognards. Persat, qui n'avait pas le sou, eut vite fait de mettre ordre à ses affaires et partit, sac au dos, pour s'embarquer.

Le hasard voulut qu'en route il croisât un régiment de la Garde royale dans lequel se trouvaient plusieurs de ses anciens camarades, qui le reçurent à bras ouverts et, désireux de venir en aide à sa détresse, firent entre eux une collecte.

Cette collecte produisit mille cinq cents francs, qu'ils comptaient lui remettre, au dessert d'un grand dîner qu'ils lui offrirent.

Persat accepta le dîner, mais refusa l'argent et, — détail qui peint l'homme, qui peint aussi l'époque, — il n'avait plus, à ce moment, que quarante francs dans sa poche.

On sait quel fut le sort lamentable de l'établissement tenté, au Texas, par les officiers de l'ancienne armée impériale, sous la direction du général Lallemand.

Quand Persat quitta l'Amérique, la Grèce venait de se soulever. Il ne laissa pas échapper cette excellente occasion, et, transformé en philhellène, il alla trouver Fabvier. Il assista à la prise de Missolonghi et au sac de Tripolitza, où il sauva une jeune Grecque qu'il épousa sur l'heure.

Mais ce modèle des guerriers n'était probablement pas le modèle des maris, et le bonheur conjugal ne tarda pas à déserter son foyer. Plantant là sa femme, ou planté là par elle, il se remit à guerroyer contre les Turcs. A la suite de la campagne de Morée, le maréchal Maison, qui l'avait vu à l'œuvre, obtint sa réintégration dans les cadres de l'armée française.

C'était peu de temps avant la chute du gouvernement de Charles X, auquel la révolution de Juillet le trouva si bien rallié qu'il refusa avec horreur de manquer à son serment. Et voilà mon Persat remis en non-activité, pour fidélité à cette Restauration que, pendant quinze ans, il n'avait pas voulu servir.

Heureusement, quand le général de Guéheneuc, beau-frère du maréchal Lannes et dernier aide de camp de l'Empereur, fut nommé au commandement de la province d'Oran, il se souvint du pauvre Persat et l'emmena comme adjudant de place. Il occupait ce poste quand je le connus. C'était un homme de quarante-cinq ans environ, plein de force et de santé, une sorte de géant, un peu épaissi par l'âge, mais pas du tout assagi par les aventures.

Après déjeuner, il me mena chez lui et me montra ce qu'il appelait son « petit musée ».

Très curieux, le « petit musée ». Si les personnages qui s'y faisaient vis-à-vis avaient pu s'animer un instant, la concorde n'y eût certainement pas régné. Il y avait là toutes les idoles de Persat, se faisant pendants et jurant d'être ensemble : l'Empereur et Charles X, le roi de Rome et le duc de Bordeaux, Marie-Antoinette souriant à Joséphine, et Louis XVI contemplant d'un air débonnaire Robespierre.

Pour en finir tout de suite avec cet original, je dirai que, s'il était éclectique en politique, il n'était pas le moins du monde commode dans la vie privée, et il fallait au pauvre de Montcla une patience d'ange pour supporter les discussions que Persat soulevait sur tout et à propos de tout.

Un jour, Montcla n'y tint plus et il manqua de patience. Il en manqua absolument, car il envoya promener son ami, Maurice Persat, « décoré par l'Empereur », en ces termes un peu vifs : « Je me f... de vous à pied comme à cheval.

— Comme à cheval! dit Persat, je le veux bien. C'est à cheval, demain, que nous continuerons cette conversation. »

Le lendemain, tout Oran alla assister à cette rencontre épique. Persat fut vainqueur, mais il fut généreux, car ce fut le cheval de son adversaire qui supporta tous les frais de la guerre.

A la première passe, il lui abattit une oreille, d'un coup de sabre. A la seconde, il lui découpa une escalope dans la croupe. A la troisième, enfin, d'un coup de revers sur le bras, il fit tomber l'arme de la main de son adversaire, et on alla déjeuner, pendant que le cheval entrait à l'infirmerie.

Non, Maurice Persat, « décoré par l'Empereur », n'était pas aimable. A Oran on ne l'avait pas vu accomplir ses prouesses; on ne le connaissait que par les aspérités de son caractère, et on en avait assez.

Le général de Guéheneuc, pour tout concilier, lui donna le commandement de l'île de Rachgoun, à l'embouchure de la Tafna. La garnison se composait d'une compagnie de zéphyrs, et on était obligé de lui apporter jusqu'à l'eau qu'elle buvait. Là, un beau matin de 1840, Maurice Persat, « décoré par l'Empereur », proclama la République. Il partait huit ans trop tôt. Le général de Guéheneuc, que toutes ces excentricités n'avaient pu détacher de lui, le nomma adjudant de place à Mazagran. C'était une sinécure, et c'est là que je l'ai vu pour la dernière fois. Je ne sais pas ce qu'il est devenu. C'était, au fond, un très brave homme et un homme très brave, mais il n'était supportable que lorsqu'il chargeait, ou que lorsqu'il chantait des chansons du Caveau. Il savait par cœur Béranger et Désaugiers. C'était, avec les coups de sabre, sa seule spécialité.

Enfin me voilà à Misserghin, chez les spahis, chez moi. L'installation de notre quartier général était assez confortable. L'ancienne maison de campagne du Bey avait été aménagée en logement pour les officiers. Elle communiquait, par une longue caponnière, avec la maison du colonel, et, le long de la caponnière, on avait dressé des hangars qui servaient d'écurie à tous les chevaux du régiment. Les baraquements pour la troupe remplissaient une vaste redoute, et autour, quelques spahis indigènes vivaient sous la tente avec leurs familles. Il y avait eu là, jadis, de très beaux jardins, irrigués par des eaux courantes qui se réunissaient en plusieurs bassins, servant de bains froids. Les officiers avaient leurs bassins spéciaux, ainsi que les sous-officiers, et aussi les simples spahis qui nageaient tous comme des poissons. On y jouait à la Rahba, une sorte de lutte en grand honneur chez les gens de l'Ouest et qui consiste à se surprendre mutuellement, au son du tambourin, par des coups de talon appliqués de préférence derrière l'oreille. C'est beaucoup plus amusant pour celui qui donne que pour celui qui reçoit. Dans l'eau, c'est évidemment moins dangereux que sur le sol. Mais, pour en jouer proprement, il faut n'avoir rien à envier aux otaries.

Les spahis ne pouvaient recevoir comme simples cavaliers français que des spécialistes, maréchaux ferrants, ordonnances d'officiers ou trompettes. Je ne pouvais pas être ordonnance. Je n'avais pas non plus une vocation bien déterminée pour la maréchalerie. On m'admit donc comme élève trompette. Il est vrai que mes aptitudes musicales m'interdisaient tout espoir d'avancement dans la musique. Par bonheur, mon emploi n'était que fictif.

Engagé sous les auspices du commandant de Montauban, qui me montra toujours une bienveillance dont je lui suis resté profondément reconnaissant, j'avais emporté de la maison paternelle, à défaut d'argent, les recommandations les plus sévères. Mon père, qui connaissait la mésintelligence profonde existant entre le commandant de Montauban et le colonel Yusuf, m'avait bien conseillé d'être prudent, d'être sourd, d'être aveugle, pour n'être pas broyé entre les chefs.

A vrai dire, quoiqu'on sentît dans le régiment qu'il y avait le parti du commandant et le parti du colonel, les simples cavaliers indigènes, rompus par tempérament national à l'obéissance, ne pensaient même pas à cet antagonisme. Mais il n'en était pas de même des sous-officiers et surtout des officiers, et, quoique simple soldat, j'allais me trouver mêlé à leur existence, puisque je les avais presque tous connus à la maison paternelle. Il fallait donc me tenir scrupuleusement en dehors de leurs passions.

Ce n'était pas que je dusse trouver dans le corps des officiers, en dehors de Montauban, qui fut toujours charmant pour moi, de bien chaleureux protecteurs. Mon père n'avait pas toujours le commandement débonnaire, et plusieurs de ces officiers, qui avaient passé sous ses ordres, lui gardaient une rancune dont il était assez humain qu'ils me fissent sentir le contre-coup. Je n'ose pas dire que ce fut à un aussi misérable sentiment qu'obéissait le capitaine de Montebello, commandant le quatrième escadron, dans lequel je fus placé. Mais je dois constater que cet officier ne me montra jamais la moindre bienveillance, tant que je restai sous ses ordres, et je dus les subir dans des situations très diverses, car, bien des années plus tard, je commandai une brigade de cavalerie dans une division de la Garde dont il était le chef, et nos rapports ne furent guère plus cordiaux. Il n'a jamais été pour moi un supérieur affectueux. Je me suis contenté d'être pour lui un subordonné correct et strict, jusqu'au jour où, devenu ministre de la guerre, j'ai pu me venger, en lui rendant, avec un empressement particulier, tous les petits services qu'il réclamait.

A mon entrée au corps, les officiers de spahis portaient le costume turc, qu'ils ont échangé, trois ans plus tard, en 1842, contre une tenue française. Ce costume comportait la veste turque rouge, soutachée de noir, sur le gilet bleu de roi, la large culotte bleue, arrêtée aux genoux, la botte molle avec éperon vissé, le turban de fantaisie et le burnous rouge. C'était très joli, quand on avait de la ligne, de la désinvolture; mais quand on prenait du ventre, cela vous donnait tout de suite l'air d'un marchand de pastilles de la rue de Rivoli.

Et puis, cela prêtait un peu trop au caprice et à la dépense. Un cachemire autour de la tête, un harnachement arabe, avec housse brodée, suffisaient à manger la solde d'une année et à endetter pour longtemps leur possesseur.

La troupe portait la tenue arabe, à peu près semblable, avec le turban rayé bleu et blanc. Tous les samedis, on nous faisait une théorie sur la manière d'enrouler et de porter le turban, et jamais nous n'arrivions à l'uniformité rêvée.

Pour armement, le sabre et le fusil.

Maintenant que je viens de faire le croquis de mes chefs, il convient, j'imagine, de crayonner les camarades de mon peloton. Je peux le faire à la plume et avec de l'encre : ils étaient tous des nègres.

En France, ce qui manque le moins pour toutes choses, ce dont nous avons fait une provision inépuisable, ce sont les systèmes. Nous possédions, cela va sans dire, à cette époque déjà, de nombreux systèmes sur le rôle et sur le recrutement des corps indigènes.

Malheureusement, les circonstances ne se plient pas toujours aux systèmes; elles obligent les hommes à passer souvent de l'un à l'autre. Au début, on avait déclaré sur le papier que les spahis formeraient un corps aristocratique, recruté surtout parmi les cavaliers des grandes tentes, appartenant aux familles de la noblesse. C'était très séduisant. Mais, quand les cavaliers des grandes tentes ne suffisaient pas à remplir les escadrons, on acceptait tous ceux qui se présentaient, et alors les cavaliers des grandes tentes, mécontents d'avoir pour égaux, ou même pour supérieurs, des hommes qu'ils jugeaient situés plus bas qu'eux dans la société, s'en allaient.

Au moment où j'arrivai, le cavalier des grandes tentes donnait fort peu. Abd-el-Kader, qui se préparait à rompre la paix, surexcitait partout le fanatisme religieux qui devait éloigner les Arabes du service des chrétiens ; et la paix elle-même, en faisant croire aux populations que l'Émir était le souverain du pays, nuisait à notre prestige et éloignait de nos rangs les indigènes.

Dans ces conditions, on était réduit à accepter tous ceux qui se présentaient. On éludait même l'ordonnance qui obligeait chaque cavalier à amener avec lui son cheval, et le régiment fournissait des chevaux aux pauvres diables qui n'en avaient pas, et qui les payaient au moyen d'une retenue mensuelle sur leur solde.

On avait enrôlé jusqu'à des nègres, et le colonel en avait formé deux pelotons, attribués au 4º escadron. C'est dans un de ces pelotons que je fis mes débuts.

Je n'ai jamais eu à me plaindre de ces braves gens;

au contraire, pour eux j'étais toujours le fils du colonel (*Ouled-el-Colonel*), c'est-à-dire un être d'une essence supérieure, et ils me montraient une prévenance que je n'aurais certainement pas rencontrée chez mes compatriotes dont je heurtais les habitudes. On consommait énormément de liqueurs fortes, dans l'armée d'Afrique, et je n'ai jamais pu sentir l'alcool. C'était l'usage dans la cavalerie d'aller, dès le réveil, boire la goutte à la cantine, et cette première consommation était la tête d'un chapelet de verres de rhum, d'absinthe, etc., qui s'égrenait jusqu'à l'extinction des feux. Moi, quand je me croyais obligé, le matin, d'accompagner les camarades chez le cantinier, je me faisais apporter une tasse de lait chaud. Au début, on me servit quelques plaisanteries en guise de sucre; mais, comme je ne prenais pas la mouche, comme on savait aussi que je faisais très gentiment des armes, ça n'alla jamais trop loin.

Ce soir-là, je partageai, pour la première fois, le domicile de mes frères d'armes noirs : une grande baraque séparée en deux, dans le sens de la longueur, par une cloison de grosses tiges de fenouil maçonnées en torchis. Pour lit, un des hamacs de toile à voiles suspendus à deux barres parallèles qui couraient le long de la baraque. Pour plancher la terre nue. C'était assez propre; mais il paraît que les puces et les punaises se complaisaient dans cette propreté. Il en courait des légions sur nous, et je fus probablement un vrai régal pour ces animaux, habitués à se nourrir de peau noire.

Quant aux rats, ils avaient élu domicile dans notre cloison, où ils faisaient un vacarme d'enfer. On passait la lame du sabre entre deux tiges de fenouil, on allait jusqu'à l'extrémité de la rainure, et on ramenait toujours un de ces rongeurs, fléaux de nos effets d'équipement. Mes nègres, étant tous célibataires, logeaient tous dans la baraque et n'avaient pas de prétexte conjugal pour vivre sous la tente, comme certains de leurs camarades Arabes. Ils se conduisaient tous fort bien, excepté deux ou trois, et parmi ces derniers, une façon de colosse nommé Belloul, fort comme un bœuf et méchant comme un âne rouge. Encore celui-là n'était guère à craindre, car il était toujours en prison. On ne le lâchait que les jours de combat, où il faisait merveille.

Si, maintenant, on veut bien songer que l'élève trompette qui s'endormit, ce soir de mai, muni de son fourniment dont il était jaloux comme d'une fortune, au milieu d'un peloton de nègres, a fini par devenir ministre de la guerre, on conviendra, j'espère, que le métier militaire n'est pas positivement une carrière fermée, et qu'avec un peu de chance, à la condition de s'aider aussi un peu, on arrive encore à y faire son petit chemin.

III

MAZAGRAN.

Mon maréchal des logis chef. — La peur des turcos. — Fleury. — A la côte. — Un bon secrétaire. — Aïn-Madhi. — Première étape. — Préparatifs de défense. — Première rencontre. — Mazagran. — Attaque. — Sortie. — Épilogue inattendu.

Ma cohabitation avec les bons nègres dura fort peu de temps, et quelques jours après mon entrée au service, le maréchal des logis chef de l'escadron voulait bien utiliser mes aptitudes intellectuelles, en m'élevant au poste de secrétaire, qui me valut immédiatement le privilège de coucher, en compagnie du fourrier, dans une partie de la baraque aménagée pour servir de magasin à l'escadron. Ce fourrier s'appelait Fouquet. Sa spécialité était une mémoire réellement extraordinaire. Il connaissait tous les chevaux du régiment, un par un, non seulement par leur nom, mais encore par leur numéro matricule, par leur robe et le nombre de leurs balzanes. Il était, d'ailleurs, la preuve vivante que l'alcool, chez certaines natures d'élite, ne détruit pas la mémoire, car, bien rarement, le soir, il rentrait en état d'équilibre. Aussi rarement, il passait toute la nuit sans se livrer à certaines restitutions qui rendaient son voisinage désagréable, et qui l'avaient fait reléguer, par le chef, dans ce magasin dont je partageais le séjour avec lui.

Le capitaine de Montebello ne descendait pas jusqu'à ces détails infimes, et mon lieutenant de peloton, M. Roussel, n'y descendait pas non plus. Je m'en consolais en rentrant le plus tard possible et en piquant des têtes, une partie de la nuit, dans les bassins de Misserghin. Fouquet a été retraité comme adjudant du train des équipages.

Quant au maréchal des logis chef, il s'appelait Trentesaux. Vieux soldat, servant depuis quinze ans, il avait roulé dans presque tous les régiments de cavalerie d'Afrique, à cause de ses incartades perpétuelles qui l'empêchaient de rester en place. Ses chevrons d'ancienneté lui donnaient, au milieu de ses jeunes collègues, un air respectable. Mais il ne fallait pas s'y fier, car il était le plus fou de tous. Aussi lui fallut-il trente ans pour arriver au grade de sous-lieutenant de cavalerie, dans lequel il fut retraité. Pendant que je commandais le neuvième corps d'armée à Tours, ce vieux camarade, fixé à Blois, m'écrivait encore de temps en temps dans son style troupier et familier, et avec le tutoiement du temps jadis dont je lui avais fait une obligation. Une perle, d'ailleurs ; sachant son métier sur le bout du doigt, mais se fiant trop à sa dextérité, et laissant, comme feu le cardinal Dubois, s'accumuler les choses qu'on doit régler journellement. Il en résultait, pour lui et pour moi, des coups de collier et des nuits entières passées sur d'interminables colonnes de chiffres. Le réveil sonnait ma délivrance, et, sous prétexte d'aller seller mon cheval, je m'évadais des additions, pour passer une heure de sommeil délicieux dans le magasin à fourrage.

Étant le seul spahi français de l'escadron qui parlât suffisamment l'arabe pour se faire comprendre, j'avais été chargé par le colonel de faire, en langue indigène, à la troupe toutes les communications réglementaires qui, sous la rubrique d'ordre du jour, doivent lui être transmises au moment de l'appel. La mesure n'était pas indispensable, car il y avait assez de cavaliers indigènes comprenant le français pour traduire les ordres à leurs camarades. Mais elle était excellente, car il y a des avantages considérables à ce que, dans les corps indigènes, les hommes du cadre français parlent la langue et pratiquent les habitudes des gens du pays. Les Romains ont conquis le monde en s'assimilant la langue, les mœurs et jusqu'aux religions des vaincus. Les Russes, aujourd'hui, font la tache d'huile sur l'Asie par un procédé analogue. Les Anglais, au contraire, maintiennent un abîme entre eux et les natifs avec lesquels, dans leur orgueil, ils ne cherchent point à se mélanger. Aussi leur joug est-il lourd et détesté par des peuples qui rêvent perpétuellement de le secouer. De même en Algérie, nous, nous n'avons pas assez demandé à la plasticité de notre race les sacrifices qu'elle aurait pu accomplir, pour une fusion nécessaire avec l'élément indigène. Il aurait fallu faire comme Mahomet et aller à la montagne, puisque la montagne ne venait pas à nous. Conçoit-on, par exemple, quelque chose de moins judicieux que le recrutement des cadres français des corps indigènes, qui fait passer dans les spahis, au hasard de la liste d'avancement, des officiers sortis des hussards, des dragons, des cuirassiers, et qui devraient y rester? On parle toujours de l'immobilité orientale. Mais cette immobilité, l'avons-nous suffisamment tentée? Est-on bien sûr que la montagne n'aurait pas roulé un peu vers nous, si on avait fait ce qu'il fallait?

De mon temps, chaque régiment détachait à Saumur un brigadier indigène, comme élève instructeur. Que lui apprenait-on? A monter à cheval. Faire venir en France un Arabe pour lui apprendre à monter à cheval, c'est ce qu'on peut appeler un comble. Il est vrai qu'on le fait monter en selle anglaise, c'est-à-dire qu'on lui apprend un système d'équitation qu'il n'a jamais appliqué, qu'il n'appliquera jamais. N'aurait-il pas mieux valu lui apprendre à lire, à écrire en français, les règles élémentaires de la comptabilité militaire, de façon qu'il revînt chez lui initié aux choses de son métier et partiellement imbu de notre esprit? En 1861, à la suite d'une conversation que j'eus avec le maréchal Randon, pendant que nous visitions ensemble l'école de Saumur, on fit venir à Paris un petit contingent indigène d'infanterie et de cavalerie, un bataillon de turcos et un escadron de spahis, pris alternativement dans chaque régiment et qu'on relevait tous les ans. Cet essai réussit pour les turcos. Il échoua pour les spahis, si j'ai bonne mémoire, par la faute de l'officier, très intelligent, mais aussi très paradoxal, qui en était chargé et qui commandait l'escadron. Après la guerre de 1870 on renonça à avoir des turcos à Paris. On ne voulait pas d'une troupe qui eût été, sous la main du gouvernement, un instrument aveugle. On craignait qu'en cas de troubles elle n'appliquât une répression impitoyable. On voyait déjà les têtes des Parisiens révoltés fauchées par le cimeterre, selon la mode arabe.

Cet inconvénient, plus ou moins redoutable, selon le point de vue auquel on se place, ne saurait être mis en balance avec les avantages d'un système qui contribuerait si puissamment à assimiler à notre civilisation l'élément arabe, si on faisait passer des corps de troupes indigènes dans des garnisons intelligemment choisies, dans le Midi, je suppose, dont le climat, se rapprochant de celui de l'Afrique, serait sans danger. Il n'y a, d'ailleurs, pas à espérer que l'Arabe s'assimile autrement à nous ; car, dans les villes d'Algérie et de Tunisie où dominent les éléments français, il est trop près de ses propres coutumes pour n'en pas subir l'invincible attraction.

Afin de me faire pardonner ces réflexions, peut-être

un peu fortes pour la cervelle d'un simple spahi, je rentre en toute hâte dans mon baraquement de Misserghin. Aux spahis, il n'y avait pas d'instruction élémentaire. Les cavaliers, qui devaient arriver au corps, montés sur des chevaux de guerre convenablement dressés, étaient réputés suffisamment instruits pour passer dans le rang, c'est-à-dire à l'école d'escadron. J'étais solide à cheval et je maniais le fusil et le sabre de façon à ne pas paraître déplacé au milieu de mon peloton de nègres, à la manœuvre. Deux fois par semaine, le colonel nous imposait une grande marche militaire sur la route de Tlemcen, dans cette longue plaine de Misserghin bordée, au nord, par une chaîne de collines coupées de profonds ravins favorables aux embuscades, et aboutissant au sommet de Santa-Cruz qui domine Oran. Nous marchions ordinairement jusqu'à une fontaine appelée Aïn-Brédiah, située à trois heures et demie de Misserghin, au bord de laquelle se dresse le tombeau d'un marabout vénéré dans l'Ouest sous le nom de Sidi-Ali-Bouthlélis. Cette promenade, qui nous prenait toute la journée, avait trois buts. D'abord, elle nous familiarisait avec le service en campagne. Ensuite, elle démontrait aux tribus soumises que nous étions en mesure de les secourir, et au besoin de les châtier. Enfin, elle permettait au colonel Yusuf de vaquer sans être dérangé à une intrigue amoureuse qu'il avait nouée secrètement et qui, d'ailleurs, dégénéra bientôt en une liaison avouée.

Il y avait, à Misserghin, une jeune Espagnole aux yeux de velours, belle comme un ange et décente comme une madone, qui s'appelait Dolorès Menès et qui, plus tard, ne fut plus connue que sous le nom de la Niña, que lui avait familièrement donné le colonel. Elle était, disait-on, la fiancée de notre trompette-major, M. Party. De grand matin, le régiment montait à cheval. Quand il arrivait à la hauteur du ravin de Tem-Salmet, Yusuf remettait le commandement au chef d'escadrons de Montauban, en lui donnant, pour instruction formelle et unique, défense d'accorder à qui que ce fût la permission de s'éloigner. Puis, suivi de son secrétaire, le maréchal des logis Fleury, il piquait des deux dans la direction de Misserghin et de la Niña, sûr de n'être dérangé par aucun fâcheux. Vers cinq heures du soir, nous rentrions. Le colonel venait au-devant de nous. En l'apercevant, le trompette-major faisait sonner sa plus belle fanfare. Il rentrait au quartier à notre tête, et tout le monde était content.

C'est ici, je crois, le moment de parler un peu du secrétaire de Yusuf, le maréchal des logis Fleury, et de raconter par suite de quelles circonstances romanesques, l'homme qui devait parcourir une carrière militaire si longue et si brillante entra aux spahis, sous les auspices de Yusuf, dont il devint et resta l'ami le plus dévoué et le plus utile.

Je l'avais vaguement entrevu au collège Rollin, où nous étions séparés par cinq années d'études, mais où il était le camarade de classe de mon frère aîné. Il y avait, d'ailleurs, deux Fleury au collège. Ils perdirent de bonne heure leur père, commerçant notable, qui leur laissa à chacun une assez belle fortune : quatre cent mille francs environ. Mais, très liés avec les deux Perregaux, petits-fils du grand banquier et neveux de la duchesse de Raguse, ils prirent à leur contact de telles habitudes de luxe et d'élégance, qu'avant de quitter le collège ils s'étaient mis déjà dans les mains des usuriers et avaient fortement écorné leur capital. A vingt-trois ans, il ne restait plus à Fleury que soixante-quinze mille francs. Mais, en se ruinant ainsi en bonne compagnie, il avait acquis des connaissances de haute vie qui ne lui furent pas inutiles, par la suite. Il ramassa ces soixante-quinze mille francs et s'en alla en Angleterre, chasser l'héritière. Il avait tout ce qu'il fallait pour ce genre de sport, étant jeune, grand, bien fait, portant beau et très aimé des femmes. Il revint bredouille, laissant dans les brouillards de Londres ses derniers louis et ne rapportant de ce voyage qu'une connaissance dont il ne pouvait pas soupçonner l'importance capitale : celle du prince Louis-Napoléon qui venait d'accomplir l'échauffourée de Strasbourg, qui passait pour un casse-cou sans avenir, et à qui il fut présenté par Fialin de Persigny. Rentré à Paris, Fleury tomba dans une détresse noire. Un jour qu'il la promenait sur le boulevard, il rencontra un de ses anciens amis de fête, Ernest Le Roy, lieutenant dans la garde nationale à cheval et honoré de la bienveillance particulière du Prince royal.

Frappé de son air sombre, Ernest Le Roy l'interrogea.

— Je pèse en ce moment-ci deux résolutions, lui répondit Fleury : faire un plongeon dans la Seine ou m'engager dans un régiment quelconque. Je suis vraiment réduit à l'une de ces deux extrémités.

— Je vous conseille la seconde, répondit Ernest Le Roy, la première étant irrémédiable. Avez-vous un régiment en vue?

— Oui, le 12ᵉ de dragons.

— Ne précipitez rien, et venez dîner demain avec moi. J'inviterai une espèce de Turc qui est en ce moment à Paris, homme charmant, du reste. Il s'appelle Yusuf et commande quelque chose en Afrique. Il pourra peut-être vous être utile. Édouard Perregaux s'était mis à la côte, comme vous. Il est allé trouver mon Turc, et le voilà maintenant officier de hussards. A demain. N'oubliez pas.

On pense si Fleury fut exact. C'était un charmeur, et avant le dessert, il avait conquis Yusuf, qui lui adressa le petit discours suivant :

— Écoutez, monsieur Fleury, notre ami m'a dit votre

triste situation. Il m'a dit aussi que vous étiez un homme de cœur et d'intelligence, c'est-à-dire de ceux que j'aime. Venez dans mon régiment. Je ne vous ferai pas longtemps attendre l'épaulette. Votre ami Perregaux n'a mis que trois ans pour l'obtenir, et Allouart de Saint-Hilaire, et d'autres encore. Tous ces jeunes gens de famille, qui veulent faire oublier leurs péchés de jeunesse par leur courage et leur bonne conduite, n'ont qu'à se confier à moi. Je les aiderai de tout mon cœur.»

Fleury n'en demandait pas davantage.

Le lendemain, il signait un engagement pour les spahis de Bône, que Yusuf commandait encore, et partait immédiatement pour aller attendre à Bône le commandant, retenu à Paris. A cette époque, il n'y avait pour l'Algérie qu'un courrier hebdomadaire de Toulon à Alger. D'Alger, tous les quinze jours, un aviso de l'État partait pour Oran, dans l'Ouest, et un autre pour Bône, dans l'Est. En débarquant à Alger, Fleury rencontra, par le plus grand des hasards, le colonel de Thorigny qui le connaissait, comme condisciple de ses beaux-frères, les Bocher. Le colonel de Thorigny, je l'ai déjà dit, commandait les spahis d'Oran et rentrait en France, en congé de convalescence. Lorsque le jeune engagé volontaire eut raconté sa lamentable histoire au colonel, celui-ci lui dit : « Mais, malheureux garçon, n'allez pas à Bône ! Vous vous engagez dans une impasse. Yusuf est complètement disgracié. Il ne reparaîtra jamais en Algérie. Allez dans mon régiment à Oran. Je reviendrai bientôt, et, en attendant, je vais vous recommander au commandant de Montauban, qui vous soignera comme je le ferais moi-même. »

Spahis de Bône, spahis d'Oran, pour Fleury c'était la même chose. Il connaissait à peine Yusuf. Il avait des relations plus anciennes et plus sérieuses avec le colonel de Thorigny. Il accepta. Le colonel le mena lui-même à l'état-major général, fit agréer son changement de destination, et, par le courrier suivant, Fleury arrivait à Oran. Il fit à pied, et en bottes vernies, les quatre lieues qui séparent Oran de Misserghin, fut reçu à bras ouverts par le commandant de Montauban et incorporé au 3ᵉ escadron, commandé en l'absence du capitaine Bertrand, qui n'était jamais à son poste que pour y faire d'inénarrables folies, par le lieutenant de Loë, qui mourut, quelques années plus tard, lieutenant-colonel d'un régiment de chasseurs d'Afrique.

Le maréchal des logis chef de l'escadron, nommé Allix, le prit comme secrétaire. Et Fleury racontait que toutes ses fonctions consistaient alors à rayer, avec une règle et un crayon, les papiers de la comptabilité. Allix possédait la plus belle barbe des spahis, une barbe noire, touffue, frisée, brillante et longue, dont il était très fier. Il eut une fin lamentable. Devenu officier dans un régiment de France, il revint en 1857 au 1ᵉʳ régiment de spahis, où il fut successivement capitaine-trésorier et capitaine d'habillement. Compromis dans une affaire de malversation, découverte par un hasard singulier et terminée par un procès retentissant, le pauvre Allix, qui n'était plus l'homme à la belle barbe noire d'autrefois, se sauva et fut trouvé mort quelques jours après sa fuite. On a pensé qu'il s'était suicidé pour échapper à la condamnation à cinq ans de détention dont fut frappé le major du régiment, accusé principal. Je raconterai d'ailleurs tout cela plus tard.

Fleury réglait son papier depuis trois mois à peine, lorsque se produisit dans la fortune de Yusuf le revirement inattendu que j'ai raconté : sa nomination au grade de lieutenant-colonel et au commandement des spahis d'Oran, en remplacement du colonel de Thorigny, décidément trop délabré pour revenir en Afrique et passé aux lanciers. Yusuf, qui avait la nostalgie de l'Afrique, à peine rentré en grâce, accourut à Oran. Il y trouva Fleury, et sans même lui demander par quel hasard il le rencontrait à Oran, l'ayant fait partir pour Bône, charmé d'avoir à sa disposition un garçon qui avait éveillé en lui, à première vue, une profonde sympathie, il l'attacha immédiatement à sa personne comme secrétaire par des fonctions réglementaires et régulières, et lui donna, dès que cela lui fut possible, les galons de brigadier.

Fleury avait une position très difficile et très délicate. Il lui fallait, pour la remplir auprès de Yusuf, autant de tact que de discrétion. Vivant dans l'intimité du colonel, commandant presque réellement le régiment derrière le rideau, réglant non plus du papier, mais aussi bien les affaires militaires que les affaires privées, il eut une telle légèreté de main et une telle habileté de manœuvres qu'il sut inspirer à Yusuf une amitié qui ne se démentit jamais, et se concilier dans tout le régiment, parmi ses chefs et parmi ses camarades, non seulement l'estime, mais encore la plus chaude sympathie. Il est juste de dire qu'il fut bien récompensé. Engagé en novembre 1837, il était sous-lieutenant le 11 janvier 1841, décoré à la suite d'un engagement dans lequel il prit un fanion à l'ennemi, lieutenant en 1842, capitaine en 1844 et chef d'escadrons en 1848. A partir de ce moment, servie par des circonstances encore plus extraordinaires que celles qui avaient présidé à ses débuts, sa carrière prit un nouvel essor. J'y reviendrai.

La vie d'un soldat en garnison n'a rien de bien palpitant, et la mienne s'écoulait à Misserghin dans la pratique régulière et monotone du service journalier, adoucie cependant et comme illuminée par la fréquentation de la famille du bon commandant de Montauban, où j'étais traité, je puis le dire, comme l'enfant de la maison.

Les spahis ne vivaient pas à l'ordinaire. Ils avaient une solde assez forte pour prendre pension à la cantine. Notre cantinier, nommé Mayer, Juif alsacien, nous faisait payer fort cher une cuisine abominable qui m'occasionna une véritable maladie de l'estomac, heureusement bien vite terminée, grâce aux bons soins du commandant qui me prit chez lui.

Raconterai-je la grande revue que nous passâmes, le 29 juillet, sur la route d'Oran à Mers-el-Kébir, pour célébrer le neuvième anniversaire des Trois Glorieuses? On nous fit monter à cheval, à deux heures du matin, et on nous laissa cuire au soleil pendant près de six heures, adossés aux rochers qui bordent la route, les yeux littéralement brûlés par la réverbération du soleil sur la mer immobile.

Au mois de septembre, nous reçûmes à Misserghin la visite du duc d'Orléans qui, le lendemain, nous passa en revue à Oran. Son Altesse Royale commençait alors en Algérie un voyage dont les conséquences furent historiques, puisqu'il amena la fameuse expédition des « Portes de Fer », qui allait rallumer la guerre sainte. Je me souviens parfaitement d'avoir vu, dans le brillant état-major qui entourait le Prince ce jour-là, le général Marbot, l'auteur des Mémoires qui ont obtenu tant de succès, et qui allait bientôt recevoir, à l'attaque du col de Mouzaïa, sa quinzième blessure; le duc d'Elchingen, alors très brillant lieutenant-colonel de dragons, une des premières victimes de la guerre de Crimée; le capitaine Munster, qui ne devait pas survivre plus d'un an aux fatigues de la guerre et à l'inclémence du climat.

Dans ses « Lettres sur l'Algérie », le duc d'Orléans raconte son différend avec le maréchal Vallée, à propos de la manœuvre qui allait raviver l'insurrection. Le maréchal voulait aller de Sétif à Alger, en traversant les fameuses « Portes de Fer », c'est-à-dire un défilé tellement étroit que, pendant cent mètres environ, deux hommes n'y pouvaient passer de front. Le Prince voulait aller de Sétif à Bougie, par la route directe qui traverse la Kabylie. Les deux avis ne valaient guère mieux l'un que l'autre. Celui du maréchal, qui prévalut, exposa l'armée à un désastre auquel elle n'échappa que par miracle. Celui du Prince eût peut-être infligé à l'armée ce désastre, en l'aventurant au milieu de la Kabylie encore indomptée. Tous deux auraient fourni, d'ailleurs, à Abd-el-Kader le prétexte qu'il guettait pour recommencer, en cette fin de 1839, la guerre qu'il préparait fiévreusement depuis deux ans, fondant des établissements sur les hauts plateaux, à Boghar, à Tkaza, à Tekdempt, à Saïda, c'est-à-dire dans des endroits qu'il jugeait hors de notre portée ; et allant, pour établir une seconde ligne de résistance dans le Sud, jusqu'à assiéger une véritable place forte : Aïn-Madhi. Léon Roches, qui devint interprète principal auprès de Bugeaud, après un assez long séjour auprès de l'Émir, raconte, dans d'intéressants mémoires, ce siège auquel il prit part. Aïn-Madhi est une petite place entourée de hautes murailles flanquées de tours. Plus tard, en 1853, commandant supérieur à Laghouat, je contribuai à la sauver d'une destruction à laquelle l'avait condamnée un préjugé alors en cours, et qui consistait à regarder comme dangereux pour notre domination un centre de résistance fixe. Abd-el-Kader ne réussit pas à s'en emparer. Mais il obtint de Tidjeni, le grand chef religieux du Sahara qui la défendait, la permission de l'occuper quelques jours et accrut ainsi son prestige vis-à-vis des Arabes, par ce semblant de conquête.

Donc, au mois de novembre 1839, au moment où, dans mon sixième mois de service, j'obtenais les galons de brigadier, dans toute l'Algérie on entendait un froissement d'armes, on sentait une odeur de poudre. Le colonel eut la bonté de me placer au premier escadron, et dans le peloton destiné à Mostaganem. Ce fut une des grandes joies de ma vie. J'allais revoir ma famille et faire connaissance avec la vie de campagne. La vie de campagne, à cette époque, en Algérie, n'était pas une partie de plaisir. Le pays n'offrait aucune ressource. Le soldat couchait à la belle étoile et n'avait pas encore de tente pour se défendre contre les intempéries. La moindre marche amenait parfois une catastrophe. L'année précédente, un bataillon du 1er de ligne, parti d'Oran pour Mostaganem au mois de juin, avait été en quelque sorte écrasé, entre Arzew et la Macta, par un coup de siroco. Il avait fallu saigner sur place deux cents hommes foudroyés par la chaleur, et l'un de ces malheureux, pris d'une sorte de folie furieuse, avait mordu le bras du chirurgien avec une telle violence, qu'en retirant brusquement son bras, le chirurgien lui avait brisé les dents. Six mois plus tard, revenant à Oran, le même bataillon, au même endroit, fut surpris par une tourmente de neige fondue. Il laissa en route une partie de son effectif mort de froid, et la moitié des hommes qui survécurent dut entrer aux ambulances d'Arzew. L'histoire de notre conquête est féconde en désastres pareils.

Nous partîmes d'Oran par une belle matinée d'automne. Nous étions deux pelotons de cavalerie : mon peloton de spahis, commandé par M. Habaïby, le fils d'un ancien officier des mamelouks de la Garde, retiré à Melun et originaire de Syrie, et un peloton du 2e de chasseurs d'Afrique, commandé par le sous-lieutenant Sauvage, avec qui nous ferons bientôt plus ample connaissance. Cette petite colonne avait pour chef le capitaine de Forton, des chasseurs d'Afrique, qui avait reçu pour instructions l'ordre de se garder comme en temps de guerre, instructions amplement justifiées par de nombreux signes avant-coureurs de la reprise des hostilités. Le vide s'était fait autour de nous, nos marchés étaient devenus déserts. Non seulement il ne venait plus aucune recrue aux corps indigènes, mais on signalait des désertions significatives, et on percevait parmi nos fidèles alliés, les Douairs et les Smélahs, la trace des efforts d'Abd-el-Kader pour les détacher de nous. C'est à ce moment que Kaddour-ben-Morfi, le superbe agha des Borjias, répondait à sa mère qui le pressait de quitter le parti des chrétiens : « Si je me livre à Abd-el-Kader, mes jours sont comptés », et en obtenait cette réplique, digne d'une femme de Sparte : « Eh bien, mon fils, tu mourras musulman. »

J'étais plein d'ardeur, de joie et de confiance en quittant Oran, et j'aurais voulu trouver, à mon premier temps de trot, une aventure de guerre qui me couvrît de gloire. Notre première étape fut presque doublée par la nécessité de rejoindre le peloton de chasseurs d'Afrique qui, parti d'Oran au petit jour, avait pris quatre lieues d'avance sur nous. Arrivé au bivouac, je fus dans un grand embarras. Je n'avais pas pensé à assurer ma subsistance pendant la route. J'avais mis de quoi déjeuner dans ma besace, mais le soir, il ne me restait plus qu'une croûte de pain de munition. J'étais, avec mon maréchal des logis nommé Tubœuf, le seul Français du peloton. Et Tubœuf, avec qui je devais plus tard faire bon ménage, n'éprouvait encore aucune tendresse pour moi. Il me prenait pour un propre-à-rien. Quant au lieutenant Habaïby, officier très fantaisiste, il ne descendait pas à ce menu détail de la nourriture d'un brigadier. Enfin, les cavaliers indigènes avaient, selon la mode arabe, apporté leur rouina. C'est de la farine de blé grillé, délayée dans du lait ou même dans de l'eau, avec du sucre ou même du sel. L'Arabe porte cette espèce de farine dans une petite outre et il en vit pendant de longs jours. Il y a là une des explications de la mobilité extrême de ces cavaliers que nous ne pouvions jamais atteindre, empêtrés dans nos convois de biscuit, de riz, d'eau-de-vie, sans compter notre viande sur pied. Il y avait bien les sous-officiers des chasseurs d'Afrique, Français comme moi ; mais je n'en connaissais aucun. A Mostaganem, mon père m'avait défendu de fréquenter les sous-officiers, et je portais la peine de ma réserve passée envers ces hommes devenus mes supérieurs. Enfin, l'un d'eux, nommé Sustrac, me voyant errer, vivante image de la faim, me prit en pitié et m'offrit la moitié de son dîner.

La nuit fut dure. A la bonne chaleur du jour avait succédé une petite pluie froide et persistante qui venait transir mes membres, recroquevillés sous le burnous rouge. Puis, il fallut courir après les chevaux échappés, aller relever les sentinelles, aller surveiller les gardes d'écurie. Bref, mon enthousiasme était un peu entamé, et je me rendis compte que tout n'est pas rose dans le métier militaire. Mais le soleil du matin fit s'évaporer, à la fois, les tristesses de mon cerveau et la pluie de mon burnous, et bien calé au fond de ma selle arabe, je me retrouvai dans les bonnes dispositions de la veille, lorsque mon père, arrivant au-devant de la petite colonne, nous rencontra à la fontaine d'Aïn-Sdidia, limite de son territoire. Je vis son regard s'arrêter d'abord sur ma manche, où les galons de laine lui dirent ma bonne conduite, puis m'envelopper de l'éperon au turban. J'étais bien campé sur mon cheval. Ma tenue était correcte et réglementaire, et je lus dans son œil qu'il était content de moi. Derrière lui, mon frère, qui lui servait d'officier d'ordonnance, déjà ravagé, hélas! par les atteintes de la maladie qui allait nous l'enlever.

Une fois à Mostaganem, mon père exigea que je fisse exactement mon service ; mais près de lui tout m'était doux et facile.

Peu de jours après, la marche audacieuse du Prince royal et du gouverneur général donnait, comme il était facile de le prévoir, le signal de la guerre. Elle surprit le maréchal Vallée, qui s'était endormi sur le succès de

Constantine. On s'était contenté de creuser à travers la Mitidja un fossé : le fossé Berthois, du nom du général du génie qui avait dirigé les travaux. Ce fossé avait le désavantage de paraître tracer une limite à notre occupation, par conséquent d'encourager les Arabes et de décourager les colons. Les débuts de la campagne ne furent pas heureux pour nos armes : la Mitidja fut envahie et mise à feu et à sang. Dans l'Ouest, c'est-à-dire de notre côté, l'Émir avait confié à ses khaliffas, Mustapha-ben-Thami et Bou-Hamedi, la conduite des opérations. Ce fut là où était le danger, c'est-à-dire du côté d'Alger, qu'on dirigea les premiers renforts. Et Mostaganem resta réduit à sa garnison ordinaire : un bataillon du 15º léger récemment arrivé de France, sous les ordres du commandant Dronchat. Le bey Ibrahim, lassé d'un titre purement honorifique, était allé vivre à Alger de la pension de six mille francs que lui faisait le gouvernement. Et ses compagnies turques avaient été licenciées. Avec leurs débris, mon père composa pourtant une sorte de milice indigène qu'il confia à un coulougli nommé Hadji-Ahmed, homme très sûr, mais très téméraire. Il rappela à sa petite garnison l'ordre, très précis et très clair, qui indiquait à chacun son emplacement et son rôle, en cas d'alerte de jour ou de nuit.

La moitié du bataillon de ligne garnissait les blockhaus jetés en avant de la place, du côté de l'ouest, et notamment la redoute des Michels, tout récemment construite. L'autre moitié formait une troupe disponible, sous la main du commandant de la place. Notre côté faible était l'ouest, dans la direction de Mazagran, situé à une douzaine de kilomètres, sur la crête des collines qui s'écartent peu à peu de la côte. Là, il y avait une trouée que rien ne défendait. Deux routes conduisent de Mostaganem à Mazagran : la route supérieure, qui longe la crête du plateau, à travers des jardins enclos de haies impénétrables de figuiers de Barbarie; et la route inférieure, qui suit la base du plateau et aboutit à la partie basse de Mazagran, laissant entre elle et la mer une large plaine, garnie à cette époque d'ajoncs et de genêts.

Nous restâmes sur le qui-vive plusieurs jours, dépourvus de renseignements, sans ressource pour payer des espions, et réduits aux rumeurs suspectes qui circulaient parmi les Arabes établis dans les masures des faubourgs. Nous nous gardions du mieux que nous pouvions, nous et notre troupeau, objectif ordinaire des premières attaques. Les blockhaus, et surtout la redoute des Michels, nous servaient de vigies, en hissant des drapeaux dès que les cavaliers ennemis se montraient dans la zone qu'ils étaient chargés de surveiller, et il était rare que les drapeaux ne fussent pas hissés en même temps dans différentes directions. En montant sur la terrasse de sa maison, mon père pouvait surveiller, comme du centre d'un panorama, toute la région confiée à sa garde, et à l'ouest, notamment, il apercevait dans le lointain Mazagran, accroché à sa colline.

Le vendredi 13 décembre 1839, l'ennemi fut signalé partout de grand matin, en forces tout à fait disproportionnées avec les nôtres. Il se montrait entreprenant, surtout du côté de l'ouest, et faisait mine de venir nous provoquer jusque sous nos murs. La milice indigène sortit la première, une centaine d'hommes tout au plus, et sans même attendre d'ordres; prenant la route supérieure, utilisant les clôtures des jardins qui la garantissaient des chevaux, elle s'élança dans la direction de Mazagran et engagea résolument le feu avec l'ennemi, qui manœuvra aussitôt pour s'interposer entre elle et la place et lui couper la retraite par la route inférieure.

Bien que le combat se fût engagé contre ses instructions, mon père ne voulut pas laisser écraser cette hardie petite troupe et, prenant les deux compagnies d'élite et une compagnie du centre du bataillon du 15° léger, se faisant éclairer par ses spahis et ses chasseurs, il sortit de Mostaganem pour aller à son secours. Nous emmenions, pour toute artillerie de campagne, une petite pièce du calibre réformé 3, trouvée par hasard dans les magasins, remontée et rafistolée par le lieutenant Narrey, et attelée avec des chevaux du train. L'ennemi parut se mettre en retraite devant nous, sur Mazagran. Puis, quand il nous jugea assez avancés, il exécuta un second mouvement tournant, comme pour la milice indigène. Cela devenait sérieux, car nous étions attaqués en tête et en queue. C'était le moment de faire usage de l'artillerie. Mais, au deuxième coup, la maudite pièce de 3 se renversa toute disloquée, les roues en l'air. Profitant très habilement du léger désordre que causa cet incident, les Arabes nous chargèrent.

Heureusement, la route était étroite, resserrée entre un ravin et un fourré dans lequel la compagnie de carabiniers se jeta, pour soutenir d'un feu nourri la charge à fond que fournirent spahis et chasseurs. Dans ce court moment de confusion, mon père avait dû donner de sa personne. Il courut des dangers sérieux et eut une épaulette enlevée. Il tint dans sa position dégagée, assez longtemps pour permettre à la milice indigène d'exécuter sa retraite. Elle avait perdu la moitié de son effectif et son chef. Elle avait brûlé toutes ses cartouches. Mais elle s'était admirablement défendue et avait fait beaucoup de mal aux Arabes. Je regrettai surtout, parmi ses morts, un vieux coulougli nommé Zouaoui, portier de la ville, homme précieux qui venait tous les soirs nous apporter le compte rendu exact des entrées et des sorties, en gens, en bêtes et en denrées, et les renseignements qu'il avait pu recueillir en causant avec les Arabes.

Si la journée du 13 décembre ne fut pas un succès, du moins elle contint l'ennemi, qui disparut pendant la nuit, et attira l'attention de l'autorité supérieure sur la faiblesse de la garnison de Mostaganem. Le maréchal Vallée prescrivit une défensive énergique, ordonna l'occupation de Mazagran, comme poste avancé, et la construction d'une redoute entre Mazagran et la crique de la Salamandre, afin que Mostaganem fût défendue par une ligne ininterrompue d'ouvrages. La garnison fut augmentée de trois nouvelles compagnies d'infanterie, deux compagnies du 1er bataillon d'infanterie légère d'Afrique (les Zéphyrs), destinées à l'occupation de Mazagran, et une compagnie de fusiliers de discipline, chargée de la construction et de la défense de la nouvelle redoute. Ces trois dernières compagnies n'entrèrent même pas en ville. Mon père alla de sa personne les installer sur les points qu'elles devaient occuper. Les disciplinaires eurent vite fait de creuser les fossés et d'élever les remparts de leur redoute. Pour Mazagran, ce fut une autre affaire. Le génie local dut envoyer ses plans et projets à la direction d'Oran, qui dut les expédier à la direction supérieure d'Alger, où ils étaient encore lorsque se produisit le fameux fait d'armes qui devait illustrer le nom de ce village.

Mazagran est, je l'ai déjà dit, bâti en amphithéâtre. Il se terminait, au sommet de la colline, par une maison à terrasse, un peu plus grande et un peu plus solide que les autres, entourée d'une sorte d'esplanade qui ne permettait pas d'en approcher à couvert. Mon père la fit mettre en état de défense provisoire. Il fit, en outre, séparer, par un retranchement, du reste du village, les maisons réservées à l'établissement militaire. Comme il n'y avait pas de service administratif organisé, les Zéphyrs étaient obligés d'envoyer, tous les deux jours, des corvées à Mostaganem pour les vivres. Mon père ordonna qu'ils eussent toujours quatre jours de vivres en réserve. Enfin, il envoya à Mazagran un petit canon qui était sans emploi à l'arsenal de Matamore, et le fit approvisionner de coups à boulets et à mitraille. L'avenir allait démontrer la sagesse de toutes ces précautions, qui furent combattues, comme de juste, par les administrations du génie et de l'artillerie, jalouses de leur spécialité.

La fin de décembre et le mois de janvier 1840 s'écoulèrent dans ces occupations, entrecoupées d'alertes continuelles. Le 31 janvier, notre petite cavalerie eut même un engagement assez sérieux avec les Arabes. Ce jour-là, mon pauvre frère fut pris d'une syncope et rapporté, évanoui, à la maison. Il dut cesser tout travail.

Le lendemain, 1ᵉʳ février, mon père alla visiter ses avant-postes, s'assurer par lui-même de l'exécution de ses ordres, et prescrivit à la garnison de Mazagran d'envoyer, le lendemain, une corvée à Mostaganem pour rapporter, outre les vivres de supplément, une provision double de cartouches de réserve. Cet ordre fut exécuté dans la journée du 2 février.

La légende veut qu'il n'y ait eu à Mazagran que 123 hommes du 1ᵉʳ bataillon d'Afrique. C'est une erreur de la légende. L'effectif des combattants s'élevait à 144 hommes, y compris 4 sapeurs du génie. Il y avait deux compagnies commandées, l'une par le capitaine Pellieux, l'autre par le capitaine Lelièvre. Du reste, peu importe quelques hommes de plus ou de moins. Il y eut une telle disproportion entre les assaillants et les défenseurs que la gloire de ceux-ci reste la même.

Le 2 février, le capitaine Pellieux, commandant par droit d'ancienneté les deux compagnies, tomba malade et vint à l'hôpital de Mostaganem. Et c'est ainsi que le commandement du poste passa entre les mains du capitaine Lelièvre, qui eut, sinon tout le mérite, au moins tout le profit de cette mémorable défense. Il n'avait pas huit mois de grade quand il fut nommé chef de bataillon au 1ᵉʳ de ligne, pour action d'éclat, et son nom ne figura même jamais dans l'annuaire, sur la liste des capitaines. Avec un peu d'esprit de conduite, il aurait pu asseoir la plus brillante carrière sur un fait d'armes qui eut un retentissement colossal. Il s'arrêta au grade de chef de bataillon, quitta obscurément l'armée et ne fit jamais plus parler de lui.

C'est surtout à l'énergie, au courage, au dévouement des deux lieutenants des compagnies; c'est à la confiance qu'ils inspiraient à leurs soldats; c'est au sentiment du devoir qu'ils surent faire passer dans leur cœur qu'il faut attribuer le glorieux succès, remporté par une poignée d'hommes sur une véritable armée d'environ 15,000 combattants fanatisés, enflammés par de récents succès et sûrs de vaincre.

L'un s'appelait Magnien. Il remplaçait le capitaine Pellieux. Petit, chétif, le visage couturé par la petite vérole, il s'amusait lui-même de sa propre laideur. Un jour, rencontrant un officier qui arrivait de France, il l'aborde, le salue, le comble de politesses, l'emmène au café, l'invite à dîner. L'autre, surpris de tant de prévenance, lui en demande la cause. « Ah! mon cher camarade! répond Magnien, vous venez me relever d'un poste que j'occupais depuis longtemps; j'étais l'officier le plus laid de la garnison; maintenant, j'ai au moins un suppléant. » C'était, d'ailleurs, le type de l'officier des corps de punition : correct, rompu au métier, zélé, intelligent et énergique.

L'autre lieutenant s'appelait Guichard. Un grand diable, bohème, ayant pris les allures et les mœurs du milieu dans lequel il vivait, mais pourvu de qualités et d'instincts militaires de premier ordre. Le duc d'Aumale, qui l'employa plus tard, en faisait le plus grand cas et regretta bien souvent, devant moi, que les vertus privées de ce brave soldat ne fussent pas à la hauteur de ses vertus militaires.

Le 2 février, Guichard était venu à Mostaganem avec ses hommes de corvée. Il manqua leur départ, passa joyeusement la soirée et rentra tout seul à son poste, au milieu de la nuit. Les Arabes arrivaient sur ses talons.

Ce fut le 3 février, au petit jour, que commença l'attaque furieuse dirigée par toute une armée contre Mazagran. Elle se poursuivit jusqu'au 5, au soir, durant ainsi trois jours et deux nuits. Elle fut si prompte et si inopinée que les assaillants envahirent le village tout entier et arrivèrent jusqu'au pied de l'enceinte du poste, avant que ses défenseurs eussent soupçon du danger immense qu'ils couraient. Mais ils arrivèrent à temps à la parade ; et l'ennemi, qui ne se composait guère que de cavalerie, se retira bientôt hors de la portée des balles.

Alors le khaliffa Ben-Thami, qui commandait en personne, fit mettre à bonne portée deux pièces d'artillerie en batterie, pour battre le poste en brèche. Du haut de la terrasse de la maison mauresque, la petite pièce française commença à répondre, mais lentement, réservant sa mitraille en vue d'un assaut, et mal établie à ce point qu'on avait dû l'attacher avec des cordes, pour que le recul ne la jetât point en bas.

Ce matin-là, précisément, j'étais de patrouille avec quatre spahis du détachement. J'avais à peine dépassé d'une centaine de pas les murs, quand je vis arriver un de nos cavaliers auxiliaires, qu'on avait admis au service des reconnaissances, pour leur faire gagner un secours pécuniaire de quinze francs par mois. Il venait me prévenir que la plaine était inondée d'Arabes et qu'il fallait rebrousser chemin au plus vite. Je courus avertir mon père qui monta sur sa terrasse d'où, avec une lunette d'approche, il apercevait Mazagran et la fumée des coups de canon. Il fit aussitôt battre la générale et sortit avec ses troupes disponibles. Mais ayant constaté par lui-même, l'avant-veille, que Mazagran pouvait tenir plusieurs jours, il se borna à une démonstration, qui avait pour but de faire une diversion et d'attirer les Arabes sous le canon de la place.

Nous étions en relation avec le poste attaqué, le jour, par des drapeaux, et la nuit, par des fusées. La journée du 4 fut la répétition de celle du 3. On tirailla du matin au soir. Le feu de l'ennemi ne se ralentissait pas ; mais Mazagran signalait de son côté que sa situation n'empirait pas. Dans la sortie qu'il fit ce jour-là, mon père s'aperçut que, comme au 13 décembre, l'ennemi manœuvrait pour l'attirer loin de la place, afin de l'envelopper par des forces écrasantes. Il résolut de lui infliger une leçon. Dans la nuit, il fit organiser par le capitaine Palais, commandant l'artillerie de la place, ce qu'on pourrait appeler une batterie de fortune, composée de six pièces de calibre différent, servies par des canonniers gardes-côtes. On y attela, avec des traits de corde, des chevaux de cavalerie. Cette artillerie n'aurait pas pu manœuvrer en rase campagne ; mais mon père ne lui demandait que de frapper un coup vigoureux, et de se retirer ensuite. Pendant cette nuit, les fusées de Mazagran nous apprirent que la petite place était vigoureusement attaquée. Mais à l'aube, son drapeau flottant fièrement au vent nous révéla qu'elle tenait toujours bon.

Toute la garnison de Mostaganem devait sortir, excepté les malades ; mais mon père tenait à ramener une troupe en assez bon état pour pouvoir recommencer le lendemain, si besoin était. Pendant la matinée, il ne montra à l'ennemi que quelques pelotons, tiraillant timidement, à l'abri des deux pièces à longue portée du fort de Bab-el-Djerad. Mais à trois heures de l'après-midi, il porta rapidement en avant le bataillon du 15ᵉ léger, précédé d'une ligne de tirailleurs formée par les spahis et les chasseurs d'Afrique. On nous avait démontés pour donner nos chevaux à l'artillerie, et parce que cinquante cavaliers n'avaient rien à faire en face de masses ennemies. Quand les Arabes, accourus au-devant de cette petite troupe, parurent à bonne portée, le bataillon, s'effaçant, démasqua les six pièces mises en batterie, dont la mitraille produisit un effet considérable. Puis, au lieu de prendre du champ à la poursuite des fuyards, qui auraient voulu l'attirer derrière eux pour dessiner un mouvement tournant, mon père fit rentrer rapidement son artillerie, posta son infanterie sur la route inférieure, à l'abri du cimetière juif, et attendit le retour offensif de l'ennemi. Quand il se produisit, il fut accueilli par les salves du bataillon et par celles des disciplinaires, postés à bonne portée, dans leur nouvelle redoute.

A la nuit, nous nous repliâmes lentement. Les Arabes nous serraient de si près que la compagnie d'élite du bataillon dut garnir la banquette d'enceinte et marier, à travers les meurtrières, sa mousqueterie au feu des pièces de Bab-el-Djerad, qui tiraient à outrance. Ce fut le dernier effort des Arabes. Nous ne savions pas si nous devions nous féliciter de la journée. Nous avions certainement infligé des pertes considérables à l'ennemi ; mais, jusqu'à la fin, il s'était montré très audacieux et nous avait mis hors de combat une cinquantaine d'hommes, dont dix-sept tués, ce qui était beaucoup pour notre effectif restreint.

Après la nuit, entrecoupée de quelques alertes causées par les coups de feu des Arabes, embusqués dans les masures des faubourgs et tirant sur les sentinelles, nous courûmes bien vite examiner à la longue-vue ce qui se passait à Mazagran. Le drapeau flottait toujours au-dessus du fort, et rien ne semblait bouger dans la campagne. Ce fut pour nous un soulagement immense ; car, à toute minute, nous redoutions une catastrophe. Quelques cavaliers auxiliaires, bien choisis et envoyés à la découverte, revinrent bientôt nous annoncer que Mazagran semblait complètement dégagé, que ses environs étaient tranquilles et qu'il n'y avait plus en vue un seul Arabe. Aussitôt, mon père monta à cheval et, escorté du peloton de spahis et du peloton de chasseurs d'Afrique, il courut à Mazagran. Il trouva l'héroïque petite garnison en excellentes dispositions et la félicita chaudement. L'attaque, si terrifiante de loin, avait complètement échoué. Les deux pièces arabes, mal servies et mal pointées, n'avaient produit aucun effet. L'ennemi avait tenté deux assauts de nuit ; mais sans échelles et sans brèche préalable, il avait été facilement repoussé.

Les deux compagnies avaient, en somme, assez peu souffert. Elles avaient perdu trois tués et quinze blessés. Parmi ces derniers, il y avait un caporal dont je vis amputer la jambe. Ce brave homme, pendant toute l'opération qu'il surveilla lui-même, continua à fumer sa pipe, sans la laisser éteindre. Nous revînmes grand train à Mostaganem, afin de diriger sur Mazagran un convoi de ravitaillement. A l'aller et au retour, nous pûmes nous rendre compte de l'importance du rôle que nous avions joué nous-mêmes dans la délivrance de Mazagran. Les Arabes avaient emporté avec eux leurs morts et leurs blessés. Mais le nombre des chevaux tués indiquait la grandeur de leurs pertes.

La défense de Mazagran produisit un effet considérable en Algérie et en France. Même en tenant compte de l'exagération et de l'engouement, c'est réellement un très beau fait d'armes. Il fait le plus grand honneur à la petite troupe qui l'a exécuté. Mais je le dis avec orgueil, il fait aussi un très grand honneur à mon père, dont l'expérience et la prévoyance n'avaient rien oublié avant l'affaire, et qui, pendant les événements, a dirigé les opérations avec le coup d'œil le plus exercé ; qui a su soutenir le moral de ses soldats, en leur donnant toujours et partout l'exemple du courage, du sang-froid et du dévouement; qui s'est constamment tenu au poste le plus exposé, cherchant à attirer sur lui l'effort de l'ennemi et dégageant d'autant la faible garnison de son poste avancé.

Le gouvernement, empressé d'obéir à l'opinion, prodigua les récompenses. Une médaille commémorative fut frappée et remise à chacun des défenseurs de Mazagran. Leur drapeau, glorieusement déchiré, fut donné au bataillon d'Afrique et confié à la garde de la 10° compagnie, qui l'avait si vaillamment défendu. Enfin, mon père obtint les épaulettes de colonel, auxquelles il avait pour ainsi dire renoncé et qu'il attendait vainement depuis seize ans. Comme beaucoup d'autres militaires de la garnison, j'obtins une citation à l'ordre de l'armée.

Je dois, par respect pour la vérité, noter un épilogue inattendu et réellement extraordinaire de la glorieuse défense de Mazagran. Depuis leur échec, les Arabes, dont les principales forces opéraient dans la province d'Alger, nous avaient laissés fort tranquilles, et le marché de Mostaganem, fréquenté par les tribus avoisinantes, redevint bientôt un centre commercial important. Aussi, quel ne fut pas notre étonnement, au bout de quelques semaines, de constater brusquement une sorte de grève des approvisionneurs! Toutes les transactions cessèrent, comme par un coup de baguette. On fit une enquête, et voici ce qu'on découvrit. Les soldats du poste de Mazagran, les héros de la défense, s'étaient tout bonnement transformés en coupeurs de bourses. Sous prétexte de faire bonne garde, ils attendaient les Arabes à leur retour du marché, les dévalisaient et tuaient tous ceux qui résistaient. Les Arabes, qui, pour venir au marché, étaient obligés de se soustraire aux ordres de leurs chefs, soumis à un pareil régime, s'abstinrent de reparaître. On remplaça la compagnie du bataillon d'Afrique, à Mazagran, par une compagnie d'infanterie, et tout rentra dans l'ordre. Mais n'est-il pas curieux de voir les mêmes hommes, qui venaient de soulever l'admiration générale par leur belle conduite, se livrer ainsi à des désordres qui faisaient à notre cause commune plus de mal que leur courage ne lui avait fait de bien? Et n'est-ce pas le cas de réfléchir à cette parole de Napoléon, disant que la discipline est la première vertu du soldat et que le courage ne vient qu'en seconde ligne? Il convient, d'ailleurs, de faire remarquer, à l'honneur de l'armée, que les bataillons d'Afrique sont des corps de punition dont les cadres sont formés de sujets d'élite, mais dont les hommes, sortant tous de prison, ont le sens moral singulièrement perverti.

La joie légitime que devait causer à mon père le succès de Mazagran fut, hélas! mouillée de larmes. Dans le dernier combat, mon frère, qui n'avait pas voulu nous quitter et que je traînais, pour ainsi dire, suspendu après moi, dans la ligne des tirailleurs, car il ne tenait plus sur ses jambes, roula par terre, frappé d'une nouvelle syncope. On l'emporta mourant, et il ne se releva plus. Pourtant, avant d'expirer, il eut encore la force d'accomplir le dernier acte de ses fonctions de secrétaire, et il me dicta le rapport de la défense de Mazagran, avec tant de clarté et de précision, qu'il fut publié tel quel, par les documents officiels.

IV

LA SUCCESSION DE FLEURY.

Le combat de Tem-Salmet. — Monicolle. — Le col de Mouzaïa. — Généraux d'Afrique. — Le général de Lamoricière. — Colonisation. — Deux capitaines. — En congé. — Retour en Afrique. — Bugeaud et Changarnier. — Gendarmes maures. — Moissonneurs. — Altercation. — Le capitaine Bertrand. — Le caïd Osman. — Nourri d'escargots. — Mes deux chemises. — Secrétaire du colonel. — Un festin.

A partir du 5 février 1840, nous fûmes tranquilles à Mostaganem. L'effort des Arabes fut dirigé contre Oran d'abord, et puis ensuite contre Alger. A Oran, le général de Guéheneuc avait fait élever, entre sa petite capitale et le quartier des spahis à Misserghin, une tour : la tour Combes. Il avait, en outre, mis à la disposition du colonel Yusuf une section d'artillerie de campagne, commandée par le capitaine Barral, et deux bataillons du 1ᵉʳ de ligne, qui avaient pour chefs le commandant Mermet et le commandant d'Anthouard de Vrincourt. Sous la protection de ces forces, nos alliés les Douairs et les Smélahs campaient et faisaient paître leurs troupeaux sur d'assez vastes étendues.

Dans cette plaine de Misserghin, s'étendant au loin dans la direction de Tlemcen, entre des marais salins et la chaîne de collines qui se termine à Oran par le sommet de Santa-Cruz, qui la sépare de la plaine des

Andalouses, presque chaque matin, les cavaliers de l'Émir tentaient quelque coup de main contre les tentes de nos alliés. Yusuf lançait contre eux un ou deux pelotons de spahis, et quand les Arabes se montraient trop nombreux et trop entreprenants, il montait lui-même à cheval et leur donnait la chasse avec les trois escadrons qui lui restaient : le deuxième, capitaine Tailhan ; le troisième, lieutenant de Loë suppléant le capitaine Bertrand, invariablement absent, et le quatrième, capitaine de Montebello. Le premier escadron, commandé par le capitaine Cassaignolles, avait été détaché à Oran même.

Le 12 mars, les Arabes apparurent, comme d'habitude, caracolant et entamant, à la façon des héros d'Homère, le combat par des injures prodiguées à nos alliés, qu'ils traitaient d'esclaves et de renégats. Ils reçurent à coups de fusil les premiers spahis dépêchés contre eux. Ce que voyant, Yusuf sortit de Misserghin, à la tête de ses trois escadrons. Les Arabes plièrent lentement devant lui, en tiraillant. Ils l'attirèrent ainsi jusqu'à environ quatre kilomètres de Misserghin, à un endroit où s'ouvre dans les collines le ravin de Tem-Salmet, d'où sortit une nuée de cavaliers qui donna aussitôt au combat une apparence des plus sérieuses, et même des plus graves. Yusuf déploya le quatrième escadron en tirailleurs, gardant les deux autres en ligne. En même temps, il envoya à ses deux bataillons d'infanterie et à la section d'artillerie l'ordre de se porter vivement à son secours.

Les tirailleurs du 4ᵉ escadron tinrent tant qu'ils eurent des cartouches, et perdirent presque tous leurs sous-officiers. Quand ils furent à bout de munitions, le colonel les fit remplacer par le 2ᵉ escadron, dont les hommes passèrent, pour aller les relever au feu, dans leurs intervalles. A ce moment, le capitaine de Montebello fait sonner le ralliement pour reporter en arrière son quatrième escadron. Les nouveaux tirailleurs du deuxième prennent le signal pour eux, et les deux escadrons, tournant le dos aux Arabes qui les chargent aussitôt, se jettent sur le troisième resté en bataille et l'entraînent dans une fuite affolée. A la vue de ces cavaliers en déroute, les deux bataillons d'infanterie, qui étaient déjà sortis de Misserghin, forment deux carrés qui auraient pu leur servir de points d'appui et de centre de ralliement. Mais une cavalerie qui fuit ne s'arrête point facilement. Les spahis ne firent halte que devant les fossés de la redoute de Misserghin, et encore quelques chevaux emportés franchirent-ils, dans un élan suprême, ces fossés eux-mêmes.

Yusuf eut assez de sang-froid et d'empire sur lui-même pour ne pas suivre ce torrent. Il se jeta dans un carré d'infanterie, accompagné d'un seul homme de tout son régiment, un tout jeune brigadier nommé Mesplier, qui fut décoré pour sa conduite. Le colonel aurait eu certainement deux compagnons si Fleury, son secrétaire, n'avait pas été en mission à Bône. Il prit aussitôt la direction du combat et commença par fondre en un seul les deux carrés du 1er de ligne, afin de présenter à l'ennemi une masse plus imposante. Puis il porta immédiatement son carré en avant, en refoulant, à coups de fusil et à coups de canon, les masses ennemies vers le ravin de Tem-Salmet. Il voulait ne pas laisser ses troupes sous l'impression d'un échec et l'ennemi sous l'impression d'un succès. Il voulait donner à ses escadrons le temps de se reformer, de reprendre haleine et de revenir au combat. Il voulait enfin recueillir et sauver ceux de ses blessés ou de ses démontés qui n'auraient pas été achevés par les Arabes. Je crois qu'on ne retrouva vivant qu'un maréchal ferrant du 4e escadron nommé Monicolle, à qui la journée dut donner des cheveux blancs. Monicolle avait eu son cheval tué sous lui pendant la déroute. Il tomba et resta étourdi sur le sol, et tout le flot de la cavalerie lui passa sur le corps. Quand il revint à lui, il se traîna doucement sur le ventre jusqu'au fond d'un buisson de lentisques. Le spectacle qu'il eut alors sous les yeux n'était pas de nature à lui inspirer des pensées bien roses. Les spahis avaient disparu, laissant derrière eux quelques chevaux sans cavaliers. L'infanterie apparaissait à peine comme un point, au fond de la plaine, maintenant parcourue par des cavaliers arabes, enivrés de leur triomphe et activement occupés à rechercher nos morts et nos blessés qu'ils décapitaient, pour brandir ensuite leurs têtes en guise de trophées.

Monicolle, dans son buisson, se rendait tout petit, retenait son souffle et faisait sa prière, les cheveux hérissés, les yeux ardemment fixés sur le carré d'infanterie qui grandissait, qui approchait, qui apportait le salut. Un moment vint enfin où, entre l'infanterie et son buisson, Monicolle ne vit plus passer et repasser les Arabes. Il s'élança comme un fou vers ses libérateurs et... essuya la décharge générale de toute la face du carré vers laquelle il courait. Les soldats, en voyant cet homme rouge sortir du buisson, avaient subi un mouvement nerveux et tiré instantanément sur lui. Monicolle ne fut pas touché.

Pendant que le carré reprenait une vigoureuse offensive, le général de Guéheneuc, prévenu de ce qui se passait, arrivait aussi à la rescousse. Il avait d'abord fait partir tout ce qu'il avait de cavalerie sous la main, c'est-à-dire le 2ᵉ régiment de chasseurs d'Afrique du colonel Randon et l'escadron de spahis du capitaine Cassaignolles. Ce dernier, parti au galop, rallia les trois escadrons reformés devant Misserghin et ramenés au feu. Il put prendre part à la dernière phase de la la lutte. Elle se terminait. L'ennemi était en pleine retraite et, arrivé à la tour Combes, d'où la vue embrassait tout le champ de bataille, le colonel Randon jugea inutile d'aller plus loin. Il s'établit sur les crêtes des collines, où il fut rejoint par le général de Guéheneuc lui-même, à la tête des renforts qu'il amenait, et qu'il ramena à Oran, quand il eut acquis la certitude que tout allait bien désormais.

Le lendemain, les spahis allèrent relever leurs morts et rapportèrent dans des prolonges du train trente-neuf cadavres sans tête. Aucun officier n'avait été atteint. Il n'y eut presque pas de blessés, tous ceux qui étaient restés sur le terrain ayant été décapités, sauf Monicolle.

Aujourd'hui, après cinquante ans passés dans la cavalerie, je me rends compte des fautes qui furent commises ce jour-là. Yusuf, emporté par sa bouillante valeur, eut le tort de tomber dans un piège et de se laisser attirer jusqu'à Tem-Salmet.

La substitution d'un escadron à un autre, déployé en lignes de tirailleurs, sous le feu de l'ennemi, était une imprudence. Il aurait fallu d'abord dégager par une charge vigoureuse les tirailleurs qui manquaient de cartouches. On aurait pu, à la rigueur, après cette charge, déployer un nouvel escadron; mais il eût mieux valu, à mon sens, se replier par échelons sur l'infanterie, pour repasser ensuite, sous la protection de cette sorte de forteresse mouvante, armée de deux pièces d'artillerie, de la défensive à l'offensive.

On accusa la qualité des troupes engagées. On fut injuste. Sans doute, à ce moment, les troupes indigènes n'avaient encore pu inspirer la confiance qu'elles méritèrent ensuite par leur discipline et leur solidité au feu. Yusuf redoutait par-dessus tout pour son régiment le sort qui venait d'atteindre les spahis d'Alger qu'on avait licenciés, en face de l'impossibilité où l'on se trouvait de les recruter. Il faisait des efforts inouïs pour avoir de gros effectifs. Et, comme la guerre sainte éloignait de nos drapeaux les bons et vrais cavaliers arabes, il envoyait partout des racoleurs et recevait à bras ouverts quiconque se présentait pour revêtir le burnous rouge. Mais, cependant, à Tem-Salmet, les spahis ne firent que ce qu'aurait fait toute autre cavalerie à leur place. Faire combattre les cavaliers à pied ; faire de l'infanterie avec sa cavalerie est une mesure qui présente de tels inconvénients qu'une nécessité suprême peut seule l'excuser. Quant au tir à cheval, il sera toujours incertain, inefficace, quelque précision qu'on suppose au fusil. Il n'y a pas de sophisme qui prévale contre ce fait : l'arme offensive du cavalier, c'est son cheval. Il ne puise sa force et sa puissance que dans ses qualités de choc et d'impulsion. L'arme défensive du cavalier, c'est encore son cheval. La cavalerie battue ne demande jamais son salut qu'aux jambes de ses chevaux. On ne parviendra jamais à lui faire disputer le terrain pied à pied, comme l'infanterie, et toujours elle songera à se soustraire le plus rapidement possible aux coups, pour aller se rallier et se reformer à l'abri.

Après l'affaire que je viens de raconter, et qui me fut rapportée par les camarades du régiment, car je n'y assistai pas, le théâtre des hostilités se transporta dans la province d'Alger, et la province d'Oran eut quelques mois de répit. Quand je dis la province d'Oran, il faut s'entendre ; c'était Oran avec son port, Mers-el-Kébir, et sa banlieue comprise entre Misserghin, à l'ouest, et le figuier d'Arzew, au sud ; c'était Mostaganem et son annexe : Mazagran. On peut presque dire que là, comme dans toute l'Algérie, nous ne possédions réellement que le terrain que couvraient les semelles de nos souliers ou le sabot de nos chevaux.

Les échecs subis depuis la reprise des hostilités, depuis l'expédition des « Portes de Fer », avaient enfin ouvert les yeux. On avait compris qu'il fallait ou renoncer à l'Algérie, ou protéger coûte que coûte nos premiers et timides essais de colonisation. Des renforts étaient venus de France. On avait concentré dans la province d'Alger toutes les troupes qui n'étaient pas indispensables pour défendre des points occupés dans le reste de la colonie. Le Prince royal venait prendre lui-même le commandement de la première division d'infanterie, sous les ordres du maréchal Vallée, amenant avec lui, comme officier d'ordonnance, son jeune frère, le duc d'Aumale, nommé récemment chef de bataillon. L'objectif de la campagne était la prise de deux villes : Médéah et Milianah, situées dans le massif montagneux du petit Atlas, dont la conquête devait nous assurer la libre et tranquille possession de la Mitidja, alors très avidement et très justement convoitée par la colonisation. C'est ainsi que de proche en proche, et pour assurer la sécurité des territoires occupés, on fut amené à porter toujours plus loin la limite des pays conquis, et à compléter sans plan préconçu, par la force des choses, la conquête de l'Algérie.

Les troupes qui composaient l'armée s'étaient déjà couvertes de gloire, et les chefs qui les commandaient allaient devenir nos grandes illustrations militaires. Il y avait là, les zouaves commandés par Lamoricière, le 2ᵉ léger par Changarnier, le 17ᵉ léger par Bedeau. Le futur maréchal Pélissier, alors chef d'escadron, était chef d'état-major d'une des deux divisions d'infanterie. Le futur maréchal de Mac Mahon y servait comme capitaine d'état-major. Le futur maréchal Lebœuf était officier d'ordonnance du maréchal Vallée. Le futur maréchal de Saint-Arnaud commandait un bataillon de zouaves. Quatre beaux régiments de cavalerie formaient une division dont la première brigade, composée des 1ᵉʳ et 4ᵉ régiments de chasseurs d'Afrique, obéissait au général de Bourjolly, qui devait mourir général de division, sénateur, etc., et la seconde, composée de deux régiments de marche, formés d'escadrons de hussards et de chasseurs venus de France, au général de Blanquefort qui devait survivre peu de temps aux fatigues de cette campagne.

Abd-el-Kader, de son côté, justifiait par des efforts de génie et d'activité la grandeur de ces efforts et se préparait à disputer vigoureusement le chemin des montagnes. Il avait compris qu'il ne serait réellement fort que lorsqu'il aurait une armée permanente et qu'il serait soustrait aux hasards des luttes, des rivalités, des exigences des contingents fournis par les tribus. Avec quelques-uns de nos déserteurs, avec des aventuriers attirés à prix d'or, il avait encadré les éléments les plus vigoureux, recrutés dans tout le pays arabe. Cette armée régulière avait son armement, ses magasins, ses uniformes et jusqu'à ses décorations. Mobile et obéissante, elle était son instrument de lutte contre l'envahisseur, instrument bien à lui, instrument de répression contre ses compatriotes révoltés. Bref, il avait réussi à imposer à l'Arabe indépendant un rudiment d'organisation civilisée qui fait le plus grand honneur à son génie.

Cette belle campagne de 1840 appartient à l'histoire de France. Elle a redit le fameux passage du col de la Mouzaïa, conquis très brillamment sous les yeux du Prince royal, la prise de Médéah, celle de Milianah.

Une fois ces villes prises, il fallait les garder; autrement, ces expéditions, où nous achetions la gloire avec du sang, n'auraient produit sur la terre d'Afrique que l'effet du sillage d'un navire sur l'Océan qui s'entr'ouvre devant lui, bouillonne un instant derrière lui et en efface aussitôt la trace. On y jeta donc des garnisons commandées par des officiers énergiques. A Médéah, c'était le colonel Duvivier, qui fut tué à Paris, pendant les journées de Juin, à la tête de la garde mobile. Ancien élève de l'École polytechnique, il avait quitté le génie pour l'infanterie, qui offrait plus de chances à ses ambitions. Il poussait peut-être le mysticisme jusqu'à la puérilité, et la conscience de son mérite jusqu'à la vanité ; mais c'était un homme de haute valeur, une véritable âme de bronze. A Milianah, c'était le colonel d'Illens, qui devait plus tard trouver la mort en combattant dans l'Ouaransenis. Officier plein de ressources, qui faisait des prodiges d'industrie pour soustraire sa garnison à la disette et aux épidémies et qui, pourtant, lorsqu'on vint la relever, n'avait plus sous la main que juste ce qu'il lui fallait d'hommes valides pour monter la garde. C'est qu'une fois les colonnes conquérantes parties, le monde arabe se refermait sur ces garnisons qu'il bloquait et qu'il entourait d'un cercle infranchissable de fer et de haine. Il fallait alors organiser de nouvelles expéditions pour leur porter des ravitaillements, et relever leurs troupes épuisées.

Vétérans des champs de bataille de l'Europe, rompus aux manœuvres de la grande guerre, nos généraux se désespéraient, en face de ces opérations qui déroutaient leurs traditions, qui s'accomplissaient sous un ciel de feu, au milieu d'ennemis insaisissables, toujours invisibles et toujours présents, dans un pays sans ressources, sans abri pour les blessés et les éclopés, sans lignes de retraite, sans centres de ravitaillement, à travers lequel il fallait emporter avec soi jusqu'à l'eau des marmites, jusqu'au bois pour la faire bouillir, dans des convois immenses qui rendaient impossible tout mouvement stratégique rapide. Le maréchal Vallée, officier du premier Empire, général d'artillerie de premier ordre, n'avait jamais exercé le commandement des troupes. Au moment où le coup de canon qui tua le général Damrémont le mit à la tête de l'armée d'Afrique, il était arrivé à un âge où l'on reste figé dans son passé et où l'on n'a plus assez de plasticité pour se transformer, pour apprendre ce que l'on n'a jamais su. Heureusement, nous touchions à l'époque où la guerre elle-même allait faire surgir toute une pléiade de jeunes et brillants généraux qu'on a appelés les généraux d'Afrique. Elle allait leur révéler ses secrets et ses méthodes. Une fois de plus, la fonction allait créer l'organe, et enfin, sur cette terre qui avait bu tant de sang généreux, allait apparaître pour la troisième fois Bugeaud, Bugeaud converti, Bugeaud transformé, Bugeaud armé d'une tactique nouvelle et qui devait — qu'on me passe cette expression ambitieuse — y cueillir les palmes de l'immortalité.

Qui nous eût dit alors que, trente ans plus tard, tous ces braves qu'on couvrait de fleurs et de lauriers subiraient, après les amertumes de la défaite, les injures et les calomnies d'une tourbe d'avocats qui ne virent jamais l'ennemi, dont tout le rôle et tout le mérite consistèrent à égarer, à tromper le peuple français par des proclamations ampoulées et mensongères, et qui, après avoir, du fond de leur cabinet bien clos et bien chauffé, imposé à ces guerriers, couchant sur la neige, des plans inexécutables, leur en reprochèrent l'inévitable insuccès! Tous ces chefs, qui ont eu une vieillesse attristée et calomniée, nageaient alors en pleine jeunesse et en pleine gloire. Le colonel des zouaves, de Lamoricière, venait de recevoir le grade de maréchal de camp; — c'est ainsi qu'on appelait les généraux de brigade. — Il avait trente-quatre ans. Il était le plus jeune général de l'armée. Depuis l'Empire, on n'avait pas vu d'avancement plus rapide ni plus mérité. Le colonel Changarnier, du 2ᵉ léger, avait aussi reçu les étoiles. Ses soldats l'appelaient déjà le général Bergamote, à cause du soin extrême qu'il prenait de sa toilette, allant au combat, comme on va au bal, parfumé, tiré à quatre épingles et ne touchant jamais son sabre qu'avec des gants beurre frais.

On racontait que, pour son avancement, son esprit lui avait servi autant que sa valeur. Après le combat de Mouzaïa, le duc d'Orléans, enthousiasmé de l'attitude du 2ᵉ léger, demanda au colonel Changarnier ce qu'il pourrait faire pour être agréable à ce régiment : « Monseigneur, répondit le colonel, qui n'avait pas encore huit mois de grade, le meilleur moyen d'être agréable au 2ᵉ léger serait de lui donner pour colonel son lieutenant-colonel. » Ce fut fait sur l'heure. Changarnier fut nommé maréchal de camp et remplacé à la tête du régiment par son lieutenant-colonel, le marquis de Luzy-Pélissac.

Ce fut également dans cette campagne que le chef de bataillon, duc d'Aumale, gagna le grade de lieutenant-colonel du 24ᵉ de ligne, qu'il alla commander, sous la direction sévère et stricte du colonel Gentil.

Les inquiétudes qui agitèrent l'Europe en 1840, le réveil soudain de la question d'Orient imposèrent la prudence dans l'Algérie, qu'on pouvait être obligé de dégarnir de troupes pour une guerre européenne. Mais, les nuages amoncelés s'étant heureusement dissipés, l'attention publique revint de notre côté. Le 6 août, il y eut aux environs de Misserghin un assez vif engagement de cavalerie où les spahis jouèrent le premier rôle. Un de mes camarades, Verbigier de Saint-Paul, eut la jambe cassée par une balle. On l'amputa, et il mourut, quelques mois après, à l'hôpital. Au mois de septembre, le nouveau maréchal de camp, de Lamoricère, était nommé au commandement de la province d'Oran, en remplacement du général de Guéheneuc, qui rentrait en France sans laisser beaucoup de regrets ni une trace bien profonde de son administration. Le ministre ménagea son amour-propre en lui faisant savoir que le commandement d'Oran n'était plus assez important pour un général de division. Singulier motif, à la veille du jour où ce commandement allait précisément prendre une importance inconnue jusqu'alors.

Le général de Lamoricière était déjà admis comme un chef d'école. Il avait des fanatiques. Il avait aussi des détracteurs, dont aucun d'ailleurs ne contestait son mérite. Il allait bientôt n'avoir plus que des imitateurs, et il jouissait d'une popularité immense, au milieu de la jeunesse ardente et intelligente de l'armée. De taille moyenne, plutôt petit, large d'épaules et même un peu trapu, le visage coupé par d'épaisses moustaches noires et éclairé par des yeux charmants, à la fois profonds et pétillants d'esprit, il vous donnait, au premier contact, le sentiment de sa supériorité. Sorti de l'École polytechnique dans les premiers numéros, il avait fait l'expédition d'Alger comme lieutenant du génie; mais il était entré aussitôt dans l'infanterie et avait été le véritable organisateur des zouaves. Et il n'avait plus quitté la terre d'Afrique. L'assaut de Constantine avait mis le comble à sa réputation. Marchant à la tête de la colonne d'assaut, et voulant entraîner ses hommes par son exemple, il avait expressément défendu qu'on le dépassât. Dans le court trajet qui séparait la tranchée de la brèche, il voit une sorte de colosse qui cherchait à le gagner de vitesse. C'était le commandant du génie, Vieux, le même qui à Waterloo, jeune lieutenant, en l'absence d'artillerie, essayait d'abattre à coups de hache les défenses de la ferme d'Hougoumont. « Commandant! lui crie-t-il, je vous brûle la cervelle, si vous passez devant. »

Il arriva le premier sur la brèche. Un fourneau de mine éclata sous ses pieds et le lança en l'air. Il retomba, vivant mais brûlé, pendant que le pauvre commandant Vieux était tué à ses côtés. Il n'avait pas pour sa toilette la même recherche que son collègue Changarnier. Son seul luxe, c'était son écurie, où se trouvaient toujours les plus beaux chevaux de l'armée, qu'il montait d'habitude en selle arabe. Vêtu invariablement d'une tunique sans insignes de grade, le corps entouré d'une large ceinture rouge, il avait conservé pour coiffure son képi d'officier de zouaves, entouré d'un mince et unique galon d'or, et qu'il remplaçait du reste volontiers par le tarbouch oriental, ce qui lui avait fait donner par les Arabes le surnom de Bou-Chechia, « l'homme au tarbouch ». Les Arabes l'appelaient encore Bou-Arraoua, « l'homme au bâton », parce qu'il ne sortait jamais sans une canne. Je l'entends encore avec sa parole brusque, cassante, quoique familière et aimable, développer sa maxime favorite : « Il faut faire de son temps trois parts : un tiers pour causer afin d'apprendre, un tiers pour se promener afin de surveiller, et un tiers pour rester chez soi afin de travailler. » Il faut croire que ce système, dont il ne s'écartait jamais, lui réussissait, car il imprimait à tout son monde une activité extraordinaire et, sur chaque question, il était mieux informé que celui qui l'avait uniquement étudiée. Les idées qu'il avait appliquées avec un entrain et une persévérance infatigables étaient toutes nouvelles, et il les avait conçues dans le maniement continuel des affaires de l'Algérie.

Hantés par les souvenirs du dénouement fatal de l'expédition d'Égypte, et par la crainte de démantibuler leur budget, nos hommes d'État avaient peur de la colonisation. Ils la décourageaient à plaisir. Quelques stations maritimes, quelques points fortifiés sur le littoral : tel était leur rêve timide. Le général de Lamoricière, au contraire, pensait que la soumission complète de l'Algérie n'était pas au-dessus de nos forces, mais que pour l'accomplir il fallait changer de fond en comble les vieux errements et passer résolument de la défensive à l'offensive ; que pour cela il fallait plonger dans l'intérieur, non pas au moyen de petites garnisons, sans puissance et sans action, retranchées derrière des murailles et submergées dans le flot indigène, mais au moyen de fortes colonnes mobiles parcourant le pays en tous sens, vivant sur lui, nourrissant la guerre par la guerre et frappant sans relâche dans leurs intérêts, et jusqu'à ce qu'elles demandassent grâce, ces populations dont nous n'avions pu encore vaincre l'hostilité. Ce système se complétait par un plan général de colonisation, attirant en Algérie, grâce à de larges concessions de terres et de villages tout construits, une population française destinée à contre-balancer, au bout de quelques années, la population indigène.

Bugeaud, lui-même, partageait ces idées, et s'il y eut par la suite entre eux quelques tiraillements, ils provenaient non pas de divergences de vue sur les questions fondamentales, mais des aspérités de caractère du général, qui oubliait trop facilement les égards dus aux glorieux services de ses lieutenants, pour ne se souvenir que d'une chose, c'est qu'ils naissaient à peine, alors que lui avait déjà conquis, sur les champs de bataille de la Grande Armée, les grades dans lesquels il les trouvait, et qui avait la fâcheuse manie de les traiter parfois en écoliers.

A peine en possession de son commandement, le général de Lamoricière commença d'appliquer son programme. La tribu puissante et valeureuse des Gharrabas était à sa portée, puisqu'elle bloquait pour ainsi dire Oran. Elle fit les frais des premières expériences. Voici comment il procéda. Quand les portes d'Oran étaient fermées, le soir, afin qu'aucun avis ne pût sortir de la ville, l'ordre de marche était communiqué aux troupes, qui se mettaient silencieusement en route, au milieu de la nuit, afin d'arriver au petit jour au point désigné. Il n'y avait jamais de mécomptes, parce que le général était toujours admirablement renseigné, payant toujours généreusement les espions. On trouvait invariablement ce qu'on cherchait, c'est-à-dire un établissement arabe, des tentes, des troupeaux et par conséquent du butin. On donnait tête baissée sur l'ennemi, et on ramenait des dépouilles opimes qu'on entassait pour l'approvisionnement de la troupe, en prélevant une part très large pour les auxiliaires, les alliés et... les indicateurs. Ces expéditions-là n'étaient pas toujours sans danger, et le 11 novembre notamment, on se battit jusqu'aux portes d'Oran avec les Gharrabas; le chef d'état-major, colonel de Maussion, fut blessé mortellement, et, sans le dévouement d'un brigadier du 2ᵉ de chasseurs d'Afrique, qui lui donna son cheval, il tombait, encore vivant, entre les mains des Arabes.

Mais ces combats exaltaient le courage de la troupe, lui rendaient confiance en elle-même et, suivant l'expression du général, donnaient de l'air à la garnison, jusqu'alors étroitement bloquée.

Le général de Lamoricière était toujours admirablement servi, et il méritait de l'être, parce que sa grande âme était au-dessus de cette jalousie mesquine qui porte certains hommes, réputés supérieurs, à rechercher comme entourage les médiocres. Il n'avait pas peur du talent; il le cherchait, il l'encourageait, il le faisait valoir. Presque tous ceux qu'il a distingués sont arrivés au sommet de la carrière : et le lieutenant-colonel Pélissier, et le capitaine Bosquet, son officier d'ordonnance, et le capitaine Trochu, son aide de camp, et, pour abréger la citation, presque tous les chefs de l'armée française. Mais ses deux plus précieux collaborateurs étaient, sans conteste, le capitaine Daumas, du 2ᵉ de chasseurs d'Afrique, notre ancien consul auprès d'Abd-el-Kader, qui avait organisé un admirable bureau de renseignements, et le capitaine de Martimprey, de l'état-major, chargé du service topographique, qui connaissait sur le bout du doigt tout le pays dont il avait dressé une carte, où se trouvaient relevés les moindres campements arabes, à une tente près.

Une expédition, préparée par le capitaine Daumas et guidée par le capitaine de Martimprey, arrivait aussi sûrement à son but qu'un train de voyageurs arrive à une gare. Le capitaine de Martimprey marchait à la tête de la colonne, suivi d'un chasseur portant un fanion blanc avec une large étoile rouge. On l'avait surnommé « l'Étoile Polaire ».

Au mois de novembre, je venais d'obtenir les galons de maréchal des logis fourrier, après un an de grade de brigadier, lorsque mon père se décida à quitter l'Afrique. Il appartenait, lui aussi, à la vieille école, et hanté comme les autres des souvenirs de la campagne d'Égypte, il était partisan de l'occupation réduite au littoral. Et puis, il se sentait vieux, incapable de déployer l'activité qu'exigeaient les allures du nouveau commandant de la province. La mort de mon frère l'avait plongé dans un inconsolable désespoir. Ma mère, atteinte de consomption, était à deux doigts de la mort, et lui-même éprouvait les atteintes d'une goutte terrible dont il ne se releva jamais. Il demanda donc, au commencement de 1841, un congé de convalescence. Il ne pouvait se faire à l'idée de laisser son second fils sur cette terre d'Afrique qui lui avait déjà dévoré le premier, et, prétextant les fièvres intermittentes dont je ne parvenais pas à me débarrasser, il voulut m'emmener avec lui en France, avec l'espoir de me faire passer comme sous-officier dans le régiment de cuirassiers que commandait mon oncle, le colonel de Chalendar. Dans l'état où ils se trouvaient, je ne pouvais pas me dispenser d'accompagner mes parents; mais je comptais bien revenir à mon régiment, car l'Afrique, c'était pour moi l'avenir ouvert, et la cuirasse, c'était l'avenir fermé. Mais il ne fallait jamais heurter de front mon père, et je me soumis. Il fut remplacé à Mostaganem par le colonel Tempoure, du 15ᵉ léger, qui amena avec lui, comme chef du bureau arabe, le capitaine d'artillerie

Walsin-Esterhazy. La garnison fut augmentée, afin de pouvoir rayonner au dehors et mettre à la raison la remuante tribu des Haschem-Daro, installée sur la rive gauche du bas Cheliff.

Nous nous embarquâmes à Alger sur un aviso à vapeur, commandé par un tout jeune lieutenant de vaisseau qui portait un des plus grands noms de France, le comte Jean d'Harcourt, mort récemment capitaine de vaisseau en retraite, à Paris. Un temps affreux nous força de relâcher à Port-Mahon, où la France entretenait un hôpital militaire sur lequel on évacuait le trop-plein des hôpitaux d'Afrique. A Toulon, il fallut purger une quarantaine de sept jours, dans un lazaret qui ne brillait certes pas par le confortable. De Toulon à Paris, par Marseille et Lyon, nous fîmes connaissance avec un nouveau système de diligence qui avait six roues, qu'on appelait le « Sirius » et qui n'en marchait pas plus vite, car elle nous laissa plusieurs fois en panne. Les médecins, qui avaient ordonné à mon père les eaux de Bourbonne pour sa goutte, m'y envoyèrent par-dessus le marché pour guérir mes fièvres intermittentes. A cette époque-là, on n'y regardait pas de si près, et toutes les eaux paraissaient également bonnes pour toutes les maladies. Puis nous revînmes à Paris.

J'avais la nostalgie de l'Afrique. Songez donc! les spahis se battaient là-bas. Bugeaud était arrivé. Il guerroyait avec le général de Lamoricière, et je n'y étais pas! Je priai et suppliai mon père qui, heureusement, ne se doutait pas plus que moi de l'irrégularité de mon engagement, car il m'aurait gardé. Il céda enfin. Mais, pour jouir de moi jusqu'à la dernière minute, il écrivit au sous-intendant de Toulon, et le pria de m'inscrire sur l'état d'embarquement du premier mardi de septembre 1841, en le prévenant que je n'arriverais que la veille au soir, juste à temps pour partir par le courrier hebdomadaire. Le vendredi soir, il m'accompagna à la malle-poste qui faisait le service de Marseille, où je devais arriver le lundi, pour prendre la diligence qui devait me mettre le même jour à Toulon, avant la fermeture des bureaux de la sous-intendance. C'était parfaitement combiné. Mais, le dimanche soir, en sortant de Montélimar, les chevaux s'emportent et la malle verse. J'étais son seul voyageur, et je n'eus rien. Seulement, le conducteur et moi, nous ne pouvions pas remettre la voiture sur ses roues. Nous perdîmes, à aller chercher des secours au diable, plusieurs heures que nous ne pûmes pas rattraper. De sorte que, quand nous arrivâmes à Marseille, la diligence de Toulon était partie. Il fallut attendre le soir et n'arriver à Toulon que le mardi matin. Je cours chez le sous-intendant; les bureaux étaient fermés. Je cours au port; on relevait l'escalier du bateau qui allait partir. Je me précipite pourtant et je me faufile parmi les passagers, sans qu'on fasse attention à moi, au milieu de la manœuvre. Quand le second s'aperçut de ma présence, nous étions déjà loin ; il aurait fallu me jeter à la mer, et l'on me garda.

Nous arrivâmes à Alger, le jeudi matin. Il partait le soir même un courrier pour Oran. Courir à l'état-major pour obtenir la faveur d'en profiter, être renvoyé à la sous-intendance chargée des transports, être repoussé avec perte par le sous-intendant, qui avait terminé ses états d'embarquement et qui me remettait à huitaine, en m'offrant la subsistance au 1er chasseurs d'Afrique, tel fut l'emploi de ma journée, en y comprenant de nombreuses malédictions contre l'administration. Je résolus de me passer du sous-intendant, comme à Toulon, et je m'en allai tranquillement avec un canot sur le bateau d'Oran. J'avais mal pris mon temps. Les militaires de ma qualité ne sont reçus qu'en troupeau à bord des bateaux, et le second, me voyant tout seul, m'invita à aller rejoindre les autres. C'était précisément la difficulté, car je n'avais pas de place parmi les autres. Je redescendis dans mon canot et je me mis à croiser patiemment dans le port, guettant l'arrivée du premier chaland qui amènerait des camarades, pour me faufiler parmi eux, s'il était possible. Mon étoile voulut que ce premier convoi arrivât sous la conduite d'un maréchal des logis de gendarmerie nommé Dron, que j'avais connu à la brigade de Mostaganem.

— Eh! comment ça va? Ce cher ami! Enchanté de vous voir!

Et je sautai immédiatement dans son bateau. Quand il monta, le premier, à bord de l'aviso, je le suivis en lui parlant tout le temps, pendant qu'il comptait, à la coupée, un à un, les hommes confiés à sa garde. Mais quand il descendit dans son chaland, je ne le suivis pas. Je croyais aller à Oran directement. Notre bateau s'arrêta à Mostaganem. Je débarquai incognito sans tambour ni trompette, et véritablement je jouais de bonheur; les spahis étaient là, dans la colonne expéditionnaire commandée par le général Bugeaud, le nouveau gouverneur général, ayant sous ses ordres le général de Lamoricière et le général Bedeau. Le général Bugeaud avait voulu conduire un grand convoi de ravitaillement à Mascara, où il comptait transporter sa nouvelle base d'opération; mais, apprenant qu'Abd-el-Kader occupait en force les passages d'Ackbet-Khedda et Aïn-Kebira, il avait jugé à propos de se débarrasser de ses impedimenta, quitte à les réexpédier plus tard sur Mascara, lorsqu'il aurait auparavant infligé à l'ennemi une leçon et rendu la route libre.

C'est ainsi que je retrouvai avec une joie profonde ma place dans mon cher escadron.

Que de choses s'étaient passées pendant ces quelques mois d'absence! Et avec quelle avidité j'en écoutai le pittoresque récit fait par ceux-là mêmes qui y avaient assisté! D'abord, l'Algérie possédait enfin Bugeaud, et Bugeaud était venu remplacer le maréchal Vallée avec un plan analogue à celui de Lamoricière, qui pouvait se résumer en deux mots : conquête et colonisation. Il était venu, certain d'être soutenu par le gouvernement et les Chambres, résolus, cette fois, à renoncer à la politique hésitante et contradictoire qui nous avait tant coûté et si peu rapporté. L'armée enfin avait un vrai chef.

A peine arrivé à Alger, il courut au plus pressé : ravitailler Médéah et Milianah, relever leurs garnisons épuisées et les mettre pour plusieurs mois en état de défense. C'est dans cette première expédition que se passa une scène très courte, mais très caractéristique et très regrettable, due à la désinvolture avec laquelle le futur vainqueur d'Isly traitait ses lieutenants. Je n'y ai pas assisté, bien entendu, mais toute l'armée la racontait.

Quand on sort de Milianah pour descendre dans la plaine du Chéliff, que les Arabes appellent, dans cette partie du moins, Bou-Khrochfa (la plaine aux chardons), on suit une route taillée dans la paroi de la montagne, et dont les nombreux lacets se développent largement, pour embrasser la tête de ravins profonds qui la coupent sur plusieurs points. Par ces ravins, les Kabyles de la tribu des Beni-Menasser débouchaient ordinairement, pour assaillir en flanc la colonne descendant dans la plaine. Le général Bugeaud, très au fait de cette mauvaise habitude, s'était promis de la faire perdre aux Kabyles par une leçon sanglante. Il avait donc ordonné que la brigade Changarnier restât en position aux portes de Milianah, dérobée à la vue des Arabes, et qu'au signal de trois coups de canon elle sortît de son embuscade pour se précipiter sur le flanc de l'ennemi, entassé dans les ravins et en flagrant délit de fausse manœuvre, c'est-à-dire sans défense. Quand le général Changarnier, à cheval à la tête de sa brigade, vit l'ennemi s'engouffrer dans les ravins, jugeant le moment venu d'attaquer, il se jeta sur lui vigoureusement, lui fit subir des pertes cruelles et le mit en fuite dans le plus grand désordre, mais sans attendre le signal des trois coups de canon. Le général Bugeaud aimait à faire sur le terrain même une sorte de conférence aux généraux et aux chefs de corps pour leur faire comprendre sa pensée, lorsqu'il s'agissait d'entreprendre une opération délicate, ou pour juger une manœuvre quand elle était exécutée. Nous croyons bonnement avoir emprunté aux Allemands la critique après les manœuvres, tandis qu'elle est, au contraire, chez eux, une importation toute française. Le soir de cette affaire, il réunit ses officiers au bivouac pour faire devant eux l'examen de la journée. « Nous avons, dit-il, infligé à ces Kabyles un traitement dont ils se souviendront; mais notre succès eût été plus complet si la brigade, postée en embuscade, avait attendu le signal que je devais donner. De la place que j'occupais, j'embrassais tout le théâtre de l'action, et j'étais mieux à même que personne de juger quand il convenait d'attaquer. »

— Mais, mon général, s'écria aussitôt le général Changarnier, c'est moi qui commandais cette brigade. C'est par mon ordre qu'elle a attaqué avec une fougue et une impétuosité dont vous avez pu juger les résultats.

— Eh bien, si c'est vous qui avez commis la faute, c'est à vous que s'adresse mon observation.

— Il y a six ans, mon général, que je fais la guerre en Afrique sans interruption. Je crois y avoir acquis quelque expérience, et jamais on ne m'a adressé un pareil reproche.

Le général Bugeaud, émoustillé par le ton que prenait la conversation, lança alors cette réplique célèbre dont il ne calculait pas la portée : « Qu'est-ce que cela fait? Le mulet du maréchal de Saxe avait fait la guerre vingt ans, et il était toujours un mulet. »

Il est facile de s'imaginer l'effet que produisirent ces paroles sur les assistants, et surtout sur un interlocuteur dont l'excès de modestie n'était pas le défaut saillant, qui avait, au contraire, conscience de son incomparable valeur et dont l'amour-propre était encore excité par les éloges qu'on lui avait justement prodigués. Ainsi naquit un malentendu qui amena une brouille irrémédiable entre le général Changarnier et son illustre chef et le départ momentané du glorieux soldat.

Tranquille du côté d'Alger, le gouverneur général partit pour Oran, où il allait diriger son principal effort, et où l'occupation de Mascara devait être le pendant de l'occupation de Médéah et de Milianah. Abd-el-Kader, de son côté, avait profité de la trêve de 1840 pour fonder des établissements nouveaux dans des régions qu'il croyait à l'abri de nos coups, sur la limite du Tell et des Hauts-Plateaux : à Boghar et Thaza, dans la province d'Alger ; à Teckdempt et à Saïda, dans la province d'Oran. Le gouverneur voulait commencer par détruire Teckdempt. Il occupa tout d'abord Mascara, où il laissa une petite garnison, commandée par le lieutenant-colonel Géry. La carrière militaire de cet excellent officier pouvait paraître terminée déjà lorsqu'il vint en Algérie, car il quittait le commandement en second du collège militaire de la Flèche, qui paraissait pour lui une retraite anticipée. Il obtint cependant son passage dans le service actif, et le général de Lamoricière ne mit pas longtemps à découvrir en lui un mérite caché sous de modestes apparences. L'Émir ne disputa pas Teckdempt au gouverneur général. Il reporta encore plus au sud les approvisionnements accumulés dans cette place, et qui devinrent le noyau de la fameuse smala que nous ne devions connaître que bien plus tard. On fit sauter tous les murs de Teckdempt, qu'on trouva déserte, et on abandonna ces ruines, le général Bugeaud ayant reconnu et marqué pour une occupation future une position stratégique bien meilleure, qui devint par la suite le poste de Tiaret et qui possède aujourd'hui le plus bel établissement hippique de l'Algérie.

La petite armée fut ramenée sous les murs de Mascara et employée pendant tout l'été à couper les moissons dans la belle plaine de Ghréis, afin d'affamer l'Arabe récalcitrant et d'approvisionner pour l'avenir, en céréales et en fourrages, nos colonnes victorieuses. Puis, elle se replia sur Mostaganem, et c'est à ce moment que je rejoignis mon régiment, à la veille de l'expédition sur Saïda.

Pauvre régiment! Le spectre du licenciement planait sur lui. Le ministre de la guerre avait même décidé qu'il n'y aurait pas, cette année, pour lui, d'inspection générale. Et cette mesure était considérée comme le prologue de la désarticulation. Déjà le résidu des spahis d'Alger avait été versé au 1er de chasseurs d'Afrique. Presque aussitôt, il est vrai, on avait déploré cette faute et reconstitué une cavalerie indigène sous un autre uniforme et sous un autre nom. On l'avait appelée les « Gendarmes maures » et on lui avait donné pour chef le capitaine d'état-major d'Allonville. Le choix était excellent, car, sous une apparence chétive et débile, le capitaine d'Allonville était un merveilleux cavalier d'avant-garde, plein d'entrain, d'énergie, et peu embarrassé, d'ailleurs, par les liens de règlements inapplicables à la guerre d'Afrique. Ses gendarmes, à peine formés, étaient déjà célèbres par leurs faits de guerre. Mais les spahis d'Oran craignaient, eux aussi, leur absorption par le 2e de chasseurs d'Afrique, et voyaient avec terreur se former à côté d'eux l'équivalent des gendarmes maures : les Moukhalias (portefusils) du bey Ibrahim, qu'on avait donnés au capitaine Walsin-Esterhazy, secondé par quelques officiers de France qu'avait attirés l'appât des aventures.

Quelques-uns de nos officiers, fatigués d'un long séjour en Afrique, ou alarmés des bruits de dissolution, avaient demandé à rentrer en France, et ceux qui restaient ne constituaient plus des éléments assez forts et assez homogènes pour réagir contre la situation déplorable créée à tous par la mésintelligence persistante du colonel et du commandant de Montauban. Cette mésintelligence était arrivée à ce point que plusieurs fois déjà, sans l'intervention d'amis communs, les deux adversaires auraient vidé leur querelle à coups de sabre.

Yusuf, qui, par tempérament, faisait tout avec passion, et qui était en outre excité par l'espoir de sauver son régiment en le faisant valoir sous les yeux mêmes du gouverneur général, avait demandé à ses hommes, pendant cette campagne de Teckdempt, tout ce qu'ils pouvaient donner. Ils avaient été réellement magnifiques au combat de nuit de Cliou-Anet. Au combat de Calah, ils s'étaient jetés comme des furieux au beau milieu de la cavalerie arabe, et il avait fallu, pour les dégager, faire charger tout le 2ᵉ de chasseurs d'Afrique. Lorsque, au retour de Teckdempt, la petite armée du général Bugeaud moissonnait la plaine de Ghréis, Yusuf, jaloux de les montrer aussi remarquables dans les travaux de la paix que dans les dangers de la guerre, était à cheval du matin au soir, au milieu de ses travailleurs qu'il excitait. Il n'était guère secondé, hélas! que par Fleury, nommé sous-lieutenant au mois de janvier précédent et revenu au régiment après un court séjour auprès du général de Garraube, en qualité d'officier d'ordonnance. Les autres officiers tenaient pour le commandant de Montauban.

Un matin, Yusuf, en parcourant les rangs des moissonneurs, trouva le commandant de Montauban étendu à l'ombre d'une meule et causant gaiement avec quelques camarades.

— Commandant, lui dit-il, je suis à cheval depuis le réveil, et je ne vous ai vu nulle part ce matin. C'est à votre tour de me remplacer dans une surveillance dont vous semblez vouloir vous affranchir.

Le commandant, tirant sa montre, répondit :

— Mon colonel, il est neuf heures et demie. C'est l'heure d'aller déjeuner, et j'y vais.

Le colonel, mis hors de lui par cette réplique, accabla son subordonné des plus violents reproches, et alla immédiatement porter l'affaire devant son chef hiérarchique, le colonel Randon, des chasseurs d'Afrique, qui commandait la brigade de cavalerie, et auprès de qui, en même temps, le commandant venait se plaindre des violences de langage qu'il avait subies. Le cas fut soumis au général de Lamoricière, qui alla lui-même prendre les ordres du gouverneur général.

Le général de Lamoricière était prévenu en faveur du commandant de Montauban, qu'il prisait fort et qui tout récemment, sous ses yeux, avait été glorieusement blessé d'une balle qu'il devait garder toute sa vie dans la poitrine, cette balle fameuse dont les députés de la gauche devaient tant rire, lorsque, devenu ministre en 1870, il expliquait par elle, devant eux, les imperfections de sa parole. Par contre, Yusuf ne plaisait pas encore beaucoup au général de Lamoricière, qu'il allait pourtant s'attacher si étroitement, par des services rendus pendant cette campagne. Le général avait des préventions contre l'origine militaire irrégulière du colonel. Mais le gouverneur général, dans l'intérêt de la discipline, tenait à ce que pleine et entière satisfaction fût donnée à Yusuf, dont l'intelligence et le courage lui plaisaient particulièrement. On prit un moyen terme. Le commandant fut détaché du régiment, nommé grand prévôt de la colonne et chargé, en cette qualité, du commandement du grand convoi destiné à Mascara. Ce fut dans ces fonctions nouvelles que je le retrouvai, pendant l'expédition de Saïda. Il y était accompagné de sa femme, enceinte de six mois, à qui les médecins avaient ordonné cette distraction un peu violente pour la guérir d'une maladie nerveuse, et de son fils Charles, alors âgé de onze ans, mort récemment général de brigade, après avoir atteint rapidement ce grade qu'il eût franchi, si des raisons de santé ne l'avaient pas écarté prématurément de l'armée.

D'ailleurs, les ennuis se multipliaient autour d'Yusuf, et après l'affaire Montauban, il y eut l'affaire Bertrand. Le capitaine Napoléon Bertrand, le grand Bertrand, comme on l'appelait, le fils du grand maréchal du palais, le filleul de l'Empereur, né à Sainte-Hélène, était une de ces figures militaires curieuses, déjà rares alors, et aujourd'hui à peu près disparues de l'armée française, heureusement. Très grand, très maigre, roux de poil, admirable cavalier, aimant le danger pour le danger lui-même, mais caractère bizarre, esprit fantasque, ayant ce qu'on appelle un grain, il n'était jamais à la place que lui assignaient ses fonctions, et avant mon retour de France, je ne l'avais jamais vu au régiment, bien qu'il y comptât depuis l'origine. Il se promenait en amateur, à travers l'Algérie, allant de préférence où l'on se battait et couvert par sa réputation de bravoure, par son rôle, lors de la première attaque de Constantine, non moins que par les innombrables protections que lui valaient son nom et ses alliances. Il venait d'écrire au colonel Yusuf une lettre spirituelle, mais impertinente. Le colonel lui avait infligé une punition, convertie par le général de Lamoricière en un mois de prison qu'il devait subir au fort de l'Est, pendant que partait la colonne. Le grand Bertrand, à peine interné, écrivit une lettre navrante au commandant de Mostaganem, qui était alors le colonel Leveling. Ce brave homme, connu par son indulgence pour les frasques des jeunes officiers, se laissa attendrir et lui permit de sortir, à la condition de ne pas paraître en ville. La première personne que le colonel rencontra, une demi-heure après cette permission, fut le grand Bertrand attablé à un café, qui l'invitait à venir boire un verre d'absinthe. Le colonel recula devant un éclat et pensa que son prisonnier rentrerait à la forteresse, le soir. Il y revint si peu, que lorsque, par une contremarche, la colonne rentra à Mostaganem pour y déposer ses *impedimenta*, elle rencontra sur sa route le grand Bertrand, qui arrivait à cheval au-devant de ses camarades. Le général de Lamoricière était inflexible en matière de discipline. Il réprimanda le bon colonel Leveling et mit aux trousses de l'insaisissable Bertrand, d'abord les adjudants de place, et puis les gendarmes. Comme cela ne réussissait pas encore, il le mit en quelque sorte au ban de l'armée, signala son acte d'indiscipline dans un ordre du jour où il prescrivait à toutes les autorités militaires de l'arrêter partout où on le rencontrerait, et de le faire conduire au fort de l'Est. J'assistai par hasard à son arrestation. Je déjeunais chez un capitaine du 1er d'infanterie, élève du grand maître d'armes Lafaugère et qui voulait bien, de temps à autre, m'admettre à l'honneur de tirer avec lui. Il était campé précisément au fort de l'Est. Au milieu du déjeuner survint, tranquille comme Baptiste, le grand Bertrand qui s'invita et commença à plaisanter follement.

Par malheur, à côté du 1er de ligne campait le 6e léger, commandé par le vieux colonel Thierry, qui ne plaisantait pas et qui, flanqué d'un adjudant-major, vint en personne arrêter le capitaine Bertrand. Ainsi se termina une aventure qui n'est plus dans nos mœurs militaires et dont le héros, après toutes sortes de permutations, lassa ses protecteurs, dut quitter l'armée et mourut, capitaine en retraite, il y a une quinzaine d'années, à Châteauroux.

Cet original, pendant son court séjour à Mostaganem, m'avait pris en affection et voulait absolument m'avoir dans son escadron. Je tremblais qu'il ne m'obtînt. Heureusement il pensa à autre chose et je restai au 2º escadron, avec le bon capitaine Tailhan, un brave homme chargé de famille et sans aucune fortune, qui a dû rester toute sa vie capitaine, car, quinze ans plus tard, devenu moi-même lieutenant-colonel du 1ᵉʳ de chasseurs d'Afrique, je le retrouvai capitaine adjudant de place à Oran. D'ailleurs, pendant cette expédition, il resta à Misserghin et fut remplacé par le lieutenant Thurot, qui lui-même céda ses fonctions d'officier de peloton à mon camarade Curély, plus ancien que moi comme sous-officier. Il était, je l'ai déjà dit, le fils du cavalier légendaire du premier Empire, resté, comme son père, trop longtemps dans les grades inférieurs.

Nous partîmes de Mostaganem vers la fin de septembre. J'étais équipé tant bien que mal. On m'avait donné un très bon cheval, provenant d'un spahi entré à l'hôpital. Je m'étais procuré un burnous rouge, une veste et un pantalon de toile. Le voisinage d'Abd-el-Kader, qui nous guettait avec toutes ses forces, nous rendait prudents, et on passait les nuits à faire des patrouilles autour du camp. La colonne se dirigea d'abord vers l'est, sur l'Oued-Illil. Puis, se redressant vers le sud, elle tourna les positions occupées par l'ennemi et, franchissant l'Atlas Tellien, elle se retrouva dans la grande plaine de Ghréis. L'Émir, qui avait pénétré les intentions du général Bugeaud, fit alors refluer sa cavalerie vers Mascara, afin de nous disputer le passage de l'Oued-Maoussa. Nous eûmes, à cet endroit, le 8 octobre, un grand combat de cavalerie, où les réguliers d'Abd-el-Kader se comportèrent très bravement, car il fallut les charger plusieurs fois à fond pour les contraindre à une retraite qu'ils exécutèrent en bon ordre et lentement.

Nous fîmes des pertes sensibles. Le 2ᵉ de chasseurs d'Afrique, le plus éprouvé, perdit six sous-officiers, qui furent enterrés sur le champ de bataille. Nous assistâmes tous à leurs obsèques, et l'un de leurs camarades, M. Laperrine d'Hautpoul, un beau maréchal des logis chef à taille élancée et à figure caractéristique, prononça sur leur tombe quelques paroles empreintes d'une mâle éloquence. Bien longtemps après, j'inspectais la section de cavalerie de Saint-Cyr, lorsque je vis venir à moi un bon gros propriétaire, orné d'un aimable ventre et d'une figure placide, qui me recommandait son fils, lieutenant instructeur à l'école. C'était mon ancien frère d'armes du combat de l'Oued-Maoussa. Son enfant fut nommé capitaine au 1ᵉʳ de chasseurs d'Afrique, passa au Tonkin, fut grièvement blessé à l'affaire de Bac-Lé, où ses hommes et lui se conduisirent héroïquement, revint en France pour se faire soigner, et mourut en y arrivant. Pauvre garçon !

A cette affaire de l'Oued-Maoussa, un de nos sous-officiers, Prussien de naissance et servant dans les spahis sous un nom indigène, échappa miraculeusement à la mort. Pendant qu'il galopait à la manière arabe, c'est-à-dire debout sur ses larges étriers, une balle, pénétrant de haut en bas par le siège de sa selle, cassa les reins à son cheval, en trouvant les plis nombreux de sa culotte bouffante. S'il était resté collé à la selle, comme les cavaliers français, il aurait reçu cette balle dans le bas-ventre.

L'histoire de ce sous-officier mérite d'être racontée. On m'amena, un jour, pendant que j'étais fourrier au 2ᵉ escadron, un soldat de la légion étrangère à immatriculer dans le régiment, sous un nom indigène. Le nom de Mohammed-Ouled-Caïd-Osman me passa par la tête, et je lui en fis cadeau. Il fut bientôt connu et aimé de toute l'armée, et ses nombreux amis, trouvant son nom trop long, ne l'appelèrent plus que Caïd-Osman, et même, plus familièrement, le Caïd. Il ne parlait jamais de son passé. On racontait qu'il s'appelait Jaeger, qu'il avait été lieutenant de cuirassiers dans la garde prussienne et qu'il avait dû abandonner sa famille et son pays, pour avoir tué en duel le major de son régiment. Il était venu prendre du service dans notre légion étrangère, où l'avait trouvé le prince Puckler-Muskan, qui l'avait pris pour secrétaire et l'avait récompensé en le faisant admettre dans les spahis. Le Caïd-Osman était un beau type d'officier allemand, grand, fort, un peu lourd, physionomie placide et joviale tout à la fois, longues moustaches et épaisse barbe châtain fauve. Il poussait la bravoure et la générosité à leurs dernières limites, et ne savait pas se contenir devant une mauvaise action. Parmi les sous-officiers venus de la Garde royale au régiment et portant le double galon, figurait un nommé Fonblanc, des lanciers de la Garde, un bretteur de profession qui chercha querelle à un de ses collègues, petit blondin aux manières de jeune fille, nommé Buisson de Berlières, qui avait servi cependant comme officier dans les troupes de don Miguel, en Portugal. Le pauvre petit fut tué par Fonblanc d'un coup de sabre qui lui ouvrit l'estomac. L'impression causée par cette mort fut d'autant plus pénible que Fonblanc en faisait parade, en triomphait sauvagement. Caïd-Osman se chargea de la venger. Rien n'était plus facile que d'avoir une querelle avec Fonblanc. Le Caïd s'arrangea pour être l'offensé. Le duel eut lieu au pistolet à quinze pas. Le sort favorisa Fonblanc, qui tira le premier, et le Caïd, bien effacé, reçut une balle qui lui fit quatre trous à travers les fesses. Fonblanc s'en allait déjà, croyant l'affaire terminée ; le Caïd le pria d'attendre et lui mit sa balle en plein cœur. Il n'eut jamais d'autre querelle au régiment. Du reste, il faisait preuve d'une douceur qui s'alliait avec une originalité de langage rendue tout à fait piquante par ses germanismes. Il arriva vite au grade de lieutenant, au titre indigène, mais ne le dépassa jamais. D'ailleurs, il s'en souciait médiocrement, et préférait au service régulier du régiment les expéditions, auxquelles il trouvait toujours moyen de prendre part en se faisant attacher, grâce à sa popularité militaire, à un état-major quelconque. En dehors des aventures de guerre, sa seule passion était la chasse. Il avait la spécialité de fournir de gibier de toute sorte la table des états-majors. Il fit la campagne de Crimée comme officier d'ordonnance du général Morris, la guerre d'Italie comme attaché au général Guyot de Lesparre. Le général de Laumière l'emmena au Mexique. C'est là que le Caïd termina sa vie aventureuse, au moment où, réconcilié avec sa famille et gracié par son roi, il allait pouvoir rentrer dans son pays. Caïd-Osman venait de se mettre à la disposition du remplaçant du général Laumière, mort brusquement des suites d'une blessure reçue à l'attaque du pénitencier de Puebla, lorsque, à l'assaut meurtrier d'un des pâtés de maisons de cette ville, il reçut une balle qui pénétra dans la poitrine après lui avoir fracassé l'épaule. On l'aurait peut-être sauvé en lui désarticulant cette épaule. Il préféra mourir.

Le combat de l'Oued-Maoussa, en nous ouvrant la route de Mascara, n'avait pas désorganisé les forces de l'Emir, qui nous serrait toujours de très près. Mais notre arrivée sous les murs de la place nous donna quelque répit dont, pour ma part, j'avais grand besoin. On sait que l'administration ne s'occupait jamais de la subsistance des spahis. La troupe vivait comme les Arabes, et les cadres organisaient leur popote à leur guise. Quand j'étais revenu au régiment, tous les arrangements étaient pris ; moitié par insouciance, moitié par amour-propre mal placé, je m'étais décidé à me tirer d'affaire tout seul, sans autre aide que mon ordonnance. Cette combinaison fut déplorable, et je ne vécus guère que de privations, ce qui est un régime peu réconfortant. Je n'avais généralement pour dîner que des escargots cueillis sur les buissons, autour du bivouac, et cuits sur la braise du feu de campement. Avec cela, pas un sou dans la poche, le prêt étant toujours en retard et soumis à des retenues qui en absorbaient la majeure partie. Je menais une vie de mendiant qui ne voudrait pas mendier.

Nous étions arrivés à Saïda vers le milieu d'octobre, après avoir subi une attaque de nuit où il avait fallu tout le sang-froid du général Bugeaud pour calmer les troupes surprises.

Nous n'avions trouvé à Saïda que les murs déserts, et le général avait décidé qu'on y resterait quarante-huit heures, pour laisser au génie le temps de les faire sauter. Le temps était très beau et encore chaud. Je crus que c'était le moment de faire ma lessive, c'est-à-dire de laver les deux chemises que j'avais emportées, l'une sur moi et l'autre de rechange. Toutes deux réclamaient impérieusement cette opération que je ne pouvais confier à un soldat, n'ayant pas de quoi le payer. Je me mis nu jusqu'à la ceinture et je plongeai mon linge dans l'eau pure d'un ruisseau. Peu renseigné sur l'importance du rôle du savon, je crus que des frictions énergiques exercées au moyen d'une pierre y suppléeraient. Mes deux chemises arrivèrent à l'usure avant de passer par la propreté. Il était cinq heures, le temps fraîchissait, lorsque j'entendis tout à coup les trompettes sonner « à cheval ». Il s'agissait de surprendre, par une marche de nuit, la tribu des Sdamas, qui avait fourni des guerriers à l'émir et qui était campée à notre portée.

Surpris tout le premier, je courus au camp, en enfilant une de mes chemises mouillées et en tordant énergiquement l'autre. On partit et, avec la nuit, arriva une petite pluie fine qui entretenait doucement la bonne humidité de ma chemise. Au jour, nous découvrîmes l'emplacement occupé par les Sdamas, qui avaient eu la fâcheuse idée de chercher leur salut dans la fuite.

On nous lança à leur poursuite. Mon cheval était excellent ; mais il gagnait à la main, et j'avais toutes les peines du monde à le tenir. En galopant, il frôla un arbre dont je vis venir sur moi les basses branches. Je baissai vite la tête, mais une branche happa mon burnous qui, bientôt, n'apparut plus à mes regards mélancoliques jetés en arrière que comme une loque lamentable et déchirée, flottant au gré du vent. De sorte qu'il ne me resta plus que ma veste et mon pantalon de toile. La razzia importante que nous fîmes ce jour-là sur les Sdamas ne me consola pas de ce désastre personnel. D'autant plus que les guerriers qui avaient, pendant l'été, fait l'office de moissonneurs, durent immédiatement se transformer en bergers et même en chiens de berger.

Nous passâmes toute la journée à lutter contre les innombrables bêtes que nous avions capturées, et qui avaient l'air de détester les chrétiens presque autant que les détestaient leurs maîtres. Avec une fidélité qui confinait au patriotisme, tous ces animaux s'obstinaient à marcher sur les traces de la tribu en fuite. Ils se pelotonnaient, tourbillonnaient sous les coups de matraque. Il fallut les charger comme s'ils eussent été des Arabes. Ce soir-là, en rentrant au bivouac, j'eus pour tout potage un morceau de biscuit et un verre d'eau sucrée. Je dus m'étendre, le ventre creux, dans la boue, en veste et en pantalon de toile, sans oser emprunter à mon cheval sa couverture, car le colonel ne plaisantait pas sur ce chapitre-là, et il rôdait lui-même la nuit dans le campement, pour voir si tous nos chevaux avaient les reins couverts, et pour punir sévèrement le spahi qui se serait approprié le paletot de son compagnon de danger. Curély s'était procuré, par je ne sais quelle combinaison, ce qu'on appelait un manteau d'armes, c'est-à-dire une petite tente grande comme deux mouchoirs de poche, et dans laquelle on pouvait à la rigueur s'abriter le haut du corps. Il m'admit au partage de son sybaritisme, ce qui ne m'empêcha pas de me réveiller avec un accès de fièvre qui me fit craindre de ne pas pouvoir suivre la colonne. La jeunesse et l'ambition me servirent de quinine.

Mais, tout en claquant des dents, je me promis bien, cette nuit-là, si jamais je devenais un chef à mon tour, de prendre souci du bien-être de mes hommes et de ne jamais me coucher sans qu'ils fussent installés le moins mal possible. Je crois m'être tenu ma promesse. Il ne fut pas difficile, hélas! de me procurer un burnous. Le feu et la maladie en avaient rendu plusieurs disponibles.

Je me souviens aussi qu'un jour, le général Bugeaud réquisitionna les chevaux de la cavalerie, pour transporter à Mascara un approvisionnement de grains ; obligatoire pour la troupe, ce service était facultatif pour les sous-officiers. Mais on donnait cinq francs par sac de riz transporté, et je fis six lieues à pied, en tenant par la bride mon cheval chargé d'un sac. Jamais je n'ai été aussi fatigué que ce soir-là, lorsque je déposai mon sac de riz au magasin. Jamais aussi gratification ne m'a fait autant de plaisir que cette bienheureuse pièce de cinq francs.

D'ailleurs, au fond de ma détresse l'opulence me guettait. Fleury, nommé sous-lieutenant, ainsi que je l'ai déjà dit, avait été remplacé, comme secrétaire d'Yusuf, par un brigadier nommé Cramer, qui ne faisait pas très bien l'affaire du colonel. Il m'avait, en partant, indiqué à son chef comme un successeur possible et m'avait même pressenti, au commencement de l'expédition, pour savoir si j'étais disposé à remplacer ce Cramer, si le colonel m'en faisait la proposition.

Engagé sous les auspices du commandant de Montauban, encore tout pénétré des recommandations pressantes de mon père, j'avais eu peur de jouer entre les deux chefs le rôle sacrifié du grain de blé entre deux meules. J'avais eu peur aussi d'être inférieur à une situation qui était au-dessus de celle d'un simple copiste, et je fis part de mes craintes à Fleury, qui ne me parla plus de rien.

Quelques jours après notre razzia sur les Sdamas, installés au bivouac de Takmaret, il nous fallut monter à cheval pour courir en toute hâte au secours d'une corvée de fourrage, commandée par un sous-lieutenant nommé Damotte, attaquée à l'improviste par des cavaliers réguliers de l'Émir. Nous fonçâmes sur eux, derrière notre colonel. Fleury leur prit de sa main un guidon qui lui valut la croix d'honneur. L'engagement fut vif. Nous tuâmes pas mal de monde à l'ennemi, mais nous perdîmes quelques hommes, entre autres un maréchal des logis nommé de Barjac, qui eut la rotule brisée par une balle, qui fut amputé et mourut. Tout était terminé quand le 2ᵉ de chasseurs d'Afrique arriva pour nous soutenir. Ce régiment était sous les ordres du colonel de Tartas, qui avait été amené d'Alger par le général Bugeaud pour commander la brigade de cavalerie. Le colonel Randon venait d'être promu maréchal de camp et commandait la province de Bône. Le colonel Marey-Monge, son successeur, passé au 1ᵉʳ de cuirassiers à la suppression des spahis d'Alger, n'avait pas encore rallié son poste, et le lieutenant-colonel d'Oullembourg n'était pas encore suffisamment au courant de la guerre d'Afrique. Enfin le colonel Yusuf, qui, lui, était très au courant, ne pouvait pas, à cause de son titre d'officier étranger, prendre le pas sur un officier français de même grade que lui; de sorte que le général Bugeaud avait arrangé les choses en confiant le commandement de cette belle brigade de cavalerie au lieutenant-colonel de Tartas, qui s'était distingué à la tête d'un régiment de marche, l'année précédente, dans la province d'Alger. C'était une célébrité de l'école de cavalerie. Un peu entiché de ses doctrines d'école, qui ne sont pas toujours applicables aux manœuvres du champ de bataille, un peu Gascon et trouvant toujours un trait plaisant pour se tirer d'embarras. Si, ce jour-là, il avait eu la même activité que le colonel Yusuf, il n'aurait pas laissé aux spahis toute la gloire de l'affaire.

N'entendant plus parler de rien, je me figurais que Fleury avait pris sous son bonnet sa proposition de secrétariat, lorsqu'un beau jour, au bivouac, le colonel m'invita à dîner. Il voulait, je l'ai su plus tard, me tâter et savoir si je lui convenais. Je vins à sa tente. Nous étions trois convives : le colonel, un lieutenant-colonel polonais qui faisait la campagne en amateur et que je n'ai vu que ce soir-là, et moi. Nous eûmes pour dîner une belle poule bouillie, reposant sur un monceau de pilaf. A moi seul, je dévorai les trois quarts de la poule et les trois quarts du riz. « Mais, mon pauvre enfant, me dit le colonel, étonné de cet appétit extraordinaire, il y a donc bien longtemps que vous n'avez mangé? — Il y a trente jours, mon colonel ! » répondis-je. Et je lui racontai ma pénurie et mes escargots. Il m'accorda quelques paroles d'encouragement et je partis, lesté de façon à braver huit jours de famine. Quelques jours après, nous repassions à Mascara, rentrant à Mostaganem. Nous y fîmes séjour. Le soir, le colonel me fit appeler. « Je laisse ici, me dit-il, mes chevaux éreintés qui gêneraient notre marche. Vous prendrez le commandement des hommes qui resteront pour les soigner. »

Ce n'était pas une mission de confiance ; c'était une corvée désagréable qu'il me donnait là. « Êtes-vous content? me dit-il. — J'imagine, mon colonel, répondis-je, qu'il ne s'agit pas pour moi d'être satisfait, mais d'obéir. — Eh bien, non, reprit-il en riant; je ne vous laisse pas. Je vous prends pour remplacer Fleury. Allez chercher votre cheval. Prenez un homme pour le soigner, et venez vous installer ici dès ce soir. Vous êtes à moi. »

La prudence, les recommandations paternelles, le souvenir de l'antagonisme de mes chefs, tout s'envola de ma cervelle. Je ne vis plus que ce trait de bonté, et avec, dans le lointain, un chapelet interminable de bonnes poules au riz. Je rentrai à Mostaganem, emboîtant le pas à mon chef et plus fier qu'Artaban. Nous étions bien heureux tous les deux : lui, d'avoir sauvé son régiment du licenciement, à force de prouesses et d'ingéniosité; moi, d'avoir conquis la certitude de ne jamais plus dîner avec des escargots braisés.

V

LE SYSTÈME DU GÉNÉRAL DE LAMORICIÈRE

Pélissier. — En route. — Renault de l'arrière-garde. — Un héros. — Sybaritisme. — Nos sorties. — Trop de blé. — Un convoi d'ânes. — Pauvre Rativet. — Perdus ! — Voltigeurs égarés. — Retour triomphal. — Reconciliation. — Une délivrance. — Un rêve.

Enfin le général Lamoricière allait pouvoir exécuter ce fameux plan qui devait transfigurer l'Algérie, appliquer les idées conçues par lui, adoptées par le gouverneur général, et que j'ai exposées dans le chapitre précédent. Il voulait prendre dans sa division six mille hommes de choix, s'enfoncer, à leur tête, dans ces espaces déjà sillonnés, mais encore insoumis, laisser se refermer derrière eux le flot des indigènes, dire adieu pour un temps au reste du monde, renoncer à tout secours, à toute communication, à tout ravitaillement, et, prenant Mascara comme point fixe, vivant des ressources du pays, conquérant sa nourriture à la pointe de l'épée, s'élancer dans tous les sens sur les tribus arabes, les frapper sans relâche, les piller, les exterminer, jusqu'à ce qu'elles tombassent à genoux. C'était de la folie, dira-t-on ; c'était l'immolation possible de nos meilleures troupes ! Non. C'était de la confiance en soi, de la confiance en ses soldats, de la confiance dans la supériorité de notre armement, de la confiance en l'irrésistibilité de la tactique civilisée en face du désordre de populations encore primitives. Pour tout dire en un mot, c'était du génie.

Le général, rentré avec nous à Mostaganem, prépara donc cette expédition décisive, dont on peut dire qu'elle a été le couronnement de la prise d'Alger et qu'elle nous a véritablement donné l'Algérie. Ses préventions contre Yusuf étaient dissipées. Il venait de le voir à l'œuvre, et, passant d'une défiance injustifiée à une confiance illimitée, pour rien au monde il n'aurait entamé sa grande aventure sans emmener les spahis et leur chef.

Ce fut à ce moment que je fis connaissance avec le colonel Pélissier, le futur vainqueur de Sébastopol. Un matin, le colonel, dont je partageais la table, me dit :

— J'ai invité le colonel Pélissier à venir manger notre couscoussou; il est dix heures et demie et il n'arrive pas. Allez donc le chercher, il doit être sur la place.

Je le trouvai, en effet, causant dans un groupe d'officiers, et lui fis ma commission. J'avais profité de notre séjour à Mostaganem pour m'équiper convenablement. Adieu le pantalon de toile, la veste usée, le burnous de rencontre et les chemises lavées au caillou! J'étais, j'ose le dire, un des sous-officiers de l'armée les mieux tenus.

— Allons, me dit le colonel Pélissier, après m'avoir examiné un instant de la tête aux pieds. Il partit. Je le suivis à gauche et un pas en arrière de lui.

— Est-ce que je vous fais peur? me dit-il brusquement.

— Non, mon colonel.

— Alors, pourquoi restez-vous derrière?

— Parce que j'attends que vous m'autorisiez à marcher à côté de vous.

— Arrivez, jeune homme. Comment vous appelez-vous?

— Du Barail, mon colonel.

— Du Barail! Est-ce que vous seriez parent de ce mauvais coucheur qui...?

— Pardon! mon colonel. C'est mon père.

— Ah! c'est votre père! Eh bien, savez-vous que j'ai failli me couper la gorge avec votre père?

— Non, mon colonel, mais cela ne m'étonne pas, car il ne connaît guère que ce moyen-là de résoudre les difficultés.

— C'est toute une histoire. Ici même, en 1833, un de mes frères, chef de bataillon au 66° de ligne, qui servait sous les ordres de votre père, mourut et fut enterré à Matamore, sous un tertre qui porte encore le nom de « Cavalier Pélissier ». Ma belle-sœur vint pour chercher son corps. La commission d'hygiène s'opposa à l'exhumation. La pauvre femme eut le tort de rendre votre père responsable de ce refus et de le faire attaquer dans les journaux. Croyez-vous qu'il vint me chercher jusqu'à Paris, où j'étais attaché à l'état-major de la place comme chef d'escadron, pour me demander raison d'une affaire dont je ne connaissais pas le premier mot? Je n'ai pas besoin de vous dire que je ne me battis pas: c'eût été absurde.

Non seulement le colonel ne me fit jamais supporter les suites de la susceptibilité paternelle, mais il fut, à partir de ce jour, exquis pour moi. C'est à lui que je dois d'être arrivé promptement à l'épaulette. C'est à lui que je dois, dans d'autres circonstances non moins décisives, la rapidité de mon avancement. Quel charmant portrait il y aurait à tracer de ce grand homme de guerre à qui la France doit une des pages les plus glorieuses de son histoire! Mais quel portrait difficile, car rien n'était plus mobile, plus changeant que sa physionomie! Un peu court, un peu gros, il avait déjà à cette époque la tête toute blanche, ce qui le faisait paraître plus âgé qu'il ne l'était en réalité. L'œil était beau, pénétrant et singulièrement vif, surtout lorsque le plissement de la paupière accompagnait un de ces mots à l'emporte-pièce auxquels rien ne résistait et qu'il lançait d'une voix à la fois lente, nasillarde et profonde. Une moustache noire et épaisse barrait sa figure accentuée, sur laquelle se reflétait toute l'énergie de son âme. On y lisait, à première vue, la qualité maîtresse du chef : le caractère ; le caractère qui relègue à un rang secondaire toutes les autres facultés, même la science militaire ; le caractère qui rend une âme inaccessible aux émotions enfantées par les péripéties de la guerre et la laisse maîtresse d'elle-même, au milieu du tumulte des batailles ; le caractère sans lequel il n'y a ni intelligence, ni force, ni victoire.

Rien ne faisait présager encore la destinée glorieuse que l'avenir lui réservait. Il avait quinze ans de plus que son jeune général, et, soldat du premier Empire, il avait fait la guerre avant que ce dernier entrât au collège. Néanmoins, il donnait à tous l'exemple de l'obéissance, de la déférence, dans ses fonctions de chef d'état-major, où il se montrait à la fois très méthodique et très affable pour les jeunes officiers, qu'il savait tenir en bride et employer selon leurs aptitudes.

Vers le 20 novembre, le général de Lamoricière, qui avait tout mis en ordre et qui laissait au général Bedeau l'intérim du commandement de la province d'Oran, quitta Mostaganem à la tête de six mille hommes. Jamais troupe ne fut plus courageuse, mieux disciplinée, plus résistante aux fatigues et aux privations. Jamais état-major ne fut plus jeune, plus dévoué et plus digne des grades suprêmes que devaient conquérir presque tous ses membres. Jamais chefs de corps ne furent à la fois plus énergiques et plus paternels. Certes ! nous allions, tous, bien souffrir ; mais, tous, nous allions rapporter de cette campagne, qui dura cinq mois, ce sentiment que la guerre, faite sous de tels chefs et avec de tels frères d'armes, doit être un avant-goût du paradis des braves. On me permettra de faire défiler devant le lecteur quelques-uns de ces types de soldats qui s'enfonçaient dans le Sud.

L'aide de camp du général de Lamoricière était le capitaine Patras d'Illiers, qu'une mort prématurée atteignit dans le grade de chef d'escadron. Son officier d'ordonnance était le lieutenant d'artillerie de Bentzmann, mort général de division pendant le siège de Paris, et qui venait de remplacer le capitaine Bosquet, le futur maréchal de France. Le chef d'état-major était, je l'ai déjà dit, le lieutenant-colonel Pélissier, entré au service en 1815, ayant fait la campagne de Morée avec le maréchal Maison, et passé de là au corps expéditionnaire d'Afrique, où il avait été nommé chef d'escadron, à la prise d'Alger. Il était, en outre, chevalier de Saint-Louis. Il avait sous ses ordres le capitaine de Martimprey, le devoir et le dévouement faits homme, mort général de division, grand-croix de la Légion d'honneur, gouverneur des Invalides ; le capitaine Denis de Senneville, tué à Turbigo, où il était colonel chef d'état-major du maréchal Canrobert ; le capitaine Jarras, mort général de division, après avoir été chef d'état-major de l'armée du Rhin et avoir écrit un ouvrage magistral sur le siège de Metz ; trois jeunes lieutenants : le lieutenant Cassaigne, un des hommes les plus complets, les plus admirables que j'aie rencontrés ; il resta jusqu'à la fin l'aide de camp et l'ami de Pélissier, dont il savait modérer le caractère violent. Sous les murs de Sébastopol, devenu colonel, il fut emporté par un boulet aux côtés de son chef, dont la mort seule pouvait le séparer. Le lieutenant Trochu, un officier si séduisant et si brillant que, plus tard, le général de Lamoricière et le maréchal Bugeaud devaient se le disputer comme aide de camp. Pour l'avoir, le gouverneur général devait aller jusqu'à forcer les ministres de délibérer en conseil, pour le nommer extraordinairement chef d'escadron, après trois ans et demi de grade de capitaine. Et enfin, le lieutenant Ranson, destiné à remplacer Cassaigne auprès du général Pélissier, et mort général de division, après avoir commandé le 16ᵉ corps d'armée. Tous ces hommes auraient pu s'appeler : la jeunesse, l'énergie, l'intelligence, l'activité et la bonne humeur.

Quant aux commandants de troupe, tout d'abord il faut faire une place à part au lieutenant-colonel Renault, « Renault de l'arrière-garde », comme l'appelaient les soldats. Il commandait deux magnifiques bataillons d'élite, composés de grenadiers et de voltigeurs. Il était maigre, décharné, pâle. On le voyait arriver, le soir, au bivouac, le dernier, épuisé, sans voix, ayant éreinté trois ou quatre chevaux à courir partout où il y avait du danger, partout où il y avait un combat.

Dans les guerres d'Afrique, l'endroit le plus périlleux a toujours été l'arrière-garde. Les Arabes résistaient rarement de front à une tête de colonne, rendue irrésistible par l'accumulation des forces qui serraient de l'arrière sur elle. Ils s'attachaient à l'arrière-garde, obligeant la colonne, soit à s'arrêter pour retourner en arrière et se fatiguer inutilement, soit à s'allonger indéfiniment, en laissant ses dernières troupes sans protection suffisante. Cette tactique, d'ailleurs intelligente, nous exténuait. Mais alors Renault triomphait. On le voyait partout à la fois, courant aux derniers tirailleurs pour les soutenir, courant à cette compagnie pour la former contre une attaque dont elle était menacée et dont elle ne s'apercevait pas, courant à cette autre pour la ramener au secours des tirailleurs compromis. Il avait l'instinct de la guerre, qu'il faisait depuis longtemps, d'ailleurs, puisqu'il combattait déjà en Espagne, avec les Christinos contre les Carlistes, dans cette admirable légion étrangère qui fut commandée d'abord par le colonel Conrad, et puis par le colonel Bernelle. Un jour, là, commandant la compagnie d'avant-garde des

Christinos, il avait forcé les deux armées à une bataille préparée pour le lendemain, en fonçant tout seul sur les Carlistes et en les délogeant, de proche en proche, de leurs positions, suivi par toute l'armée constitutionnelle qui ne voulait pas l'abandonner. D'ailleurs, quel plus bel éloge à faire de Renault que ces paroles du duc d'Orléans qui disait un jour : « Si j'avais l'honneur de commander une armée, la veille d'une bataille, j'enverrais chercher Renault n'importe où, dans ma voiture, pour lui confier mon avant-garde ! » Bien longtemps après, sénateur, général de division, en 1870, il eut la jambe emportée par un éclat d'obus à la bataille de Champigny, et mourut de cette horrible blessure, après avoir affronté la mort en tant de batailles où il avait versé son sang généreux. Le ciel nous ravit ce héros en même temps que la victoire.

Ses deux bataillons avaient pour chefs : l'un, le commandant de Montagnac, le futur héros de Sidi-Brahim, où il tomba glorieusement victime de sa témérité, et dont les lettres, recueillies et publiées récemment, dépeignent bien le caractère de fer ; l'autre, le commandant Paté, mort général de division, dans un âge très avancé.

Le 5ᵉ bataillon de chasseurs de Vincennes avait pour chef le commandant Mellinet, hier encore le doyen de l'armée française, général de division, grand-croix de la Légion d'honneur, qui vient de mourir à Nantes, âgé de quatre-vingt-quinze ans, et qui était vénéré par tout ce qui porte l'épée en France. Enfin, le 13ᵉ léger était commandé par le colonel de la Torre, qu'on disait fils naturel de Godoï, prince de la Paix. Une figure étrange de soldat : chagrin, froid, stoïque, n'ayant pas le sentiment du danger, et flegmatique au milieu du feu le plus vif, sur son petit cheval blanc et sous son caban à capuchon. Estimé comme militaire, détesté comme chef. C'est lui qui répondait à un inspecteur général l'interrogeant sur ses officiers : « J'ai quatre catégories d'officiers. La catégorie des officiers qui servent bien : elle ne contient presque personne ; la catégorie des officiers qui servent passablement : il y en a beaucoup ; la catégorie des officiers qui servent mal : il y en a quelques-uns ; et enfin la catégorie de M. d'Argenton. » M. d'Argenton était un lieutenant qui lui avait déplu par son esprit railleur et caustique. Faut-il encore citer dans le 41° de ligne le colonel Roguet, le commandant Maissiat, mort général de division? le lieutenant de Lavarande, tué devant Sébastopol où il était déjà général de brigade? le lieutenant Deligny? L'artillerie était commandée par le capitaine Pariset, sorti du rang et qui devint intendant général. Les services administratifs étaient dirigés par le sous-intendant Bondurand, dont je ferai un bel éloge en disant qu'il n'était administratif qu'autant qu'il le fallait, c'est-à-dire qu'il avait l'esprit large et rempli de ressources.

Comme cavalerie, nous n'étions que deux cents spahis, mais triés sur le volet et commandés par Yusuf, c'est-à-dire entreprenants, aventureux, et ne se ménageant pas. Ce fut d'ailleurs cette poignée de cavaliers, ordinairement soutenue par les bataillons du colonel Renault, qui porta presque tout le fardeau de l'expédition. Chacun d'eux usa deux ou trois chevaux.

A quelques kilomètres de Mostaganem, nous rencontrâmes l'ennemi, qui prit contact et se mit à nous harceler, avec des injures d'abord et des coups de fusil ensuite. Nous étions habitués aux injures ; mais, cette fois, les Arabes y mettaient une telle insistance que, sans comprendre ce qu'ils nous criaient de loin, nous nous doutions qu'ils nous avaient joué quelque tour, et qu'ils avaient remporté quelque succès.

A Mascara, nous découvrîmes la triste cause de leur arrogance et de leur joie. Le colonel Géry arriva en personne au-devant de la colonne, pour en faire part au général. Le troupeau de bœufs venait d'être enlevé par les Arabes qui, en outre, avaient fait prisonniers plusieurs hommes, et, parmi eux, un officier d'état-major du plus rare mérite avait disparu, tué ou capturé. Il fallait nourrir le troupeau en l'envoyant paître assez loin de la ville, et, comme la garnison était peu nombreuse, on ne pouvait pas le faire garder par plus d'une section d'infanterie. Les Arabes avaient dressé une embuscade, accablé la section et emmené les bœufs. Le lieutenant de Mirandol, averti de ce désastre, avait ramassé tout ce qu'il trouva d'hommes sous la main, et s'était élancé au secours des gens et à la poursuite des bêtes. Il avait réussi à dégager un malheureux clairon du 13ᵉ léger que les Arabes allaient décapiter. Mais il était tombé sous son cheval percé de balles, et avait reçu, dans cet état, plus de trois cents coups de fusil. Comme on n'avait pas retrouvé son corps, on espérait que les Arabes, émerveillés par sa bravoure, l'avaient emmené prisonnier. Cette disparition affecta vivement le général de Lamoricière. Mais ce qui le consterna, ce fut l'enlèvement du troupeau, sur lequel il comptait précisément pour nous nourrir ; car nous étions partis sans convoi, et il ne lui restait plus un kilo de viande fraîche à donner à ses hommes. Cet accident pouvait être la ruine de tout son système. Il fit appeler aussitôt le colonel Yusuf et lui indiqua la situation : « Les Arabes nous ont pris le troupeau. Il m'en faut un demain, à tout prix, sans quoi, je dois renoncer à mes projets. Par conséquent, cette nuit nous partons pour une razzia sur un point que je vais tâcher de découvrir et d'étudier. Gardez tout votre monde sous la main, et à ce soir, minuit. »

Les troupes entrèrent dans Mascara et furent logées dans les différentes parties séparées de cette ville qui portaient, comme dans toutes les villes arabes, un nom différent et formaient autant de faubourgs. Celui de Baba-Ali était réservé aux spahis. Mais on nous garda pour ce jour-là, à Mascara même, dans un enclos appelé les Écuries du beylick. A minuit, les hommes furent réveillés silencieusement, et nous partîmes sous la direction du général lui-même, avec les deux bataillons d'élite du colonel Renault, et le 41ᵉ de ligne qui devait former la réserve. Au petit jour, nous arrivions sur le campement d'une tribu de montagnards : les Beni-Chougrans, ceux-là mêmes qui m'avaient offert l'hospitalité dans ma mission auprès d'Abd-el-Kader, en 1837. Ils furent surpris et ne nous opposèrent que d'insignifiantes résistances individuelles. Nous ramenâmes, dans la journée, un troupeau équivalent à celui que les Arabes nous avaient pris.

Toute crainte de famine était donc, pour le moment, écartée, et nous allâmes nous installer dans le faubourg de Baba-Ali, qui, d'ailleurs, ne présentait que des ruines. Chacun s'y établit comme il put. Le colonel s'était réservé une mosquée, à peu près habitable. J'eus pour moi un de ces petits réduits comme on en trouve dans ces sortes d'édifices, et qui ressemblent aux chapelles latérales de nos églises. Le toit était effondré, et il manquait un mur que je remplaçai par une natte. Mon mobilier se composa d'une belle toile de hamac étendue sur la terre battue, et relevée du côté de la tête par un très gros et très joli caillou. Il régnait dans mes appartements une fraîcheur qui devait être délicieuse en été, et une humidité suffisante pour faire germer les grains d'orge tombés des sacs, au moment de la distribution; de sorte qu'au printemps je me trouvai couché au milieu d'une petite plaine de verdure qui donnait des idées champêtres. J'aurais peut-être pu mieux m'arranger; mais je suis maladroit comme tout pour me donner du confortable. Et puis, vraiment, ce n'était pas la peine. Nous étions constamment en course, et nous ne faisions que toucher barre de temps en temps à Mascara. Pendant les cinq mois que dura l'expédition, je ne me suis pas déshabillé une seule fois pour dormir. Nous ne faisions, d'ailleurs, qu'imiter les Arabes, et le colonel nous encourageait dans cette imitation que, pour ma part, je poussai aussi loin que possible. Ainsi, par-dessus l'uniforme, je portais le grand haïck enveloppant tout le corps et serré autour de la tête, couverte de plusieurs calottes, par la cordelette en poil de chameau, le burnous blanc sous le burnous rouge, les bottes et les éperons arabes. J'allai jusqu'à me faire raser complètement la tête, en réservant, au sommet, une petite houppette de cheveux par laquelle, si j'étais mort à cette époque, le Prophète, qui s'y serait certainement trompé, aurait bien été capable de me prendre pour m'emporter chez ses célestes houris. Il lui eût fallu, pour éviter cette erreur, constater que je ne portais pas la petite mutilation, commune à ses fils et aux Israélites. Mais c'eût été là une curiosité que je n'eusse pas hésité à qualifier de déplacée. Mon esprit, influencé par la forme extérieure, et aussi par le contact perpétuel des indigènes que nous devions rallier ou soumettre, avait fini par contracter des pensées arabes. Nourri, vêtu, logé à la mode arabe, parlant la langue du pays, j'étais devenu Arabe, à l'intérieur et à l'extérieur.

Nous n'eûmes pas long temps à consacrer à notre installation, et au bout de deux jours commencèrent les opérations contre les tribus insoumises qui, à l'exception des Douairs et des Smélahs, nos fidèles alliés, campés autour d'Oran, composaient la totalité de la population de la province.

Je n'ai point l'intention de raconter par le menu les incidents de cette campagne de cinq mois; ce serait fatiguer le lecteur par le récit fastidieux de marches et de contremarches qui se ressemblaient forcément un peu. La première de ces sorties, toutes conçues sur un plan uniforme, pourra servir de modèle à toutes les autres. Il s'agissait de s'emparer d'immenses silos, propriété de la puissante tribu des Hachem de Ghreiss, à laquelle appartenait Abd-el-Kader, et d'aller, par conséquent, attaquer l'Émir au cœur même de sa puissance. Nous quittâmes Mascara à la nuit tombante, sans que personne connût le but de l'expédition, excepté le général et le capitaine de Martimprey, qui l'avait préparée. Ce dernier marchait en tête, suivi d'un porte-fanion. Derrière s'avançait le général de Lamoricière accompagné de son état-major, auquel on adjoignait un certain nombre de sous-officiers de spahis. Puis venait l'infanterie en colonne, par pelotons serrés. Au milieu d'elle, précédant les deux derniers bataillons, ceux du colonel Renault, l'artillerie, en colonne par sections; et enfin, à la queue, la cavalerie, en colonne par pelotons, serrant d'aussi près que possible le dernier peloton d'infanterie. Tout le monde gardait le plus profond silence. Les ordres, les recommandations, les indications se transmettaient à voix basse. Aucune batterie de tambour, aucune sonnerie de clairon ou de trompette; défense absolue de fumer, de battre le briquet, d'enflammer une allumette. Perpétuellement, un officier ou un sous-officier partait de la tête de colonne et, faisant l'office de chien de berger, descendait, par la droite, jusqu'au dernier peloton, remontait, par la gauche, jusqu'au général, pour lui signaler le moindre incident, prévenant chaque portion de troupe, toutes les heures, lorsqu'on s'arrêtait pour la halte réglementaire de dix minutes. Cette privation de tabac et de parole rendait encore plus pénible la privation totale de sommeil.

Le lendemain, on arriva, vers le milieu du jour, sur les silos. Tout le monde sait qu'un silo est un grenier arabe, constitué par une grande fosse pleine de grain, sur lequel on foule la terre. Dès l'aurore, notre marche avait été éventée par les cavaliers arabes, qui étaient venus nous reconnaître et qui étaient allés ensuite prévenir l'Émir de notre marche. Et, pendant que chacun puisait à même dans les silos éventrés pour se charger de tout le blé qu'il pouvait porter, on voyait, dans le lointain, grossir des masses ennemies qui nous présageaient un retour accidenté. L'opération nous prit toute la journée, et on coucha autour des silos, après s'être couvert d'un petit retranchement grâce auquel la nuit ne fut troublée que par des coups de fusil tirés aux avant-postes. Le lendemain, on reprit la route de Mascara. Mais cette colonne légère, qui avait franchi rapidement une distance considérable, s'était transformée en un lourd convoi, à la marche pesante et lente. Le fantassin, parti avec un havresac complètement vide, le rapportait plein de blé. Nos cavaliers marchaient à pied, conduisant par la bride leurs chevaux sur lesquels ils étaient remplacés par un sac d'orge. Il ne restait autour d'Yusuf qu'un peloton, composé d'officiers et de sous-officiers prêts à charger. La retraite, naturellement, se faisait en bon ordre et par échelons alternatifs, c'est-à-dire que le dernier peloton qui tiraillait avec l'ennemi ne se repliait que lorsque le peloton précédent avait pris une bonne position, afin de le remplacer. Les Arabes donnaient avec beaucoup de fougue, jusqu'à traverser la ligne des tirailleurs pour venir décharger leurs fusils sur les sections de soutien, rangées en bataille, qui leur offraient une cible plus large. Et, pendant ce temps, quoique cheminant péniblement, la colonne s'allongeait sensiblement par les arrêts successifs de l'arrière-garde, et laissait parfois une distance considérable entre ses premières et ses dernières troupes. C'était dans ces moments que le colonel Renault était vraiment merveilleux. Ce jour-là, nous aperçûmes tout à coup une compagnie de voltigeurs du 13° léger, surprise, entourée et bousculée par un gros de cavalerie arabe. Yusuf, toujours aux aguets, commanda la charge, et nous partîmes à fond de train pour dégager les voltigeurs. Il y eut une mêlée de cavalerie qui permit à la compagnie de soutien de recueillir sans grand dommage ces voltigeurs, en même temps qu'arrivaient les carabiniers du 5⁰ bataillon de chasseurs, amenés par le général en personne, au pas de course, après avoir mis sac à terre. Leurs feux de salve éloignèrent l'ennemi.

Dans cette charge rapide et furieuse, les spahis perdirent un jeune officier charmant, le lieutenant Gallot, qui reçut dans le bas-ventre une balle dont il mourut. Deux minutes avant de charger, cet officier m'avait prié de lui passer ma lame de sabre, en même temps que le colonel Yusuf, qui ne dédaignait pas de faire le coup de feu, m'empruntait mon fusil. De sorte que, sans un bâton qui me restait, je ne sais par quel hasard, j'aurais chargé les mains dans les poches. Pour comble de disgrâce, une balle vint briser le pied de mon cheval. Il se passa là une scène des plus dramatiques. Un cavalier hachem s'était présenté, quelques jours auparavant, pour entrer dans nos rangs, se prétendant persécuté par sa tribu et voulant s'en venger. Le général le prenait pour un traître et hésitait à l'admettre. Dans la charge, un cavalier ennemi ayant été tué, l'Arabe sauta à bas de son cheval, lui coupa la tête et vint agiter ses deux mains pleines de sang sous les yeux du général, en lui criant : « Croiras-tu désormais à ma sincérité ? »

On rentra à Mascara, pour emmagasiner les céréales et pour repartir le lendemain, dans les mêmes conditions et dans le même but. Et cela dura cinq mois, avec cette aggravation que, chaque fois, il fallait aller plus loin pour dépasser les limites des régions épuisées dans les expéditions précédentes. Au bout de quelque temps, Mascara contenait toutes les réserves de cette riche contrée. Ses magasins regorgeaient de blé et d'orge, mais manquaient de tout le reste. De sorte que l'intendance vous donnait du blé pour remplacer tout ce qu'on allait lui demander. Si un soldat avait besoin d'une paire de souliers ou d'un pantalon rouge, on lui donnait l'équivalent en blé, quitte à lui d'aller se tailler une paire d'espadrilles dans la peau fraîche d'un bœuf abattu, ou de coudre à son pantalon, ou même à son caleçon, des morceaux de peau de mouton. Nos hommes ressemblaient à leurs aïeux des bataillons de Sambre-et-Meuse, ou plutôt à de vrais brigands ; mais, mal nourris et mal vêtus, ils étaient superbes de vigueur et d'entrain, et avec cela, fiers de leur mission qu'ils comprenaient, fiers d'avoir fait réussir le plan du général, d'avoir démontré qu'on pouvait vivre sur l'Arabe et nourrir la guerre par la guerre. Ils avaient de l'argent dans leurs poches, d'ailleurs, car le général avait ordonné le remboursement des rations de vivres que l'État ne fournissait pas. Il eut même à ce sujet des difficultés avec les bureaux de la guerre. Seulement, l'argent ne servait à rien, parce qu'il n'y avait rien à acheter à Mascara. Il n'y avait pas de commerce, bien entendu, et les cantiniers, qui s'étaient risqués avec la colonne, avaient eu vite vendu leur mauvaise eau-de-vie et leur absinthe frelatée. Avec tous ces amas de blé, on n'avait pas même les moyens de faire un pain présentable. Il n'y avait comme moulins que les petits moulins arabes qui marchent à la main. Nos prisonniers étaient perpétuellement occupés à les faire aller ; mais on n'obtenait grâce à eux qu'une farine grossière de blé dur avec laquelle on ne savait pas encore, à cette époque-là, faire de bon pain. Un pain de munition, à Mascara, valait six francs. Et encore devions-nous nous estimer très heureux de les avoir, ces moulins arabes. On en prenait soin comme de la prunelle de ses yeux.

Il y avait un convoi d'ânes, uniquement chargé du transport de ces précieux moulins, et le général avait mis à la tête de ce convoi son plus brillant officier : Trochu ; rien que cela! tandis que le capitaine Daguet, du train, était resté chargé du convoi des mulets. Ce diable de Trochu était tellement intelligent qu'il avait trouvé le moyen d'intéresser toute l'armée à son convoi d'ânes. C'était la curiosité de Mascara. Il avait remplacé pour le troupier le Jardin des plantes. Plus tard, bien plus tard, Trochu eut un autre convoi... mais... à quoi bon se montrer dur pour le gouvernement de la Défense nationale?

La campagne de Mascara pourrait se diviser en deux périodes bien distinctes.

Dans la première période, Abd-el-Kader, à la tête de ses réguliers, nous tint tête et employa toute sa vigueur à imposer aux tribus la résistance à nos armes. Dans la seconde, l'Émir, découragé, s'enfonça dans le Sud avec quelques fidèles, abandonnant ces tribus à nos coups répétés, les laissant libres de disposer de leur sort, et attendant une occasion nouvelle de rallumer la guerre sainte.

Ce qui donna un cachet particulier à la première période de la campagne, c'est que la guerre affecta un semblant de caractère civilisé. On eût dit que l'Émir voulait renoncer à cette lutte atroce, sauvage, sans pitié ni merci, où tout Français tombé entre les mains des Arabes, mort ou vivant, était invariablement décapité.

Nous campâmes souvent en vue de son camp. Il était couvert par des grand'gardes et des avant-postes, à l'européenne. Il emprunta, d'ailleurs, aux peuples civilisés autre chose que leurs précautions de guerre, car, plusieurs fois, il chercha à entrer en communication avec nous, au moyen de parlementaires, choisis parmi ses officiers réguliers. C'est par eux que nous apprîmes, avec une joie indicible, que le lieutenant de Mirandol vivait et qu'il était, ainsi que d'autres Français, prisonnier de l'Émir. L'avenir me réservait l'honneur et la joie de devenir l'ami de ce héros, de cet admirable soldat, aussi grand dans la captivité que dans les combats, qui rappela par son stoïcisme et sa grandeur d'âme la sublime figure de saint Louis, prisonnier, lui aussi, sur cette terre d'Afrique. Le général reçut par l'entremise des parlementaires plusieurs lettres de lui, écrites nécessairement avec une extrême prudence, ayant pour but ostensible de réclamer des secours pour ses compagnons de captivité, mais contenant toujours des renseignements déguisés, dont nous faisions notre profit. De son côté, de Mirandol a gardé, comme une relique, un pantalon d'uniforme dont le général s'était démuni en sa faveur pendant cette campagne.

Bientôt, d'ailleurs, les cavaliers réguliers de l'Émir subirent de telles pertes qu'il devint impossible de les approcher. Yusuf, fécond en stratagèmes, avait fait prendre sur les cadavres qu'ils avaient laissés des uniformes qu'il donnait à ses spahis. Ces faux réguliers engageaient un simulacre de combat avec nos extrêmes arrière-gardes, et attiraient les vrais qu'on enlevait lestement. Il fallut vite renoncer à cette feinte, découverte par les Arabes. Alors, nous formâmes une petite association entre quelques sous-officiers de spahis pour tenter des coups de main, la nuit, sur les grand'-gardes d'Abd-el-Kader. Sous la conduite d'un adjudant du régiment, Alsacien de naissance, nommé Nottinger, nous nous glissions comme des serpents, et nous sautions sur les sentinelles arabes. Quand on était découvert, on jouait du fusil. Une nuit, je m'en souviens, nous enlevâmes le chef, l'agha de la cavalerie de l'Émir, Si-Mocktar. Pour l'avoir, il fallut lui envoyer une balle qui lui cassa un bras. Nous l'emmenâmes au camp. On l'amputa. Il guérit et devint un allié fidèle. Nous payâmes, d'ailleurs, très cher sa capture, car nous perdîmes, cette nuit-là, un bon camarade, un sous-officier nommé Rativet, ancien maréchal ferrant, d'une bravoure incomparable. Il reçut dans la cuisse une balle qui pénétra dans le ventre. On ne pouvait lui donner les soins nécessaires, et le malheureux suivit la colonne dans un cacolet, sur un mulet, au milieu d'indicibles souffrances qui nous mettaient à tous les larmes dans les yeux. Il mourut en route, et, particularité navrante, en rentrant à Mascara, le général trouva dans les plis que lui apportait le premier convoi de ravitaillement, amené d'Oran par le général Bedeau lui-même, un avis officiel lui annonçant que ce pauvre Rativet était nommé chevalier de la Légion d'honneur.

Le général, qui voulait reconnaître les services que lui rendaient journellement les spahis, en renvoyant la croix au ministre, demanda qu'elle fût donnée à un sous-officier du régiment, et pria le colonel de remplir le nom laissé en blanc. Yusuf inscrivit le mien. « Non, répondit le général, Du Barail est jeune. Si on lui donne la croix maintenant, au lieu de lui faire rattraper le temps qu'il a perdu en ne passant pas par l'école, cela retardera sa promotion. Nous le proposerons comme sous-lieutenant, dans un travail complet sur les récompenses. Donnons la croix à un vieux sous-officier dont la carrière est limitée. » On décora donc un maréchal des logis nommé Cousin, vieux serviteur qui n'arriva qu'au grade de chef d'escadron au 9º dragons, où je le retrouvai quand j'étais moi-même colonel du 1ᵉʳ de cuirassiers et officier de la Légion d'honneur. La croix m'aurait bien fait plaisir alors, car elle était rare parmi les sous-officiers, et j'accueillis sans enthousiame la décision du général, qui fut pourtant très avantageuse pour moi, ainsi qu'on le verra.

Ce convoi de ravitaillement, qui nous arriva vers la fin de janvier, termina la première partie de la campagne, la lutte contre Abd-el-Kader en personne. Le général Bedeau qui le commandait nous fit l'effet que produisit la colombe sur les habitants de l'Arche. Il ne nous apportait pas seulement des objets indispensables ; il nous apportait encore des nouvelles de France, des lettres de nos familles dont nous étions privés depuis plus de deux mois. De loin en loin, le général de Lamoricière envoyait, à tout hasard et à prix d'or, un Arabe qui, déguisé en mendiant, s'en allait avec les correspondances de l'état-major, écrites sur papier pelure, roulées et renfermées dans un bâton creux. J'avais même obtenu la faveur d'envoyer, par ce moyen, à mes parents quelques lettres qui leur parvinrent exactement. Mais, si on savait quelque chose de nous, nous ne savions rien des êtres chers, et rien n'est démoralisant comme cette ignorance.

Le général Bedeau, son convoi déposé, reprit la route de Mostaganem, enfin ouverte par nos premiers succès. Le temps était devenu affreux, et sa colonne, surprise dans la plaine de l'Habra par une tourmente de neige, faillit y rester. Elle perdit des hommes et des mulets, morts de froid et de misère, et rentra à Mostaganem dans le plus complet désordre.

Ce ravitaillement avait surexcité encore, si c'était possible, le moral de notre petite armée, et nous entamâmes avec une ardeur nouvelle la seconde période de la campagne, compliquée par les intempéries, et qui nous obligea à un surcroît d'activité, car les courses devenaient plus longues pour porter le coup de grâce aux tribus, épuisées et abandonnées par Abd-el-Kader.

Leur résistance manqua désormais de cohésion et d'efficacité. Mais il fallait les atteindre. Et comme, au fur et à mesure de nos progrès, les tribus voisines de Mascara s'étaient enfuies, nous devions maintenant aller chercher les insoumis dans le lointain, par des marches de nuit interminables et exténuantes, déjouant leurs ruses à force de vitesse. Il nous est arrivé de rester trente-deux jours par monts et par vaux, n'ayant emporté que deux jours de vivres, sans recevoir le moindre ravitaillement, vivant exclusivement sur le pays et exécutant par semaine jusqu'à quatre razzias, précédées d'autant de nuits sans sommeil.

Les fantassins finissaient par dormir en marchant. Les spahis dormaient dans leurs hautes selles, comme dans un lit, bercés par le pas régulier du cheval barbe. Mais les sous-officiers ne dormaient pas, puisqu'ils faisaient perpétuellement le tour de la colonne en marche.

Une nuit, comme une des haltes horaires semblait se prolonger plus que de coutume, Yusuf m'envoya voir ce qui se passait à la tête de la colonne. Il n'y avait plus de colonne. Nous n'avions devant nous que trois pelotons. Le chef du premier de ces trois pelotons s'était rendormi lorsqu'on était venu lui dire de faire lever ses hommes, étendus pour se reposer, et la colonne était partie.

Yusuf, à qui je vins rapporter ce fait extraordinaire, ne voulut pas me croire et envoya un adjudant pour le vérifier. Il dut se rendre à l'évidence, et, prenant le commandement de ce débris de colonne, il le porta en avant, sans savoir où il allait. Le général, de son côté, avait été informé très vite de l'accident ; mais plutôt que d'indiquer sa marche par des signaux, il s'en fia à son étoile, la seule qui brillât du reste, et au jour, les deux tronçons de la colonne se retrouvèrent à temps pour atteindre le but fixé d'avance.

Dans ces razzias, où nous perdions peu de monde, il était rare que les spahis ne profitassent pas de quelque aubaine. Pendant que les fantassins récoltaient du blé, les cavaliers se lançaient à la poursuite des mulets et des chevaux, chargés d'objets plus précieux. On leur abandonnait la moitié de leurs prises. On vendait l'autre moitié à l'encan, à la « Bab Allah ! » à la

« Aftel Kéhrim ! » comme disent les Arabes. Des sommes ainsi réalisées on faisait deux parts : l'une qu'on abandonnait aux officiers, pour les indemniser des frais supplémentaires que leur coûtait la campagne ; l'autre qu'on versait dans la caisse du régiment, pour augmenter le bien-être du soldat, remplacer les objets perdus et accroître le prix d'achat des chevaux.

Au mois de mars, une tribu des Sdamas réfugiée sur les hauts plateaux, à l'est de Saïda, nous entraîna dans une aventure des plus dramatiques. Le général était arrivé avec ses troupes sur leur campement, et l'avait saccagé. Puis il s'était installé à quelque distance, pour passer la nuit, et nous espérions bien dormir tranquilles, lorsqu'on vint faire prendre les armes aux deux bataillons du colonel Renault et aux spahis, pour les lancer aux trousses des débris de la tribu qui fuyait. A peine étions-nous partis que le temps se mit au froid, et, quand le matin arriva, le froid se compliqua d'un brouillard glacial. Yusuf lança des éclaireurs de tous les côtés, et bientôt nous fûmes sur les traces de l'émigration. Mais tout à coup il se produisit un phénomène atmosphérique assez rare en ces pays. La neige commença à tomber, épaisse et persistante, recouvrant la terre d'un linceul, nous empêchant d'y voir à quatre pas devant nous, et nous cachant non seulement le chemin qu'avaient pris les malheureux Arabes, mais celui par lequel nous pouvions nous-mêmes retourner au camp. Yusuf rallia tout son monde pour battre en retraite, car continuer, c'était s'exposer à un désastre. Nous nous aperçûmes alors, avec effroi, qu'il manquait à l'appel une section de voltigeurs du 13ᵉ léger, commandée par le lieutenant Deligny, et quelques spahis. Les spahis pouvaient s'en tirer, mais les malheureux voltigeurs, qu'allaient-ils devenir, au milieu de cette tourmente, sans vivres, sans appui, sans secours ? Rien ne répondait à nos feux de salve, à nos appels de clairon, et la nuit tombait. Un de nos prisonniers arabes nous offrit alors de nous conduire au camp français, si on lui rendait la liberté. On accepta, et cet homme nous ramena au bivouac du général de Lamoricière, qui était lui-même très inquiet sur nous. Ce bivouac présentait un aspect lugubre, avec ses hommes grelottant sans feu, ses tentes enfouies sous la neige, et la tristesse générale s'augmentait encore des regrets que nous causait le sort de nos pauvres camarades, jugés irrémissiblement perdus.

La nuit fut lamentable. Dix-sept hommes, et presque tous les convoyeurs arabes, moururent de froid. J'avais pris, dans la razzia, un mulet chargé d'un immense tapis de laine. Yusuf, Fleury et moi, nous nous y roulâmes et nous dormîmes tous les trois au chaud, comme des bienheureux. Au réveil, le général envoya au colonel une bouteille de champagne qui nous fit un plaisir énorme. Le temps se remettait un peu. Nous nous attendions à rétrograder rapidement sur Mascara pour nous refaire. Le général poussa en avant, estimant que, si nous avions souffert, les Arabes en fuite, emmenant femmes, enfants, vieillards, avaient beaucoup plus souffert encore. Il nous fallut traverser le terrain sur lequel nous avions exécuté notre razzia. C'était épouvantable ! Il y avait là des femmes, des enfants abandonnés et raidis par le froid. A côté des cadavres, des bêtes de somme mortes sous le fardeau.

Nous arrivâmes harassés, et très tard, à la petite ville de Frendah, heureux de nous reposer pendant trente-six heures dans ses maisons abandonnées, dont l'une s'écroula, d'ailleurs, sur une section d'infanterie, qui perdit, dans cet accident, quelques morts et quelques blessés. Le lendemain matin, quelle ne fut pas notre surprise, et quelle ne fut pas notre joie de voir arriver nos bons voltigeurs du lieutenant Deligny, en parfait état et sans qu'il leur manquât même un fourreau de baïonnette ! Perdu dans la neige, n'entendant aucun de nos signaux, le lieutenant Deligny avait pris le parti d'essayer de se tirer tout seul d'affaire. Il s'était heurté à la tribu en fuite, qui ne songeait guère à lui faire du mal. Il avait commencé par empoigner les Arabes qui lui paraissaient les plus riches, en guise d'otages; puis il avait ordonné aux autres de dresser des tentes pour lui et ses hommes, de leur apporter à manger. Il avait ainsi passé la nuit, en fort bon ménage avec les Arabes que nous venions de piller. Le lendemain, il s'était orienté, avait pris ses informations, et il arrivait à Frendah, douze heures après nous, sans avoir laissé un bouton d'uniforme en route. Ce trait lui fit le plus grand honneur et influa heureusement sur toute sa carrière.

Voyant les affaires en bon train, recevant presque journellement la soumission des tribus domptées, ne redoutant plus rien, pour l'instant, d'Abd-el-Kader, le général de Lamoricière voulut compléter cette campagne par l'occupation définitive de Tlemcen, qu'il obtint du gouverneur général et qui fut confiée au général Bedeau. L'occupation s'accomplit sans coup férir, attristée seulement par la mort d'un chef d'escadron, officier d'ordonnance du Roi, qui, souffrant et pris de découragement, se brûla la cervelle en marchant à l'avant-garde, aux côtés du commandant de Mac Mahon, qui était là avec son 10ᵉ bataillon de chasseurs de Vincennes. Le général Bedeau avait tout ce qu'il fallait pour réussir dans une mission qui exigeait les plus hautes qualités du commandement. Froid, sage, très strict, il commandait dans la province d'Alger, lors des combats de 1840, pendant lesquels il fut blessé d'une balle à la tête, le 17ᵉ léger, dont il avait su faire un régiment incomparable. Le duc d'Aumale, qui lui succéda, faillit être victime de l'attentat de Quénisset, en rentrant à Paris à la tête de ce régiment.

Ici se place un petit fait que je pourrais omettre,

mais qui prouve que, dans les commencements de notre conquête, il fallait que nos officiers fussent en quelque sorte universels, car ils avaient à régler parfois des questions qui semblent absolument étrangères au service militaire. La garnison de Tlemcen, au bout de quelque temps, tomba dans un état de démoralisation, de découragement, d'affaissement et de nostalgie auxquels le général Bedeau, homme austère et de mœurs monacales, ne comprenait rien. Le général de Lamoricière, plus philosophe, plus observateur des faiblesses humaines, vit tout de suite où le bât blessait ces braves gens. Et, par son ordre, le vertueux général Bedeau dut procéder au recrutement et à l'établissement d'un personnel féminin spécial qui ramena la gaieté, sinon la santé, parmi ses hommes. Il était lui-même ébouriffé de la mission qu'il avait dû accomplir.

Enfin, au mois d'avril, le sytème du général de Lamoricière avait définitivement vaincu toutes les objections et enfoncé tous les obstacles. Le général ramena à Oran des troupes maigres, déguenillées, mais superbes et musclées comme des chevaux de pur sang.

Notre retour fut une marche triomphale. Les tribus soumises avaient repris leurs campements. Leurs chefs venaient saluer le général au passage, revêtus de leurs burnous d'investiture et suivis de leurs cavaliers, qui se livraient à des fantasias effrénées, en faisant parler la poudre. Chaque soir, au campement, elles apportaient d'abondantes diffas, des amas de victuailles qui réparaient nos longs jeûnes.

A Oran, et avant de les lancer dans une nouvelle expédition, le général témoigna d'une façon originale sa satisfaction à ses troupes, pour leur belle conduite, en leur mettant la bride sur le cou pendant deux jours, et en les affranchissant de tout appel. La ville fut extraordinairement gaie et les économies réalisées à

Mascara fortement entamées, sinon évaporées. Mais il n'y eut pas de désordres sérieux.

Des récompenses plus solides furent accordées à tous les degrés de la hiérarchie. Le lieutenant-colonel Pélissier fut nommé colonel, ainsi que le lieutenant-colonel Renault, qui remplaça au 6e léger le colonel Thierry, vieux soldat de l'Empire, nommé maréchal de camp et conservé pour commander Oran, où il devait faire régner la plus exacte discipline. Le lieutenant-colonel Géry restait à Mascara comme colonel, ayant auprès de lui, comme chef de bureau arabe, le capitaine d'artillerie Charras, que la politique devait perdre un jour. Homme de très haute intelligence d'ailleurs, mais trop convaincu de ses mérites pour en admettre chez les autres. Il ne pouvait tolérer aucune supériorité, pas même celle de Napoléon Ier, à qui il donna des leçons de tactique dans un opuscule sur Waterloo, laissant entendre que l'Empereur ne connaissait pas grand'chose au métier de général en chef. Ce Charras avait un trait dans l'œil; il louchait. « Voyez-vous, me disait un jour, à propos de lui, le général de Martimprey, il ne faut jamais se fier aux gens qui n'ont pas les yeux droits. Ils louchent du cerveau. »

Enfin Yusuf était nommé colonel. Et pour finir par une note personnelle cette énumération, j'étais proposé par le colonel Pélissier pour une sous-lieutenance, et gratifié, par le général de Lamoricière, d'un numéro qui devait hâter ma nomination.

Ce n'est pas tout. Les spahis étaient au pinacle. Leur conduite à Mascara leur avait ramené toutes les sympathies. Loin de réduire leur effectif, on l'augmentait en y versant toute la cavalerie irrégulière, et les Gendarmes maures du capitaine d'Allonville, nommé chef d'escadrons, et les Mouckalias du capitaine Walsein-Esterhazy, nommé également chef d'escadrons. Nous trouvâmes à Oran l'ordonnance royale de réorganisation qui nous portait à vingt escadrons, sous les ordres de Yusuf, investi d'un commandement sans précédent et presque égal à celui d'un général de division de cavalerie indépendante. Ces escadrons étaient ainsi répartis : six dans la province d'Alger, six dans la province d'Oran et huit dans la province de Constantine, quatre à Bône et quatre à Constantine. Yusuf avait sous ses ordres deux lieutenants-colonels, un major et dix chefs d'escadrons. C'était superbe.

L'ordonnance royale de formation était accompagnée d'une autre ordonnance qui pourvoyait aux hauts grades du corps. Le nom du commandant de Montauban n'y figurait pas. C'était pour lui, après six années de grade, une disgrâce irréparable. C'était sa carrière décapitée. Yusuf, envers qui il avait tant de torts, se comporta, en cette triste circonstance, d'une façon tout à fait royale. Un matin, Fleury et moi, nous nous rendions à la mosquée de Kerguentah pour déjeuner avec les lieutenants et sous-lieutenants du 2e de chasseurs d'Afrique qui nous avaient invités, lorsqu'un domestique nègre remit à Fleury une lettre de Mme de Montauban qui le priait de passer chez elle, à ses premiers moments de liberté. Après déjeuner, Fleury fit part de cette lettre à Yusuf.

— Elle veut que vous aidiez son mari à faire la paix avec moi, dit aussitôt le colonel. Si c'est cela, vous pouvez lui dire que je suis prêt à tout oublier.

Yusuf ne se trompait pas. Mme de Montauban fit à Fleury une peinture navrante de la situation où la disgrâce de son mari allait mettre sa nombreuse famille : C'est la ruine pour nous, dit-elle. Mon mari reconnaît tous ses torts. Si le colonel ne nous tend pas une main secourable, nous sommes perdus.

— Le colonel y est tout disposé, madame.

— Oh! alors je vais avertir mon mari, à Misserghin, et il se rendra demain chez le colonel, pour le remercier.

Yusuf, aussitôt prévenu, répondit qu'il prendrait lui-même les devants. Et le lendemain, je vis ces deux hommes que j'aimais, arriver à cheval au-devant l'un de l'autre, sur la route de Misserghin, et se tendre la main.

— Ne parlons pas du passé, mon cher Montauban, dit Yusuf, le premier. Oublions nos torts réciproques, pour ne nous souvenir que de l'amitié qui nous liait jadis et qui va reprendre, plus intime que jamais. Puis, tirant de sa poche un écrin qui contenait une très jolie montre de femme : « Je désire, dit-il, que vous fassiez accepter cette montre à Mme de Montauban ; elle lui rappellera l'heure à laquelle nous sommes redevenus les bons amis que nous n'aurions jamais dû cesser d'être. » Au petit Charles de Montauban, qui était notre coqueluche à tous, qui parlait l'arabe, portait le costume indigène et montait à cheval comme un fils du pays, le colonel fit présent d'une housse de selle en maroquin brodé d'or, qui était le produit le plus perfectionné de l'industrie tunisienne. Il ne s'en tint d'ailleurs pas à ces bonnes paroles. Quelques jours après, le gouverneur général venait à Oran, et Yusuf fit tant et si bien auprès de lui qu'il en obtint la nomination du commandant de Montauban, comme lieutenant-colonel au 1ᵉʳ de chasseurs d'Afrique, d'où il revint bientôt au milieu de nous par permutation.

Ces quelques jours de repos furent délicieux. On en profita pour réparer et refaire l'équipement et le harnachement, remplacer les bêtes que nous avions usées par de superbes chevaux de guerre achetés libéralement par une commission dont j'étais le secrétaire. La soumission des tribus rendait notre recrutement facile, et en quelques jours, il y avait à Oran quatre splendides escadrons de spahis, habillés de neuf et composés d'hommes bronzés par la guerre. C'était un spectacle admirable dont je ne pouvais pas me lasser.

Le général Bugeaud n'était venu à Oran que pour prendre en personne le commandement des troupes de la division, afin de les mener au-devant des troupes de la division d'Alger. Il espérait, par cette grande démonstration, succédant à la campagne de Mascara, achever la pacification du pays entre Oran et Alger. Précédée et éclairée par une brillante cavalerie indigène que commandait l'agha des Douairs et Smélahs, le général Mustapha-Ben-Ismaïl, la colonne expéditionnaire toucha à Mostaganem, et, dans les premiers jours de mai, elle remontait la belle vallée du Cheliff. Après quelques corrections infligées aux Beni-Zérouals et aux Beni-Zentés, tribus indépendantes établies à l'embouchure de ce fleuve, elle fit halte au confluent de l'Oued-Foddah et du Cheliff, à côté de ruines romaines appelées El-Esnam. Le gouverneur général projetait de fonder là, un an plus tard, une ville qui devait s'appeler Orléansville. A ce bivouac, nous fûmes rejoints par les troupes qui arrivaient d'Alger par Blidah, sous le commandement du général Changarnier.

Lorsqu'elles arrivèrent, l'attention, la curiosité, la sympathie de toute l'armée furent surexcitées au plus haut point. Elles amenaient avec elles un jeune officier d'état-major que je contemplais avec avidité, avec qui je devais plus tard être étroitement lié, et dont le nom était devenu subitement populaire dans toute l'Algérie. C'était l'officier dont nous avions appris l'enlèvement, en arrivant à Mascara, l'officier que nous avions cru mort, dont nous avions connu plus tard le salut, dont nous nous étions si souvent occupés ; c'était le prisonnier des Arabes ; c'était le lieutenant de Mirandol. Il y avait alors, à Alger, un vicaire général plein de zèle et de dévouement : l'abbé Suchet. Il s'était mis en tête de délivrer les prisonniers tombés dans les mains d'Abd-el-Kader, et dont Mirandol était le chef, la sauvegarde, le consolateur et le soutien.

Protégé par son caractère religieux, et par ce titre de ministre de Dieu, toujours respecté par les Arabes, qui, soldats et croyants, ne comprennent rien, n'admettent rien en dehors de la soutane et de l'uniforme, l'abbé Suchet, secrètement autorisé par le gouverneur, entama avec l'Émir de véritables négociations, et obtint la liberté des prisonniers français. Ces malheureux étaient au nombre d'une centaine, et parmi eux, trois ou quatre femmes. Abd-el-Kader les fit conduire, pour nous être remis, près de Blidah, sur les bords de la Chiffa. De sorte que, deux jours avant de quitter Blidah pour venir nous rejoindre, le général Changarnier entendit tout à coup le factionnaire placé à sa porte se disputer avec une sorte de mendiant, ou plutôt de spectre, qui n'avait plus que les os et la peau et qui, sous des lambeaux de burnous, portait des lambeaux de pantalon, le pantalon de Lamoricière.

— Qu'est-ce que c'est? dit le général en sortant, et sans reconnaître l'homme.

— Je suis le lieutenant de Mirandol, répondit le malheureux, qui ajouta aussitôt, en voyant le général marcher vers lui, les bras ouverts : « Ne m'approchez pas, ne me touchez pas, je suis couvert de poux. »

Cela n'empêcha pas le coquet général Bergamote de serrer tendrement sur sa poitrine ce héros en guenilles. Il voulut le réconforter, le faire manger, le soigner, l'habiller avec les effets de sa garde-robe; mais quoique exténué et prêt à défaillir, Mirandol refusa de toucher à rien, de boire une goutte d'eau, avant d'avoir conduit lui-même une prolonge d'artillerie chargée de pain blanc, de vin et de tout ce qu'on put trouver en ville, à ses compagnons de détresse qu'il avait laissés couchés sur les bords de la Chiffa. Pendant toute la captivité, il les avait traités comme ses propres enfants, risquant tous les jours sa vie pour les défendre contre les Arabes, les forçant à prendre soin d'eux. En le quittant, l'Emir, émerveillé de sa grandeur d'âme, lui avait fait cadeau d'un mauvais cheval. Le lieutenant de Mirandol, à la tête de cette colonne lamentable, marchait, tirant par la bride ce cheval sur lequel il faisait monter, à tour de rôle, les plus éclopés. Il accomplit son devoir jusqu'au bout et ne rentra à Blidah, pour se réconforter, que lorsqu'il eut vu ces malheureux pourvus de tout. Et, comme le général Changarnier lui demandait ce qu'il pouvait faire pour lui être agréable : « M'employer avec vous dans votre expédition », répondit-il. Le général, qui était homme à comprendre de tels sentiments, le garda près de lui, comme officier d'ordonnance, jusqu'à la rencontre des deux colonnes. Là, de Mirandol rentra dans le régiment où il faisait son stage d'officier d'état-major, et où vinrent le trouver immédiatement un brevet de chevalier de la Légion d'honneur et sa nomination au grade de capitaine.

Fondues en une seule colonne, sous les ordres du gouverneur général, les troupes venues d'Oran et d'Alger, après quelques razzias insignifiantes, vinrent camper, dans les premiers jours de juin, aux portes de Blidah, avant d'être disloquées pour retourner à leurs garnisons respectives. Bâtie au milieu d'un bois d'orangers qui parfume l'atmosphère à deux lieues à la ronde, poétiquement appelée par les Arabes « petite rose », Blidah m'apparut comme le paradis terrestre, après sept mois de fatigues, de misères et de dangers, et je me souviens encore qu'au dessert d'un dîner exquis, dégusté en tête à tête avec Fleury, sous les orangers en fleur, je m'écriai : « Vivre ici comme officier, quel rêve ! » Ce rêve, l'avenir devait le réaliser.

Nos chefs rayonnaient de joie. Le système du général de Lamoricière, adopté par le gouverneur général, avait définitivement triomphé. Toutes les régions qui s'étendent entre Alger et Oran étaient momentanément pacifiées. Sans doute, elles devaient encore, plus d'une fois, être troublées et ensanglantées par des insurrections. Mais, aux yeux des plus incrédules, le problème de la colonisation algérienne était résolu. La pacification définitive devait être l'œuvre de la patience et d'une sage administration, et, exaltés par un patriotique orgueil, nous nous disions tous qu'en somme, grâce à nous, la France était maîtresse de la perle de ses colonies.

VI

SOUS-LIEUTENANT !

Canrobert. — La peau d'un capitaine. — Les Gendarmes maures.
— Mesmer Ben-Matou. — Les princes d'Orient. — Comme en
Espagne. — Soirées algériennes. — Visite à nos escadrons. —
Un officier d'élite. — Le colonel Bouscaren. — Sous l'averse. —
Saint-Arnaud. — Aux Moukalias.

Le siège du commandement central des vingt escadrons de spahis avait été fixé dans la capitale même de l'Algérie, et le colonel Yusuf s'y transporta presque aussitôt. Autorisé à conserver auprès de lui un officier, qui devait l'aider dans le travail considérable de la correspondance avec les escadrons provinciaux, il avait naturellement choisi le sous-lieutenant Fleury. Je gardai mes fonctions de secrétaire, et nous faisions un excellent ménage à trois.

Nous fîmes le voyage à bord de l'aviso *l'Etna*, commandé par le lieutenant de vaisseau de Maisonneuve, qui avait pour second un de mes anciens camarades de collège, le fils de l'amiral de Missiessy, enseigne de vaisseau. Ces deux officiers sympathisaient peu, car le lieutenant était aussi exubérant et en dehors que l'enseigne était compassé et en dedans. En même temps que nous, avait pris passage sur l'*Etna* le commandant Canrobert, qui allait remplacer, à la tête du 5ᵉ bataillon de chasseurs de Vincennes, son collègue, Mellinet, promu lieutenant-colonel. Il était déjà populaire dans l'armée d'Afrique, autant par son imperturbable bravoure que par cet amour du soldat qui a marqué sa longue et glorieuse carrière. Le mot de « famille » appliqué à l'armée est d'une justesse extrême, car le métier militaire, par la communauté des peines et des joies, développe parmi ceux qui l'exercent tous les sentiments qui caractérisent la famille. Il y a dans l'armée, comme dans la famille, des haines farouches ; mais, par compensation, il y a des fraternités tendres et des paternités touchantes. Les frères d'armes s'aiment comme des frères de nature, et, chez le chef digne de son rang, éclosent de véritables entrailles de père.

Tel a toujours été Canrobert. Tel il m'apparut alors déjà, lorsque, appuyé sur le bastingage du bateau, livrant au vent d'Afrique sa longue chevelure, qui flottait comme une crinière autour de sa belle figure léonine, il écoutait et encourageait le babil du sous-officier de spahis. Tel il m'apparaît encore aujourd'hui, après plus d'un demi-siècle, lorsque, courbé sous le poids des ans et de la gloire, il vient familièrement s'appuyer sur la table où j'écris ces lignes.

Depuis mon entrée au service, j'avais mené une existence rude, active, périlleuse, austère. Aussi les commencements de ce séjour à Alger m'apparaissent encore aujourd'hui comme un enivrement, que vint bientôt augmenter ma nomination au grade de sous-lieutenant.

Un matin, en décachetant le courrier du colonel, j'y lus ces quelques mots, écrits à la hâte par le colonel Eynard, premier aide de camp du gouverneur général : « Viens vite. Le travail d'Oran est arrivé ; du Barail est officier. »

J'eus un éblouissement et je me retins à la table pour ne pas tomber. Pour bien comprendre la joie qui me dilatait le cœur, il faut l'avoir éprouvée. Sous-lieutenant ! J'étais sous-lieutenant ! Il y a encore maintenant, et il y avait surtout à cette époque-là, un abîme incommensurable entre la situation de sous-officier et celle d'officier. Sous-officier, on n'a pour ainsi dire pas de carrière. On est dans le provisoire. L'avenir est fermé. Le sort de l'homme dépend des circonstances, du moindre accident, d'un caprice des chefs, de ces chefs qui se sentent et qu'on sent d'une essence supérieure à la sienne. Officier, au contraire, on voit instantanément tout changer autour de soi et en soi ; on a un état, on est pour ainsi dire maître de ses destinées ; on est quelqu'un ; on entre de plain-pied dans la classe sociale de ses chefs les plus élevés. Un maréchal de France vous appelle : « mon cher camarade », et, pour vous faire asseoir à sa table, il n'a plus besoin d'oublier son rang et le vôtre. Une carrière à peu près illimitée s'ouvre devant vous ; c'est le Ciel après le Purgatoire. Et puis, je songeais au ravissement qu'allaient éprouver mes parents, au bonheur de mon père, le pauvre homme qui m'avait prédit que je mourrais dans la peau d'un capitaine retraité. J'étais sous-lieutenant à vingt-deux ans, par une chance inespérée, et sur cette terre d'Afrique, que je foulais maintenant d'un pied assuré, il y avait encore assez d'aventures à parcourir, de coups à donner ou à recevoir, pour que les galons d'or vinssent, en s'ajoutant au premier sur ma manche, démentir les craintes et les prévisions paternelles. « La peau d'un capitaine retraité ! murmurais-je machinalement, mais alors c'est qu'il n'y aurait plus d'Arabes ! » Cinq minutes après, le meilleur tailleur d'Alger me prenait mesure de mon uniforme d'officier.

L'ordonnance de réorganisation des corps indigènes avait remplacé, pour les officiers français, le costume arabe par une tenue française. C'était pour la grande tenue : le spencer rouge soutaché de noir, orné d'une fourragère en soie noire, dont la large tresse barrait la poitrine d'une épaule à l'autre, le képi bleu à turban rouge, le pantalon bleu avec une bande garance; les galons, insignes du grade, décoraient la manche en nœuds hongrois. Comme marques de service, la ceinture de soie rouge à glands d'or avec des passants coulants, en nombre proportionné au grade. Il était difficile de rêver un uniforme plus coquet, surtout après la modification que, de son autorité privée, lui fit subir Fleury, le maître de nos élégances militaires. Fleury avait trouvé que le pantalon réglementaire gros bleu alourdissait la tenue. Il s'était fait faire un pantalon bleu de ciel, et cela avait paru si joli qu'immédiatement les pantalons gros bleu avaient disparu. En petite tenue : une tunique bleu de roi à jupe plissée, avec parements et patte garance au collet, remplaçait le spencer. La mode voulait qu'à cette époque on se serrât outrageusement. Le tailleur m'apporta ma grande tenue quelques jours après. Je l'attendais impatiemment pour aller dîner chez le gouverneur général, qui avait invité à sa table tous les nouveaux promus. Je n'entrai dans mon spencer que sous la pression énergique de trois camarades, qui réunirent leurs forces pour me l'agrafer. Et, comme depuis trois ans bientôt je circulais dans l'ampleur des vêtements flottants de l'Arabe, je connus sur tout le corps le supplice du brodequin, et je m'en allai chez le général Bugeaud, portant en anses de panier mes deux bras que j'aurais été impuissant à rapprocher des flancs. Je ne mangeai ni ne bus. Il me semblait qu'à la première bouchée de pain, à la première gorgée d'eau tout aurait sauté. Et quand, par hasard, le gouverneur général égarait jusqu'à moi ses deux gros yeux ronds, grands comme des soucoupes de tasse à café, j'avais des envies folles de me cacher sous la table pour me mettre à l'aise. Ah! ce soir-là, la mode me fit bien souffrir.

Notre première opération à Alger consista à transformer en deux escadrons de spahis les gendarmes maures du capitaine d'Allonville. Elle fut pénible. Bien que nommé chef d'escadrons, le capitaine regrettait l'indépendance dont il avait joui comme chef de corps. Il lui déplaisait de penser que lui, officier sorti des écoles militaires, il devait obéir à un colonel d'origine irrégulière, d'autant plus que Yusuf, qui connaissait ses répugnances, qui était venu à bout d'autres résistances du même genre, savait parfaitement, sous des formes irréprochables, lui faire sentir son autorité. Le nouveau chef d'escadrons s'en tirait par la plus correcte des froideurs dans ses rapports avec son chef.

Un jour qu'il était venu rendre compte d'une affaire au colonel, avec sa sécheresse habituelle, le colonel Pélissier le rencontrant, peu après, en train de se faire les ongles, lui dit : « D'Allonville, vous vous aiguisez les griffes ? » Le colonel Pélissier était d'ailleurs coutumier de ces mots aigus qui défrayaient la chronique. Je me souviens qu'à un dîner chez Yusuf, on offrit le café dans un service d'argent, cadeau d'étrennes du général Bugeaud. La belle Dolorès Meñes, qui présidait la table, et qui d'habitude accaparait tout ce qu'elle pouvait, avait dû se contenter de faire mettre son chiffre : D. M., sous le monogramme du colonel, dont étaient timbrées les pièces du service.

— Tiens, Yusuf! dit le colonel Pélissier en examinant le sucrier ; vous n'êtes plus colonel de spahis? Vous ne m'aviez pas dit que vous aviez changé de métier.

— Qu'est-ce que c'est que cette nouvelle plaisanterie? répondit Yusuf.

— Eh! oui. Voyez donc : D. M. Ça veut dire : docteur-médecin.

Les sous-officiers et les officiers des gendarmes maures n'étaient guère plus contents que leur ancien capitaine. Les sous-officiers regrettaient le privilège que les gendarmes maures partageaient avec les gendarmes français, c'est-à-dire le galon d'argent pour le brigadier, et le double galon pour le maréchal des logis. Quant aux officiers, ce fut bien pis. Le capitaine d'Allonville, qui avait eu carte blanche, les avait recrutés un peu partout, à sa fantaisie. Les uns comptaient encore comme sous-officiers dans les corps de troupes dont ils avaient été détachés. Ceux-là furent pris comme sous-lieutenants. Mais d'autres étaient entrés de plain-pied aux gendarmes maures, sans être liés par aucun engagement régulier. Ils durent rentrer dans la vie civile ou contracter un engagement comme simples soldats. La plupart se résignèrent à ce second parti. Ils furent récompensés, d'ailleurs, par l'attention paternelle du général Bugeaud, qui les suivit et leur fit promptement gagner l'épaulette.

Tel fut le sort d'un jeune homme qui, à dix-neuf ans, était déjà lieutenant aux gendarmes maures, chevalier de la Légion d'honneur, et qui devait prouver que dans notre État démocratique on peut, du dernier échelon de l'échelle sociale, s'élever jusqu'au premier par son propre mérite, car il mourut frappé glorieusement, à Sedan, ayant atteint les hauts grades de l'armée : j'ai nommé Margueritte. Fils d'un vieux maréchal des logis de gendarmerie, il était venu tout enfant en Algérie, où il avait reçu une instruction primaire sommaire, car la colonie ne présentait pas beaucoup de ressources au point de vue de l'enseignement. Mais, doué d'une très vive intelligence et d'une grande puissance de volonté, il s'était fait lui-même, et il avait appris l'arabe de façon à passer pour un enfant du pays. Le capitaine d'Allonville, enchanté d'une telle recrue, l'avait admis aux gendarmes maures, où, comme je viens de le dire, à dix-neuf ans, il était lieutenant et décoré. Il redevint simple soldat, mais le gouverneur général l'envoya immédiatement comme chef du bureau arabe dans un poste qu'on venait de créer à Teniet-el-Had (Col du dimanche), à l'extrême frontière du district de Milianah, où il reconquit l'épaulette au bout d'une année, et resta comme commandant supérieur jusqu'en 1854, époque à laquelle il vint me remplacer à Laghouat. Travailleur forcené, Margueritte avait pour unique distraction la chasse et la pêche. Il avait acquis une très grande érudition, s'était familiarisé avec les meilleurs auteurs et avait produit lui-même un livre estimé. Une longue expérience de la guerre lui avait, en outre, donné ces connaissances qu'on ne trouve pas dans les livres, et quand il partit pour la guerre de 1870, dont il prévoyait la fin désastreuse, il réalisait le type du grand général de cavalerie.

Un de ses camarades qui, comme lui, redevint simple soldat, avait eu une odyssée bizarre. Il s'appelait Mesmer, et je le vois encore arrivant de Perse, couvert du costume traditionnel : bonnet d'astrakan, grande robe de soie, babouches jaunes à bouts relevés. Il quittait le service du Shah, et le capitaine de Rovigo lui donna immédiatement le surnom de « Ben-Matou » (le fils du chat). Mesmer, en 1840, était sergent-major à Saint-Cyr, et l'école était commandée par le général Baraguey-d'Hilliers, qui avait le droit d'être représenté comme à cheval sur la discipline. Il y eut à l'école une petite rébellion dont on rendit les gradés responsables ; Mesmer et une vingtaine de ses camarades furent expulsés. Or, à ce moment, le shah de Perse, pris d'une de ses manies périodiques d'imitation européenne, avait envoyé en France un agent chargé de lui recruter des officiers. Cet agent offrit à Mesmer le grade de chef d'escadron dans l'artillerie du Shah, aux appointements de cinq cents francs par mois. Mesmer, séduit par l'attrait des aventures et du mystère qui enveloppait encore la Perse, accepta, et pendant deux ans resta là-bas comme instructeur de l'artillerie, sans avoir vu un canon ni assisté à un exercice. Quant à ses appointements, il racontait lui-même de quelle façon originale il les touchait. Le premier de chaque mois, il se rendait chez le khasnadar, ministre des finances, qui le recevait avec affabilité. Une longue pipe bourrée de tabac parfumé, des confitures de roses et une tasse de café microscopique étaient apportées.

— Nous sommes aujourd'hui le premier du mois, disait Mesmer.

— C'est parfaitement exact, répondait le khasnadar.

— Je viens pour toucher les appointements que Sa Majesté m'octroie comme instructeur de son artillerie.

— Les appointements ? Je n'y songeais pas. Repassez dans quelques jours ; les fonds seront prêts.

Au bout de quelques jours, Mesmer retournait voir le khasnadar, qui le recevait avec le même cérémonial.

— Les fonds ne sont pas rentrés, disait-il, mais voici un firman pour le gouverneur de telle province qui n'a pas encore versé d'impôts au Trésor et qui vous remettra la somme due.

Mesmer montait à cheval et, suivi de quelques zaptiés, employait plusieurs jours à joindre le gouverneur récalcitrant qui baisait avec respect la lettre du khasnadar, faisait apporter la pipe, la confiture de roses et la tasse de café et renvoyait l'instructeur de l'artillerie persane à un chef de district en retard pour ses contributions. Le chef du district le priait de s'adresser au contribuable, et finalement Mesmer, à coups de bâton, faisait rentrer, lentement et par fractions imperceptibles, la somme qui lui était due. Quand il revenait, le mois était fini, et il ne lui restait plus qu'à recommencer. Au bout de deux ans, il se lassa de commander l'artillerie de cette façon, et demanda un congé qui lui fut accordé avec empressement, car la question d'Orient étant apaisée, le Shah n'avait plus besoin d'instructeurs.

Les princes d'Orient n'en font jamais d'autres. Toutes les fois qu'ils ont besoin de caresser une nation européenne, ils ont l'air de vouloir se mettre sous sa tutelle et à son école, et la comédie cesse dès qu'ils n'ont plus de raison pour la prolonger. Dans son voyage à Paris, en 1868, le Sultan demanda un colonel pour en faire le précepteur du prince héritier. Le colonel fut nommé et n'apprit que sur le bateau, à Marseille, qu'on n'avait plus besoin de lui. Le shah de Perse, venu en France en 1873, demanda au maréchal de Mac Mahon de lui donner un général comme ministre de la guerre. Le général Cholleton fut désigné, et il allait partir, quand l'idée fut abandonnée.

Mesmer voulait rattraper ses camarades de promotion et s'engagea comme simple soldat. Tout le monde s'intéressa à lui. Cinq ans après, il était capitaine. En 1849, chef de bureau arabe à Bône, allant réprimer l'insurrection d'une de ses tribus, il fut tué d'une balle dans la tête, au passage du pont de la Seybouse.

Les gendarmes maures constituèrent donc les deux premiers escadrons des spahis d'Alger. Ils furent placés en garnison à Blidah. Les autres escadrons devaient être successivement formés à Médéah, à Milianah et à Orléansville. Le troisième, celui de Médéah, fut organisé le premier. Il eut pour capitaine un excellent officier nommé Piat qui, le 19 juin 1841, avait reçu une blessure d'aspect terrible. Une balle l'avait frappé en pleine poitrine et était sortie derrière le dos. On le croyait mort, lorsqu'on s'aperçut que le projectile avait contourné les côtes, en cheminant sous la peau. Quatre ans après, jour pour jour, le 19 juin 1845, Piat, dont j'étais devenu le lieutenant, tombait mort, la tête fracassée par une balle, dans un combat à pied, en pleine Kabylie.

·Les opérations, poursuivies avec tant d'énergie depuis l'arrivée en Algérie du nouveau gouverneur général, donnaient maintenant tous leurs fruits. Les tribus se soumettaient les unes après les autres, et le redoutable Abd-el-Kader gardait une inaction au moins apparente, se contentant d'étendre sur tout le pays le filet à mailles serrées des confréries religieuses, dont le général de Neveu, longtemps chargé de l'administration des affaires algériennes, a si bien décrit le rôle insurrectionnel, dans le livre qui porte leur nom : *Les Khouans*. Les occupations fécondes de la paix avaient succédé aux rudes travaux de la guerre, et partout on commençait, à l'instar des Romains, à ouvrir de bonnes routes donnant un accès facile dans l'intérieur du pays. Le génie militaire venait d'en livrer une qui est encore aujourd'hui une des curiosités de l'Algérie : c'est celle qui relie Blidah à Médéah, par les gorges étroites et profondes de la Chiffa. Elle descend rapidement le long du flanc des rochers jusqu'au lit du ruisseau, dont elle suit alternativement les deux bords, en le franchissant à l'aide de ponts nombreux. Il a fallu beaucoup de temps et beaucoup de peines avant qu'on fût définitivement maître de ce ruisseau, mince filet d'eau en été, torrent impétueux en hiver, qui détruisit plus d'une fois les travaux d'art. C'était un progrès très considérable que d'avoir, en dehors de la route militaire stratégique passant toujours par le col de Mouzaïa, ouvert entre Médéah et Blidah un passage qui mettait ces deux villes à quelques heures l'une de l'autre. Tout l'honneur de ce tour de force revenait au commandant Bouteilhoux, chef du service du génie à Blidah, qui avait fait le tracé et dirigé les travaux de la route. Le général Bugeaud résolut de la visiter. Il emmena avec lui le colonel Yusuf, et je fis partie de sa très nombreuse escorte. Aujourd'hui, on va visiter les gorges de la Chiffa en se promenant, et le ruisseau des Singes, au pied du

Nador, est un but classique d'excursion pour les touristes. Mais alors presque personne n'avait encore fait ce voyage. Il me rappelle une particularité assez extraordinaire et sur laquelle le général Bugeaud s'appesantit, un soir, devant nous tous.

« En 1808, nous dit-il, je commandais une compagnie d'infanterie en Espagne. Mon lieutenant s'appelait de Bar, mon sous-lieutenant s'appelait Coman. Or aujourd'hui, en 1842, voilà que nous nous trouvons tous les trois encore ensemble, séparés par la même distance hiérarchique. Le capitaine Bugeaud est gouverneur général de l'Algérie. Le lieutenant de Bar commande comme général le territoire d'Alger. Et le sous-lieutenant Coman est colonel du 33° de ligne, à Médéah. »

J'épargnerai au lecteur la description d'Alger et je me contenterai de lui dire que cette ville, à ce moment de son existence ou plutôt de la mienne, était tout simplement un adorable lieu de garnison, où les plaisirs paraissaient d'autant plus savoureux qu'ils étaient plus courts, puisqu'à chaque instant il fallait monter à cheval et partir en guerre, où les douceurs de l'existence empruntaient au voisinage des dangers un caractère en quelque sorte capiteux. La belle humeur, la gaieté, l'entrain, la jeunesse avec son grain de folie circulaient dans les rues sur les pas des troupiers, ou chevauchaient dans les environs de la ville, dans nos cavalcades de jeunes officiers, heureux de vivre et de sentir que ce qu'ils faisaient vaudrait un jour la peine d'être raconté.

La garnison était nombreuse et souvent déplacée; mais il y avait toujours au moins un régiment d'infanterie en permanence, venant de France. A ce moment, c'était le 48°, commandé par le colonel Leblond, un des héros de la Macta, qui allait bientôt trouver la mort dans un des premiers combats livrés en Kabylie.

Il y avait encore deux régiments de chasseurs d'Afrique : le 1ᵉʳ, colonel Korte; le 4ᵉ, colonel de Tartas. Le colonel Korte était brigadier de hussards à Austerlitz. C'était un spécimen superbe de la cavalerie de la Grande Armée. Il adorait le cheval et le règlement de 1829, dont nous sommes si loin aujourd'hui, avec nos manœuvres de cavalerie simplifiées. L'ex-brigadier d'Austerlitz devint, sous le second Empire, général de division, sénateur, grand-croix de la Légion d'honneur. Quant au colonel de Tartas, nous l'avons déjà vu à la guerre. Les loisirs de la garnison développaient encore son caractère gascon et bon enfant. C'est lui qui disait que « le souleil n'avait jamais vu tomber Tartas ». Et quand on lui rappelait, pour le taquiner, une de ses chutes, il répondait imperturbablement : « Eh! mon cher, ce jour-là il y avait des nuages. » Il avait, d'ailleurs, toute la présence d'esprit des gens du Midi, qui pensent plus vite, mais peut-être moins longtemps que les autres.

Sous la présidence du prince Louis-Napoléon, devenu général de division, il fut nommé député, et il vota pour la fameuse proposition des questeurs, dont le Président ne voulait pas, et pour cause. Le soir, il vint à la réception de l'Élysée.

— Comment! général, vous avez voté contre moi! lui dit le Prince.

— Ah! monseigneur, répondit Tartas avec effusion, la main peut se tromper quelquefois, mais le cœur jamais !

Il y avait en lui, on le voit, l'étoffe d'un sénateur.

Alger avait encore l'état-major et le 1ᵉʳ bataillon des zouaves, commandés par le colonel Cavaignac. Joignez à cela l'état-major général du gouverneur, celui de la division, ceux de l'artillerie et du génie, le personnel de l'amirauté, un contre-amiral et de brillants officiers de vaisseau, et vous comprendrez l'animation des fêtes officielles et particulières, que rehaussait encore la présence de quelques grands chefs arabes, majestueux comme les rois mages et blancs comme des cygnes.

De ces fêtes, je parle par ouï-dire plus que par expérience ; car ma bourse était trop plate pour me permettre d'y assister, et mon seul luxe était, de loin en loin, un dîner modeste à l'hôtel à la mode : l'*Hôtel d'Orient*. On était certain d'y rencontrer toujours le colonel des zouaves et le colonel du 1ᵉʳ de chasseurs d'Afrique, dînant en tête à tête à une petite table, contre le comptoir où trônait la belle Mme Pigeard, que l'un d'eux défendait avec énergie contre les galanteries des sous-lieutenants. Après dîner, ils allaient volontiers finir la soirée en fumant leur cigare dans le magasin de Mme Combes, l'aînée des trois sœurs qui tenaient, à Alger, le sceptre de la beauté.

Au mois de septembre, le lieutenant général Duval de Dampierre arriva à Alger pour procéder à l'inspection générale des escadrons de spahis déjà formés. C'était un vétéran des guerres de l'Empire, très estimé dans l'armée, mais il abordait pour la première fois en Afrique, n'avait jamais vu la cavalerie indigène, et était, par conséquent, tout à fait étranger aux questions qu'il était appelé à résoudre. Il eut l'intelligence de se borner à approuver toutes les propositions du colonel Yusuf, qui fut ainsi le véritable inspecteur général des troupes dont il avait le commandement. Partis d'Alger à bord de l'*Etna*, nous débarquâmes à Philippeville, le général, son aide de camp, le colonel Yusuf, Fleury et moi, pour gagner rapidement Constantine à cheval, sous l'escorte d'un peloton de chasseurs d'Afrique.

La province de Constantine ne ressemblait pas aux deux autres provinces. Sauf dans l'Aurès et dans la Kabylie, après la prise de la capitale et la chute du bey Achmed, la soumission y avait été plus rapide et plus complète que partout ailleurs. Le système féodal y existait dans toute sa beauté, et les grands chefs, les grands feudataires d'Achmed, débarrassés de la domination du bey, étaient portés, par leurs rivalités elles-mêmes, à reconnaître l'autorité de la France, par crainte de voir surgir la suprématie de l'un d'entre eux. Quant à Abd-el-Kader, il était à peine connu dans cette province, où il n'avait jamais mis les pieds. Les populations avaient, en somme, peu souffert des horreurs de la guerre. Leurs mœurs étaient plus douces, plus paisibles.

C'est un fait bien connu que, plus on avance vers l'ouest, du côté du Maroc, plus les tribus qu'on traverse sont belliqueuses. Chez elles tout est rude, le cheval est rustique, son harnachement est sobre, le vêtement est plus grossier, la nourriture est plus simple, la langue même plus gutturale. Dans l'est, au contraire, et à mesure qu'on marche vers la Tunisie, tout devient plus élégant, plus riche, plus luxueux. Les chevaux, plus près du pur sang oriental, paraissent dressés plutôt pour les cavalcades d'apparat que pour les fatigues de la guerre. Leur harnachement, d'une splendeur fabuleuse, arrive à coûter des sommes considérables. J'ai vu des housses de selle, couvertes de broderies d'or fin, estimées dix mille francs. On enveloppe les chevaux d'une sorte de caparaçon en étoffe de soie, garni de plusieurs rangées de grelots, qui leur couvre la croupe et le poitrail. Sous le haïk de soie et le burnous blanc comme neige, les chefs portent des vestes de velours enrichies de passementeries d'or et de soie, et sur le grand chapeau de paille ils accumulent les plumes d'autruche les plus précieuses. C'est dans cet appareil fastueux que de nombreux cavaliers vinrent au-devant de nous dans l'admirable vallée de Hamma, en faisant la fantasia. Nous fîmes une entrée triomphale dans Constantine, dont il ne faut pas oublier qu'Yusuf porta un instant le titre de bey. Nos deux escadrons étaient en parfait état.

Leurs cavaliers appartenaient aux meilleures familles indigènes et exerçaient une grande influence dans le pays. Je fis connaissance là avec deux Français qui servaient au titre indigène : un sous-lieutenant et un sous-officier. Le sous-lieutenant s'appelait Abdellal. Il était Cophte d'origine et fils d'un ancien officier des mameluks de la garde, retraité à Marseille. Il avait débuté comme interprète aux zouaves, puis était passé aux spahis, où sa parfaite connaissance de l'arabe, la bonne éducation qu'il avait reçue au lycée de Marseille, ses prouesses équestres et ses façons de débrouillard attirèrent l'attention. Plus tard, quand le duc de Montpensier vint faire ses débuts comme colonel d'artillerie en Afrique, il prit Abdellal comme officier d'ordonnance et, par un passe-droit tout à fait irrégulier, le fit entrer au cadre français et passer sur notre dos. Il devint même mon capitaine-commandant et prenait plaisir à me faire sentir de façon peu aimable son autorité. De mon côté, j'avais eu peut-être quelques torts envers lui. Je les expiai en le comblant d'égards et de faveurs, lorsque, en 1870, je vins, comme général de division, faire l'inspection du régiment de spahis dont il était colonel. Quant au sous-officier, il s'appelait de Bonnemains. Il était le fils d'un intendant venu à Alger, lors de la conquête, et qui avait confié son éducation à un caïd. Le caïd en fit un véritable Arabe. Il avait la spécialité des missions aventureuses. Il fut un des premiers Français qui visitèrent R'dhamès, et, à ce moment, un voyage à R'dhamès paraissait le comble de l'audace. Il arriva au grade de chef d'escadron, épousa une femme arabe, vécut comme un naturel du pays, et mourut d'une fièvre pernicieuse.

Notre séjour à Constantine ne fut qu'une série de fêtes et de festins pantagruéliques. Puis, nous gagnâmes, toujours au milieu des fantasias, en quatre jours, Sétif, à trente-trois lieues de distance. C'était une ville de récente formation, bâtie sur des ruines romaines. Notre escadron, qui était à peine formé, était commandé par un autre capitaine, Mesmer, qu'on appelait le « gros Mesmer », pour le distinguer de Mesmer le Persan. Il passait pour le noceur le plus incorrigible de l'armée d'Afrique. Aussi fut-il retraité comme capitaine. De Sétif, nous retournâmes à Constantine par Djemilah, localité tout récemment illustrée par un combat entre une compagnie de zéphyrs et de véritables nuées de cavaliers arabes, qui ne s'étaient dissipées que devant une colonne de secours partie de Constantine. Il y avait là les ruines d'une grande cité romaine, et entre autres d'un arc de triomphe, magnifique spécimen de l'art antique. Il fut question de le transporter pierre à pierre à Paris, mais on recula devant la dépense. Nous traversâmes également Milah, petite ville arabe enfouie dans une oasis de verdure, au milieu de steppes brûlés, et renommée pour son couscoussou.

Puis, ce fut le tour de Bône. Nous refîmes, pour y arriver, la route suivie deux fois par l'armée, en 1836 et en 1837, pour aller assiéger Constantine, et nous passâmes par le fameux camp de Dréhan, qui rappelait à Yusuf les souvenirs de son éphémère beylicat. Le colonel avait formé et commandé lui-même jadis les deux escadrons que nous allions inspecter. Il allait y retrouver quelques-uns de ses anciens soldats et presque tous ses anciens officiers. Il est impossible de dépeindre l'accueil enthousiaste dont il fut l'objet à Bône, tant de la part de la troupe que de la part des indigènes. Les escadrons de Bône avaient pour chef le commandant de Mirberk, officier très vigoureux, très capable et très peu endurant, qui fut fait par la suite général de brigade, à l'affaire de Zaatcha. L'un des deux escadrons était composé uniquement de célibataires, presque tous anciens soldats turcs, que leur capitaine, M. de Ferrabouc, avait dressés et instruits à la manière française. L'autre avait pour chef un sportsman, le capitaine Allouard de Saint-Hilaire, ancien grand écuyer du duc de Brunswick, celui-là même qui devint célèbre sous l'Empire, pour son assortiment de perruques multicolores. Ce capitaine avait fait du cheval son unique spécialité. Il passa bientôt dans le service de la remonte et mourut encore jeune, à la tête du haras de Mazagran, où, malgré sa compétence, il ne fit jamais rien de bon, parce qu'il s'était entêté à importer en Afrique les mœurs chevalines françaises. A Bône, Yusuf retrouva son premier beau-père, un Maure dont il avait jadis épousé la fille, encore toute jeune, et avec qui il entretenait toujours de cordiales relations.

Nous quittâmes Bône sur l'*Etna*, pour rentrer à Alger. Mais nous fîmes escale à Philippeville pour inspecter notre escadron, qui était là dans des conditions assez piètres. Il était composé de Kabyles de la montagne, par conséquent de fort mauvais cavaliers, qui ne venaient en ville que lorsque le service les y appelait, et tous les dix jours pour toucher leur solde. L'escadron était commandé par le capitaine Ambert qui déjà, à cette époque-là, était notre meilleur écrivain militaire. Il avait d'ailleurs la susceptibilité des gens de lettres, et je l'entendis avec stupéfaction répondre à chaque critique que le colonel lui adressait : « Si vous croyez que l'on vous a envoyé un officier d'élite comme moi pour recevoir de pareilles observations ! »

Le colonel faisait preuve d'une patience dont je ne le croyais pas capable. Quant au général inspecteur, il ne soufflait mot.

L'inspection, réduite à une simple revue à pied, se termina tant bien que mal, et nous allions déjeuner chez le général Levasseur, lorsqu'un spahi aborda le colonel pour lui demander de faire payer la solde tous les quinze jours, afin d'épargner à ses camarades et à lui un voyage sur trois. Le capitaine Ambert intervint et voulut punir l'Arabe, pour n'avoir pas réclamé par la voie hiérarchique. Le colonel essaya de le calmer. Le capitaine était monté, et à chacune de ses phrases « l'officier d'élite comme moi » apparaissait. A la fin, Yusuf, impatienté, infligea quatre jours d'arrêts à « l'officier d'élite ». Et, comme le capitaine continuait, il les transforma en arrêts de rigueur, le général affectant de ne pas intervenir dans cette scène pénible, qui se passait devant lui. Là-dessus, le capitaine partit, mais à peine étions-nous à table chez le général Levasseur qu'il reparut, calmé, cette fois, pour faire au général de Dampierre ses excuses d'une inconvenance qui lui paraissait d'autant plus incompréhensible à lui-même qu'il ne pouvait oublier ses grandes obligations envers le colonel Yusuf. Le colonel avait fait décorer le capitaine, après l'expédition sur Teckdempt. Avec sa bienveillance habituelle, il passa aussitôt l'éponge et ne maintint que les arrêts simples. Aussi fut-il très surpris de recevoir, quelques jours plus tard, du cabinet du ministre de la guerre, le maréchal Soult, une demande d'explications pour la scène de violence dont le capitaine s'était plaint, en la travestissant. Il répondit avec sa meilleure encre, en appelant au témoignage du général de Dampierre..., et quelques semaines plus tard, le capitaine passait, avec le grade de chef d'escadrons, au 1er de carabiniers. C'était complet, et nous comprîmes alors pourquoi le malheureux général de Dampierre, qui avait reçu l'ordre de proposer coûte que coûte le capitaine pour l'avancement, avait gardé un prudent silence. C'est dans le talent d'écrivain du capitaine Ambert qu'il faut trouver l'explication de cette faveur invraisemblable.

Comme tous les hommes de l'époque impériale, le maréchal Soult avait de la presse une sainte horreur. Il ne la prenait pas du tout pour la lance d'Achille, et trouvait que le *Moniteur de l'Armée,* seul organe militaire de ce temps et journal ministériel, se bornant à publier sans commentaires les actes officiels, les nominations d'officiers, les permutations, les changements de garnison, était plus que suffisant pour les besoins intellectuels de l'armée. Aussi lorsque, en 1833, quelques jeunes officiers, à l'esprit ouvert, fondèrent un journal indépendant appelé *la Sentinelle de l'Armée* et destiné à discuter, à indiquer à la fois les améliorations et les abus, n'eut-il de cesse qu'il ne s'en fût débarrassé. Ambert, avec sa verve et son style éloquent, était la pierre angulaire de la *Sentinelle*. Un beau jour, il se trouva officier d'ordonnance du ministre de la guerre, et la *Sentinelle* disparut. Vers 1840, il donna sa démission de capitaine au 9⁰ hussards, pour aller aux Antilles recueillir la succession de son père. Mais ses hommes d'affaires l'avaient trompé. La succession était insignifiante, et il revint en France, très désireux de reprendre sa place dans l'armée. Réglementairement, c'était impossible ; mais les règlements ne sont faits ni pour les ministres ni pour les écrivains, paraît-il, et pour l'empêcher de mettre sa plume au service de l'opposition, on l'attacha comme capitaine de la légion étrangère, près d'Yusuf, pour le réintégrer ensuite dans le cadre français, lors de la transformation des spahis ; ce qui prouve que, même dans le métier des armes, la plume, quand elle est bien maniée, vaut autant sinon mieux que le sabre.

Il ne nous restait plus à inspecter que les escadrons de la province d'Oran, les meilleurs et les plus anciens, encore commandés par le lieutenant-colonel Bouscaren, qui attendait sa permutation avec le lieutenant-colonel de Montauban. Créole de la Guadeloupe, caractère chevaleresque, cœur d'or, esprit charmant, brillant causeur, profond érudit, le colonel Bouscaren avait passé de l'École polytechnique dans le génie, et avait fait l'expédition d'Alger comme aide de camp du général

Rouhaut de Fleury. Séduit par l'Algérie, il avait quitté son arme savante pour entrer dans les spahis du colonel Marey. Il poussait le goût pour les mœurs arabes jusqu'à porter chez lui le costume indigène, depuis l'établissement du nouvel uniforme. Je l'ai beaucoup aimé, et il est mort entre mes bras, en 1852, après l'assaut de Laghouat. Une balle lui avait brisé la cuisse, un peu au-dessus du genou, et il ne survécut pas à l'amputation, pendant laquelle il m'avait demandé de l'assister.

Pendant que nous parcourions ainsi toute l'Algérie pour inspecter les escadrons de spahis, des événements assez graves étaient survenus. Les montagnards de l'Ouaransenis, encore insoumis, avaient ravagé la vallée du Cheliff, parcourue par des tribus soumises, au secours desquelles le général Changarnier s'était porté vivement. Il avait atteint les agresseurs près d'El-Esnam et les avait refoulés dans la vallée de l'Oued-Foddha. Très large à son confluent avec celle du Cheliff, cette vallée se rétrécit peu à peu vers le pâté de l'Ouaransenis, jusqu'à ne plus être formée que par le lit du ruisseau, qui coule entre deux escarpements. Le général Changarnier, qui connaissait mal le terrain, s'y enfonça, croyant pouvoir en déboucher facilement. Mais, à son étranglement, il eut à subir des deux rives un feu plongeant et meurtrier. Il ne voulut pas reculer et éprouva des pertes sensibles, jusqu'au moment où il atteignit enfin, toujours en combattant, les premiers plateaux de l'Ouaransenis. Là, il put déployer ses troupes et reprendre l'avantage. Puis, pendant que l'ennemi se massait pour lui barrer le retour, il se déroba par une marche de nuit très audacieuse, se porta sur les tribus dont les guerriers l'avaient attaqué et leur infligea un tel désastre qu'ils furent obligés de déposer les armes. Ce combat de l'Oued-Foddha fit grand honneur aux troupes et à leur général, à qui il valut, à bref délai, sa troisième étoile. Malheureusement, et c'est là le revers de la médaille, il encouragea l'esprit aventureux de nos chefs, les porta à se lancer tête baissée dans le danger, sans préparer suffisamment le terrain, et à demander le succès à la bravoure de leurs troupes plus qu'à la science des combinaisons stratégiques. Pour prévenir le retour de pareils accidents, et tout en rendant justice aux résultats obtenus par le général Changarnier, le gouverneur général se résolut à obtenir la soumission définitive de toute la contrée de l'Ouaransenis, en faisant converger sur elle plusieurs colonnes dont les mouvements combinés devaient refouler, sur le plateau central, toutes les populations, en ne leur laissant comme moyen de salut qu'une soumission complète sans conditions. Il prit en personne le commandement, et nous partîmes, vers le milieu de novembre, par un temps épouvantable. Il pleuvait à verse, et on aurait voulu que le général Bugeaud attendît le beau temps, pour ne pas augmenter la fatigue des troupes marchant sur un sol détrempé. Le général répondit aux insinuations discrètes de son état-major : « J'ai observé depuis longtemps que, pendant toute la durée de la lune, le temps reste ce qu'il était entre le troisième et le quatrième jour. Il a fait beau à ce moment-là ; il fera beau pendant le reste de la lune. Marchons ! » Il avait raison. Nous eûmes un temps superbe pendant la durée des opérations, qui réussirent complètement, après quelques engagements assez sérieux dont le succès ne fut jamais indécis.

Dans cette colonne expéditionnaire, le duc d'Aumale, âgé de vingt ans à peine, inaugurait ses épaulettes de maréchal de camp. Il venait de remplacer à Médéah le général Coman, l'ancien sous-lieutenant en Espagne du général Bugeaud. Il avait demandé à faire partie de la colonne, et le gouverneur général avait mis immédiatement sous ses ordres toute son infanterie. Le duc d'Aumale était fanatique du métier militaire, qu'il exerçait avec passion, et, si on avait pu lui adresser une critique, ç'aurait été celle d'être trop scrupuleux observateur de la lettre des règlements.

Le général Bugeaud ne se gênait pas pour lui en faire le reproche. Un jour, en arrivant au bivouac, près du pont du Cheliff sous Milianah, il trouva que le Prince s'appliquait trop minutieusement à obtenir de ses bataillons un alignement parfait, avant de faire former les faisceaux. Il le blâma avec trop peu de discrétion, devant la troupe. Les gens malintentionnés essayèrent plusieurs fois d'éveiller chez le Prince la mauvaise humeur contre les procédés brusques du général, qui posait volontiers en mentor. Ce fut sans succès. Le duc d'Aumale témoigna toujours pour son chef militaire autant de déférence que d'attachement.

Dans l'Ouaransenis, je fus présenté pour la première fois au futur maréchal de Saint-Arnaud, alors lieutenant-colonel d'infanterie et commandant supérieur du cercle de Milianah. Il faudrait une plume autrement exercée et autrement éloquente que la mienne pour peindre cette figure si séduisante, et si calomniée par les passions politiques. Ancien garde du corps, de Saint-Arnaud avait repris du service en 1831, dans un régiment d'infanterie qui fut dirigé sur la Vendée, pour réprimer les troubles qu'avait suscités la présence de la duchesse de Berry. Pendant sa mission à Blaye, auprès de la Princesse, le général Bugeaud le prit pour officier d'ordonnance, et depuis, ne cessa de l'honorer d'une amitié très vive. Il la méritait, car il cherchait toutes les occasions de se distinguer. Au second siège de Constantine, après quatre années de grade de capitaine, son intrépidité lui avait valu le grade de chef de bataillon, et dans la campagne de 1841, il s'était comporté de façon à mériter celui de lieutenant-colonel, avec les plus flatteuses mentions de la part du général en chef. Nous le retrouverons plus tard dans son très fécond commandement d'Orléansville; mais je veux, dès à présent, rectifier un jugement porté sur lui par des gens qui le connaissaient peu ou mal, ou qui avaient intérêt à le méconnaître.

On l'a représenté comme un homme de plaisir, alors qu'il était avant tout un homme de grand et puissant travail. Il savait rendre, par le charme de son commandement, le service facile et attrayant, et, la main toujours ouverte et toujours tendue, il obtenait par le dévouement et la reconnaissance de ses subordonnés des efforts et des résultats que d'autres demandent, avec moins de succès, à la froide et sèche observation du règlement, à l'austère application de la discipline. Ses frères ont déjà publié une assez volumineuse correspondance qu'ils avaient conservée pieusement. On y découvre tout l'esprit, tout le talent d'écrivain de l'illustre homme de guerre. Mais il est d'autres lettres qui n'ont pas encore vu le jour et qu'il m'a été donné de lire, je ne saurais dire avec quel plaisir et quelle respectueuse émotion. Ce sont les lettres écrites de Varna, et dès les premiers jours de la guerre de Crimée, à la maréchale, qu'il avait laissée à Constantinople, pour donner lui-même l'exemple de la soumission à sa défense d'emmener à l'armée d'autres femmes que celles qui étaient inscrites sur les registres des corps. Elles sont des modèles de grâce, de charme, de tendresse et d'ardent patriotisme. Elles sont pour ainsi dire encore chaudes du feu qui lui dévorait l'âme, au milieu de souffrances physiques intolérables, encore aggravées par le désespoir de voir discuter son plan de porter la guerre en Crimée. Il n'eut pas la consolation d'attendre que l'avenir eût prouvé la profondeur et la solidité de ses conceptions, en démontrant que la Crimée était le seul champ clos où nous pussions appeler les Russes, pour vaincre les difficultés qui, partout ailleurs, eussent été insurmontables.

Le colonel de Saint-Arnaud adorait la jeunesse. Il se plaisait avec elle. Il était indulgent pour ses erreurs et ses fautes, disant qu'elle les rachetait par d'inestimables qualités, tandis que la sagesse n'était le plus souvent que le triste privilège de l'âge, et le signe de sa grondeuse et maussade impuissance. Rien n'était plus touchant que de l'entendre admonester paternellement les jeunes officiers qui avaient fait des dettes : — Mon ami, disait-il, je reçois des réclamations contre vous. Arrangez donc vos affaires ! Que je n'en entende plus parler !

— Mon colonel, je ne demande pas mieux ; mais comment ? Ma famille est fatiguée de toujours payer pour moi ; elle ne veut plus rien m'avancer.

— Alors prenez d'autres dispositions.

— Et lesquelles, mon colonel ?

— Abandonnez à vos créanciers le cinquième de vos appointements. Vous serez en règle ; ils n'auront plus rien à réclamer.

— Mais, mon colonel, ce n'est pas possible ; je n'ai déjà pas assez avec ma solde entière.

— Eh bien ! mon ami, vous continuerez à emprunter, et à vos nouveaux créanciers vous direz : J'ai abandonné mon cinquième ; adressez-vous à mon cinquième ; cela ne me regarde plus. Comme cela, je ne serai pas obligé de sévir contre vous.

Le baron Lambert, cet homme charmant et spirituel que tout le monde a connu à Paris, lieutenant des chasses à courre de l'Empereur, entendit plus d'une fois de pareilles exhortations. Lieutenant au 13° chasseurs à cheval, il avait été brusquement expédié en Afrique par les amis de sa famille, pour l'engager à réfléchir sur les inconvénients pécuniaires d'une vie trop dissipée. On lui avait donné à commander un escadron des moukalias du bey Ibrahim, d'où il était passé aux spahis. Aux moukalias, il avait rencontré un camarade de fête, le comte Tristan de Rovigo, autre figure très originale dont je parlerai bientôt, et il avait eu des aventures inénarrables avec son escadron, uniquement composé de gens dont il ne connaissait ni la langue, ni les mœurs, ni la manière de combattre.

VII

LA SMALA.

Un prisonnier indiscret. — Deuil. — La colonne du duc d'Aumale. — Exécution. — Jobard III. — La Smala! la Smala! — En éclaireurs. — Charge à fond. — Décoré! — Mort de Mustapha-Ben-Ismaïl. — Récompenses. — Le trompette Escoffier. — Le capitaine Cassaignolles. — Quatre généraux. — Un diplomate.

Après l'expédition de l'Ouaransenis, le duc d'Aumale alla prendre possession de son commandement de Médéah, qu'il exerça d'une façon tout à fait supérieure, aidé en cela, non seulement par une activité et une assiduité très méritoires chez un jeune homme de vingt et un ans, mais encore par sa haute situation de fils du Roi qui rendait ses relations plus faciles avec les Arabes, scrupuleusement respectueux de toutes les supériorités. Il se rendit bientôt compte de la nécessité d'occuper le poste de Boghar, qui devenait sa sentinelle avancée vers le sud. Boghar avait été, on le sait, le siège d'un des établissements militaires d'Abd-el-Kader, et, en 1841, le général Baraguey-d'Hilliers l'avait détruit de fond en comble. Le duc d'Aumale y mit le commandant Carbuccia, officier d'une activité physique et intellectuelle tout à fait exceptionnelle, et bientôt, sous son énergique impulsion, Boghar sortit de ses ruines. Mais, comme il arrivait toujours en pareil cas, cette occupation permanente produisit, parmi les tribus voisines, une effervescence qui se manifesta par des actes de rébellion tels qu'il fallut châtier leurs auteurs. La tribu des Oulad-Antar, notamment, qui occupait les environs de Boghar, était en pleine insurrection. Le colonel Yusuf fut mis, avec trois escadrons de spahis, à la disposition du duc d'Aumale, et nous partîmes de Blidah, le 13 février 1843, pour aller rejoindre à Médéah la petite colonne que mobilisait le Prince. Des éboulements ayant rendu la route de la Chiffa impraticable, nous passâmes par la route du col de Mouzaïa. La pluie l'avait également mise en piteux état, et tout ce que Yusuf put faire fut de franchir le col. Il installa son bivouac sur le Plateau des Réguliers et m'envoya à Médéah, pour demander au duc d'Aumale s'il pouvait y passer la nuit. J'arrivai chez le Prince, couvert de boue des pieds à la tête. Il me reçut avec une cordialité exquise et me répondit qu'il avait tout le temps d'attendre, à cause du mauvais temps. Il me fit même servir un excellent dîner. La cavalerie arriva le lendemain matin. Une fois le temps remis au beau, on gagna Boghar, d'où nous rayonnâmes sur les Oulad-Antar. Cette expédition, d'ailleurs insignifiante, ne vaudrait pas la peine d'être mentionnée, si elle n'avait pas été marquée par un incident qui détermina un des plus célèbres faits de guerre des campagnes d'Afrique.

Un jour, à la suite d'une razzia importante, le colonel avisa, parmi les prisonniers, un vieillard qui semblait être l'objet d'une vénération profonde de la part de ses compagnons d'infortune. C'était, en effet, un marabout probablement chargé d'une mission secrète auprès de la tribu.

Yusuf était toujours très bien informé, parce qu'il interrogeait lui-même les prisonniers qui lui paraissaient les plus intelligents. Il fit causer le marabout et sut de lui qu'il était un homme de l'Ouest et qu'il connaissait parfaitement les Arabes importants de la province d'Oran.

En parlant des chefs que nous avions combattus, le colonel prononça le nom de Mustapha-ben-Thami.

— Mustapha-ben-Thami! dit le marabout, il ne quitte presque plus la Smala, dont il a la garde.

Yusuf n'avait jamais entendu parler de la Smala. Il ne se laissa pas démonter et, sans avoir l'air un instant d'ignorer ce dont lui parlait le marabout, il eut l'adresse de se faire donner par lui tous les renseignements désirables.

Il apprit bientôt que la Smala était la capitale mobile de l'empire nomade d'Abd-el-Kader; qu'elle consistait en une agglomération de plus de quarante mille personnes; qu'elle renfermait tout ce que l'Émir avait de plus précieux, sa famille, ses archives, ses ateliers de réparations, ses provisions de guerre, ses troupeaux, enfin tous les instruments de sa puissance. Il la défendait avec ses réguliers, l'escortait avec eux, et en avait confié la surveillance à son ami le plus sûr, le plus fidèle, son khaliffa, Mustapha-ben-Thami.

Ce fut la première fois que l'armée d'Afrique entendit parler de la Smala.

Yusuf comprit immédiatement l'importance de cette révélation et alla en faire part au Prince. Il lui développa, avec chaleur et conviction, la thèse suivante :

Les Arabes ne sont forts que parce qu'ils sont insaisissables et parce qu'ils croient et font croire à tout le pays que, pour échapper à nos atteintes, il leur suffit de s'enfoncer dans le Sud.

Donc, s'emparer de la Smala d'Abd-el-Kader, c'est ruiner à la fois sa puissance et son prestige.

Quand il revint à Alger, le colonel n'avait plus que cette idée en tête : prendre la Smala. Mais le mot et la chose étaient aussi nouveaux l'un que l'autre, et Bugeaud était tout à son projet d'aller fonder, sur les immenses ruines romaines d'El-Esnam, au bord du Chéliff, un grand établissement qui devait s'appeler Orléansville. Grosse entreprise qui demandait de grands travaux, dont il voulait s'occuper, toute affaire cessante.

Nous y arrivâmes le 15 avril. Bugeaud constata que les populations des alentours étaient pacifiques, et, rassuré tout à fait, il se rendit aux instances du duc d'Aumale qui, de son côté, ne rêvait plus guère que la prise de la Smala, et qui obtint, enfin, l'autorisation de diriger dans le sud de l'Algérie une expédition destinée à devenir historique.

Bugeaud lui laissa toute liberté de manœuvrer et nous mit une seconde fois, nous autres spahis, à sa disposition. En même temps, il prescrivait au général de Lamoricière de se porter sur Frendah, pour s'y tenir en observation et parer aux éventualités.

Hélas! en partant pour cette nouvelle expédition, j'avais un crêpe autour du bras et un deuil immense dans le cœur. Le colonel Pélissier s'était chargé de la triste mission de m'apprendre la mort de mon père. Il avait succombé à la maladie et aussi au chagrin que lui causaient la mort de mon frère, les déboires de sa carrière et l'isolement où je l'avais laissé en repartant pour l'Afrique. Quelque temps après sa rentrée en France, il avait obtenu à grand'peine son maintien en activité et sa nomination au commandement de la place de Verdun. Là, il avait reçu une preuve nouvelle et sensible du mauvais vouloir dont il continuait à être l'objet. Le Prince royal, commandant de ce que l'on appelait les « Camps de la Marne », était venu visiter Verdun, et, quoique déjà très souffrant, mon père n'avait voulu laisser à personne le soin de lui préparer les honneurs prescrits par le cérémonial. Le soir, le Prince offrit un banquet à toutes les autorités civiles et militaires. Seul, mon père n'y fut pas invité. Peu après, il fut emporté par un accès de goutte qui se porta à l'estomac, puis à la tête. Il accueillit la mort avec le calme, la fermeté et le courage qu'il avait montrés dans tous les dangers de la vie, et le chagrin que me causa cette perte irréparable fut encore accru par l'idée qu'elle laissait ma mère sans aucune autre ressource pour vivre que sa pension de veuve, de sept cent cinquante francs. Les démarches de quelques amis lui obtinrent la direction d'un bureau de poste dans un village du Poitou, à Angles, qui lui rapportait quatre cents francs par an, et qu'elle finit par changer contre le bureau de Mauzé, dont les émoluments étaient de onze cents francs. C'est avec ces revenus modiques que ma mère vécut pendant près de dix ans, avec une dignité et une sérénité d'âme dignes de l'admiration de tous ceux qui l'approchaient.

Dans les derniers jours d'avril, nous étions rendus à Médéah, auprès du duc d'Aumale. Il donna un grand dîner, le 1ᵉʳ mai, pour la fête du Roi, et le lendemain la colonne expéditionnaire se mit en route. J'étais surmené, très souffrant. J'avais peur de ne pas pouvoir suivre. Mais ce n'était pas le moment de s'écouter, je rengainai donc mon indisposition, qui se transforma plus tard en une longue et belle maladie.

Le duc d'Aumale, commandant la colonne expéditionnaire du Sud, avait pour premier aide de camp le commandant Jamin, qui est mort général de division, après avoir commandé en second l'expédition de Chine, laissant les plus chers souvenirs à tous ceux qui l'ont connu. Son deuxième aide de camp était le capitaine de Beaufort d'Hautpoul, qui est mort récemment général de division, après avoir occupé les fonctions de chef d'état-major général à la deuxième armée de la défense de Paris, pendant la désastreuse campagne de 1870-71. Enfin, son officier d'ordonnance était le capitaine de Marguenat, un grand et bel officier, tué le 16 août à la bataille de Gravelotte. Il était le doyen des généraux de brigade de l'armée française et avait plus de seize ans de grade.

La colonne était ainsi composée :

Deux bataillons du 33ᵉ de ligne, commandés par le colonel Camou, un type admirable de soldat de la vieille roche. Il était l'idole de ses fantassins, qui ne l'appelaient que le père Camou et qui se seraient fait hacher pour lui. Il commanda plus tard la belle division des voltigeurs de la garde ;

Un bataillon de zouaves, commandé par le lieutenant-colonel de Chasseloup-Laubat ;

Quatre escadrons du 4ᵉ de chasseurs d'Afrique ; lieutenant-colonel Morris ;

Un escadron du 1ᵉʳ de chasseurs d'Afrique ; lieutenant Litchlin ;

Quatre escadrons de spahis, trois complètement organisés et le quatrième en formation ; colonel Yusuf ;

Un fort détachement de gendarmerie ; lieutenant Grosjean ;

Deux sections d'artillerie de montagne ; capitaine Aubac.

Le colonel Camou commandait l'infanterie ; le colonel Yusuf commandait la cavalerie. Le service du bureau arabe était sous la direction nominale du capitaine Durrieu. Mais Yusuf empiétait sur ce service, en transmettant directement au duc d'Aumale tous les renseignements qu'il recueillait. Le colonel, d'ailleurs, apportait à la réussite de l'entreprise qu'il avait si vivement préconisée une passion extraordinaire.

Enfin, un goum de trois cents cavaliers arabes, commandé par l'agha Amar-ben-Ferahtt, marchait en éclaireur.

Nous allâmes d'abord toucher barre à Boghar, où le duc d'Aumale avait fait réunir les approvisionnements nécessaires et de nombreuses bêtes de somme fournies par les tribus, pour le convoi. Puis nous piquâmes droit dans le Sud, sans objectif déterminé.

On savait bien que la Smala existait, mais personne ne pouvait, ne voulait ou n'osait dire où elle était. On avait espéré recueillir en route les renseignements indispensables, mais le vide se faisait devant la colonne. Les populations semblaient s'être évanouies et nous cheminions, sous le soleil, à travers l'espace immense des plaines de sable ondulées, çà et là coupées de champs d'alfa, sans rencontrer un piéton, un cavalier, une âme, un chien.

Après trois ou quatre jours de marche au milieu de cette solitude inexplicable, le colonel Yusuf s'aperçut que, dès que nous nous mettions en route, des feux s'allumaient sur les monticules et semblaient indiquer le chemin que nous suivions. Ces feux étaient évidemment des signaux. Il s'agissait de surprendre ceux qui les allumaient.

Le colonel confia cette mission à un jeune maréchal des logis du 1ᵉʳ chasseurs d'Afrique nommé Dorvinzi, garçon remarquablement intelligent, mais un peu bohème, dont la carrière eût été fort belle si elle n'avait pas été entravée par son amour pour le plaisir. Il passait pour le fils naturel de l'historien de Norvins. Il réussit à surprendre un groupe de cavaliers arabes de la tribu des Rhaman, au moment où ils mettaient pied à terre pour allumer les signaux ; il ramena douze prisonniers.

Yusuf déclara qu'un grand exemple devait être fait et qu'il fallait passer par les armes, sur-le-champ, les donneurs de signaux, pour que personne ne fût plus tenté de les imiter. Le secret de notre marche, disait-il, était la première condition de son succès ; il fallait l'obtenir par la terreur ou nous résigner à manœuvrer éternellement dans le vide.

Malgré les vives répugnances du duc d'Aumale, une sorte de conseil de guerre composé de tous les officiers supérieurs de la colonne fut réuni. On décida que onze de ces malheureux seraient fusillés, séance tenante, et que celui d'entre eux qui paraissait le plus jeune serait renvoyé, pour répandre dans les tribus voisines la nouvelle de l'exécution.

Ce jugement fut exécuté immédiatement, et ce fut M. Joseph de Breteuil qui commanda le peloton d'exécution.

Je n'ai jamais vu un homme plus navré que le duc d'Aumale, lorsqu'il fut forcé de s'incliner devant cette dure nécessité de la guerre. En tout cas, le but poursuivi fut atteint, car, à partir de ce moment, les feux de signaux ne s'allumèrent plus jamais. Nous pûmes même, le 14 mai au soir, arriver à Goudjilah, petit village arabe situé sur une colline abrupte, sans avoir été signalés.

Les gens de Goudjilah commencèrent à nous donner quelques renseignements. Eux, du moins, savaient ce que c'était que la Smala, dont jusqu'alors tous les Arabes semblaient ignorer l'existence. Sur leurs indications, d'ailleurs très vagues, le Prince décida de continuer, d'accélérer même sa marche.

Le 15, à trois heures du matin, nous nous remîmes en route vers le sud. A dix heures, nous fîmes halte près d'un petit cours d'eau. Là, nous surprîmes un petit nègre de sept à huit ans, intelligent et déluré, qui nous donna les premières indications utiles. Il savait bien ce que c'était que la Smala; il y avait des parents. Il nous raconta qu'elle devait être en marche pour gagner le Djebel-Amour, dont les massifs montagneux se profilaient à l'horizon. Ce renseignement fut invariablement confirmé par les quelques Arabes dont on réussit à s'emparer. On se reposa deux heures pour faire le café, et, sans autres arrêts que la petite halte réglementaire de chaque heure, on marcha jusqu'à six heures du soir. Il y eut encore deux heures de repos, pendant lesquelles le Prince prit ses dernières dispositions pour l'attaque rapide de cette Smala, qui commençait à paraître à quelques sceptiques un véritable fantôme.

A huit heures on repartit. La colonne était séparée en deux fractions, qui se suivaient d'aussi près que possible. La première, commandée directement par le Prince, comprenait toute la cavalerie, les deux sections d'artillerie de campagne du capitaine Aubac et le bataillon de zouaves, marchant sans sacs. On avait même donné aux zouaves assez de mulets pour que la moitié de l'effectif fût montée et qu'ils pussent aller ainsi alternativement à pied et à mulet. La seconde portion, commandée par le colonel Camou, comprenait les deux bataillons de ligne, escortant et protégeant le convoi.

On marcha dans cet ordre jusqu'au jour. Il ne faut pas perdre de vue que, depuis Boghar, et surtout depuis Goudjilah, nous traversions un terrain complètement inconnu. Nous allions à la découverte, perdus dans l'immensité des solitudes, et nous pensions réellement toucher aux confins du désert.

A cinq heures du matin, le duc d'Aumale fit prendre le trot à toute la cavalerie. Et bientôt le bataillon de zouaves, qui avait, d'ailleurs, renvoyé ses mulets, fut distancé, de sorte que notre colonne se trouva fractionnée en trois tronçons, trop éloignés les uns des autres pour pouvoir se soutenir : la cavalerie, les zouaves avec l'artillerie, et l'infanterie avec le convoi.

Nous filions toujours dans la direction du Djebel-Amour et nous apercevions très distinctement alors, quoique à une grande distance, ses masses bleuâtres. Yusuf, toujours plein d'ardeur, affirmait que la Smala était à nous ; mais tout le monde supposait que, prévenue par ses émissaires, elle fuyait devant nous.

A huit heures, après trois heures de trot, rien n'apparaissait. Il faisait très chaud ; le peu de vent qui soufflait, venant du Sud, était embrasé. On marchait presque sans interruption depuis vingt-neuf heures. Hommes et chevaux étaient éreintés. On ne savait même pas où et quand on trouverait de l'eau, dont on commençait à sentir l'impérieux besoin. Il y avait dans l'air un sentiment secret et encore timide d'opposition et de mécontentement qui, d'ailleurs, s'exprimait d'une façon assez originale. On n'osait pas s'en prendre au Prince, ni même au colonel Yusuf, à qui cependant on attribuait, quand tout ne marchait pas comme sur des roulettes, l'idée de cette malencontreuse expédition. On se rabattait sur le pauvre capitaine Durrieu, chargé du service des renseignements, et on ne se gênait pas pour l'appeler bien haut : Jobard III, ce qui permettait de supposer qu'il y avait deux autres jobards.

En outre, le colonel Morris servant en Afrique depuis fort longtemps, admirable soldat au moment du combat, mais esprit critique, frondeur, s'en prenant à tout et à tous avec beaucoup d'humour, ne donnait pas précisément l'exemple de la résignation.

Le duc d'Aumale sentait parfaitement la déception qu'avait fait naître autour de lui cette marche infructueuse aux grandes allures. Il voyait bien que l'opinion générale se prononçait pour la suspension d'une manœuvre qui commençait à devenir téméraire. Le sentiment de sa responsabilité commençait à peser sur lui, et aussi celui du grand danger qu'il allait courir en attaquant, avec quelques escadrons de cavalerie surmenés, un établissement aussi considérable que devait l'être la Smala de l'Émir, et qu'on devait supposer défendu par Abd-el-Kader en personne, à la tête de ses plus solides guerriers.

Il prit soudainement sa résolution, et fit connaître au colonel Yusuf les raisons majeures qui l'obligeaient, pour ce jour-là, à suspendre la poursuite de la Smala.

— Mais, monseigneur, disait le colonel, nous n'avons plus qu'un petit effort à faire. Voyez vous-même : nous sommes sur les traces d'une immense émigration. Regardez le terrain ; il a été piétiné sur une vaste étendue par une énorme quantité d'animaux de toute espèce. Nous avons pris, ce matin, des nègres épuisés par la route. Ils sont tous d'accord pour dire que la Smala est en fuite vers le Djebel-Amour. Je vous en conjure, allons encore ; sans cela, la Smala nous échappe, et nous aurons perdu une occasion qui ne se retrouvera plus jamais.

Ce que disait le colonel des traces laissées sur le terrain était vrai ; nous les voyions. Quant aux nègres épuisés, ils avaient été précisément apostés sur notre route pour nous faire suivre une fausse piste.

Le Prince répondait à toutes ces instances :

— Les forces humaines ont une limite. J'ai déjà imposé aux troupes des fatigues exagérées ; je ne veux pas leur infliger un désastre. Les hommes et les chevaux meurent de soif ; je veux aller à l'eau : je ne veux pas autre chose.

Les cavaliers du goum et leur agha dirent alors que la source la plus proche était vers l'Est, à Aïn-Taguine.

— Eh bien, ordonna le Prince, conduisez-nous à Taguine, et envoyez des guides aux colonnes d'infanterie pour leur faire prendre cette direction.

La tête de la colonne fit un à gauche, au grand désespoir du colonel Yusuf, qui croyait l'affaire complètement manquée. On s'orienta donc vers la très abondante source de Taguine. Que de fois, depuis, j'y suis retourné !

Il se passa immédiatement un fait qui aurait dû attirer l'attention du capitaine Durrieu : c'est qu'il devint impossible, à partir de ce moment, d'obtenir des cavaliers du goum qu'ils battissent l'estrade au loin. Ils restaient toujours dans les jambes de nos chevaux, comme des enfants qui se réfugient près de leurs parents, lorsqu'ils sentent venir le danger.

Nous marchions silencieusement, chacun à sa place ; de loin en loin, dans les espaces sablonneux dégarnis d'alfa, le vent soulevait un nuage de poussière. Et Yusuf d'accourir vers le duc d'Aumale en criant :

— Monseigneur, c'est la Smala.

Et le Prince de répondre invariablement :

— Je veux aller à l'eau ; je ne veux pas autre chose.

Vers onze heures et demie, nous marchions sur deux colonnes, les spahis à droite et les chasseurs d'Afrique à gauche. Le Prince était en tête des chasseurs d'Afrique. Nos escadrons n'étaient pas régulièrement formés en échelons, mais — les longs éperons arabes animent toujours les chevaux — les spahis avaient gagné beaucoup de terrain et étaient sensiblement en avant des chasseurs.

Tout à coup, devant nous, nous voyons les cavaliers du goum faire un tête-à-queue subit. Ils arrivent sur nous en criant : « La Smala! la Smala! Il faut du canon ! »

L'agha Amar-ben-Ferrahtt arrive le dernier, et annonce au colonel Yusuf que la Smala tout entière est campée près de la source de Taguine. Guidé par l'agha, le colonel Yusuf, accompagné du lieutenant Fleury, d'un maréchal des logis indigène, nommé Ben-Aïssa-Ould-el-Caïd-el-Aïoun, son porte-fanion, soldat d'un courage incomparable, d'un autre maréchal des logis, Bou-ben-Hameda, et de moi, se porte au galop sur une petite éminence, d'où nous pouvons embrasser d'un coup d'œil toute la Smala.

Le spectacle était invraisemblable. Imaginez, au milieu d'une plaine légèrement creusée où coulent les eaux de la source de Taguine, arrosant un fin gazon, un campement s'étendant à perte de vue et renfermant toute une population occupée à dresser les tentes, au milieu des allées et venues d'innombrables troupeaux, de bêtes de toute espèce : hommes, femmes, enfants, chevaux, mulets, moutons, de quoi remplir plusieurs escadres d'arches de Noé.

C'était grandiose et terrifiant.

Notre goum s'était évanoui. Il ne restait plus que l'agha qui, d'ailleurs, ne quitta plus le Prince de toute la journée. Le colonel me dit :

— Courez vite dire au Prince que nous sommes sur la Smala. Vous lui direz que vous l'avez vue de vos propres yeux. Allez !

Je montais un cheval excellent que m'avait cédé Fleury, quand j'avais été nommé officier. En quelques secondes, je fus auprès du duc d'Aumale et lui répétai exactement les paroles de mon colonel. Je dois dire que je fus très mal reçu.

Le Prince, qui venait de recevoir dans la matinée dix avis semblables, non justifiés par l'événement, m'envoya promener, tout simplement. Je revenais au galop rapporter ma déconvenue au colonel, quand je vis, botte à botte avec moi, le duc d'Aumale qui avait pris la même allure. Il montait son cheval habituel, un grand et fort irlandais, avec lequel nos petits chevaux barbes ne pouvaient pas lutter.

Yusuf s'élança près de lui et lui dit en deux mots que nous étions sur la Smala. Le Prince demanda des informations plus complètes et plus détaillées, tant le fait lui paraissait invraisemblable. Le capitaine de Marguenat se proposa pour aller s'en assurer.

— Oui, oui, dit le duc. Allez, capitaine de Marguenat, et assurez-vous que le campement devant lequel on est arrivé si inopinément est bien celui de la Smala.

Le capitaine partit et alla à quelques pas du lieu où se passait cette scène émouvante dans sa simplicité, jusqu'à un endroit d'où l'on pouvait apercevoir quelques tentes détachées du campement principal. Il revint et, avec ce ton emphatique qu'il ne perdait jamais, il dit au duc d'Aumale :

— Monseigneur, je viens de voir quelques misérables tentes établies au pied de la colline où nous sommes. On ne saurait même dire si c'est un campement arabe, car il y a plusieurs tentes blanches qui pourraient bien appartenir à un camp français.

Il ne faut pas oublier, pour expliquer cette illusion d'optique, que le général de Lamoricière était lui-même, à ce moment-là, en expédition pour nous soutenir, et, sans qu'on sût pourquoi, le bruit s'était répandu dans la colonne que peut-être nos éclaireurs avaient pris son camp pour la Smala. On se refusait à croire que nous eussions pu la surprendre stationnée.

Mais le capitaine de Marguenat n'avait pas encore terminé son discours que Yusuf l'interrompait violemment :

— Allons donc, capitaine, vous avez mal regardé ou vous n'avez pas su voir. Je vous affirme, monseigneur, que c'est bien la Smala. Au surplus, je retourne m'en assurer encore.

Et, accompagné des mêmes personnes qui l'avaient suivi une première fois, c'est-à-dire de Fleury, des deux maréchaux de logis et de moi, il revint à son précédent poste d'observation. Naturellement, pendant ces quelques minutes, la scène n'avait pas changé. Les tentes étaient toujours là avec leur fourmilière de créatures humaines et de bêtes. Seulement, l'agitation semblait plus grande. Il était clair qu'on se livrait à de fiévreux préparatifs. Étaient-ce des préparatifs de résistance ou de fuite ?

A première vue, nous penchions pour la résistance parce que nous ignorions un fait considérable : c'est qu'Abd-el-Kader était loin. Il était parti, avec ses principaux chefs et ses meilleurs cavaliers, pour surveiller les manœuvres du général de Lamoricière. Il ignorait absolument notre marche, grâce à l'exécution des onze pauvres Arabes.

Et même les gens de la Smala avaient pris nos premiers éclaireurs pour des réguliers d'Abd-el-Kader rentrant au camp.

Notre reconnaissance terminée, et, cette fois, sans qu'aucune erreur fût possible, nous revînmes au galop près du duc d'Aumale, et voici les paroles qui furent échangées, dans cette scène demeurée historique :

— Monseigneur, dit Yusuf, c'est effrayant, mais il n'y a plus moyen de reculer.

— Colonel, répondit le duc d'Aumale, je ne suis pas d'une race habituée à reculer. Vous allez charger.

— Oh ! oh ! dit le capitaine de Beaufort, assez haut pour que le Prince l'entendît, vous allez charger ; c'est bientôt dit, mais on a fait assez de bêtises aujourd'hui, pour que maintenant on prenne le temps de réfléchir.

— Capitaine de Beaufort, riposta le Prince, si quelqu'un a fait des bêtises aujourd'hui, c'est moi, car je commande et j'entends être obéi. Colonel, vous allez charger ; prenez vos dispositions.

Et sur le terrain le Prince, le colonel Yusuf et le colonel Morris tinrent un rapide conseil de guerre, pour fixer ces dispositions.

Les spahis devaient se précipiter sur la Smala. Quant aux chasseurs d'Afrique, Yusuf demandait que leurs escadrons en fissent rapidement le tour, pour couper la retraite aux fuyards et mettre cette population entre deux feux. Mais le Prince, trouvant les spahis trop peu nombreux, décida tout d'abord qu'il les soutiendrait avec tout le reste de la cavalerie. Ce ne fut que plus tard, en voyant notre charge couronnée de succès et en constatant que nous n'avions pas besoin de soutien, qu'il ordonna le mouvement tournant conseillé par Yusuf. Toutes choses étant ainsi arrêtées, notre colonel se porta en tête de ses escadrons, les déploya sur une seule ligne et commanda la charge.

Nous étions environ trois cent cinquante cavaliers. Nous nous précipitâmes à fond de train, et tête baissée, dans cette mer mouvante, en poussant des cris féroces, et en déchargeant nos armes. Je réponds qu'aucun de nous n'était plus fatigué, et que nos chevaux eux-mêmes avaient oublié les trente-deux heures de marche qu'ils avaient dans les jambes. A vrai dire, il n'y eut pas de résistance collective organisée. Il restait, pour la défense de la Smala, la valeur de deux bataillons réguliers. Ils furent surpris dans leurs tentes, sans pouvoir se mettre en défense ni faire usage de leurs armes. Nous aurions même traversé rapidement l'immense espace occupé par la Smala, si nos chevaux n'avaient pas été arrêtés, à chaque pas, par un inextricable enchevêtrement de tentes dressées ou abattues, de cordages, de piquets, d'obstacles de toutes sortes, qui permirent à quelques hommes de courage de ne pas mourir sans avoir défendu leur vie.

Il y eut de nombreuses rencontres où l'on joua de toutes les armes. Pour ma part, je faillis y rester. Je galopais droit devant moi, cherchant à gagner, comme l'ordre en avait été donné, l'autre extrémité du campement, quand un cavalier arabe, superbement vêtu et monté sur un beau cheval noir, arriva sur moi et, m'appliquant le canon de son fusil sur le flanc droit, pressa la gâchette. Le fusil ne partit pas, mais, d'un coup de pointe en arrière porté en pleine poitrine, j'abattis le cavalier et lui arrachai des mains, au moment où il tombait, le fusil qui avait failli m'être fatal.

Le cheval noir, richement harnaché, fut pris par un de mes spahis.

Le colonel Yusuf était à quelques pas de là et, tout en galopant, me jeta un bref compliment.

Je renonce à décrire la confusion extraordinaire que notre attaque produisit au milieu de cette foule affolée et hurlante. Le tableau d'Horace Vernet n'en donne qu'une idée bien imparfaite.

On a raconté que la mère et la femme d'Abd-el-Kader avaient été quelque temps prisonnières de nos spahis, qui leur avaient rendu respectueusement la liberté.

Je n'ai pas assisté à cet épisode. D'ailleurs, pendant que nous parcourions en tous sens le campement dont les habitants, en proie à la panique, ne pouvaient soupçonner notre petit nombre, par tous les points de la périphérie de la Smala, quantité de fuyards s'échappaient, les uns à pied, les autres sur des chevaux ou des chameaux, et s'enfonçaient sans direction dans l'immensité. C'était inévitable ; il eût fallu une armée pour les cerner et les prendre.

En arrivant vers les dernières tentes de la Smala, traversée de part en part, les spahis, débandés, éprouvèrent tout à coup une vive anxiété, car ils voyaient venir sur eux une troupe de cavalerie rangée en bon ordre de combat, qu'ils prirent de loin pour les cavaliers réguliers de l'Émir, accourant à la rescousse.

C'étaient heureusement les chasseurs du colonel Morris, qui venaient d'accomplir leur mouvement tournant et qui nous accueillaient par leurs acclamations.

La Smala était à nous, bien à nous.

Et, en montant sur les bords de l'espèce de cuvette qu'elle occupait, on ne voyait que des fugitifs s'éparpillant à tous les coins de l'horizon.

Yusuf, qui, comme tous les Orientaux, était un metteur en scène de premier ordre, s'occupait déjà à réunir, comme trophées de la victoire, les objets les plus remarquables et les plus curieux tombés entre les mains de ses spahis. Il les offrit au Prince, qui reçut entre autres, avec les marques du plus extrême plaisir, les armes envoyées par le Roi à l'Émir, lors de la signature du traité de la Tafna. Ces armes avaient été prises, dans une magnifique tente appartenant à Abd-el-Kader, par les hommes du capitaine Piat.

Le duc d'Aumale envoya au capitaine, quelques mois plus tard, un sabre admirable qu'il avait fait faire à son intention.

Le colonel voulut bien, sur le terrain même de la charge, me présenter au Prince et lui demander la croix pour moi. « S'il y a deux croix pour les spahis, dit le duc d'Aumale, la première sera pour M. Legrand, la seconde sera pour vous. »

Legrand était lieutenant au 3° escadron, où je devais le remplacer, l'année suivante. Le 16 août 1870, général de division, il fut tué en chargeant à la tête de ses régiments.

Il y eut deux croix pour les spahis. J'eus la seconde.

Un demi-siècle a passé depuis ce jour-là, et la joie qu'elle m'apporta est toujours aussi vivante dans mon âme de soldat français.

Le bataillon de zouaves et les deux sections d'artillerie de montagne arrivèrent après six heures du soir.

Ces braves gens étaient éreintés ; ils avaient les pieds en sang, mais ils marchaient en ordre, sans avoir laissé un homme ni un mulet derrière eux. Et quand ils eurent bu un coup à la source de Taguine, ils avaient encore la force de faire la nique à nos chevaux aplatis sur le sable. L'infanterie du colonel Camou n'arriva que le lendemain matin.

A une heure tout était fini. Nous étions ralliés et prêts à recevoir comme il convenait ceux qui tenteraient de nous reprendre notre conquête.

Pendant la nuit du 16 au 17, malgré l'extrême fatigue des troupes, on fit bonne garde autour de la Smala, car on redoutait un retour offensif d'Abd-el-Kader, dont l'inaction nous semblait inexplicable.

La journée du 17 fut employée à faire des reconnaissances, et aussi à réunir et à ramener les innombrables troupeaux abandonnés par leurs possesseurs et que, d'ailleurs, le voisinage de l'eau avait empêchés de trop s'écarter.

Le 18, le duc d'Aumale leva son camp de Taguine, marchant en bataille, prêt à faire face à l'ennemi et poussant devant lui plus de six mille prisonniers, hommes, femmes et enfants.

On fit séjour à Boghar. J'étais tellement harassé que je m'étendis là où je m'arrêtai et je dormis tout d'une traite vingt-quatre heures, à poings fermés.

Quand on arriva à Médéah, malgré toutes les largesses qu'on avait faites aux cavaliers indigènes, malgré tout ce qu'on avait semé sur la route, nous avions encore, sans parler des chameaux, des chevaux, des bœufs, des mulets et des ânes, plus de quarante mille têtes de mouton, qui furent livrées à l'intendance au prix de cinq francs l'une. La troupe toucha, par conséquent, une bonne part réglementaire de prise.

Je viens de dire que, pendant la journée du 16 mai et celles qui suivirent, l'inaction d'Abd-el-Kader nous avait semblé inexplicable. Nous ne pouvions nous rendre compte des motifs qui avaient porté l'Émir à ne pas nous disputer sa Smala, et à ne pas profiter de notre fatigue et de nos embarras pour essayer de nous la reprendre. Tous, nous avions conscience du danger que nous courions. Tous nous nous demandions par quel miracle nous avions pu y échapper. Nous apprîmes, en rentrant à Médéah, les causes de notre sécurité.

On a vu que le général de Lamoricière s'était porté jusqu'à Frendah, pour coopérer avec nous et nous appuyer, si besoin était. L'Émir avait été instruit de ce mouvement et avait ignoré la marche de la colonne du duc d'Aumale, que le Prince lui avait d'ailleurs si habilement dérobée. Il avait donc fait prendre rapidement à sa Smala la direction du Djebel-Amour, pour la mettre en sûreté dans ce massif montagneux, et lui-même, à la tête de ses meilleurs cavaliers, il avait couru au-devant du seul danger qu'il pût prévoir : au-devant de Lamoricière.

Quand il avait appris le désastre de la Smala, il était revenu de notre côté, mais trop tard, car nous avions eu le temps de nous mettre sur nos gardes.

Le général de Lamoricière, bientôt instruit de notre succès par son service de renseignements, avait rejoint, à marche forcée, les débris de la Smala, qui fuyait cette fois vers le Djebel-Amour, et leur avait infligé de nouvelles et sensibles pertes, complétant ainsi notre victoire du 16. Le général était accompagné, comme d'ordinaire, par le Maghzen d'Oran, c'est-à-dire par les cavaliers indigènes des Douairs et des Smélahs, nos alliés, commandés par leur agha, Mustapha-ben-Ismaïl, à qui nous avions accordé le grade de général. Ces cavaliers avaient fait là un butin immense, et cette circonstance amena un désastre qui masqua, aux yeux des Arabes insoumis, le grand échec subi par Abd-el-Kader.

En effet, lorsque le général de Lamoricière revint camper aux environs de Frendah, après sa razzia sur les débris de la Smala, l'agha lui demanda la permission de ramener à Oran ses cavaliers dont les chevaux étaient fatigués, et qui éprouvaient le désir de mettre leur butin en sûreté. Le général consentit, mais offrit à l'agha de le faire escorter par un bataillon d'infanterie. L'agha répondit qu'il n'avait pas besoin d'un secours qui ralentirait sa marche. Il voulait aller vite. Il venait, à l'âge de soixante-dix-huit ans, d'épouser une jeune femme dont il était très amoureux et qu'il avait hâte de rejoindre. Et puis, disait-il, avec ses cavaliers, il n'avait rien à craindre. Le général le laissa partir, mais à la condition expresse qu'il suivrait la route de la Minah, qui était la plus sûre. L'agha promit, et une fois en route vers Oran, il coupa au plus court, à travers le pays accidenté et boisé des Flittahs, tribu turbulente, dont la soumission était encore trop fraîche pour être bien solide. Les cavaliers, fatigués, surchargés par leur butin, marchaient en pleine sécurité, sans ordre; quelques-uns d'entre eux ayant même laissé leurs armes aux bagages. L'agha s'avançait en tête, suivi de ses drapeaux, de sa musique et de ses familiers.

Comme il venait de franchir un défilé, dans les parages boisés d'Aïn-Sidi-Harrat, on vint le prévenir que son arrière-garde était attaquée. C'étaient des gens de pied, des pâtres qui, voyant passer des cavaliers et des chevaux pesamment chargés, essayaient de s'en emparer. L'agha, sans pouvoir réunir son monde dispersé, rebroussa chemin. Entouré de quelques chefs, il combattit héroïquement, le fusil à la main, jusqu'au moment où, frappé d'une balle en pleine poitrine, il tomba à terre, après s'être maintenu quelques instants sur sa selle. Alors, tout le Maghzen, saisi d'une terreur panique, s'enfuit, abandonnant le corps de son vieux et noble chef, un drapeau, et presque tout son butin. Il arriva à Oran dans un désordre inexprimable. Les premiers cavaliers qui y parvinrent avaient parcouru plus de cinquante lieues, en moins de vingt heures, sur des chevaux fourbus. Les Flittahs portèrent à Abd-el-Kader la tête coupée du vieil agha, et, pour en confirmer l'authenticité, ils y joignirent sa main droite, qu'une mutilation ancienne rendait facilement reconnaissable. L'Émir profita de l'effet moral de cet événement pour continuer, dans la province d'Oran, et avec une nouvelle ardeur, une guerre où le général de Lamoricière eut besoin de toute son activité et de tous ses talents militaires.

L'imprudence du malheureux Mustapha-ben-Ismaïl était d'ailleurs impardonnable. Il savait que le pays des Flittahs était imparfaitement pacifié. Il n'ignorait pas qu'il avait été récemment le théâtre de combats sanglants, et qu'au mois d'avril précédent, deux escadrons du 2ᵉ de chasseurs d'Afrique, aventurés à la poursuite d'une tribu émigrante, avaient failli périr auprès du marabout de Sidi-Rached. Ils y avaient longtemps combattu à pied et avaient épuisé toutes leurs cartouches, en se servant des cadavres de leurs chevaux comme de remparts, lorsqu'ils furent dégagés par le bataillon de tirailleurs indigènes du commandant Bosquet, accouru à leur secours. Leurs pertes étaient énormes, tous leurs officiers étaient blessés, à l'exception du capitaine Favas qui les commandait et qui fut nommé chef d'escadron pour sa belle conduite. C'est ce même capitaine Favas qu'on peut voir, dans un tableau célèbre d'Horace Vernet, représenté au moment où il reçoit dans ses bras le corps du colonel Oudinot, tué dans la forêt de Muley-Ismaïl, en 1835.

La prise de la Smala fit l'objet d'un rapport adressé par le duc d'Aumale au gouverneur général, inséré au *Moniteur,* et dans lequel Son Altesse Royale, après avoir rendu justice au courage et à la constance de ses troupes, mentionnait les noms des militaires qui s'étaient plus particulièrement distingués. J'eus l'honneur d'y figurer. C'était la troisième citation à l'ordre de l'armée que j'obtenais depuis mon entrée au service. Dans ce rapport, le prince mit sur la même ligne le colonel Yusuf et le colonel Morris. Ce n'était pas très équitable. Certes! le colonel Morris s'était vaillamment comporté à la tête de ses escadrons, mais son rôle purement militaire ne pouvait être comparé à la participation autrement importante du colonel Yusuf à cet événement, qu'il avait en quelque sorte préparé. Les récompenses ne se firent pas attendre. Le héros de l'affaire, le duc d'Aumale, fut fait lieutenant général, et ne tarda pas à rentrer en France. Le colonel Yusuf reçut la cravate de commandeur de la Légion d'honneur, et le lieutenant-colonel Morris fut nommé colonel du 2ᵉ de chasseurs d'Afrique. Il y remplaça le colonel Martin de Bourgon, qui lui-même succédait, à la tête du 1ᵉʳ de chasseurs d'Afrique, au colonel Korte, qui venait de recevoir les étoiles de maréchal de camp.

Le colonel de Bourgon, qui devait être tué dans les rues de Paris, aux journées de Juin, comme général de brigade, avait eu une carrière mouvementée, depuis son arrivée en Afrique. D'un caractère difficile, autoritaire et cassant, il s'était trouvé, comme lieutenant-colonel du 1ᵉʳ de chasseurs d'Afrique, avec le colonel Le Pays de Bourjolly de Sermaise, d'un caractère encore plus difficile, plus autoritaire et plus cassant que le sien. Ils étaient à couteaux tirés, quand le lieutenant-colonel de Bourgon fut nommé, en 1839, colonel et chargé de l'organisation du 4ᵉ de chasseurs d'Afrique, à Constantine. Il y retrouva, comme inspecteur, son ancien ennemi le maréchal de camp de Bourjolly, qui lui donna des notes tellement déplorables que le ministre de la guerre, le maréchal Soult, ordonna une contre-inspection qui fut confiée au général marquis de Castelbajac. Celui-ci atténua les notes, mais conclut à la nécessité de rappeler en France le colonel, qui passa au 4ᵉ de chasseurs. Ne voulant pas rester sous le coup de cette disgrâce qui aurait compromis sa carrière, le colonel de Bourgon demanda à revenir en Afrique. On lui donna le 2ᵉ de chasseurs d'Afrique du colonel Marey-Monge, nommé maréchal de camp et appelé à recueillir à Médéah la succession très justement convoitée du duc d'Aumale. Là encore, il allait retrouver son inévitable ennemi, le général de Bourjolly, qui commandait à Mostaganem. Pour tout arranger et pour éviter un esclandre, on fit passer le colonel de Bourgon au 1ᵉʳ de chasseurs d'Afrique, et le colonel Morris eut le 2ᵉ régiment de l'arme, qui était, quand il en vint prendre le commandement, en campagne, au sud de Mascara, du côté de Tiaret.

Abd-el-Kader luttait encore avec le courage du désespoir contre le général de Lamoricière. Deux fois, le colonel Géry avait surpris son camp, l'avait saccagé et avait pris jusqu'à sa tente. Toujours on croyait en avoir fini avec lui, et toujours il reparaissait avec de nouveaux contingents. Le 20 septembre 1843, le général de Lamoricière était à son camp de Sidi-Yousef, près de Tiaret, quand ses éclaireurs l'avertirent que l'Émir était à côté de lui. Le général fit monter à cheval le 2ᵉ de chasseurs d'Afrique, donnant pour instructions au colonel Morris d'attaquer et de poursuivre à outrance l'ennemi. Le colonel Morris partit à fond de train, convaincu qu'il allait apercevoir l'Émir, du sommet de la première colline qui se profilait dans le lointain. On franchit la colline sans rien apercevoir, puis une autre, puis une autre encore, à une allure de plus en plus rapide, de sorte que les chevaux étaient hors d'haleine et le régiment pour ainsi dire égrené, lorsque les Arabes donnèrent brusquement dans le flanc de cette colonne en désordre. Elle était perdue si le capitaine du 6ᵉ escadron, nommé Grattepain, très ménager de ses chevaux, n'était pas resté en arrière, maintenant ses hommes, rassemblés, à une allure des plus modérées. Il jeta dans la mêlée une troupe compacte et des chevaux frais, et sauva le régiment par une manœuvre qui paraissait, au premier abord, une faute.

Les Arabes battirent en retraite, mais en emmenant quelques chasseurs d'Afrique prisonniers, et parmi eux le trompette Escoffier, qui doit être considéré comme le héros de cette journée. Ce brave homme offrit ce jour-là sa vie pour sauver son chef, le capitaine de Cotte. Le cheval de cet officier venait d'être tué dans la mêlée. Escoffier sauta à terre et donna son cheval au capitaine, en lui adressant ces mots sublimes : « Votre vie est nécessaire au salut de l'escadron ; la mienne est inutile ; peu importe que j'aie le cou coupé. » Ainsi jadis, à Nerwinden, le duc d'Orléans, le futur régent, fut sauvé par son écuyer, du Rocher, qui, plus heureux qu'Escoffier, put être dégagé par un retour victorieux de la cavalerie. Le capitaine de Cotte, remis en selle, rallia l'escadron et continua le combat. Escoffier fut pris. Mais, par extraordinaire, au lieu d'avoir le cou coupé, il fut admirablement traité par les Arabes, bons juges en matière de courage et qui honoraient en lui le dévouement. Il fut nommé chevalier de la Légion d'honneur, et on put lui faire passer, chez les Arabes, cette croix si noblement gagnée qu'il porta pendant toute sa captivité. Il avait conservé sa trompette, comme au quartier, et les Arabes s'amusaient à lui faire jouer les sonneries d'ordonnance, en lui demandant ce qu'elles signifiaient. Un jour, il fit entendre tout son répertoire à Abd-el-Kader et termina par le boute-charge.

— Qu'est-ce que veut dire cette sonnerie? demanda l'Émir.

— Cela, répondit Escoffier, quand tu l'entendras, tu n'auras plus qu'à f... le camp. C'est la charge !

Escoffier, revenu de captivité, fut pourvu d'un emploi civil qui lui permit de vivre honorablement. Ce n'était pas assez. On eût dû le conserver à l'armée, pour le montrer en exemple aux jeunes soldats. Napoléon lui eût donné une dotation, et probablement un titre de noblesse.

Il y eut encore, dans la province d'Oran, un combat qui porta un coup sensible à la puissance d'Abd-el-Kader. L'Émir avait chargé un de ses khaliffas dont je demande pardon de transcrire ici le nom un peu compliqué : Ben-Allel-Ould-Sidi-ben-Ambareck, un marabout puissant et vénéré de Koleah, de lui amener dans l'Ouest ses bataillons de réguliers. Le général de Lamoricière, prévenu de ce mouvement, lança contre eux le général Tempoure qui, guidé et renseigné par le capitaine Charras, les atteignit près d'un endroit appelé l'Oued-Malah, et les dispersa. Le capitaine Cassaignolles, des spahis, qui devait mourir général de division et président du comité de cavalerie, aperçut, à la fin du combat, un petit groupe de cavaliers qui prenaient, pour s'échapper, une direction opposée à celle du gros des fuyards.

Avec son expérience de la guerre d'Afrique, il comprit qu'il y avait là un chef important que les Arabes voulaient dérober à l'attention des vainqueurs, et il partit au galop, suivi d'un maréchal des logis de spahis nommé Siquot, d'un brigadier et de deux cavaliers du 2ᵉ de chasseurs d'Afrique.

Il ne tarda pas à joindre cette petite troupe, dont le chef resta seul, ses compagnons ayant été promptement mis hors de cause.

Ce chef, résolu à vendre chèrement sa vie, tendit son fusil par le canon au cavalier qui le serrait de plus près, et au moment où le chasseur avançait la main pour le saisir, il pressa la détente. Le chasseur fut tué net. L'Arabe prit un pistolet et, toujours courant, fit feu sur Siquot, qui reçut le coup en pleine figure, mais qui, grâce à un mouvement instinctif, n'eut qu'une blessure au menton. A ce moment survenait le deuxième chasseur, qui passa son sabre au travers du corps de l'Arabe. Peu après, arrivèrent quelques-uns de nos cavaliers indigènes. « C'est Ben-Allel! » cria l'un d'eux. « Regardez; il est borgne. » Ainsi, le capitaine Cassaignolles apprit à quel grand chef il venait d'avoir affaire. La tête de Ben-Allel fut envoyée, dans un sac de cuir, au général de Lamoricière, qui reconnut avec émotion les traits d'un homme avec qui il avait eu de fréquentes relations à Koleah, et qui tenait parmi nos ennemis une place extraordinairement élevée. Dans ce même combat, un de mes camarades de collège, le second fils du duc de Vicence, nouvellement promu sous-lieutenant, reçut à la tête une blessure qui mit sa vie en danger, et finalement, lui coûta un œil.

Enfin, en cette année 1843, de combats en combats, d'échecs en échecs, Abd-el-Kader, traqué partout, finit par être obligé de renoncer momentanément à la lutte et par être rejeté vers le Maroc, où nous allions bientôt le retrouver. De son côté, le gouverneur général ne restait pas inactif, et sachant bien que le repos, si chèrement gagné, ne serait qu'une trêve, il s'efforçait d'organiser solidement notre conquête, pour faire face à toutes les éventualités. Il partagea les trois provinces de l'Algérie en subdivisions, commandées par des généraux et des colonels, et en cercles, commandés par des officiers supérieurs, assistés les uns et les autres par ces fameux bureaux arabes qui, malgré quelques défaillances individuelles, ont été une des institutions les plus fécondes de l'Algérie, et ont contribué si puissamment à la pacification du pays. Bien des insurrections dangereuses devaient encore éclater. Mais sous la ferme direction imprimée par le général Bugeaud et qui lui a survécu, on pouvait dire que l'Algérie nous appartenait, sinon sans conteste, du moins sans retour.

Tant de travaux, exécutés en si peu de temps, ne devaient pas rester sans récompense. Le gouverneur général reçut, aux acclamations de l'armée, le bâton de maréchal de France, qui lui fut apporté, à la fin d'août 1843, par le commandant Liadière, officier d'ordonnance du Roi. Le général de Lamoricière et le général Changarnier recevaient en même temps leur troisième étoile.

Ici se place la scène historique qui consacra une rupture irrémédiable entre le maréchal Bugeaud et le général Changarnier. Quoiqu'il dût au maréchal sa nouvelle promotion, le général Changarnier ne lui avait pas pardonné ses façons un peu brusques et, ignorant encore l'élévation du gouverneur général à la dignité de maréchal de France, se croyant maintenant devenu son égal, il vint le trouver à Alger, pour avoir avec lui une explication décisive, en présence de tous ses officiers. Il tombait mal, car le maréchal le prit de très haut, et lui rappelant toutes les circonstances dans lesquelles il s'était montré insubordonné, il lui signifia qu'il ne faisait plus désormais partie de cette armée d'Afrique, qui honorait sa valeur, mais saurait se passer de ses services. C'est ainsi que se séparèrent ces deux hommes illustres dont la mésintelligence, due à des torts réciproques, ne s'affaiblit que devant la catastrophe de 1848.

Il y a dans le livre de M. d'Ideville sur le maréchal Bugeaud une anecdote que je me plais à rappeler, parce qu'elle donne une idée fort exacte des talents militaires de quatre grands généraux : de Lamoricière, Bugeaud, Changarnier et Bedeau, qui trouvèrent en Afrique une gloire méritée, quoique inégale. A un dîner chez l'évêque d'Alger, Mgr Pavie, le général Bedeau porta sur lui-même et sur ses compagnons d'armes un jugement fort vrai à cette époque, mais qu'auraient peut-être modifié les grands événements de guerre de notre histoire contemporaine, auxquels aucun d'eux ne put prendre part, malheureusement.

De Lamoricière ! Le plus brillant officier de l'armée d'Afrique. Intrépide au feu ; le favori de la Victoire.

Changarnier ! L'homme des ressources. Il sauve tout quand tout semble perdu. De nos désastres mêmes, il sait tirer des éléments de succès.

Bedeau ! Administrateur par excellence ; a l'œil à tout, de la giberne au bouton de guêtre. Quand il a passé quelque part, on peut être sûr que tout y est en règle ; on peut sans crainte engager la bataille.

Le maréchal Bugeaud est leur maître à tous. A lui seul il vaut tous les autres. Aucun de ses lieutenants n'arrive à l'épaule de ce véritable grand homme.

Pour moi, quand je les revois tous par le souvenir, Bugeaud m'apparaît aussi comme le type du grand homme de guerre, mais comme un homme que le sentiment de son incontestable supériorité poussait parfois à la trop faire sentir aux autres. A cette faiblesse, source de tiraillements entre lui et ses jeunes lieutenants, il en joignait une autre : il ne pouvait pas supporter les piqûres de la presse, et la presse, qui connaissait cette susceptibilité, en abusait. Que de fois l'ai-je vu, arrivant, le soir, sous la tente d'Yusuf, en froissant dans sa main des coupures de journaux ! La moindre attaque le mettait hors de lui. Ni prières, ni remontrances, ni ordres formels du ministre ne pouvaient l'empêcher de sauter sur son encrier et de répondre aux journalistes avec leurs propres armes. Il désespérait son chef de cabinet, le colonel Eynard de l'état-major, qui, doué d'une grande facilité de travail et d'une grande élégance de plume, avait, lui aussi, un travers : celui d'être jaloux de son influence sur le maréchal. Celui qu'il considérait comme son plus dangereux rival était le colonel Daumas, directeur politique des affaires arabes, à qui les Arabes avaient donné le surnom d'Ouled-el-Chems, « le fils du Soleil », soit à cause de sa manière hautaine de porter la tête, soit à cause des cheveux d'un blond ardent qui le couronnaient, en manière de rayons. Le colonel Daumas savait très bien que le chef du cabinet ne pouvait pas le sentir, et il s'était promis de saisir, et au besoin de faire naître l'occasion de détruire de fond en comble les impressions fâcheuses que les insinuations du colonel Eynard avaient pu faire naître dans l'esprit du maréchal.

Un matin, accompagné de son premier adjoint, le capitaine Bourbaki, il se rendit au palais du gouvernement. Pour arriver au cabinet du maréchal, il fallait passer par celui du colonel, qui répondit à la demande d'audience du directeur des affaires arabes que le maréchal n'était pas encore sorti de ses appartements.

— C'est fâcheux, riposta le colonel Daumas ; car je suis dans l'obligation de le relancer jusque dans sa chambre à coucher, l'affaire que j'ai à lui soumettre ne souffrant pas de retard.

Le maréchal était précisément dans son cabinet, et son collaborateur, désespérant d'en barrer plus longtemps la route, se résigna à annoncer lui-même le colonel Daumas.

— Monsieur le maréchal, dit-il plaisamment, je vous annonce la visite du « fils du Soleil » qui vient vous entretenir du salut de l'État.

A cette plaisanterie innocente, le directeur des affaires arabes répondit par une sortie furibonde. Puis, s'arrêtant tout à coup, il dit au gouverneur général :
— Pardonnez-moi la scène déplacée que je viens de me permettre en votre présence ; mais c'est plus fort que moi. Eynard et moi, nous ne pouvons pas nous sentir. Je vous supplie de ne tenir aucun compte de ce que je pourrais vous dire contre lui, et de n'ajouter aucune foi à ce qu'il vous dira contre moi.

Puis il sortit, en se frottant les mains et en disant au capitaine Bourbaki : « Je viens de jouer un bon tour à Eynard. Désormais, quand il me bêchera, le maréchal lui répondra : — Oui, c'est convenu ; vous ne pouvez pas vous sentir, Daumas et vous. » C'était un bon diplomate que le colonel Daumas. Le maréchal, du reste, se priva des services du colonel Eynard en lui donnant le commandement de Milianah, dès qu'il eut obtenu pour son aide de camp, Trochu, le grade de chef d'escadrons, requis pour les fonctions de chef de cabinet.

VIII

ISLY.

Bals masqués. — En quarantaine. — A Sidi-Bel-Abbès. — L'odyssée de Rovigo. — La mère Anselme. — Présage de mort. — En face des Marocains. — Négociations. — Le capitaine Delachèvre. — Pressentiments réalisés. — Les deux armées. — Un punch. — La tête de porc. — Le capitaine Lecomte. — Une désertion. — Bataillons, en avant! — A coups de lance. — A l'ambulance. — Lieutenant.

Les fatigues de la campagne m'avaient épuisé, et je tombai sérieusement malade. Les médecins déclarèrent qu'un congé de convalescence m'était indispensable, et je l'acceptai avec d'autant plus d'empressement qu'il me permettait d'aller consoler ma mère, retirée, depuis la mort de mon père, chez mon oncle, colonel de cuirassiers en garnison au Mans, où je finis par retrouver la santé. C'est là que, le 6 août 1843, je reçus mon brevet de chevalier de la Légion d'honneur, et ce fut mon oncle que, par une attention délicate, le grand chancelier chargea de procéder à ma réception.

L'épaulette et la croix, gagnées en un temps relativement court, auraient pu suffire à mon ambition. L'ère des aventures semblait momentanément close en Afrique, et j'aurais été sans force pour résister à ma mère qui désirait, dans son isolement, me garder auprès d'elle. Elle eut le courage de lever mes scrupules, en me disant : « Tu te dois à toi-même de rejoindre tes compagnons d'armes, et de reconnaître par ton dévouement les faveurs dont tu as été l'objet. » Je repartis donc, à l'expiration de mon congé, et, comme depuis près de deux ans j'étais détaché du service des troupes, comme Yusuf avait conservé Fleury près de lui, j'obtins de rentrer à mon escadron, à Oran. Nous étions casernés à la mosquée de Kerguentah, avec le 2° de chasseurs d'Afrique, toujours prêts à partir au premier coup de trompette. Mon bagage ne m'aurait pas alourdi, car la petite chambre que j'occupais dans le pavillon des officiers contenait exactement un lit de soldat, un tabouret de campagne, une gamelle, un bidon et mes cantines.

En ce mois de janvier 1844, on s'amusait fort à Oran. Il y avait un bal masqué par semaine, et le brillant colonel Morris, des chasseurs d'Afrique, y battait volontiers des entrechats, déguisé en débardeur. Dans les superbes appartements qu'il occupait au Château-Neuf, le général de Lamoricière en offrit un magnifique, où la femme de mon colonel, Mme de Montauban, en marquise de Pompadour, remporta la palme de la grâce piquante et de l'élégance.

Je fus reçu comme sous-lieutenant, sur le front du 5° escadron, et présenté aux troupes par le commandant Favas, nommé chef d'escadron, à la suite du combat de Sidi-Rached. L'escadron était commandé par le capitaine Billioud, que j'avais connu adjudant de place, en 1835, à Oran. Ancien maréchal des logis aux lanciers de la Garde royale, il avait été fait officier aussitôt après la révolution de 1830, presque à titre de récompense nationale. C'était un gros homme, mal élevé, montant mal à cheval. Il me déplaisait souverainement, je dois l'avouer, et cette antipathie était réciproque. Néanmoins, je servais de mon mieux et je ne rêvais que plaies et bosses. L'événement de cet hiver fut un duel, ou plutôt une série de duels, dont je me suis toujours souvenu, parce qu'ils montrent quel tact et quelle prudence les chefs de corps doivent apporter dans l'exercice du commandement, pour ne pas se heurter contre les susceptibilités, parfois légitimes, de leurs officiers.

J'avais connu, en 1842, un lieutenant du 2ᵉ de chasseurs d'Afrique qui, jadis sergent-fourrier au 66ᵉ de ligne, avait servi de secrétaire à mon père. Il s'appelait Chambry. Il avait de la fortune et ne manquait pas d'esprit. Il tournait même joliment le vers et avait composé des chansons populaires dans l'armée d'Afrique. Il était par malheur beaucoup plus amoureux de ses plaisirs que de ses obligations militaires, et, quand on partait en expédition, il était généralement retenu, soit par une indisposition, soit par la maladie de ses chevaux, et restait à faire la fête pendant que les camarades allaient risquer leur peau. C'était ce qu'on appelle « un carottier ». Mais comme il était bon garçon, comme, au besoin, il avait le louis facile, on ne disait trop rien.

Quand nous rentrâmes de la grande expédition de Mascara, pour marcher d'Oran sur Alger, sous les ordres du général Bugeaud, Chambry trouva le moyen de se faire attacher au général Mustapha-ben-Ismaïl, avec le titre bizarre d'intermédiaire entre les autorités françaises et indigènes, et de se faire proposer pour la croix par le vieil agha. Il vint à Paris intriguer dans les bureaux et fut décoré. Cette faveur, tout à fait imméritée, fut mal prise dans le régiment. Chambry perdit la tête, se défendit mal, et, devant la réprobation universelle, il fallut le placer en non-activité par retrait d'emploi. Au lieu de disparaître et de se faire oublier, Chambry continua à mener joyeuse vie à Oran. Sur ces entrefaites, le colonel Morris vint prendre le commandement des chasseurs d'Afrique; il connaissait Chambry, avait les mêmes goûts que lui, prisait sa belle humeur et son esprit léger et se mit en tête de le réhabiliter, en l'imposant comme collègue aux officiers qui avaient protesté unanimement contre sa scandaleuse nomination. Chambry fut replacé aux chasseurs d'Afrique.

Les officiers du régiment résolurent immédiatement de le mettre en quarantaine. La quarantaine consiste à ne jamais parler à celui qui en est l'objet, à ne jamais lui répondre, à refuser de manger avec lui, à le traiter en pestiféré. Situation terrible, intolérable, pour qui n'est pas doué d'une énergie extraordinaire. Le jour où sa réintégration au régiment fut notifiée, Chambry se présenta pour déjeuner à la table des lieutenants et des sous-lieutenants. Son couvert avait été enlevé, et le plus ancien des lieutenants lui déclara que ses camarades refusaient de s'asseoir à ses côtés. Chambry, qui s'attendait à cette scène, provoqua le lieutenant. Il ne put pas trouver de témoins au régiment et fut obligé de s'adresser aux spahis. Le duel se termina par une double et insignifiante estafilade. Le colonel Morris réunit ses officiers et leur adressa une allocution furibonde sur ce thème : « Le ministre a usé de son droit en réintégrant Chambry. S'opposer à une décision ministérielle régulière est un acte d'insubordination que je ne tolérerai pas. Je briserai toute résistance.
— Soit! mon colonel, répondit le doyen des capitaines, vous briserez la carrière d'excellents serviteurs, pour garder un officier qui a perdu la considération de ses camarades. »

Le lendemain matin, la même scène se reproduisit. Chambry se présenta à la pension, à l'heure du déjeuner, ne fut pas reçu et provoqua le plus ancien des sous-lieutenants. Ce second duel eut le même résultat que le premier. Au repas suivant, un jeune sous-lieutenant, qui arrivait de France et qui s'appelait Toulier, prit la parole :

— Ce que nous faisons n'a pas le sens commun, dit-il ; nous ne pouvons pas forcer Chambry à se battre avec nous tous, l'un après l'autre, pour n'arriver qu'à des égratignures. Si nous voulons persister dans notre attitude, qu'on se batte encore une fois avec lui ; mais que ce soit sérieux.

— Eh bien, battez-vous, répondit un des assistants.

— Messieurs, reprit Toulier, je suis certainement de vous tous celui que l'affaire regarde le moins. Je ne suis ni le plus ancien, ni le plus jeune. J'arrive au régiment. Je ne connais ni M. Chambry, ni ses antécédents. Mais si, après ce que je viens de vous dire, vous estimez que c'est moi qui dois me battre avec lui, j'accepte la mission de vous représenter. Seulement, je vous préviens que ce ne sera pas un duel pour rire.

On admit que Toulier serait le champion de ses collègues, dans une dernière rencontre. Le lendemain, Chambry et lui se battaient au pistolet de tir, à quinze pas, le duel devant continuer jusqu'à ce que l'un des deux fût sérieusement touché. Chambry avait pour témoins, Fleury et le capitaine de Rovigo. A la troisième balle échangée, le projectile de Toulier atteignit Chambry sous la dernière côte et alla se perdre contre l'épine dorsale. Le malheureux resta longtemps entre la vie et la mort. Il guérit pourtant. Cette blessure, qu'on crut d'abord mortelle, amena dans l'opinion un certain revirement en sa faveur. Comme il ne pouvait pas rentrer au régiment, on s'occupa de lui trouver un permutant, et on convint que les témoignages de l'estime reconquise de ses camarades l'accompagneraient dans son nouveau poste. Il passa au 2e de chasseurs de France, et par une bizarrerie du sort, à peine y était-il arrivé, que ce régiment fut appelé en Afrique et dirigé sur Oran, où Chambry retrouva ses anciens collègues qui, cette fois, lui firent bon accueil. En 1870, retraité comme major et devenu conseiller général, il fut tué dans un accident de voiture. Il était destiné à une mort tragique. Si le colonel Morris s'était davantage soucié de l'opinion de son corps d'officiers qui, d'ailleurs, avait toujours fait preuve d'une susceptibilité extrême, cette mésaventure ne serait pas arrivée.

Pendant que nous dansions à Oran, Abd-el-Kader, réfugié sur la frontière du Maroc, près de la petite ville d'Oudjda, essayait de relever sa puissance, en faisant travailler pour lui ses fidèles confréries religieuses : les Khouans, et intriguait auprès de l'empereur pour l'amener à nous faire la guerre. Le maréchal Bugeaud, l'œil fixé sur ce point noir à l'horizon, avait demandé et obtenu des renforts, et se tenait prêt à partir pour Tlemcen, afin d'être à portée des événements qu'il prévoyait. Il avait décidé en principe la création du poste de Sidi-Bel-Abbès, sur l'Oued-Mekkerah, destiné à surveiller la puissante et turbulente tribu des Beni-Ammer. Le colonel Yusuf y fut envoyé, avec quatre escadrons des spahis d'Oran, pour y rejoindre un bataillon de la légion étrangère composé en grande partie des débris des bandes carlistes, que la fin de la guerre civile en Espagne avait laissées dans l'inaction et le dénuement.

Les Espagnols sont, pour ainsi dire, en Afrique comme chez eux. Le climat, et jusqu'à un certain point les habitudes et les mœurs des pays se ressemblent. Ces carlistes, rompus aux fatigues et aux dangers de la guerre, étaient pour notre légion étrangère une source en quelque sorte inépuisable de recrutement. Marcheurs infatigables, d'une sobriété absolue, ils étaient de véritables soldats d'élite et devaient, par surcroît, fournir, lors de leur libération, des éléments solides à la colonisation.

Au moment de partir, je fus désigné pour remplir les fonctions d'officier-payeur, aux escadrons en campagne. Elles ne rentraient guère dans ma spécialité et elles m'effrayaient. Cependant, convenablement stylé par notre capitaine-trésorier, je parvins à m'en tirer, tout en conservant mon poste d'officier d'escadron, que je ne voulais pas abandonner. D'ailleurs, elles me permettaient de faire l'économie d'un cheval de bât, que j'aurais dû acheter et que me donna le régiment. Et les économies pour moi étaient toujours les bienvenues.

Nous arrivâmes à Sidi-Bel-Abbès à la fin de février. Le poste se composait d'une redoute en terre à peine ébauchée. Comme unique construction, il y avait une boulangerie dont le propriétaire avait annexé à son industrie un bazar, aussi fructueux pour lui qu'agréable pour la troupe, ravitaillée par un convoi hebdomadaire d'Oran. Autour de Sidi-Bel-Abbès, le pays était tranquille, et nous n'avions positivement rien à faire. Aussi la vie serait-elle devenue tout à fait fastidieuse pour moi, sans la société particulièrement agréable de mes camarades, à l'exception, toutefois, du capitaine Billioud. Celui d'entre eux qui m'attirait le plus, pour qui je nourrissais la plus vive amitié, qu'il me rendait, d'ailleurs, malgré la différence de l'âge et du grade, était le capitaine Tristan de Rovigo, le second fils de l'ancien ministre de la police de Napoléon. Ses sympathies me touchaient et me flattaient d'autant plus qu'elles n'étaient pas banales. C'était bien l'être le plus amusant et le plus original qu'on pût rêver. Sans prestance et sans beauté physique, il était pourtant notre sultane Schéhérazade, et nous passions les soirées et les nuits, autour du feu de bivouac, à l'écouter égréner un chapelet interminable d'anecdotes et d'histoires plus amusantes les unes que les autres. Il était à la fois aimé et craint, car, mystificateur imperturbable et très friand de la lame, il était toujours prêt à soutenir, sur n'importe quel terrain, les plaisanteries parfois un peu épicées qu'il se permettait contre ceux dont la figure ou le caractère ne lui plaisaient pas.

Sa vie avait été un tissu d'aventures. Il avait débuté dans la marine. Sorti de l'école de Brest, il était aspirant de première classe lorsque son père vint prendre le gouvernement de l'Algérie. Sa mère, dont il était le Benjamin, lui obtint le commandement du chebec *le Bédouin*, petit bâtiment de la flotte du dey qu'on avait conservé et qui servait de stationnaire dans le port d'Alger. Pour inaugurer sa prise de possession, Rovigo offrit aux dames de la haute société d'Alger, à son bord, un grand déjeuner dont la duchesse fut enchantée de faire les honneurs et les frais. Le temps était splendide et le repas succulent. Rovigo proposa à ces dames une promenade en mer. On trouva l'idée ravissante, et, pendant que les convives sablaient le champagne, *le Bédouin* leva l'ancre et piqua droit devant lui. Quand il s'agit de songer au retour, on était loin, le vent avait changé. Il fallut bourlinguer pour rentrer fort tard, et la joyeuse partie se termina au milieu des dégoûts qui suivent parfois les grands plaisirs. Le duc de Rovigo était furieux, et du coup il fit descendre son fils au rang de second, à bord du *Bédouin*, qu'il confia à un enseigne de vaisseau. Ce changement de situation dégoûta Rovigo de la marine. Il demanda et obtint de passer, comme sous-lieutenant, dans l'infanterie de marine. Puis, cette position, succédant à celle d'officier de vaisseau, lui parut une déchéance, et il passa dans l'infanterie de ligne. Ce n'était pas encore ça. Il voulait la cavalerie. En y mettant quelque argent, il parvint à permuter avec un sous-lieutenant de dragons. Mais les dragons n'étaient pas très considérés à cette époque-là, et puis Rovigo se trouvait un peu petit pour porter le casque et le frac vert. Il permuta encore pour entrer au 4ᵉ de lanciers, commandé par le colonel Husson de Blocqueville, gendre de l'illustre maréchal Davout. Mystificateur, spirituel, remuant, protégé par son nom, Rovigo était une peste pour un colonel. Il faisait tourner le sien en « bourrique », comme on dit, par des excentricités dont quelques-unes étaient véritablement drôles.

Un jour, le colonel passait en revue son régiment, en grande tenue et à cheval. Rovigo était en avant et au centre de son peloton, dans une attitude irréprochable, le sabre à l'épaule, la main de la bride à hauteur du coude. Seulement, il avait imaginé de mettre son chapska sous son bras. Stupéfaction intense du colonel, qui n'avait jamais imaginé la possibilité d'une incorrection aussi monumentale. Il s'arrête, ahuri, et commande à Rovigo de mettre son chapska sur sa tête. Et la bonne pièce, de se confondre en politesses, à la façon d'un homme du monde qui rencontre une femme dans la rue et qui refuse de se couvrir devant elle :

— Merci, mon colonel ! ne faites donc pas attention. Vous êtes trop bon ; mais le soleil ne m'incommode pas du tout, oh ! mais pas du tout.

Le colonel, de nature emportée, finit par écumer de rage, pendant que Rovigo, toujours sérieux, avait l'air de faire assaut de courtoisie avec son supérieur. Les officiers étaient malades à force de contenir leur hilarité, et les cavaliers, sur leurs chevaux, étaient secoués par des rires qui agitaient jusqu'aux flammes de leurs lances. La scène finit comme elle devait finir, par des arrêts infligés au sous-lieutenant.

Arrivé de la marine dans les lanciers, par une série de permutations dont on ne retrouverait pas d'exemple, Rovigo était tenu d'aller faire un stage de deux ans à l'école de cavalerie, comme officier élève. Il y était dans son élément, car ces jeunes gens, passant d'une liberté relative à un régime fort sévère, en tempéraient les rigueurs par toutes sortes de folies. Parmi toutes les aventures dont il fut le héros, il en est une qu'il ne pouvait pas raconter sans rire lui-même aux larmes.

Un de ses camarades de promotion, Dupin des Lèzes, jouait à l'école le rôle que Jules Noriac donne, dans son inimitable *101*, au lieutenant Delers, aimé des dames. Parfois il ne dînait pas à la pension, et disparaissait mystérieusement pendant quelques heures. Il était évident qu'il y avait une intrigue amoureuse sous roche ; mais avec qui ? Quelle était la correspondante ? On avait beau éplucher la liste de toutes les femmes de Saumur, on ne trouvait rien. Rovigo résolut d'en avoir le cœur net, et un jour que son camarade avait annoncé qu'il ne viendrait pas le soir à la pension, pensant que probablement le rendez-vous se passait dans la chambre du jeune officier, il alla, un instant avant l'heure du dîner, s'y cacher derrière un paravent. Bientôt, il vit arriver le don Juan qui fut aussitôt rejoint par son infante, survenant endimanchée et le rein onduleux. C'était une femme de l'école, bien connue par tous les élèves, car elle prodiguait des soins maternels à tous ceux que l'exercice violent du cheval avait lésés, dans la partie de leur individu en contact intime avec la selle ; c'était la femme du portier-consigne : la mère Anselme, comme on l'appelait, qui, à peine entrée, se mit à prodiguer au sous-lieutenant des soins tout à fait différents de ceux qu'on était habitué à recevoir d'elle. Rovigo attendit l'instant psychologique, et passant sa tête par-dessus le paravent : « Qu'est-ce que vous faites donc là, mère Anselme ? s'écria-t-il. Savez-vous que si je racontais au père Anselme ce que je vois, il serait fort mécontent ? »

Puis, sans attendre le résultat de son intervention inopportune, il décampa. Il était temps, car son camarade de promotion se précipitait pour l'étrangler. Le soir même, le mystifié, résolu à tirer une vengeance exemplaire d'une plaisanterie qui fut aussitôt la fable de l'école, dépêchait deux témoins à Rovigo, pour lui demander une réparation par les armes. Rovigo accepta, mais à une condition : c'est qu'avant de se battre, on irait tous ensemble manger des gâteaux chez le pâtissier à la mode. L'autre consentit à tout. On se battit au sabre de cavalerie, derrière le terrain de manœuvre de l'école. Dupin, bouillant de colère, attaqua vivement Rovigo, qui, obligé de se mettre en défense, riposta par un coup de flanc que Dupin esquiva en sautant en arrière, tandis qu'un des témoins, qui s'était imprudemment approché pour intervenir en cas de nécessité, recevait le coup de sabre sur la cuisse. L'affaire en resta là. Mais Rovigo faillit être obligé de rendre raison au témoin, persuadé qu'il n'avait pas été blessé par hasard.

Toutes ces bonnes folies de jeunesse nous aidaient à passer joyeusement le temps et à tromper notre inaction, au camp de Sidi-Bel-Abbès. Elles me faisaient oublier les relations de plus en plus aigres qui s'étaient établies entre le capitaine Billioud et moi, et qui se traduisaient, presque quotidiennement, par des discussions sans aménité, aux repas que les officiers du 5ᵉ escadron, comme c'est la règle en campagne, prenaient en commun. L'état-major, trop peu nombreux pour avoir une table séparée, s'était joint à nous, et nous vivions avec le commandant Favas et son capitaine adjudant-major Delachèvre. Le commandant se retenait pour ne pas me donner raison, quand j'amenais, en discutant, le capitaine Billioud sur un terrain sur lequel il se sentait peu solide. Quant à Delachèvre, il était tout à une idée fixe ; il voulait être décoré, et songeait tristement que Rovigo, arrivant probablement avant lui à cette distinction, la lui ferait encore attendre. Il nous disait parfois : « A la première affaire, il faut que je décroche ma croix, ou que j'y reste. »

Un soir, vers la fin de mai, nous étions tous assis

en rond autour de notre petit brasier, et Rovigo était encore plus en verve que de coutume. Il termina cependant l'entretien par une histoire presque lugubre, étrange, invraisemblable : « Ma belle-sœur, nous dit-il, est Irlandaise. Par conséquent, elle croit aux apparitions, et j'aime beaucoup causer avec elle, car j'adore le merveilleux. Il y aura tantôt deux ans, j'étais en villégiature chez mon frère René, à son château de Barbazan, au fond du Languedoc. Un jour, après déjeuner, ma belle-sœur me proposa une promenade dans le parc. J'acceptai; mais, comme il avait plu, je la priai de prendre les devants, pendant que j'irais mettre des chaussures plus fortes. Quand je la rejoignis, je la vis qui faisait de grands gestes, comme pour appeler quelqu'un. — Qu'avez-vous donc? lui dis-je. — Ah! mon Dieu! répondit-elle, je viens de vous voir double. Je savais que vous étiez derrière moi et je vous voyais, là devant moi. C'est un présage de mort. — Vous êtes très gaie, lui dis-je. — Non, reprit-elle. Quand on a vu une personne double, elle meurt dans les deux années qui suivent. — Et quand elle ne meurt pas? — Alors le présage n'a plus de force. Il y a vingt-deux mois que le fait s'est passé, j'ai donc encore deux mois à vivre sous cette influence néfaste, ajouta Rovigo en riant. Après ça, je pourrai faire la nique aux puissances infernales. »

Nous fîmes chorus avec lui. Nous étions bien tranquilles au camp. Rien ne bougeait dans les environs. Nous savions que le gouvernement français voulait la paix à tout prix, que le maréchal Bugeaud avait reçu comme instruction d'éviter toutes complications, et que, par conséquent, aucune action de guerre n'était à prévoir.

Quinze jours après, le général Tempoure venait prendre le commandement de la colonne. Nous levions le camp, et nous nous dirigions en toute hâte vers la frontière du Maroc, où les difficultés les plus graves venaient de surgir, et où les renforts affluaient de toutes parts. Pauvre petit sous-lieutenant, je me préoccupais fort peu des causes probables de la guerre renaissante. L'empereur du Maroc, Sa Majesté Chérifienne, comme on l'appelle, ne nous avait pas vus sans inquiétude et sans colère faire, pour ainsi parler, la tache d'huile dans le voisinage de ses territoires. Sans doute, il n'eût pas pris les armes pour soutenir Abd-el-Kader, et il n'eût pas écouté les conseils belliqueux de l'Émir, qu'il considérait comme un marabout d'importance secondaire. Il ne s'occupait que de ses propres intérêts. Mais Abd-el-Kader, toujours à l'affût et toujours ardent à nous susciter des embarras, rôdait sur la frontière, prêt à attiser le feu et à se jeter dans la mêlée, à la tête de quelques centaines de cavaliers restés fidèles à sa fortune. Le prétexte de la brouille fut la construction d'une redoute sur une ruine romaine, près du marabout de Lallah-Magrnia, à trois lieues de la frontière du Maroc.

Le caïd d'Oudjda, petite ville marocaine située de l'autre côté de la frontière, écrivit au général de Lamoricière, pour le sommer d'avoir à suspendre les travaux de la redoute, en même temps que le gouvernement marocain concentrait sur la frontière des troupes dont on entendait, du camp français, journellement, les exercices à feu. Le général de Lamoricière, qui s'était transporté à Tlemcen pour être à portée des événements, échangea avec le caïd une correspondance évasive, renvoyant à la décision des deux gouvernements cette difficulté inopinée.

Au bout d'une dizaine de jours, la redoute étant assez avancée pour résister à un coup de main, le général se porta un peu en avant, sans toutefois franchir la frontière, et établit son camp près du marabout de Sidi-Aziz. Il avait avec lui six bataillons, quatre escadrons et huit pièces de montagne, soit environ quatre mille cinq cents combattants. De leur côté, les Marocains avaient à peu près dix mille hommes autour d'Oudjda, et toutes les forces régulières ou irrégulières de l'empire arrivaient à la rescousse. Les Français étaient installés depuis deux jours à Sidi-Aziz, lorsqu'ils aperçurent dans la plaine une cavalerie assez considérable qui marchait sur eux. On abattit les tentes et on prit les armes. Quelques minutes plus tard, quatre mille cavaliers environ attaquaient l'avant-garde. Ils furent contenus par les bataillons qui se déployèrent, et attendirent pour faire feu qu'ils fussent à cent pas d'eux. Puis les chasseurs d'Afrique chargèrent, et les Marocains retournèrent, assez démoralisés, à Oudjda. Cette cavalerie marocaine, composée de gens du Sud de race noire, mélangée par des mariages avec des femmes arabes, passait pour très redoutable. Elle était à peu près uniformément vêtue d'une large culotte, d'un cafetan, d'un burnous de drap bleu et d'un bonnet rouge pointu, entouré d'une étoffe blanche formant turban, et armée d'un long fusil, avec baïonnette, et d'un sabre.

Quant aux fantassins réguliers, ils étaient peu nombreux, mal vêtus, mal armés et peu disciplinés. L'artillerie comptait quelques petites pièces de campagne, mal attelées et mal servies par des renégats espagnols. Le reste de l'armée, échelonné de Fez à la frontière, se composait de gens de pied et de cheval des tribus arabes et berbères. C'était l'avant-garde de cette armée qui venait ainsi d'attaquer, sans déclaration de guerre, le général de Lamoricière et de rendre inévitables les hostilités. Le soir même, le général de Lamoricière rentrait à Magrnia, où le maréchal Bugeaud arriva bientôt avec des renforts.

Avant d'aller rejoindre le gros de l'armée, nous allâmes, au sud de Sebdou, exécuter une razzia sur des tribus qui s'apprêtaient à quitter notre territoire pour rejoindre l'armée marocaine. On était au commencement de juin, il faisait une chaleur épouvantable. Il n'y avait pas d'eau au bivouac. Je fus tellement éprouvé qu'en rentrant à Sebdou, à la tête de mon peloton, je tombai de cheval, évanoui. Je revins à moi dans un lit d'hôpital. On me saigna à blanc, et au bout de quelques jours, j'étais sur pied, impatient de rejoindre mon escadron déjà arrivé à Magrnia. Je partis de nuit, tout seul, à cheval, suivi de mon ordonnance, au milieu d'une contrée soulevée, et j'eus la chance d'arriver sain et sauf à Tlemcen, d'où je gagnai Magrnia par le premier convoi.

Il existait au régiment un ordre déjà ancien qui prescrivait de maintenir dans le rang, comme combattants, tous les soldats-ordonnances et de n'employer, pour conduire les chevaux de main ou de bât, que des cavaliers indigènes démontés. Comme officier-payeur, j'avais cru pouvoir faire exception à cette règle et conserver mon ordonnance française, préposée à la garde de mon cheval qui portait des sommes parfois considérables. Le capitaine Billioud fut enchanté de me faire la niche de me priver des services de ce cavalier, et il m'ordonna de le remplacer par un indigène qu'il me désigna lui-même. Je protestai vivement. Le commandant Favas me donna tort, et je dus obéir. Mais je déclinai par avance la responsabilité de ce qui pourrait arriver. Mon mouvement de fonds était des plus simples. Les cantiniers ou les négociants qui avaient de l'argent à envoyer à leurs correspondants, à Oran, me l'apportaient contre des bons signés par moi et que le trésorier du régiment payait à présentation. Comme je prévoyais que, dans le Maroc, où nous allions entrer, je n'aurais plus les mêmes facilités, j'avais emprunté huit mille francs à un négociant, qui les avait ostensiblement portés dans ma tente, par sacs de mille francs, en écus. Je les avais serrés dans la cantine qui me servait de caisse. Nous allons voir bientôt ce qu'ils devinrent.

Nous allâmes camper aux Eaux-Chaudes d'Hammam-ben-Rara, une délicieuse oasis à peu de distance de Magrnia, où nous séjournâmes quelques jours, pendant qu'affluaient les renforts, réclamés par Bugeaud à toutes les garnisons de l'Algérie. Le maréchal se rendait bien compte qu'en dépit de la volonté du gouvernement, la guerre s'imposait avec les Marocains, qui avaient eux-mêmes entamé les hostilités. Le prince de Joinville, qui commandait la flotte, partageait cet avis. Seul, le général Bedeau, qui surveillait, depuis deux ans et demi, la frontière avec beaucoup d'attention, ne désespérait pas de la paix. Et les relations cordiales qu'il avait nouées et qu'il nourrissait avec le caïd d'Oudjda, homme fort considéré, appelé Si-el-Guenaoui, l'entretenaient dans cette illusion. Ce caïd, prenant des allures pacifiques, proposa une entrevue, dans laquelle on réglerait toutes les questions et difficultés soulevées entre Français et Marocains. Une telle démarche était trop conforme aux instructions venues de Paris pour n'être pas accueillie par le maréchal Bugeaud, qui délégua naturellement le général Bedeau, pour représenter la France à cette entrevue. Elle eut lieu à un kilomètre de notre campement des Eaux-Chaudes, sur la rive droite de l'Oued-Mouïlah, à un endroit appelé Bittrin, le 15 juillet 1844. Le général de Lamoricière et le général Bedeau arrivèrent à notre campement à onze heures, et les troupes qui les suivaient se joignirent à nous. Il y avait là quatre bataillons d'infanterie, les quatre escadrons de spahis et deux escadrons du 2ᵉ de chasseurs d'Afrique, sous les ordres du commandant de Peyrony.

De son côté, la petite armée marocaine, qui campait autour d'Oudjda, avait pris les armes et s'était rangée en bataille, en face de nous. Elle comprenait environ quatre mille cavaliers réguliers du Maghzen, à peu près autant d'irréguliers, plus un bataillon recruté à Fez et décoré du titre d'infanterie de la garde impériale. Sous un arbre placé entre les deux armées, mais plus près des Marocains que de nous, le caïd d'Oudjda attendait le général Bedeau, qui se dirigea aussitôt vers lui, accompagné de son aide de camp, le capitaine Espivent de la Villeboisnet, d'un interprète, M. Schusboë, du caïd de Tlemcen, Si-Ammadi-Sakal, et escorté de quelques chasseurs d'Afrique.

Quelques minutes plus tard, le colonel Yusuf passait devant nos rangs, suivi du capitaine Fleury. Ce dernier, arrivé à hauteur du premier escadron, frappé de la pâleur du capitaine de Rovigo, s'arrêta brusquement et lui dit :

— Qu'est-ce que vous avez, Rovigo? Est-ce que vous êtes malade?

— Non, répondit Rovigo; seulement je serai tué ce soir, moi et mon fourrier Bauër, voilà!

Le fourrier, en entendant cette singulière prophétie, fit, sur son cheval, un haut-le-corps significatif.

— Quelle plaisanterie! répondit Fleury. La paix va être signée. Voyez là-bas, au milieu des Marocains, le général Bedeau qui est en train de la conclure.

Puis il passa, en haussant les épaules.

De la place où nous étions, nous ne voyions rien. Nous ne savions pas, par conséquent, que, dès l'arrivée du général Bedeau, le caïd d'Oudjda avait eu toutes les peines du monde à le faire respecter par ses gens, et que le bataillon de Fez était travaillé par une fermentation qui allait bientôt dégénérer en actes d'hostilité. Peu à peu, les deux ailes des Marocains se rapprochaient de notre ligne de bataille, jusqu'à former avec elle un arc de cercle dont nous étions la corde. Bientôt, la fusillade s'en mêla et nous entendîmes les balles siffler sur notre droite, du côté des chasseurs d'Afrique. Nous apprenions que le capitaine Daumas, le frère du colonel, était grièvement blessé d'une balle qui lui avait brisé le pied, et qu'un trompette était tué. Les cavaliers marocains avaient fini par dérober à la vue du général de Lamoricière l'endroit où se trouvait le général Bedeau, et on commença à être très inquiet sur le sort de notre plénipotentiaire. Courir à son secours, c'était risquer de le faire écharper, lui et ses compagnons. Enfin on les vit, avec un immense soulagement, revenir sains et saufs, la conférence ayant été rompue.

Le général de Lamoricière, effrayé de la responsabilité qui pesait sur lui, n'osait pas donner le signal du combat, de peur d'amener une rupture irrémédiable. Il se borna à se replier, en tenant en respect l'ennemi, qui devenait pressant. Il envoyait, en même temps, le commandant de Martimprey avertir le maréchal, qui croyait si peu à la gravité des événements qu'il était resté au camp, où tout le monde était persuadé que la paix allait être conclue. Les nouvelles apportées par le commandant ne le surprirent cependant pas, car il avait toujours soutenu que, pour avoir la paix, il fallait l'imposer au Maroc par un acte de guerre.

— Allez dire au général de Lamoricière, dit-il aussitôt, de faire volte-face à l'ennemi ; j'arrive moi-même à la rescousse.

Nous n'attendions que cet ordre. Les quatre bataillons se formèrent immédiatement en carrés, et quand les Marocains eurent épuisé sur eux leur première ardeur, on fit donner les spahis, soutenus par les chasseurs d'Afrique. Mais, avant même que la charge fût commandée, nous vîmes partir à fond de train le capitaine Delachèvre, se dirigeant du côté d'un fanion ennemi qu'il espérait enlever. Il allait chercher sa croix. Il ne revint jamais, et jamais on n'a pu savoir ce qu'il était devenu. Fut-il fait prisonnier, tué ou décapité, ou perdu au fond du Maroc? Mystère!

Notre charge réussit à souhait. La cavalerie marocaine, vigoureusement abordée, fut dispersée et disparut en un clin d'œil. Quant au malheureux bataillon de la garde, il fut à peu près anéanti. Nos pertes étaient insignifiantes et nos spahis revenaient, portant au bout de leurs fusils, environ cent cinquante têtes qu'ils allaient bientôt déposer aux pieds du maréchal, en défilant devant lui.

Le capitaine de Rovigo ramenait son escadron, sans plus songer probablement à la sinistre prédiction de sa belle-sœur, lorsqu'il arriva sur un emplacement de silos, qu'on ne pouvait traverser sans précaution. Son escadron était un peu décousu. La moitié prit à gauche des silos, l'autre moitié prit à droite, avec le capitaine.

Cette fraction de l'escadron vit venir à elle un groupe d'environ trois cents cavaliers arabes, marchant au pas, le fusil en travers de la selle, avec les allures les plus pacifiques, et ayant arboré à leur cordelette en poil de chameau la petite branche de verdure, qui servait de signe distinctif à nos auxiliaires. Les deux troupes se croisèrent, à quelques pas de distance. Puis, quand les cavaliers arabes eurent dépassé le dernier spahi, ils se retournèrent brusquement, firent sur les nôtres une décharge générale de leurs fusils, et s'envolèrent au triple galop, avant qu'on eût même songé à les poursuivre. C'étaient des Marocains égarés dans nos lignes, qui avaient eu recours, pour en sortir sains et saufs, à cette ruse de guerre. Sous leurs balles, sept spahis tombèrent, frappés par derrière. Le capitaine de Rovigo avait été foudroyé par une balle qui, pénétrant au-dessous de l'omoplate, lui avait traversé le cœur. Le maréchal des logis Weyer, qui devint plus tard le beau-frère de Yusuf, rapporta le corps du capitaine, en travers sur son cheval. Un sous-officier indigène fut également tué net. Les cinq autres, plus ou moins grièvement blessés, furent rapportés au camp, et parmi eux le brigadier-fourrier Bauër. Il avait reçu dans le flanc une blessure qui ne paraissait pas grave.

A l'ambulance, quand on l'eut pansé, il demanda : « Où est mon capitaine? A-t-il été touché? » On essaya de lui cacher la mort de Rovigo. Dans la nuit, la fièvre le prit. Il répétait sans cesse : « Où est mon capitaine? Je veux voir mon capitaine. » Enfin, malgré les efforts des infirmiers, il se leva, marcha jusqu'à la tente de Rovigo, vit le cadavre étendu, rentra sans rien dire à l'ambulance... et mourut.

Il me reste encore un autre souvenir de cette journée du 15 juillet, fertile en événements peu communs. C'est celui d'une scène très violente qui éclata, sur le front de la cavalerie, entre le colonel Yusuf et le chef d'escadrons de Peyrony, commandant les escadrons du 2º de chasseurs d'Afrique, momentanément placés sous les ordres du colonel des spahis. Yusuf ayant fait quelques observations au commandant, qui ne s'était pas rigoureusement conformé à ses instructions, celui-ci le prit de très haut, et le colonel lui infligea des arrêts que le maréchal transforma en un mois de prison, suivi de la mise à la retraite d'office.

En 1830, ce de Peyrony servait comme lieutenant, au 5º de cuirassiers, au camp de Lunéville. A la première nouvelle de l'insurrection de Juillet, le camp fut levé et ses régiments furent dirigés sur Paris. Ils apprirent en route le changement de régime, et il en résulta, parmi les cuirassiers, une fermentation qui se traduisit par le départ forcé de presque tous les officiers. Deux seulement restèrent et acceptèrent l'autorité d'un maréchal des logis chef nommé Faigle, qui prit le commandement provisoire du régiment. C'étaient le lieutenant de Peyrony et le sous-lieutenant Vandernoot, parent du fameux patriote belge. Les choses rentrées dans l'ordre, de Peyrony passa en Algérie, au 3º de chasseurs d'Afrique, et fit la première expédition de Constantine. Bientôt après, la France fut inondée d'une image d'Épinal, reproduction d'un tableau représentant le « Trait d'humanité du capitaine de Peyrony ». On y voyait le capitaine à pied, l'air farouche, le sabre à la main, et tirant par la bride son cheval sur lequel il avait fait monter un pauvre fantassin blessé, malade, prêt à rendre l'âme.

Cet habile emploi de la réclame, dont devaient user plus tard quelques officiers, et non des moins qualifiés, eut un plein succès. Il valut à son auteur l'épaulette de chef d'escadrons, au détriment de beaucoup de ses collègues qui en avaient fait autant que lui, sans se croire obligés, pour un acte si simple, de recourir aux presses des imageries d'Épinal. Au 2ᵉ de chasseurs d'Afrique, le commandant de Peyrony ne fit pas grande figure. Il était tenu à l'écart par ses camarades et il termina sa carrière par un acte d'insubordination.

Enfin, que de fois encore, dans mes souvenirs, ont passé ces deux nobles figures de Delachèvre et de Rovigo, arrivant pour ainsi dire ensemble au trépas, en cherchant à se devancer pour obtenir cette fameuse étoile des braves, jadis prix du sang versé et devenue trop souvent, en ces derniers temps, l'appoint des plus honteux trafics !

Après la journée du 15 juillet, tous les doutes et toutes les hésitations devaient disparaître : la France était en guerre avec le Maroc. Notre point de concentration étant Magrnia, il nous fallait une base de ravitaillement plus rapprochée que Tlemcen, qui n'était elle-même qu'un intermédiaire entre Oran et nous.

Justement la mer, route rapide, économique et sûre, n'était qu'à une petite journée de marche. On chercha sur la côte un point de débarquement favorable et, après des hésitations et de nombreuses contestations, on choisit, sur la proposition du général de Lamoricière, Djemâa-Ghazaouat (la réunion des pirates). C'est par là que nous arrivèrent bientôt les vivres, les munitions, le matériel et les derniers renforts. Notre établissement, qui devait y être temporaire, devint définitif après la guerre et s'appela Nemours.

La fin de juillet et le commencement d'août furent remplis par des mouvements stratégiques destinés à mettre notre frontière à l'abri d'une invasion de l'armée marocaine, qui s'augmentait chaque jour, et par des opérations secondaires, dont la principale fut l'occupation momentanée de la ville d'Oudjda, coquette ville arabe de la frontière marocaine, ensevelie sous la végétation luxuriante de ses magnifiques jardins, au milieu de plaines encore couvertes de moissons dorées, dont nous livrâmes aux flammes tout ce que nous ne pûmes consommer.

Donc, dans les premiers jours d'août, la petite armée, à la tête de laquelle le maréchal Bugeaud allait marcher contre les forces du Maroc, était campée près de la frontière marocaine, à un kilomètre de la redoute de Magrnia, sur les bords de la rivière.

L'ennemi que nous allions aborder était, nous disait-on, excessivement nombreux. Les moins exagérés évaluaient à 50,000 hommes les forces commandées par le fils de l'empereur du Maroc, que nous appelions entre nous, familièrement, le « Petit Muley ».

Le maréchal disposait de dix-huit bataillons d'infanterie, de vingt escadrons de cavalerie, de huit cents cavaliers indigènes. Comme artillerie, nous avions dix obusiers de montagne, un canon de 8 et un obusier de 24. Nous étions, au total, de huit à neuf mille combattants.

C'était tout ce que le maréchal, avec sa science, avec son génie, avait pu réunir sur un seul point, et pourtant l'armée d'occupation d'Algérie comptait cent dix mille hommes. Mais cette courte et glorieuse campagne allait démontrer une fois de plus qu'à la guerre, la puissance d'une armée ne se mesure pas au nombre de ses combattants, mais à leur force morale, à leur discipline, à la confiance des soldats envers leurs officiers, à l'échange journalier des dévouements mutuels, et avant tout et par-dessus tout, au caractère de son général en chef.

S'imaginer qu'on peut remplacer ces éléments de supériorité morale par une supériorité, même immense, d'effectifs, c'est se préparer des mécomptes aussi lamentables qu'inévitables.

Or, toutes ces qualités, nous les possédions. Nous avions confiance en nous, parce que nous avions une confiance inaltérable en notre général.

Sa situation, à la veille de la bataille d'Isly, était tout à fait exceptionnelle, sa responsabilité écrasante, et il lui fallait une force d'âme peu commune pour traverser ces circonstances critiques avec sa belle humeur, son calme imperturbable et la certitude du succès.

Les renseignements qui nous parvenaient du camp marocain étaient terrifiants. En dehors du chiffre fantastique des effectifs réguliers, on parlait d'une artillerie formidable commandée par des renégats espagnols, et d'innombrables contingents fournis par les tribus sauvages, accourues du fond des déserts et fanatisées par leurs marabouts.

A chaque instant, le maréchal était supplié de se retirer sur une bonne position défensive, pour y attendre des renforts et ne pas subir, en rase campagne, un choc irrésistible.

Mais ce grand homme de guerre faisait la part de l'exagération. Il savait qu'avec huit mille hommes bien encadrés et bien disciplinés, un général comme lui pouvait passer partout.

Et puis, il sentait que toute notre force était notre prestige, que reculer devant les Marocains, en face de populations frémissantes et indomptées, c'était perdre l'Algérie.

Il laissait passer les conseils de prudence qui venaient de Paris.

Quant aux attaques de la presse d'opposition, qui ne pouvait lui pardonner ni son affaire de la Vendée, ni son duel avec M. Dulong, ni la répression sévère des émeutes de Paris, il leur faisait tête avec un entrain extraordinaire, rendant piqûre pour piqûre, à ce point que le ministre de la guerre avait dû lui rappeler qu'il est interdit aux militaires d'écrire dans les journaux.

Peu de jours avant la bataille, des renforts importants de cavalerie nous étaient arrivés. Les officiers de spahis des escadrons d'Oran et ceux du 2ᵉ de chasseurs d'Afrique voulurent offrir un punch de bienvenue à leurs camarades des 1ᵉʳ et 4ᵉ de chasseurs d'Afrique et du 2ᵉ de hussards.

Nous nous réunîmes tous sur un joli plateau, ombragé par de beaux frênes. Sur le sol, débarrassé de ses broussailles, on avait disposé des bols de punch dont les flammes bleues, mariées à la lueur des bougies supportées par des baïonnettes fichées en terre, éclairaient la réception. Le maréchal, ses deux lieutenants, les généraux de Lamoricière et Bedeau et les officiers de leur état-major, avaient accepté notre invitation.

En l'absence du général Korte, le colonel de Tartas, qui commandait toute la cavalerie, entouré des trois colonels : Yusuf, Morris et Gagnon, reçut le maréchal et le remercia de l'honneur qu'il voulait bien faire aux officiers de cavalerie. Dans les gamelles de campement qui représentaient les bols de punch, chacun puisa avec son quart de fer-blanc, et le maréchal, un quart à la main, porta un toast à la cavalerie.

Son plus grand bonheur était de se trouver au milieu des officiers de son armée, de leur parler, de leur expliquer les manœuvres qu'il leur commanderait et ce qu'il attendait d'eux. Il excellait dans ces harangues familières, sans recherches, mais claires et précises.

Celle qu'il nous adressa ce soir-là, et que je regrette de ne pouvoir reproduire mot pour mot, est restée dans ma mémoire comme un modèle d'éloquence militaire.

D'abord, il nous recommanda de nous tenir en garde contre l'exagération manifeste des forces que nous allions avoir à combattre. Il nous rappela que c'était une tendance humaine, en face de l'inconnu, d'exagérer les dangers à courir.

— J'ai depuis longtemps, nous dit-il, l'habitude de recevoir des rapports sur les effectifs de l'ennemi que j'envoie reconnaître ou apprécier. Et ma vieille expérience m'a appris qu'il faut généralement réduire les évaluations de moitié ou des trois quarts. On nous raconte qu'il y a au moins cinquante mille hommes dans le camp marocain. Admettons qu'il y en a la moitié, soit vingt-cinq mille, tout au plus (c'était en réalité le chiffre à peu près exact). C'est certainement tout ce que l'empereur du Maroc a pu réunir. Ces gens-là ont eu des distances considérables à parcourir sans eau, sans approvisionnements réguliers, sans routes. Il n'en est sûrement pas arrivé davantage. Et puis, d'ailleurs, qu'importe ? Plus il y en aura, plus nous en abattrons. Que peuvent ces foules confuses, où le moindre incident jette le plus affreux désordre, contre des troupes aguerries, parfaitement encadrées, habituées à obéir exactement à leurs chefs, et dressées à conserver toujours un ordre qui se prête, instantanément et facilement, à toutes les combinaisons du combat ?

La première attaque seule présente une apparence de danger, et encore ! Rappelez-vous la campagne d'Égypte ! Rappelez-vous à quoi aboutissaient les charges exécutées contre nos bataillons carrés par les mameluks, qu'on représentait comme des cavaliers incomparables ! Il en sera de même de cette cavalerie marocaine. Elle viendra se briser contre nos carrés d'infanterie. Vous savez par vous-mêmes combien il est difficile de maintenir un peu d'ordre dans une action décisive de cavalerie. Eh bien ! jugez un peu de ce qui doit arriver parmi ces gens qui ne savent pas ce que c'est qu'une manœuvre d'ensemble. Plus ils sont nombreux, plus ils se gênent pour le combat. Le premier rang seul compte. Les autres font nombre et ne demandent qu'à s'éclipser.

Puis, le maréchal nous expliqua le thème de la bataille future et la manœuvre sur laquelle il comptait.

— Je présenterai à l'ennemi, nous dit-il, ce que j'appelle ma « tête de porc », mon « losange », aux quatre côtés formés par des bataillons se soutenant mutuellement et prêts à se mettre en carré, pour résister aux charges de cavalerie. Vous, messieurs, vous marcherez à l'intérieur du losange, avec le convoi. Je soutiendrai ainsi le premier choc de l'ennemi. Puis, quand le feu de mon infanterie et de mon artillerie l'aura ébranlé, ce sera votre tour, messieurs les officiers de cavalerie ; je vous lancerai sur lui. Vous serez peut-être ramenés ! Quelle est donc la cavalerie qui peut se vanter de n'avoir jamais été ramenée ? Alors, vous viendrez vous reformer derrière mes bataillons carrés. Je vous lancerai une seconde fois, et cette fois, messieurs, vous ne reviendrez plus.

Je ne puis pas dire quel effet produisirent sur nous ces paroles enflammées. Tout ce que je puis assurer, c'est qu'aujourd'hui, après un demi-siècle, la voix de ce grand homme me semble encore vibrer dans mon oreille, au moment où j'écris.

Le maréchal termina son allocution en nous disant que si, par impossible, notre action ne suffisait pas, il formerait quelques-uns de ses bataillons en colonnes d'attaque et foncerait sur l'ennemi.

Il joignit le geste à la parole, se forma lui-même en colonne d'attaque et fonça sur le groupe qui était devant lui, bousculant le général de Lamoricière, ce qui nous mit tous en gaieté. Puis, le punch aidant, toute étiquette disparut dans cette masse d'officiers, heureux de se trouver ensemble et d'acclamer d'avance leurs succès futurs.

Je vois encore d'ici un capitaine du 2ᵉ de chasseurs d'Afrique, le capitaine Lecomte. Il voulait à toute force que le maréchal bût un second verre de punch.

— Mais, capitaine Lecomte, je ne veux plus boire, disait Bugeaud.

— Trinquez toujours, monsieur le maréchal, ripostait Lecomte, je boirai pour vous.

Un type à peu près disparu de l'armée aujourd'hui, que ce Lecomte. Très populaire en Afrique à cause de ses excentricités, brave comme son sabre et adoré de ses hommes. Avec cela, coquet et portant beau, le képi enfoncé sur la nuque et la visière poignardant le ciel, histoire de dissimuler une calvitie complète. Son crâne ressemblait à un œuf d'autruche. Mais, chez lui, le système pileux avait pris sa revanche, avec des sourcils qui ressemblaient à des broussailles épaisses, et une paire de moustaches fauves, monumentales, qui remontaient jusqu'aux oreilles. Quand il avait bu un verre d'absinthe, il devenait fantastique, gagnait sa place au théâtre, en marchant sur les genoux des spectateurs, interrompait la prima donna, au milieu de son grand air, en lui disant : « Ce n'est pas cela, ma fille ; t' es pas dans le ton. Je vais te donner le *la*. » Et il entamait une chanson de son répertoire, qui n'avait rien de commun avec la *Norma*.

Un jour, à Oran, après une de ses frasques, en plein théâtre, le général Thierry le fit arrêter par le major de place, le commandant Filippi, qui, ne sachant où le mettre, l'incarcéra momentanément dans ses bureaux. Là, Lecomte, se trouvant entouré de casiers, poussa cette exclamation : « Voilà maintenant qu'on met un soldat comme moi dans la comptabilité ! »

Et, tranquillement, il prit une bougie pour mettre le feu aux archives de la place. Filippi s'en débarrassa en l'envoyant à l'hôpital.

Le lendemain, Lecomte s'échappa et, tranquille comme Baptiste, il rejoignit son régiment qui était avec nous, au camp de Magrnia, où il nous arriva monté sur son fameux cheval « Biscuit », un gris truité célèbre pour ses qualités exceptionnelles, et que l'administration des haras finit par acheter très cher au capitaine, afin d'en faire un reproducteur hors ligne.

L'autorité supérieure ferma les yeux sur son incartade. Il faut bien passer quelque chose à de pauvres diables qui ne boudent jamais devant le danger, et ne pas trop leur en vouloir quand ils sont aussi gais en garnison qu'ils le seraient devant le trépas.

Nous passâmes donc là une soirée délicieuse, autour de ce bon et illustre maréchal, qui pouvait sans inconvénient se montrer familier avec nous, parce que, sans effort, nous étions tous respectueux et que son abandon ne faisait que surexciter notre déférence.

Le maréchal Bugeaud redoutait si peu les indiscrétions que, le lendemain, toute l'armée put le voir et l'entendre dicter, sous un arbre, à son officier d'ordonnance, l'excellent et regretté capitaine Rivet, une lettre au ministre de la guerre, dans laquelle il lui racontait par avance la bataille d'Isly, avec une telle précision que, le soir de l'affaire, sa dépêche officielle aurait pu être formulée ainsi :

« Je n'ai rien à ajouter à ma lettre d'avant-hier. Les choses se sont passées comme je vous l'indiquais. »

Depuis que nous étions à Magrnia, le maréchal envoyait tous les soirs un gros de cavalerie au fourrage. Ces opérations quotidiennes avaient pour but, d'abord, de ramasser de quoi nourrir nos chevaux, et ensuite de détruire les moissons des tribus marocaines de la frontière, qui couvraient l'immense plaine d'Oudjda.

Au début, les Marocains avaient essayé de contrarier ces sorties. Puis ils cessèrent d'y attacher de l'importance et même d'y faire attention.

Le 13 août, dans l'après-midi, le maréchal simula un fourrage. A la nuit tombante, il leva brusquement son camp, rappela ses fourrageurs et, à la tête de toute sa petite armée, se mit en marche vers les Marocains.

A minuit, on fit halte pour se reposer, sans rompre l'ordre de marche.

Tout à coup, au sein du profond silence qui planait sur les troupes endormies, une immense clameur et les cris de : « Aux armes! » s'élèvent. Et voilà toute la colonne en proie à un désordre qui allait peut-être dégénérer en panique. Pour mon compte, je dormais à poings fermés et ne me réveillai qu'à cheval, sans savoir pourquoi ni comment j'y étais monté.

Mais aussitôt une voix de stentor domine toutes les rumeurs. Elle est entendue de toute l'armée. C'est le maréchal lui-même qui crie : « Couchez-vous! » Il n'en fallut pas davantage pour nous rendre à tous le calme, la confiance et le repos.

Quelle fut la cause exacte de cette alerte? Ce fut, suivant les uns, la rentrée d'une patrouille de spahis qu'on prit pour l'avant-garde de l'armée marocaine. Ce fut, suivant les autres, le bruit causé par mon spahi qui s'enfuyait, emmenant avec lui mon cheval de bât, porteur de mes cantines, dans lesquelles se trouvaient la caisse et la comptabilité du régiment.

A la pointe du jour, le 14, la colonne reprit sa marche et arriva au gué de l'Isly, vers huit heures du matin.

A peine en route, le maréchal des logis chargé de la conduite des bagages accourt près de moi : — Mon lieutenant, me dit-il, savez-vous où est votre ordonnance?

— Non; comment le saurais-je?

— C'est qu'il n'est plus dans le convoi. Le spahi aura déserté cette nuit, emmenant votre cheval de bât, votre cheval de main, vos cantines et la caisse du régiment.

— Cela ne me regarde pas. Prévenez le capitaine Billioud.

Celui-ci arriva bientôt, avec le commandant Favas, et m'accabla de questions sur l'importance de la somme enlevée, qui ne pouvait être constatée, puisque les pièces de la comptabilité avaient disparu avec elle. Je répondis tranquillement : « J'en suis bien fâché, mais cela ne me regarde pas. Le capitaine m'a pris mon soldat français. Il a désigné lui-même l'indigène qui devait le remplacer. Je l'ai prévenu de ce qui pourrait arriver ; je m'en lave les mains. »

L'affaire fit un bruit énorme. Le colonel m'appela et fut exaspéré du calme avec lequel je lui répétai la même antienne. Puis, ce fut le tour du général de Lamoricière. Seulement, lui, il alla droit au fait : — En réalité, combien y avait-il dans la caisse? demanda-t-il. — Mon général, j'ai fait le prêt hier. J'ai fait de nombreuses avances à mes camarades. Il ne restait plus que quatorze cents francs. — Bah ! reprit-il, c'est une misère ! Les Marocains nous auront remboursé cela, ce soir. En effet, le soir même, il devait m'envoyer les quatorze cents francs, en beaux doublons d'Espagne, plus cent francs pour m'indemniser de la perte de mes effets personnels.

Ce qu'il y a de plus fort, c'est que plus tard, lorsque je rendis mes comptes au trésorier du régiment, à Misserghin, le colonel de Montauban me blâma de ce que la perte n'avait été que de quatorze cents francs, alors qu'elle aurait dû être de trois ou quatre mille francs. Il s'arrêta pourtant net devant ce raisonnement assez simple : « Eh bien, mettons que mon spahi a emporté quatre mille francs ! »

Le soleil était déjà haut sur l'horizon, et nous n'avions pas aperçu encore un Marocain. Nous croyions que le passage nous serait disputé, car, encaissée entre des berges élevées, la rivière se prêtait admirablement à une défense énergique.

Il n'en fut rien. Un fort détachement marocain vint nous reconnaître. Il se replia devant les balles des chasseurs à pied. Nous passâmes le gué et continuâmes notre chemin.

Enfin, arrivés à un endroit nommé D'jerf-Ackdar, où l'Isly fait un coude prononcé, nous découvrîmes trois grands groupes de tentes, étalant leurs blancheurs sous le soleil et dominées par la tente impériale, celle du « Petit Muley », comme nous disions, établie sur un monticule. Les contingents de milice irrégulière étaient disséminés autour de ces trois camps. C'était l'armée marocaine. Elle comprenait de vingt-cinq à trente mille hommes, chiffre prévu ou plutôt deviné par le maréchal.

Nous vîmes bientôt, de chacun des trois camps, sortir une masse de cavalerie.

Le maréchal Bugeaud fit faire halte un instant, pour rectifier l'ordre de combat que nous avions pris, aussitôt après le passage du gué de l'Isly. C'était la fameuse « tête de porc », un grand losange dessiné par les bataillons d'infanterie, se flanquant de proche en proche et couverts par une ligne de tirailleurs assez largement espacés, mais appuyés sur des pelotons de soutien assez rapprochés.

Les bataillons de gauche étaient commandés par le général Bedeau, ceux de droite par le colonel Pélissier, et la réserve par le vieux colonel Cavaignac, homonyme, mais non parent du colonel Cavaignac des zouaves, le futur Président de la République.

Au centre, l'artillerie et le convoi. Et, de chaque côté du convoi, les vingt escadrons de cavalerie. A droite, la colonne commandée par le colonel Morris se composait des six escadrons de chasseurs d'Afrique, soutenus par une réserve de quatre escadrons : deux du 2ᵉ de hussards, deux du 1ᵉʳ de chasseurs d'Afrique, sous les ordres du colonel Gagnon, du 2ᵉ de hussards.

La colonne de gauche, commandée par le colonel Yusuf, se composait des six escadrons de spahis, ayant pour réserve quatre escadrons du 4ᵉ de chasseurs d'Afrique, sous les ordres du commandant Crétet.

En quelques instants, l'ordre le plus exact régna dans cet ensemble imposant. Le maréchal, tirant son épée du fourreau, commanda lui-même d'une voix qui nous fit tous tressaillir : « Bataillons ! en avant, marche ! »

Deux musiques d'infanterie, l'une à droite, l'autre à gauche, entamèrent l'air connu : « La victoire est à nous. » Et nous partîmes.

Le bataillon de chasseurs à pied formait l'avant-garde, la pointe du losange. Les Marocains se portèrent d'abord sur lui. Le bataillon s'ouvrit, démasquant le canon de 8 et l'obusier de 24 ; leur tir coupa en quelque sorte en deux les masses de la cavalerie marocaine, dont chaque moitié se rabattit sur les faces du losange, à droite et à gauche, laissant le passage en avant absolument libre.

Le combat devint alors général. Les Marocains chargeaient tout le pourtour de notre forteresse humaine, sans pouvoir pénétrer nulle part. Ils forcèrent la ligne des tirailleurs, mais sans leur causer grand dommage, car ces braves gens se groupaient rapidement à portée de leurs soutiens, et, croisant leur feu avec ceux des bataillons du losange, contribuaient à briser ainsi l'effort, d'ailleurs courageux, de tous ces cavaliers, au milieu desquels les obus de notre artillerie exerçaient de sanglants ravages.

Bientôt, le maréchal jugea que le moment était venu de nous faire donner, et le général de Lamoricière vint lui-même, au grand galop, porter au colonel Yusuf l'ordre de charger.

Nous étions en double colonne serrée, et sabre en main. Nous partîmes au grand trot, défilant devant le maréchal. Jamais, à Longchamps, ou place du Carrousel, défilé ne fut aussi régulier et aussi brillant que celui-là. Dès que nous eûmes franchi les lignes d'infanterie, Yusuf commanda le déploiement au galop, et les six escadrons de spahis se trouvèrent en ligne, soutenus par quatre escadrons des chasseurs d'Afrique, en colonne serrée.

La manœuvre était belle et bonne.

Nous atteignîmes rapidement, au galop, par un terrain en pente douce, un premier plateau où notre apparition fut saluée par une décharge à mitraille de l'artillerie marocaine, qui nous attendait à bonne portée.

Son tir heureusement avait été mal réglé, et la plupart des projectiles passèrent sur nos têtes. Pourtant, trois hommes de l'escadron furent atteints mortellement, et, parmi eux, l'officier indigène qui commandait le peloton placé à droite du mien. Il s'appelait Bou-Schakor. Il fut traversé de part en part par un biscaïen, qui entra sous l'aisselle droite et sortit sous l'aisselle gauche. Je l'aimais et le regrettai beaucoup. D'ailleurs, cette décharge d'artillerie ne ralentit pas notre mouvement, et nous allions tomber sur le camp marocain, qui n'était plus séparé de nous que par un petit vallonnement, lorsque le colonel Yusuf se vit menacé par une masse de cavalerie, qui arrivait grand train sur notre flanc droit. Il commanda rapidement un changement de front à droite. Le mouvement fut exécuté par les trois premiers escadrons, qui se lancèrent de front sur la cavalerie marocaine, prise elle-même en flanc par trois escadrons du 2ᵉ de chasseurs d'Afrique, menés par le colonel Morris.

Elle n'attendit pas la rencontre pour s'enfuir dans le plus complet désordre. Cela se passe toujours ainsi. Jamais deux troupes de cavalerie ne s'abordent, à la charge. L'une des deux est toujours rompue avant que le choc ne se produise, comme si elle éclatait sous la puissance irrésistible de l'air comprimé. C'est toujours celle des deux troupes qui a le moins de moral et qui a été le moins énergiquement conduite qui est mise en fuite.

Aussi, ce qu'on appelle la « charge alignée » n'est guère autre chose qu'une vaine démonstration. La charge à outrance, à l'allure la plus rapide des meilleurs chevaux, a toujours eu, et aura toujours, les plus grandes chances de succès.

Pendant que les trois escadrons de droite se rabattaient sur les Marocains, les trois escadrons de gauche s'arrêtaient, un peu indécis, sous le feu de l'artillerie, mon capitaine commandant ayant mal entendu, ou ayant mal compris l'ordre du colonel. Cette faute fut vite réparée par le commandant d'Allonville qui, se mettant à la tête des trois escadrons, nous lança en avant, en nous donnant pour point de direction la tente impériale elle-même.

Pendant cette seconde course, j'ai pu me rendre compte des terribles effets de la lance, lorsqu'elle est bien maniée. L'infanterie marocaine, si on peut donner ce nom aux gens de pied qui combattaient sans la moindre instruction, était sortie confusément de son camp. Surprise, elle fuyait éperdue devant notre charge, sans avoir l'idée de se mettre en défense. Le porte-fanion de l'escadron était un brigadier nommé Kéneur, qui sortait d'un régiment de lanciers. Tout en galopant à sa place, il avait mis sa lance en arrêt à la hauteur du poitrail de son cheval, et, sans mouvement apparent, il semblait, à chaque instant, toucher légèrement un Marocain. L'impulsion du cheval suffisait pour rendre le coup mortel. Le fantassin faisait deux ou trois pas en avant, en trébuchant, et tombait pour ne plus se relever.

Au pied de la petite colline qui portait la tente impériale, nous trouvâmes la seule résistance sérieuse de la journée. Autour de la tente, les meilleurs cavaliers marocains s'étaient réunis et dirigeaient sur nous un feu plongeant qui nous incommoda fort. Un jeune sous-lieutenant, M. Damotte, fut tué raide. Un capitaine, M. Offroy, eut la jambe brisée par une balle et mourut peu après du tétanos.

Je reçus presque la même blessure que lui. Seulement, la balle, frappant de biais, contourna l'os de la jambe qu'elle traversa de part en part.

Notre réserve de chasseurs d'Afrique survenant, d'un commun élan, nous enlevâmes définitivement la position. On fit dans le camp marocain un butin immense. La tente impériale fut prise avec toutes les richesses qu'elle contenait, et les survivants de cette époque-là se rappellent encore le succès qu'obtint, à Paris, le parasol du fils de l'empereur du Maroc, que le maréchal Bugeaud y envoya, avec les autres trophées de sa victoire.

Nos adversaires se croyaient tellement sûrs de nous vaincre qu'ils n'avaient pas songé à mettre leur camp à l'abri d'un coup de main. Quand l'arrivée des bataillons d'infanterie eut mis les positions enlevées à l'abri de tout retour offensif, nous nous lançâmes à la poursuite des fuyards. Ils se dispersèrent dans toutes les directions, et bientôt ils eurent complètement disparu.

Alors, il fallut bien songer à me faire panser. Je revins à l'ambulance, qu'on avait établie provisoirement dans les dépendances de la tente impériale.

C'est là que je fis la connaissance d'un jeune et charmant officier d'état-major qui faisait son stage au 32ᵉ de ligne, le lieutenant Faure. Entre lui et moi commença, ce jour-là, une intimité qui s'est poursuivie à travers les péripéties de notre carrière, et qui durera autant que nous. Ce lieutenant d'état-major, devenu officier général, succéda, comme chef d'état-major général du maréchal de Mac Mahon, au général Colson, tué à Reischoffen, le 6 août 1870.

Ma jambe sommairement pansée, je rentrai à mon escadron. On parlait d'aller signer la paix à Fez même, et je voulais être du voyage. Et puis, par un heureux hasard, quoique je n'eusse que le 28ᵉ rang sur le tableau d'ancienneté, j'étais le plus ancien officier de mon grade présent à la bataille d'Isly, et je ne voulais pas perdre le bénéfice de ce hasard.

On a justement comparé cette bataille d'Isly à celle d'Héliopolis, où Kléber, avec une armée très réduite, défit complètement un ennemi très supérieur en nombre, sans subir plus de pertes que nous en causèrent les Marocains.

Le lendemain, sur le champ de bataille, où les cadavres de l'ennemi commençaient à répandre une puanteur insupportable, nous rendîmes les derniers devoirs aux braves qui avaient succombé. Pour honorer ses morts, le maréchal voulut assister à leurs obsèques.

Il arriva, entouré des principaux officiers de l'armée, et, sur les tombes ouvertes, il prononça une allocution courte, énergique, qui obtint le plus grand succès, quoique, dans sa péroraison, la chaleur de l'improvisation lui eût fait commettre une curieuse erreur. Il s'écria, en parlant de ces braves gens : « Plaignons-les ! mais ne les regrettons pas ! »

Le visage de ses auditeurs traduisit un tel étonnement qu'il se reprit aussitôt et dit : « Regrettons-les ! mais ne les plaignons pas ! »

A la première étape qui suivit la bataille, je compris que jamais ma jambe ne me conduirait jusqu'à Fez. Il me fallut aller à l'ambulance permanente établie à Magrnia.

Nous n'avions au régiment, pour médecin, qu'un officier de santé. Il m'avait mal pansé. La blessure s'était enflammée et ma jambe avait enflé. Heureusement, l'excellent médecin en chef de l'armée, le bon docteur Philippe, vint lui-même changer le pansement et me munit d'une ordonnance détaillée. Je rentrai à Magrnia, en cacolet sur un fort mulet du Poitou. Le cacolet se compose de deux litières, accrochées de chaque côté du bât, et dans chacune desquelles est couché un blessé, les pieds du côté de la croupe de l'animal, tenu en main par un soldat. Quand le mulet butte, cela fait très mal au blessé. Mon compagnon de mulet était un pauvre diable de Marocain qu'on avait recueilli, blotti dans un silo, aux trois quarts mort de faim et de soif. Il avait le bras brisé par une balle et atteint de la gangrène, plus un coup de sabre qui lui avait ouvert le dos, d'une épaule à l'autre. On lui avait amputé le bras et, dans sa cervelle de sauvage, il était persuadé qu'on allait le couper en morceaux, en commençant par les membres les plus détériorés. Il fut surpris et ravi des bons soins qu'on lui prodigua.

A Magrnia, l'encombrement était excessif et les trois médecins surmenés. Je remplaçai, dans le lit qu'il venait de quitter, le pauvre capitaine Offroy, mort du tétanos, consécutif à la blessure qu'il avait reçue à Isly, et je fus pansé, ou plutôt je me pansai moi-même tant bien que mal. On était un peu dépourvu, et je me rappelle que les malades étaient à peu près exclusivement nourris de pommes de terre frites. Enfin, on nous évacua sur Tlemcen, dans des prolonges du train. Là, on était incontestablement mieux, sans cependant atteindre au confortable. Je fus relégué dans le coin sombre d'une pièce basse et humides, appartenant à une maison mauresque transformée en hôpital, où me découvrit, à sa visite d'inspection, l'intendant : M. de Guiroye. Il me demanda mon nom, qui lui rappela une longue confraternité d'armes avec mon, père, dans la Garde, et me fit transporter dans une très belle salle située à l'étage supérieur. On me donna le lit d'un officier qui venait de quitter l'hôpital, où il avait été traité pour une de ces maladies qui ne proviennent ni des dangers ni des fatigues de la guerre. A sa première visite, le médecin militaire, qui ne s'était pas aperçu de la substitution, passa devant moi, avec distraction et rapidité, en murmurant : « Continuez le même traitement. Frictions mercurielles... — Ah ! mais non ! » m'écriai-je aussitôt, et le bon docteur rit avec moi de sa méprise. Enfin, après un temps qui me parut fort long, je pus rejoindre mon escadron. Rentré à Misserghin, j'y trouvai ma nomination de lieutenant à l'escadron de Médéah, province d'Alger. Ce fut mon dernier et mon plus efficace pansement.

D'ailleurs, une chose m'avait consolé dans mon inaction forcée ; c'est qu'au lieu de poursuivre sa marche à travers le Maroc, l'armée d'Isly avait dû être ramenée à Nemours, sur les bords de la mer, en villégiature sanitaire. C'est là qu'elle apprit, et la nouvelle de la paix conclue entre les gouvernements, due autant à sa victoire qu'aux succès du prince de Joinville à Tanger et à Mogador, et la nouvelle des grandes récompenses accordées à ses chefs.

Le général de Lamoricière, arrivé au sommet de la hiérarchie, recevait une promotion nouvelle dans la Légion d'honneur. Le général Bedeau était nommé lieutenant général et commandant de la province de Constantine. Le colonel des zouaves, Eugène Cavaignac, nommé maréchal de camp, le remplaça à Tlemcen, cédant son régiment au colonel de Ladmirault, et sa subdivision d'Orléansville au colonel de Saint-Arnaud. Un autre Cavaignac, colonel du 32° de ligne, dut, raconte-t-on, ses étoiles de maréchal de camp à l'homonymie. Il fut remplacé par le brillant colonel Le Flô, dont la politique devait entraver la carrière. Quant au maréchal Bugeaud, il fut créé duc d'Isly.

IX

EN KABYLIE.

Le général Marey-Monge. — A Médéah. — M. de Saint-Amand. — Un petit roman. — Au bagne de Toulon. — Fabius Cunctator. — Le capitaine Piat. — Les spahis en régiments. — Sidi-Brahim. — Un Régulus français. — Catastrophe d'Aïn-Témouchen. — Un Montmorency arabe. — Au Ier escadron.

Pendant qu'Abd-el-Kader, à la tête de ses cavaliers, côtoyait, sans y prendre part, nos opérations de guerre contre le Maroc, il avait dépêché des émissaires à toutes les sociétés religieuses de l'Algérie qui lui obéissaient, afin de préparer une insurrection générale, pour le cas où nous serions battus. La victoire d'Isly ayant détruit cette hypothèse, l'Émir eût désiré la tranquillité provisoire, mais ses excitations avaient enflammé quelques têtes folles de la Kabylie et, au lendemain de sa victoire, le maréchal Bugeaud apprenait, sans surprise d'ailleurs, que les tribus kabyles menaçaient la Mitidja. Il revint rapidement à Alger, réunit les troupes disponibles et se porta avec elles au col des Beni-Aïcha, à l'extrémité est de la plaine. Là, il débusqua les Kabyles de positions qu'ils jugeaient inexpugnables et les châtia. L'escadron de Médéah, dans lequel j'étais classé comme lieutenant et que je n'avais pas encore rejoint, fit partie de cette expédition.

Les quelques jours que je passai à Oran en convalescence furent marqués par un incident assez insignifiant, mais curieux tout de même. A ma nomination d'officier, mon père m'avait fait cadeau d'une paire de pistolets à laquelle, naturellement, je tenais beaucoup. Ces armes me furent volées, dans ma petite chambre. Je fis toutes les démarches possibles pour les retrouver, sans y parvenir, et, convaincu qu'elles m'avaient été prises par une association de mauvais sujets du 2ᵉ de chasseurs d'Afrique qui furent, peu de temps après, condamnés par les conseils de guerre pour vols d'armes dans les chambres d'officiers, j'en fis mon deuil. Trois ans plus tard, dans une razzia sur une tribu des environs de Tlemcen, le colonel de Montauban reconnut, au milieu du butin, mes pistolets à mon chiffre. Il me les renvoya, en parfait état de conservation, et je les ai encore.

J'étais très content de mon nouveau galon, très content de ma nouvelle garnison et très content de mon nouvel escadron, qui passait pour un des meilleurs du corps. Le capitaine Piat qui le commandait était un excellent homme, très aimé de ses soldats, et pourtant très indépendant de ses chefs, qui lui passaient toutes ses fantaisies à cause de ses qualités. Mais s'il était impatient de l'autorité des autres, il était jaloux de la sienne à tel point que, pour se faire bien venir de lui, ses officiers n'avaient qu'à ne se mêler de rien. Ce qu'il redoutait par-dessus tout, c'était leur zèle. Ce qu'il prisait par-dessus tout, c'était leur abstention systématique.

J'ai déjà dit que le général Marey-Monge avait succédé, dans le commandement de Médéah, au duc d'Aumale. Je trouvai cet homme austère partagé entre deux passions : la recherche d'un sabre pour la cavalerie et l'éducation des bêtes féroces. Son cabinet était tapissé de sabres de son invention. Le problème pour lui consistait à déterminer le centre de gravité, entre la pointe et la poignée, de façon à obtenir un équilibre parfait, et le dernier résultat de ses rêves eût été qu'avec son arme on pût trancher d'un seul coup la tête d'un mouton. Ces innocents quadrupèdes faisaient en grand nombre les frais de ces expériences, qui sont toujours ouvertes, car le sabre actuel ne réalise pas l'idéal. En entrant chez lui pour la première fois, et en gravissant vivement l'escalier un peu obscur, j'enfonçai ma botte dans quelque chose de mou et de plaintif. C'était un grand lion de l'Atlas, étendu sur les marches et qui barrait complètement le passage. Il ne répondit à mon involontaire familiarité que par un gémissement. Néanmoins, la surprise fut certainement aussi désagréable pour moi que pour lui. Le général avait toujours deux de ces bêtes apprivoisées, qui circulaient dans les appartements ou la cour. En guise de chien de garde, il avait un lynx qui n'avait jamais consenti à se familiariser et qui, tenu à l'attache, accueillait les visiteurs par des sifflements de mauvais augure.

Les lions du général étaient très doux. Mais en vieillissant, ils devinrent acariâtres. La vue des vêtements flottants des Arabes et des robes des femmes les mettait en fureur. Et à la fin, pour éviter quelque scène tragique, le général en fit don au Jardin des plantes. Le goût de ces bêtes, aujourd'hui à peu près disparu, était assez répandu dans l'armée, qui l'avait pris aux Arabes, et il n'était pas rare de rencontrer dans les rues des marabouts implorant la charité du passant, en tenant en laisse un lion plus ou moins râpé, à la place du caniche traditionnel. Mais l'animal le plus en vogue était la gazelle, la gracieuse gazelle aux yeux de femme. Sur les hauts plateaux non encore sillonnés par nous, paissaient des hardes nombreuses de ces animaux si rapides et si intelligents, auprès desquels les armées pourraient prendre des leçons de reconnaissances et de grand'gardes. Leur chasse, au moyen du lévrier sloughi, était le sport favori des grands chefs. Les

Arabes apportaient, et vendaient pour presque rien, les faons qu'ils réussissaient à attraper. La gazelle s'élevait très bien, devenait très familière, mais malheureusement ne vivait pas longtemps en captivité, et mourait de la nostalgie des grands espaces.

A Médéah, la population européenne était presque exclusivement militaire. L'élément civil était représenté par quelques fonctionnaires : un receveur des domaines, un notaire et des négociants vivant de la garnison. Le commandant de place, le capitaine Lefèvre, détaché du 24ᵉ de ligne, remplissait les fonctions d'officier de l'état civil. Cependant, on voyait déjà poindre quelques essais de culture de la vigne, fort encouragés par le duc d'Aumale, qui promettaient pour l'avenir de féconds résultats et qui attiraient des colons.

La garnison nombreuse comprenait, outre l'escadron de spahis, les trois bataillons du 33ᵉ de ligne, une demi-batterie d'artillerie et les services administratifs. Le 33ᵉ de ligne avait pour colonel le fameux père Camou dont j'ai déjà parlé, que ses soldats adoraient et que le maréchal Bugeaud considérait comme un de nos grands généraux futurs. Son lieutenant-colonel, M. Gallemand, avait, en 1839, failli laisser ses os sur la terre d'Afrique. Escortant un convoi de ravitaillement, de Koléah sur Blidah, et attaqué à l'Oued-el-Alleg par des forces très supérieures, il avait subi des pertes sensibles et été ramené à son point de départ. C'est à cette affaire que le capitaine de Grandchamp servit aux Arabes de billot pour décapiter les prisonniers français, morts ou vivants, tombés entre leurs mains. Il avait été tellement défiguré, et pour ainsi dire taillé en morceaux par les yatagans, que les Arabes ne lui avaient même pas coupé la tête. On le retrouva sous un monceau de cadavres décapités. On le transporta à l'hôpital, et il guérit miraculeusement. Il est mort, il y a quelques années, général de division.

Les trois chefs de bataillon étaient : le commandant Paër, le fils du célèbre compositeur de musique ; jadis brillant officier de zouaves, il s'était découragé et attendait tristement sa retraite ; le commandant de Monnet, qui devait arriver au grade de général de division et au commandement de l'école de Saint-Cyr ; et enfin le commandant Carbuccia, l'homme aux ressources inépuisables, à l'activité infatigable, dont les détracteurs injustes prenaient pour de l'obséquiosité une obligeance universelle à toute épreuve. Il est mort du choléra, à Gallipoli, au début de la guerre d'Orient. L'artillerie était commandée par le capitaine Toussaint, que j'ai retrouvé plus tard maire de Toulouse, et qui avait pour lieutenant le baron Poisson, l'auteur d'un livre admirable intitulé : *La Garde nationale et l'Armée*, dans lequel il démontre, ce que le célèbre major Von der Goltz se contente de prévoir aujourd'hui, à savoir : qu'une armée de métier finira toujours par maîtriser les foules confuses et impressionnables au danger qui paraissent, malheureusement et faussement, l'instrument nécessaire des guerres futures. Les services administratifs étaient dirigés par le sous-intendant Wolff, sorti de l'arme du génie, un administrateur et non un comptable, qui devait parvenir au sommet de la hiérarchie en convertissant en amis tous ceux que le hasard mettait sur sa route. Le chef du bureau arabe était le grand capitaine Durrieu, dont nous avons vu le rôle à la prise de la Smala. Enfin, le général Marey-Monge avait pour aide de camp le capitaine Dupin, qui s'est acquis une certaine célébrité en commandant notre contre-guérilla au Mexique, et pour officier d'ordonnance mon ancien condisciple au collège Rollin, le lieutenant de zouaves Oudinot de Reggio, l'avant-dernier des enfants nés du second mariage du maréchal Oudinot.

A Médéah, vivait encore un personnage énigmatique, au passé mystérieux, qui ne me revenait guère, comme on dit, bien que je fusse incapable d'expliquer les causes de mon antipathie, et qu'il parût même bien posé parmi nous. C'était le trésorier-payeur de la subdivision : M. de Saint-Amand, entré dans son administration lorsqu'on l'organisa et lorsque le trésorier-payeur général choisissait encore lui-même ses agents, en demeurant pécuniairement responsable de leurs actes. Ce M. de Saint-Amand avait même vécu dans une certaine familiarité avec le duc d'Aumale, à qui il avait persuadé qu'ils s'étaient connus autrefois, au collège Henri IV. Depuis quelques années, le trésorier-payeur général d'Alger, M. Roguin, s'étonnait bien de la fréquence de ses demandes de numéraire, qui semblaient dépasser les besoins de son service. Mais ses écritures étaient toujours parfaitement en règle, et l'inspecteur des finances chargé de les vérifier se bornait à compter, sans les ouvrir, les caisses d'argent qui devaient, toutes, renfermer vingt mille francs en pièces de cinq francs. Pour terminer tout de suite l'histoire de ce Saint-Amand, je dirai qu'en 1847 il tomba malade et mourut. Pendant toute sa maladie, il conserva sous son oreiller les clefs du caveau contenant ses réserves d'argent, et, la veille même de sa mort, il se fit transporter dans ce caveau, pour y puiser lui-même la somme nécessaire aux besoins courants du service. Après sa mort, le commandant de place, faisant fonction de juge de paix, apposa les scellés. On les brisa devant l'inspecteur des finances, M. Percheron, venu pour installer le nouveau payeur. On procéda à l'examen des caisses d'argent. On en prit une au hasard. On la pesa. Elle avait le poids réglementaire. On l'ouvrit. Elle ne contenait que du plomb de chasse, en quantité suffisante pour donner l'illusion du poids de vingt mille francs. Les six caisses étaient toutes dans le même état. M. Roguin dut rembourser cent vingt mille francs de ce chef, et perdre sa place. On réédita, à l'occasion de Saint-Amand, l'histoire du fameux Pierre Cognard, forçat évadé, qui, sous le nom de comte de Sainte-Hélène, fut arrêté à Paris, au commencement de la Restauration, à la tête d'une légion dont il était devenu lieutenant-colonel. On raconta que de Saint-Amand s'appelait de son vrai nom Pierre Vernet; qu'ancien notaire, il avait pris la fuite pour échapper à une accusation de faux, que dans ses voyages il avait fait connaissance avec un vrai de Saint-Amand, et que cet ami étant mort, après lui avoir raconté toutes les particularités de sa vie, il lui avait volé ses papiers et jusqu'à sa personnalité. Quoi qu'il en soit, réalité ou légende, quand il mourut, on admit qu'il ne portait pas son vrai nom, et, comme son existence à Médéah n'expliquait pas la disparition de tant d'argent, on admit encore qu'il l'avait perdu dans des spéculations hasardeuses, et particulièrement sur les mines de Mouzaïa.

J'étais arrivé démonté à mon nouvel escadron. Mon meilleur cheval m'avait été volé, dans la nuit qui précéda la bataille d'Isly. L'autre, celui que je montais à cette bataille, était resté blessé à Oran. Les dernières campagnes avaient usé beaucoup de chevaux, et les services de la remonte étaient démunis. Le maréchal frappa d'un impôt particulier les tribus et leur demanda des chevaux propres au service. Bientôt les arrivages affluèrent à Médéah, venant de la province de Tittery, qui était riche en toutes sortes de ressources, et le maréchal m'autorisa, exceptionnellement, à prendre un cheval.

J'en choisis un dont le bel œil et l'air fier m'avaient frappé. Il était très maigre et paraissait avoir souffert, mais j'étais convaincu qu'avec des soins je le remettrais parfaitement. Je ne me trompais pas, et j'eus bientôt une bête excellente qui, sans me rendre peut-être les services que la légendaire Lisette de Marbot lui prodigua, me tira de plus d'un mauvais pas. J'étais convaincu que le maréchal m'en avait fait cadeau. Mais notre trésorier, plus soucieux des intérêts du régiment que des miens, l'inscrivit sur ses contrôles comme appartenant à l'État, et par horreur des démarches, je ne réclamai pas.

Je ne demeurais pas à Médéah même. L'escadron était caserné dans une ancienne ferme du bey, à trois kilomètres de la ville, à l'extrémité d'une plaine ondulée appelée la « Plaine Ozanneau », du nom d'un officier de zouaves qui y avait été tué, dans un de ces nombreux combats dont Médéah fut à la fois le théâtre et l'objet. A côté, se trouvait une espèce de petit pavillon couvert en tuiles, composé de deux petites chambres au premier étage, auxquelles on accédait par un escalier de bois, et réservé au lieutenant, à défaut du capitaine, qui avait obtenu l'autorisation de demeurer en ville. J'y vivais seul, obligé de tirer ma nourriture de la cantine des sous-officiers; mais je m'y trouvais fort bien, surtout pendant la belle saison. Je venais souvent passer la soirée chez le lieutenant-colonel du 33°, marié à une femme charmante, et je faisais toujours la route à cheval, parce que, la nuit tombée, avec les brouillards si fréquents dans les pays de montagne, je n'eusse jamais retrouvé ma route, tandis que mon bon cheval, la bride sur le cou, me ramenait infailliblement à l'écurie. D'ailleurs, comme l'hiver paraissait devoir être tranquille, et que ma présence n'était pas indispensable à l'escadron, je profitai encore d'un petit congé que m'obtint la bienveillance du colonel Pélissier, chef d'état-major général.

Le plaisir de voir ma mère, établie à Mauzé, n'était pas, je dois l'avouer, le seul attrait qui m'attirât en France. J'avais un petit roman. Hélas! mon roman n'aurait guère de succès en librairie, ni au théâtre. Il a été trop simple et trop court. J'aimais. Elle me préféra un rival, et je revins. Après tout, cela valait mieux, car l'existence que je menais n'était guère propice à l'amour.

Au retour, en passant par Toulon, il m'arriva une assez curieuse histoire. J'eus une ou deux journées à perdre, avant le départ de l'aviso de l'État qui faisait hebdomadairement le service d'Alger. En pareil cas, une visite au bagne était classique. Je la fis en uniforme. A peine dans l'arsenal, je me rappelai que parmi les forçats devait se trouver un de mes anciens camarades d'escadron, un sous-officier indigène nommé Ibrahim-ben-Chakar. C'était un des plus braves et des plus beaux soldats qu'on puisse rêver. Coulougli, c'est-à-dire ayant des ascendants paternels turcs et des ascendants maternels arabes, il réunissait la perfection des deux races : la finesse et la force, et je le revoyais encore, campé à côté de moi sur son cheval, avec ses traits réguliers et sa barbe d'un châtain fauve, épaisse et drue. Il avait longtemps servi dans les réguliers d'Abd-el-Kader, et c'était lui, disait-on, qui avait tué le colonel Oudinot, dans la forêt de Muley-Ismaïl. Puis, il avait fait sa soumission et, entré aux spahis, à leur formation, il avait conquis, à force d'intelligence et de bravoure, les galons de sous-officier. Dans la campagne d'hiver de Mascara, nous avions exécuté ensemble plus d'un coup de main, dont il avait été récompensé par la croix de la Légion d'honneur.

Pour son malheur, en rentrant à Oran, il avait fait la connaissance d'une jolie petite Bédouine qui était devenue sa maîtresse. Un jour, arrivant à l'improviste chez elle, il y trouva un jeune médecin sous-aide-major. Dans sa fureur jalouse, il l'étrangla net. Puis, pour cacher son crime, il lui coupa la tête et jeta le cadavre décapité dans un ravin, pensant qu'on attribuerait cette mort à quelque rôdeur arabe. Mais une enquête intelligente et rapide fit découvrir le vrai coupable, et le spahi fut déféré au conseil de guerre. Les plus hautes influences furent employées pour le sauver. Malheureusement, l'incident de la tête coupée paralysa la bonne volonté des juges, et il fut condamné à la peine de mort, commuée immédiatement en celle des travaux forcés à perpétuité.

— Connaissez-vous, demandai-je à un garde-chiourme, un condamné arabe qui s'appelle Ibrahim-ben-Chakar ?

— Si je le connais ! me répondit-il. Je ne connais que lui. C'est un homme très considéré ici. Figurez-vous, mon lieutenant, que depuis qu'il est au bagne il n'a jamais parlé à personne.

— Mais les autres Arabes, ses coreligionnaires, quels rapports a-t-il avec eux ?

— Aucun. Il ne leur adresse jamais la parole. Pour améliorer sa position, on l'a nommé chef d'une équipe de charpentiers, bien qu'il n'ait jamais touché une hache. Cela lui procure quelques sous de haute paye ; mais il vit toujours tout seul, à l'écart, et ne quitte jamais sa chambrée.

— Puis-je le voir ?

— Parfaitement.

On le fit appeler, et alors, je vis s'avancer, à la place du magnifique soldat que j'avais connu, un vieillard, cassé, que ses cheveux et sa barbe, rasés, rendaient méconnaissable, et qui venait humblement, l'air craintif, le bonnet à la main. Je ne puis rendre l'émotion que me causa cet aspect misérable.

— Ibrahim, lui dis-je, ne me reconnais-tu donc pas ?

— Comment ne te reconnaîtrais-je pas, répondit-il, toi, mon frère, toi avec qui j'ai partagé les bons et les mauvais jours ?

Et deux grosses larmes se mirent à couler sur ses joues. Je n'y tins plus. Je le pris dans mes bras. Je l'embrassai, en lui mettant dans la main tout l'argent que j'avais sur moi. Puis, je quittai le bagne, pleurant moi-même et laissant les gardes-chiourme étourdis d'avoir vu un lieutenant de cavalerie en uniforme, décoré, donner l'accolade à un misérable forçat qui portait la livrée du bagne, le bonnet vert, la casaque rouge et le pantalon jaune, d'où sortait la lourde chaîne attachée à son pied.

Quelques jours plus tard Ibrahim-ben-Chakar fut gracié. On finit par comprendre en haut lieu qu'appliquer à un peuple primitif des lois faites pour une nation parvenue à l'apogée de la civilisation, était une absurdité et une injustice souveraine, et que son crime était plus qu'expié par la punition terrible qu'il avait subie. Remis en liberté, il revint à Oran. Mais l'épreuve avait été au-dessus de ses forces. Pour oublier, il se mit à boire de l'absinthe et à fumer du hachisch. Ces deux infernales substances eurent bientôt raison de ce qui lui restait de vie, et il mourut dans l'hébétude et la consomption, au moment où il aurait dû être encore dans toute la force de l'âge. Ainsi finit un homme qui avait les mœurs et les passions sauvages de sa race, mais aussi les qualités d'un soldat admirable. Il eût été plus humain et plus juste de lui appliquer la loi du talion, en le fusillant, que de lui infliger pour un crime, après tout excusable, les horreurs d'une législation contraire à l'état social dans lequel il avait toujours vécu.

Quand j'avais quitté Médéah, j'étais convaincu que la province allait jouir d'un calme parfait. Quand j'y revins, une colonne commandée par le général Marey se disposait à en partir, pour aller protéger le territoire de Tittery contre les incursions des Kabyles qui habitent les pentes méridionales du Djurdjura. Ces montagnards, fiers de leur indépendance séculaire, des défaites sans nombre qu'ils avaient infligées aux armées turques, retirés dans leur massif qu'ils jugeaient inexpugnable, n'étaient pas, comme les tribus nomades, épuisés par la guerre. En outre, comme nous avions abandonné tous les forts construits par les Turcs pour les tenir en bride, ils pouvaient s'agiter impunément, dans une trouée immense, entre Médéah et Sétif, dégarnie de tout centre de résistance et de protection. Ce ne fut que l'année suivante, en effet, que pour garnir cette trouée on jeta sur d'anciennes ruines romaines les fondements de la ville d'Aumale, qui prit tout de suite une grande importance, au point de vue militaire.

Enfin, ils étaient en ce moment portés au comble de l'enthousiasme et de la surexcitation par l'arrivée inopinée d'un de ces nombreux imposteurs que les confréries religieuses tenaient toujours en réserve et qu'elles lançaient en temps opportun, pour jouer parmi les populations crédules le rôle de prophète annoncé par les Écritures ; de Moul-Saâ (le maître de l'heure). Ce derviche s'appelait, comme tous ses pareils : Mohammed-ben-Abdallah. Et, comme il montait ordinairement une mule, il portait le sobriquet de : Bou-Baghla (l'homme à la mule). C'était donc pour rassurer les tribus soumises, et empêcher les Kabyles de descendre de leurs montagnes, que le général Marey nous emmena dans la plaine de Hamza. Sa colonne comprenait le 33ᵉ de ligne, le bataillon de tirailleurs indigènes d'Alger, trois escadrons de spahis et une batterie d'artillerie de montagne.

Le général Marey-Monge aurait pu disputer au fameux Fabius Cunctator le surnom de temporisateur. Son système consistait à s'établir au milieu des tribus menacées, pour leur montrer qu'il était à même de les défendre, et à ne pas s'aventurer dans ces terribles montagnes de la Kabylie qui se dressaient devant nous. Sur leur flanc, on distinguait de loin les allées et venues des Kabyles insurgés, et le général, toujours solennel, faisant virer son éternelle tabatière, se bornait à montrer à ses officiers, dans une lunette d'approche, la tente de Bou-Baghla.

— Monsieur, avez-vous vu la tente de l'agitateur ? disait-il, d'un air sépulcral.

— Non, mon général.

— Eh bien, regardez dans cette lunette ; elle est là.

L'officier regardait dans la lunette et se retirait, en disant par politesse :

— C'est très curieux.

— Oui, monsieur, reprenait le général. Nous pesons sur le pays.

Au fond, notre chef n'avait pas tort. Il savait bien que s'il se lançait sur les Kabyles, il faudrait nécessairement qu'il revînt à son point de départ, et qu'alors l'ennemi raconterait partout que les Français avaient été forcés de battre en retraite et de se sauver. D'ailleurs, deux fois, il fit infidélité à son système, et deux fois il eut à se repentir. La première de ces deux mésaventures lui survint le 19 juin.

Nous parcourions, depuis un mois, le sud de la province de Tittery et nous étions venus camper en face des pentes du Djurdjura, ayant l'air d'attendre une pacification qui ne venait pas. Les guerriers de la tribu des Ouled-Aziz, enhardis par notre inaction, venaient, chaque matin, nous braver dans notre camp. Le général en confia la garde à un bataillon du 33ᵉ et partit, à la première heure, avec le reste de ses troupes, pour aller brûler, détruire les villages et les plantations d'oliviers et de figuiers de ces guerriers téméraires. A l'aller, tout marcha parfaitement et les positions occupées par les Kabyles furent enlevées très brillamment. Mais quand il fallut s'en retourner, la scène changea. Des renforts arrivaient de tous côtés aux Kabyles qui, combattant sur un terrain familier, nous poussaient vigoureusement et nous forçaient à de perpétuels retours offensifs.

Le capitaine Piat, qui cherchait l'occasion de se distinguer, avait maintenu son escadron à la hauteur des premières troupes, de sorte que, quand on sonna la retraite, nous nous trouvions à l'extrême arrière-garde. Comme nos chevaux ne pouvaient nous servir à rien, et comme ils nous embarrassaient, nous mîmes pied à terre et, pendant qu'une partie des cavaliers, sous la conduite du sous-lieutenant Piat, frère du capitaine, emmenait ces chevaux au pied de la montagne, nous déployâmes en tirailleurs nos hommes, qui firent très bonne contenance, quoique gênés par leur burnous et leurs bottes, sous un feu très vif. Tout à coup je vis tomber ensemble mon capitaine et le trompette qui était à côté de lui. Ils étaient tués, tous les deux. Le capitaine avait reçu une balle qui était entrée par la bouche et sortie par derrière l'oreille, lui traversant toute la tête. Le même jour, trois ans auparavant, le 19 juin, comme je l'ai raconté, il avait déjà reçu une blessure, terrible d'aspect, mais inoffensive dans ses suites. Quoique serrés de près par les Kabyles, nous pûmes emporter les deux cadavres, et je pris le commandement de l'escadron, que je maintins de mon mieux, jusqu'au moment où j'eus la chance d'être dégagé par les grenadiers du capitaine Hugo, du 33° de ligne, qui gagna ce jour-là son épaulette de chef de bataillon. Le corps du capitaine Piat arriva avant nous à l'endroit où nous attendaient nos chevaux et où son frère, désespéré, le reçut dans ses bras. Le cadavre de ce brave soldat repose près de Médéah, dans un mausolée que lui éleva la piété de ses spahis dont il était adoré.

Nous restâmes encore un mois à « peser sur le pays », comme disait le général. Puis, les Kabyles paraissant devenus plus sages après le combat du 19, et comme les grandes chaleurs faisaient souffrir la troupe, nous rentrâmes à Médéah.

Pendant ce retour, le commandant d'Allonville, enchanté d'avoir trois escadrons sous la main, passa son temps à nous faire évolutionner. Les spahis, il faut le confesser, n'étaient pas très forts sur la manœuvre, et pour mon compte, très novice en mon emploi de commandant d'escadron, je m'en serais assez mal tiré, sans un de mes maréchaux des logis qui sortait de Saumur et qui me soufflait les commandements, quand il me voyait embarrassé.

Je puis dire que, plus tard, j'ai fait des exercices de la cavalerie l'objet de mes études ardentes et constantes, que j'ai passé toute ma vie à essayer d'approcher du type dépeint par le prince de Ligne, de l'officier passionné pour le métier des armes. Jamais je n'ai pu revenir sur cette première impression de jeunesse que me causa le règlement de 1829, retour évident aux errements militaires d'avant la Révolution, et dont les prescriptions sont pour la plupart inapplicables à la guerre, parce qu'on n'y rencontre pour ainsi dire jamais, ni le terrain qu'elles supposent, ni les connaissances, le sang-froid, l'assurance et la mémoire qu'elles exigent. L'expérience n'a fait que confirmer cette conviction, et quand le moment viendra, j'expliquerai comment et pourquoi le lieutenant de 1845, devenu ministre de la guerre, a osé porter sur le règlement de 1829, monument vénérable qu'on croyait indestructible, une main audacieuse, sacrilège même, au dire de mes nombreux contradicteurs, pour le remplacer par une ordonnance dont la simplicité fait, j'ose le croire, le mérite principal.

Rentré à Médéah, je fis mon apprentissage de commandant d'escadron. Il fut pénible. Le capitaine Piat, qui faisait tout par lui-même et qui tenait ses officiers systématiquement à l'écart de l'administration de l'escadron, laissait une comptabilité en désordre. Sans le concours à la fois bienveillant, prudent et sage du sous-intendant Wolff, je ne m'en serais pas tiré, et je n'aurais certainement pas contraint le commandant d'Allonville qui, subissant une influence intime, n'avait aucun goût pour moi, à m'adresser une lettre de félicitation officielle, pour la correction parfaite de la comptabilité que je remis au successeur de mon malheureux capitaine. D'ailleurs, les spahis traversaient une nouvelle crise. Les symptômes d'insurrection, dont le massacre de Sidi-Brahim avait donné le signal, arrêtaient le recrutement. Presque tous les indigènes de mon escadron, formé en 1842, avaient accompli leur engagement de trois ans et quittaient le corps. Enfin notre formation en vingt escadrons, répartis dans les provinces d'Algérie, avait entraîné de tels inconvénients qu'on revenait au système régimentaire.

Le colonel Yusuf fut nommé maréchal de camp, et conserva la haute main sur les trois nouveaux régiments, commandés, le premier, pour la province d'Alger, par le colonel Daumas; le second, pour la province d'Oran, par le colonel de Montauban, et le troisième, pour la province de Constantine, par le colonel Bouscaren. Seulement le colonel Daumas étant maintenu directeur des affaires indigènes, le commandant d'Allonville, promu lieutenant-colonel, le remplaça à la tête du 1er régiment.

La formation régimentaire entraînait une augmentation d'état-major qui procurait de l'avancement à presque tous les officiers. Par suite du nouveau classement, à vingt-cinq ans à peine, sorti du rang, je me trouvais, en face de deux vacances de capitaines, le plus ancien lieutenant du 1er régiment, et j'aurais dû être nommé capitaine, si tout s'était passé régulièrement. Mais la fantaisie et l'entêtement des bureaux de la guerre en décidèrent autrement, et je ne pus même pas obtenir la place de capitaine en second à notre sixième escadron, détaché au Sénégal, poste qui resta vacant pendant de longues années. Je devais attendre encore pendant trois ans mon troisième galon, et je me trouvais toujours à Médéah, lorsqu'au mois de septembre, le général

Marey-Monge repartit pour une expédition, en tous points semblable à celle qu'il avait faite au printemps. Les circonstances étaient identiques. Il s'agissait encore de contenir les Kabyles remuants. Identique fut aussi la composition de la nouvelle colonne, avec cette différence toutefois que la cavalerie comprit trois escadrons du 1er de chasseurs d'Afrique, commandés par le lieutenant-colonel de Noüe, et mon seul escadron de spahis, réduit à la moitié de son effectif. Identique enfin fut l'attitude du bon général Marey-Monge, qui vint reprendre, en face des pentes du Djurdjura, son ancien campement et continua de « peser sur le pays », en attendant les événements.

Chaque matin, les chefs de détachement, parmi lesquels je figurais comme commandant de l'escadron des spahis, se réunissaient, pour le rapport, autour du général, qui leur adressait invariablement les instructions suivantes :

« La situation n'a pas changé. Nous pesons sur le pays, tout en protégeant la population contre les incursions des Kabyles. D'ici on peut voir facilement la tente de l'agitateur, au milieu des contingents qu'il a réunis autour de lui. Il s'agit donc de faire bonne garde. Demain, nous séjournerons encore où nous sommes, à moins que des événements que je ne prévois pas nous obligent à faire un mouvement. Mais il est entendu que si je ne donne pas d'ordre contraire, nous ne lèverons pas le camp. »

Et la tabatière fameuse continuait à virer, et en sortant de la tente du général, nous entendions le troupier, frondeur par tempérament, résumer les instructions que nous venions de recevoir, en chantonnant ce refrain sur notre passage :

> Demain l'on partira,
> Ou l'on n' partira pas.
> Et si l'on ne part pas,
> C'est que l'on restera.

Tout à coup, dans le camp un bruit sinistre circule...
Un escadron de hussards et un bataillon de chasseurs
à pied viennent d'être anéantis, à Sidi-Brahim. Et presque aussitôt la nouvelle d'une autre catastrophe nous
parvient : un convoi de deux cents blessés a été capturé, près d'Aïn-Témouchen.

Ces deux désastres furent, non pas la cause, mais le
prélude d'une nouvelle conflagration générale. Des relations étroites avec les rares camarades qui survécurent,
et qui me les racontèrent maintes fois, me permettent de
les relater ici. C'est le 21 septembre 1845 qu'eut lieu
le désastre qui, dans l'histoire de la conquête de l'Algérie, s'appelle « le massacre de Sidi-Brahim ». Notre
amour-propre national n'a voulu y voir qu'un guet-apens
préparé par Abd-el-Kader. Mais la justice qu'on doit
même à ses ennemis veut qu'on y reconnaisse, non pas
un acte odieux de trahison, mais un fait de guerre
loyal, très habilement exécuté.

Le commandant supérieur de Nemours était le lieutenant-colonel de Montagnac, que nous avons vu, dans
la campagne de Mascara, à la tête d'un des bataillons
d'élite du colonel Renauld. Officier d'un rare mérite et
d'une extraordinaire vigueur, il avait les défauts de ses
qualités : une confiance en soi illimitée, excluant toute
prudence. Il se croyait au-dessus de tous les événements et capable de toujours les dominer, à force de
vaillance et d'énergie. Les merveilles de la campagne
de Mascara, où il avait conquis ses épaulettes de lieutenant-colonel, ne lui avaient pas révélé dans tous ses
détails le fameux système de Lamoricière. Il n'avait
pas compris avec quelle profonde connaissance du cœur
humain agissait le général, lorsque, à la veille de tenter
un coup de main, il faisait venir dans sa tente l'Arabe
capable de le mener sûrement au but et faisait répandre
devant lui, sur sa table de campement, un sac contenant deux mille francs en pièces de cent sous, c'est-à-

dire une fortune pour le traître. « Prends ! lui disait-il, de cet argent tout ce que tu pourras emporter. » L'Arabe se précipitait sur ces pièces, comme le vautour sur sa proie. Quand il en avait plein les mains : « Si je réussis, grâce à toi, disait le général, tu auras tout ce qui reste. » Une autre fois, s'adressant au même Arabe ou à un autre, il lui disait : « Si tu nous guides bien, tu auras ma chechia pleine de douros. » Et, quand le coup avait réussi, il faisait porter à l'Arabe sa chechia pleine de douros, c'est-à-dire d'écus.

A Nemours, non seulement le colonel de Montagnac ne disposait pas de tels moyens d'action, mais encore il était environné d'émissaires d'Abd-el-Kader, lui apportant des renseignements faux, contradictoires, au milieu desquels il ne cherchait pas suffisamment à démêler la vérité. Le 19 septembre, on vint lui dire que l'Émir, avec quelques cavaliers, s'efforçait de faire franchir la frontière du Maroc à la tribu voisine des Souhalias. Capturer l'Émir était la marotte de tous les commandants de détachement, et le colonel de Montagnac, persuadé que cet honneur lui était réservé, sortit sans hésiter de Nemours avec sa petite garnison, composée du 8e bataillon de chasseurs à pied, commandant Froment-Coste, et d'un escadron du 2e de hussards, commandé par le capitaine Gentil de Saint-Alphonse, sous les ordres supérieurs du chef d'escadrons Courby de Cognord. Arrivée à huit lieues environ de Nemours, dans une plaine ondulée où commençaient les collines sur lesquelles étaient campés les Souhalias, la colonne française fut attaquée subitement par les cavaliers arabes qui engagèrent le combat à coups de fusil. Le colonel de Montagnac donna l'ordre au commandant Courby de Cognord de les charger avec son escadron de hussards, le prévenant qu'il arrivait à la rescousse, au pas gymnastique, avec trois des compagnies du bataillon de chasseurs. Suivant leur tactique habituelle, les Arabes plièrent devant la charge des quatre-vingts hussards, les entraînant à leur suite loin de l'infanterie et les noyant bientôt dans une masse de cavalerie, subitement accrue dans des proportions énormes.

En un clin d'œil, le chef d'escadrons, blessé grièvement, restait sur le terrain, sous son cheval tué. Le capitaine Gentil de Saint-Alphonse était tué et l'escadron, désemparé, sans officiers, devenait la proie des Arabes, moins une dizaine de hussards qui réussissaient à s'échapper et à se rabattre sur les compagnies de soutien, dont ils allaient partager le sort. Ces trois compagnies avaient laissé bien loin derrière elles celle du capitaine de Géreaux. Le colonel de Montagnac voulut en imposer à force d'énergie à cet ouragan inattendu de cavalerie, qui fondait sur lui avec des cris sauvages, avec les têtes des hussards portées au bout des longs fusils, et qui le sépara instantanément de sa quatrième compagnie. Il fut tué presque aussitôt d'une balle en plein cœur. Le commandant Froment-Coste prit la direction du combat ; mais il ne put que vendre chèrement sa vie et celle de ses soldats ; car bientôt les cartouches manquèrent, et les malheureux chasseurs devinrent une cible inerte exposée aux balles des cavaliers. Quand ils furent réduits à une poignée, Abd-el-Kader intervint et commanda de les faire prisonniers. Parmi eux, était encore vivant le capitaine adjudant-major Dutertre, un héros que nous allons voir à l'œuvre.

Cependant le capitaine de Géreaux, resté en arrière et enveloppé, à son tour, par les cavaliers arabes, avait avisé, à quelque distance, un marabout qui pouvait lui servir de réduit et lui permettre de prolonger sa défense. Formant ses hommes en colonne d'attaque, il s'ouvrit un passage à travers les Arabes et atteignit le marabout, dont il fit aussitôt créneler le mur d'enceinte. Puis, tout en ménageant ses cartouches, il ouvrit contre l'ennemi un feu qui le tint à distance. Mais les heures étaient comptées pour lui. Il n'avait pas de vivres, pas de munitions, et la soif, la terrible soif, allait bientôt le forcer à sortir ou à mettre bas les armes. Abd-el-Kader le comprit et il entoura le marabout de ses gens, postés hors de la portée du fusil. En même temps, il envoyait son prisonnier, le capitaine Dutertre, sommer les chasseurs de mettre bas les armes en lui disant : « Ta tête payera l'insuccès de ta mission. » Et Dutertre arriva devant le marabout : « Chasseurs ! s'écria-t-il, on va me décapiter si vous ne vous rendez pas ! Et moi, je vous ordonne de vous défendre et de mourir jusqu'au dernier, plutôt que de vous rendre. » Puis, ce nouveau Régulus s'en retourna d'un pas tranquille vers l'Émir, et fut décapité sous les yeux des défenseurs de Sidi-Brahim. L'Histoire ne nous a rien légué de plus sublime.

Trois jours et trois nuits, les chasseurs du capitaine de Géreaux tinrent dans le marabout, dévorés par la soif et privés de tout repos, car à chaque instant il fallait faire face à des tentatives d'assaut. Enfin, le capitaine essaya une sortie désespérée. La compagnie, réduite à soixante hommes, partit le matin du quatrième jour, emportant, sur des brancards improvisés, une dizaine de blessés. Des nuées d'Arabes l'assaillirent aussitôt. Elle leur fit face et, combattant toujours, laissant quelques hommes sur le terrain, mais marchant sans s'arrêter, déjà elle était assez près de Nemours pour croire à un secours, à une délivrance, lorsqu'il lui fallut longer un ravin, au fond duquel murmurait un clair filet d'eau fraîche. A sa vue, les soldats furent comme affolés. Ni prières, ni menaces, ni coups ne purent les empêcher de s'engouffrer dans ce ravin, où les Arabes les tuèrent sans résistance l'un après l'autre, et avec eux leur infortuné capitaine qui les suppliait de souffrir encore quelques instants pour ne pas mourir. Il s'en échappa sept, que recueillit à demi morts le faible détachement, envoyé de Nemours au bruit du combat, par le commandant intérimaire.

Quelques jours plus tard, on faisait partir imprudemment, de Tlemcen pour Oran, un convoi de deux cents blessés ou malades, sous la protection de quelques hommes commandés par un officier de zouaves : le lieutenant Marin. Près d'Aïn-Témouchen, le convoi fut enveloppé par des forces ennemies très considérables. Il n'y eut, à proprement parler, pas de combat. Marin, sommé de se rendre, mit bas les armes, à la condition qu'il aurait, lui et son monde, la vie sauve, en dépit des remontrances d'un médecin militaire nommé Cabrol, qui conseillait de se réfugier dans un marabout voisin, pour s'y défendre. L'action du lieutenant Marin, un bon soldat cependant jusque-là, décoré pour sa belle conduite antérieure, lui fut amèrement reprochée. Plus tard, quand il revint de captivité, il passa en conseil de guerre pour avoir capitulé en rase campagne, et subit une condamnation sévère, adoucie, pourtant, par la clémence royale. Elle était méritée. Il est bon que le soldat apprenne par des exemples qu'en certaines circonstances la mort, pour lui, n'est qu'un devoir professionnel, comme il est bon aussi qu'il apprenne à admirer, pour les imiter au besoin, les exemples héroïques donnés par les de Géreaux et les Dutertre. Aussi, est-ce une pensée heureuse qui réunit, chaque année, tous les bataillons de chasseurs à pied, dans une fête commémorative, autour du souvenir impérissable des braves de Sidi-Brahim.

Les prisonniers de Sidi-Brahim et d'Aïn-Témouchen furent conduits sur le territoire marocain, à la Smala d'Abd-el-Kader, où ils vécurent longtemps très misérablement. Puis, comme leur nourriture épuisait ses faibles ressources, comme leur nombre entravait la mobilité de ses mouvements, l'Émir se détermina à un acte de barbarie épouvantable qui ternit sa gloire, en envoyant l'ordre de mettre à part les officiers et de massacrer les autres. Deux hommes seulement échappèrent au massacre et parvinrent à rentrer dans nos lignes, au milieu de dangers et de privations inouïs. Quant aux officiers, le commandant Courby de Cognord, qui était leur supérieur, finit par faire écouter ses infatigables doléances. Le représentant du gouvernement espagnol à Mélilla s'entremit en leur faveur, et on les racheta, comme dans les anciens âges. Abd-el-Kader demanda quarante mille francs pour leur rançon. Et comme aucun crédit n'était ouvert sur ce chapitre, le payeur général exigea qu'on lui fît une violence fictive. Le général de Lamoricière envoya quatre hommes et un caporal, chargés de faire le simulacre de forcer sa caisse. Les prisonniers furent conduits à Nemours, où le marché avait été conclu. Parmi ces malheureux se trouvait encore un sous-officier, un seul, le maréchal des logis chef des hussards qui, grâce à ses deux galons et à la complicité de ses compagnons d'infortune, avait réussi à se faire passer pour un officier et à échapper à la mort. Il s'appelait Barbut. Je devais le retrouver au Mexique, où il commandait l'escadron du 5ᵉ de hussards, escorte du général en chef; puis à Tours, où il fut atteint par la limite d'âge, comme colonel du 3ᵉ de dragons.

Le commandant Courby de Cognord continua sa carrière, devint général de brigade, fut blessé assez grièvement, en 1851, dans une des émeutes du midi de la France, et passa, peu de temps après, dans le cadre de réserve.

Enfin, je me rappelle avoir connu dans mon enfance le malheureux et héroïque de Géreaux, chez des amis communs. Il venait de sortir de Saint-Cyr; c'était un très joli sous-lieutenant, un peu nonchalant, un peu efféminé, raffiné comme toilette, et qui me frappa par ce détail bizarre qu'il possédait une robe de chambre, luxe inouï chez un sous-lieutenant. On n'eût certainement pas dit qu'une âme de bronze habitait sa frêle enveloppe.

Un dernier détail : c'est sous les murs de Nemours qu'en 1845, Abd-el-Kader, en anéantissant une colonne française, provoqua un soulèvement général de l'Algérie. C'est à Nemours que, deux ans plus tard, se reconnaissant impuissant à continuer la lutte, il vint faire sa soumission entre les mains du duc d'Aumale. Il devait trouver dans la générosité de son vainqueur plus d'égards pour sa grande infortune qu'il n'avait lui-même témoigné de commisération pour nos infortunés prisonniers.

Au moment du massacre de Sidi-Brahim, le général de Lamoricière remplaçait à Alger le maréchal Bugeaud, qui était allé à Paris, pour défendre devant la Chambre le budget de la colonie. Il jugea les événements assez graves pour presser le retour du gouverneur général, qui ne se fit pas attendre d'ailleurs, et arriva parfaitement calme et tranquille, convaincu qu'avec les renforts qu'on lui avait promis à Paris, il aurait bientôt raison de cette nouvelle levée de boucliers. De notre côté, c'est-à-dire en Kabylie, le contre-coup du massacre de Sidi-Brahim avait été immédiat, et les Arabes, toujours groupés autour de leur Bou-Baghla, étaient devenus assez agressifs pour inspirer au général Marey-Monge l'envie de sortir de son inaction. Comme il ne se sentait pas à la tête de forces suffisantes ; comme il ne voulait pas renouveler son insuccès du 19 juin précédent, il s'entendit avec le général d'Arbouville, qui commandait à Sétif et disposait d'une colonne expéditionnaire à peu près semblable à la nôtre. Les deux colonnes se réunirent, et je vis là pour la première fois le fameux El-Mokrani, arrivant à la tête des goums de la Medjana dont il était l'agha, et qui étaient composés de superbes cavaliers, bien montés et bien vêtus. El-Mokrani était en quelque sorte le prince souverain de la Medjana et jouissait d'un prestige tout à fait légendaire, c'est le cas de le dire. En effet, la légende lui donnait pour ancêtre un des compagnons de saint Louis, un Montmorency, fait prisonnier avec le Roi à la bataille de la Mansourah, qui serait resté dans le pays, aurait embrassé l'islamisme et fait souche de guerriers. Sa famille, transportée par les hasards de la fortune dans la Medjana, y aurait acquis par la suite une prépondérance quasi royale. Qui nous eût dit alors que, vingt-cinq ans plus tard, cet Arabe magnifique, froissé par les procédés, d'ailleurs injustifiables, de notre administration, et par les incompréhensibles faveurs dont elle accablait les Juifs algériens, au détriment des Arabes, deviendrait pour nous un ennemi aussi acharné qu'il avait été un allié fidèle, et qu'il trouverait la mort en combattant ces Français qu'il avait servis si longtemps? Du moins, jusque dans sa révolte, fit-il preuve de ces qualités que notre orgueil national aime à placer parmi les vertus françaises; car, avant de se mettre à la tête de l'insurrection, il renvoya au gouverneur général les insignes de toutes ses dignités et nous déclara noblement, loyalement la guerre, par une sorte de cartel que n'eût certainement pas désavoué un Montmorency des temps héroïques.

Nos deux colonnes et nos deux généraux n'obtinrent guère plus de succès, en cet automne, sur les Kabyles, que n'en avaient obtenu, au printemps, une seule colonne et un seul général. On nous laissa, nous autres cavaliers, à la garde de la plaine. Les fantassins grimpèrent dans la montagne, bousculèrent les Kabyles, brûlèrent des maisons, des oliviers et des figuiers. Puis, quand ils revinrent, car il fallait bien revenir, ils eurent à subir des combats meurtriers qui ne se terminèrent qu'à la sortie des montagnes, et, quoique l'ennemi eût éprouvé des pertes bien supérieures aux nôtres, comme il ne nous avait fait aucune proposition de soumission, il put prétendre qu'il nous avait chassés de chez lui et se proclamer vainqueur. Cette comédie devait durer encore une douzaine d'années, c'est-à-dire jusqu'à ce qu'on se décidât à en finir une bonne fois avec la Kabylie.

Je quittai peu après la colonne du général Marey-Monge, redevenue inactive. Le nouveau 1er régiment de spahis était définitivement organisé. Ma place était au premier escadron, à Blidah, et on m'y réclamait. Le général profita d'un convoi de blessés, de malades et de matériel qu'il dirigeait sur Médéah, pour m'en donner le commandement et me faire partir.

A Médéah, je fis au nouveau capitaine-commandant, M. Ressayre, la remise de l'escadron, et je rentrai enfin au régiment, où de grands changements de personnel étaient survenus. Nous étions toujours commandés, il est vrai, par le lieutenant-colonel d'Allonville qui m'aimait peu, mais que je considérais comme un officier de guerre hors ligne. Nos trois chefs d'escadrons étaient : le commandant de Ferrabouc, l'ancien commandant de l'escadron turc de la province de Bône ; un brave homme qui termina sa carrière comme général de brigade, après avoir conduit le 1er de chasseurs d'Afrique en Crimée ; le commandant Damiguet de Vernon, vieux soldat d'Afrique, doué de plus d'esprit que de caractère ; il devait commander, en 1848, la garde républicaine, atteindre péniblement le grade de général de brigade, et mourir en 1866 ; le commandant Desmaisons, ancien philhellène, ancien officier d'ordonnance du Roi, très galant homme, très considéré ; mais très déclassé dans la cavalerie, pour laquelle il n'avait aucune aptitude. Notre major était mon ancien capitaine, Billioud, que je devais avoir bientôt le bonheur de perdre, par sa nomination de major de place, à Lyon. Mon escadron était commandé par le capitaine de La Rochefoucauld, un de mes anciens camarades de collège. Sa carrière avait été rapide et brillante. Il traversa d'ailleurs, comme un météore, le régiment où je ne le vis jamais. Son capitaine en second était M. de Mirandol, célèbre par sa captivité chez Abd-el-Kader et qui, pour entrer aux spahis, avait dû renoncer à son ancienneté et prendre la gauche de tous les capitaines de cavalerie. Il fut bientôt dédommagé, d'ailleurs, par les fonctions d'adjudant-major et passa, en même temps que Fleury, chef d'escadrons.

Enfin le régiment était ainsi réparti : les deux premiers escadrons, avec l'état-major et le peloton hors rang, à Blidah, le troisième à Médéah, le quatrième à Milianah, le cinquième à Orléansville et le sixième au Sénégal.

Quand j'arrivai à Blidah, les deux premiers escadrons y rentraient avec des effectifs presque insignifiants, à la suite d'une laborieuse campagne que l'enchevêtrement des faits m'a forcé de passer sous silence, mais dont je vais dire quelques mots.

X

A LA POURSUITE D'ABD-EL-KADER.

Au bout du sabre. — Deux victimes. — Le capitaine Ducrot. — Ça se gâte. — En retraite. — Va-et-vient. — Oreilles salées. — Cavalerie ruinée. — Vie de garnison. — Bourbaki. — Un original. — Histoire d'amour. — Souvenir.

La catastrophe de Sidi-Brahim, que j'ai racontée dans le chapitre précédent, ne créa pas l'insurrection qui nous mit tous en campagne. Mais elle l'étendit et y marqua l'entrée d'Abd-el-Kader. Cette insurrection avait éclaté, dès le mois d'avril, du côté d'Orléansville, dans le Dahra. Le Mohammed-ben-Abdallah contre lequel nous nous étions escrimés en Kabylie était surnommé Bou-Baghla (l'homme à la mule). Le Mohammed-ben-Abdallah qui opéra parallèlement aux environs d'Orléansville, était surnommé Bou-Maza (l'homme à la chèvre), à cause d'une chèvre familière qui le suivait comme un chien. Bou-Baghla et Bou-Maza se donnaient tous les deux pour le Moul-Saâ (le maître de l'heure), une sorte de Messie annoncé, par les prophètes arabes, comme devant chasser les chrétiens venus pour punir les péchés des croyants, et destiné à régner sur le monde musulman pacifié. Cette croyance, cette attente d'un libérateur, soigneusement entretenues par les confréries religieuses, sont encore, à l'heure qu'il est, profondément ancrées dans l'âme des Arabes, et leurs chefs les plus inféodés à notre pouvoir les partagent avec le dernier berger. Ils n'hésiteraient pas à nous abandonner pour le premier aventurier qui leur persuaderait qu'il est le Moul-Saâ. A l'époque dont je parle, les indigènes les plus compromis avec nous nous disaient carrément pour prouver leur sincérité : « Quand vous quitterez le pays, nous serons forcés de partir avec vous », ne mettant pas en doute un seul instant que nous dussions, un jour, être chassés de l'Algérie.

Abd-el-Kader ne représentait pas du tout le même principe que ces agitateurs religieux. Il ne se donnait pas pour le « maître de l'heure », le Moul-Saâ ; il était, lui, le Moul-Drâ, « l'homme de la force, le guerrier ». Mais il partageait les superstitions de ses compatriotes, il s'appuyait sur elles, et quand Bou-Maza se manifesta, il envoya même auprès de lui des émissaires, pour s'assurer que ce nouvel agitateur, comme disait le général Marey-Monge, présentait les signes indiqués par les prophéties. Et il ne se décida à intervenir que lorsqu'il fut certain que Bou-Maza était un faux messie. Alors, il entra en scène, en véritable chef de la nationalité arabe, et Bou-Maza ne fut plus que son lieutenant dans le Dahra. Ce n'était pas d'ailleurs un homme à dédaigner que Bou-Maza, puisqu'il tint la campagne pendant près de deux ans, dans un corps à corps presque perpétuel avec le colonel de Saint-Arnaud, qui finit pourtant par en avoir raison, par le prendre et par l'envoyer à Paris, où il excita une curiosité passionnée.

Donc, après le massacre de Sidi-Brahim, ce fut dans toute l'Algérie un branle-bas général, mais surtout dans les deux provinces d'Oran et d'Alger. Sans se laisser troubler, le maréchal Bugeaud lança de tous côtés ses colonnes mobiles, portées à des effectifs convenables par les renforts venus de France. Il se mit lui-même à la tête de nombreux escadrons de cavalerie, commandés par le général Yusuf et soutenus par de l'infanterie, pour donner la chasse à l'Émir qui, poursuivi à outrance, parut vouloir s'enfoncer dans le Sud. C'est alors que le maréchal renvoya à leurs cantonnements ses escadrons éreintés, et notamment les deux escadrons de spahis qui arrivaient à Blidah en même temps que moi, dans un assez piteux état.

Mais la retraite d'Abd-el-Kader n'était qu'une feinte. Il fila par les hauts plateaux, se jeta en Kabylie, et bientôt on apprit avec émotion, à Alger, qu'il menaçait la Mitidja. On était alors au commencement de 1846. Le maréchal réunit aussitôt, sous le canon de la Maison-Carrée, à cinq kilomètres d'Alger environ, une forte colonne de cavalerie, pour protéger la fertile plaine. Je fis partie de cette colonne, que commandait Yusuf et qui était composée, outre nos deux escadrons de spahis de Blidah, de trois escadrons du 1ᵉʳ de chasseurs d'Afrique, de quatre escadrons du 5ᵉ de chasseurs, récemment venus de France, et d'un fort détachement de gendarmerie. Le 1ᵉʳ escadron de spahis était commandé par le capitaine Abdellal et le 2ᵉ par moi, en l'absence de mes deux capitaines dont l'un, François de la Rochefoucauld, était en France, et dont l'autre, de Mirandol, était en convalescence. Ils étaient sous les ordres du commandant Desmaisons. Pendant que nous nous installions à la Maison-Carrée, Abd-el-Kader établissait audacieusement son camp à deux journées de marche d'Alger, à un endroit nommé Cherak-el-Toboul (le déchirement des tambours), en mémoire d'une grande défaite infligée aux Turcs par les Kabyles. Le général Gentil, qui commandait le territoire d'Alger, l'y surprit et saccagea son camp. L'Émir dut s'enfuir sur un cheval nu. Quelques jours plus tard, le 7 mars, le colonel Camou l'atteignait encore, et pour lui donner le temps de fuir, ses réguliers se faisaient sabrer par la cavalerie française. Alors, comme il s'enfonçait dans le Sud, comme notre présence à la Maison-Carrée devenait inutile, ce fut nous qu'on lança enfin à ses trousses.

Nous atteignîmes Boghar par une pluie diluvienne. Là, nous attendaient deux escadrons du 2ᵉ régiment de spahis et quatre escadrons du 2ᵉ de chasseurs de France. Nous partîmes tous dans la direction de Bouçaâda et, le 11 mars, après deux marches de nuit consécutives, nous arrivions, à la pointe du jour, sur le bivouac qu'Abd-el-Kader venait de quitter et dont les feux étaient encore allumés. Le général lança de suite les spahis en avant. Nous étions en tête de la colonne, derrière le commandant Desmaisons, qui avait toutes les peines du monde à se tenir à cheval. Débouchant par un col étroit dans une vaste plaine, et le jour étant tout à fait levé, nous aperçûmes à petite distance deux groupes distincts d'environ trois ou quatre cents cavaliers filant rapidement sur la droite, et à gauche le convoi, c'est-à-dire des mulets, des chevaux chargés conduits par des hommes à pied, sous l'escorte de quelques cavaliers.

— Il faut prendre le convoi! dit le commandant Desmaisons. Abdellal et moi qui étions, Abdellal surtout, beaucoup plus familiarisés avec les habitudes des Arabes, nous mîmes tout en œuvre pour lui persuader qu'il fallait foncer droit sur les cavaliers, tout, les raisonnements, les remontrances, les prières, les objurgations. Nous allâmes presque jusqu'au refus d'obéissance. Nous sentions, pour ainsi dire, l'Émir au bout de nos sabres, et nous bouillions, en pensant que le commandant allait le laisser échapper. Il céda enfin, mais trop tard. Les cavaliers arabes touchaient déjà la montagne et, quoique partis ventre à terre, nous ne pûmes aborder que l'arrière-garde. Elle se fit hacher pour sauver Abd-el-Kader, que nous voyions d'en bas gravir paisiblement les pentes abruptes au pied desquelles nous avions espéré l'acculer et le prendre. Pendant la charge, nous avions vu se passer un fait insolite.

Les Arabes déchargeaient leurs fusils sur quelque chose à terre. Puis, en courant, nous découvrîmes au même endroit deux hommes blessés; c'étaient deux officiers français. Abd-el-Kader, ne pouvant les emmener et ne voulant pas nous les laisser vivants, avait donné l'ordre de les tuer. L'un était M. Lacoste, lieutenant du train des équipages, chef du bureau arabe de Tiaret; l'autre, son interprète militaire, M. Lévy. Tous deux avaient été faits prisonniers par les Arabes dans une tournée, et conduits à Abd-el-Kader qui les avait traînés à sa suite, comme un trophée vivant, présentant M. Lacoste aux populations, tantôt comme le duc d'Aumale, tantôt comme un des principaux officiers du maréchal. Nous les relevâmes dans un état lamentable. Le malheureux Lévy avait la colonne vertébrale brisée par une balle. Il put à peine dire quelques mots et mourut. M. Lacoste était moins grièvement atteint; il avait une balle dans l'épaule et une autre dans la cuisse; mais il était comme fou et nous reprochait à tous, dans son délire, de l'avoir abandonné aux mains des Arabes. Le malheureux, conduit à l'hôpital de Boghar, mourut, au bout de trois mois, d'une infection purulente.

Cette exécution sauvage produisit dans la colonne une irritation qu'Yusuf dériva habilement sur les tribus qui avaient soutenu Abd-el-Kader, disparu, et notamment sur la grande confédération des Ouled-Nayls, que nous saccageâmes.

Ces Ouled-Nayls ont une singulière spécialité. Ils fournissent à tous les ksours (villages) du Sud et à tous les centres de populations, nomades ou sédentaires, de jolies filles aux mœurs faciles qui cultivent particulièrement la danse du ventre et qui ramassent avec cette industrie de belles dots qu'elles rapportent à la tribu, faisant très bon ménage avec les maris qu'elles se procurent ainsi. On les appelle des Nayliates et on en trouve partout. C'est un trait de mœurs curieux chez un peuple qui passe pour très chatouilleux sur l'honneur des femmes et qui, en réalité, fourmille de Ménélas, comme les autres. Tout un gros de ces tribus s'était réfugié sur un vaste plateau, le Bou-Khaïl, protégé par des pentes verticales coupées de quelques couloirs presque inaccessibles. Nous les surprîmes de nuit, eux, leurs moutons et leurs chameaux. En interrogeant ses prisonniers, selon sa coutume, Yusuf apprit avec surprise qu'Abd-el-Kader n'avait fait qu'un faux départ et qu'il était toujours dans le pays, au milieu des tribus du cercle de Boghar. L'endroit probable où nous devions le rencontrer se trouvait à environ vingt-cinq lieues de nous. Yusuf pensa qu'il l'atteindrait facilement par trois marches de nuit consécutives, en prenant toutes les précautions possibles pour dépister les éclaireurs de l'Émir. En conséquence, nous fîmes cuire de la viande pour trois jours. Avec les suppléments produits par le pays, des dattes, des figues sèches et quelques rations d'eau, cela devait nous suffire. On partait à cinq heures du soir et on marchait jusqu'à six heures du matin. On passait la journée, pour ainsi dire, tapi dans un pli de terrain, sans allumer les feux, sans dresser les tentes, sans s'écarter du lieu de rassemblement. En bon élève du général de Lamoricière, notre chef ne négligeait aucune précaution.

A la tombée de la troisième nuit, des feux de signaux s'allumèrent devant nous et quelques coups de feu nous accueillirent. Le capitaine Dupin alla faire une reconnaissance en avant de la colonne, avec des cavaliers des goums, échangea des coups de fusil avec des éclaireurs qui étaient venus nous reconnaître, et tout rentra dans l'ordre. Mais il était clair que notre marche était éventée. Nous continuâmes pourtant, n'espérant plus surprendre Abd-el-Kader, mais espérant, au moins, l'atteindre et le forcer à combattre.

A la pointe du jour, le général Yusuf chargea le capitaine Ducrot, qui avait remplacé le capitaine Durrieu à la direction des affaires arabes de la subdivision, de battre au loin l'estrade pour rapporter des renseignements, avec les goums de Tittery. Vers neuf heures, le capitaine Ducrot revint à la colonne, ayant fait buisson creux. Il n'avait pas même aperçu un seul être vivant.

Yusuf, déçu dans son espérance de surprendre l'Émir, le reçut assez mal.

— Vous n'avez pas quitté nos jambes, lui dit-il. Si j'avais l'honneur de commander les goums de Tittery, je serais toujours hors de la vue de la colonne, et je l'éclairerais d'assez loin pour découvrir l'ennemi.

Le capitaine répondit qu'il se pouvait que les Arabes, impressionnés par le voisinage d'Abd-el-Kader, ne se fussent pas montrés assez audacieux, mais que si on voulait les faire appuyer par les spahis, ils iraient aussi loin que le désirait le général.

Puis, comme il me témoignait une très grande amitié, il demanda l'escadron que je commandais. Pauvre escadron! Parti de Blidah avec un effectif très restreint, les fatigues de la guerre qui avaient ruiné toute la cavalerie, l'avaient réduit à une vingtaine de cavaliers. Le général m'adjoignit un autre escadron du 2ᵉ régiment à peu près de même force, commandé par le lieutenant Talma qui préféra, pour la circonstance, en laisser la direction à un autre officier, M. Seichs dit Chaix. Je me trouvai par conséquent à la tête de deux escadrons qui, en réalité, étaient représentés par moins de cinquante cavaliers. Nous partîmes grand train avec les goums, dans la direction du Nord. Nous avions devant nous, à une assez bonne distance, une ligne de hauteurs séparant la plaine d'Aïn-Aoussera du Z'arès où nous nous trouvions, et connues sous le nom des Sebaâ-Rouss (les sept têtes), à cause des sept sommets qui se détachent distinctement sur leur ensemble. Au pied de ces hauteurs, deux bergers gardaient des chèvres.

— En montant là-haut, nous dirent-ils, vous verrez une émigration qui s'est mise en marche ce matin, dès qu'elle a appris votre arrivée.

Immédiatement, nous gravîmes les Sebaâ-Rouss par des sentiers arides et rocailleux, et du sommet nous aperçûmes, en effet, à l'horizon, une masse mouvante de cavaliers et de piétons, poussant devant eux d'innombrables troupeaux de moutons et des bandes de chameaux. Le capitaine Ducrot était encore sous le coup de la réprimande du général et tenait à prouver qu'il n'avait pas péché par excès de prudence. Il se lança aussitôt sur le revers des collines, en me disant :

— Cette émigration est à nous. Allons nous en emparer.

Je n'étais pas de son avis. Je pensais que les fuyards devaient être protégés par des défenseurs trop nombreux qui ne se laisseraient pas piller impunément. Je pensais aussi que ce coup de main allait nous éloigner considérablement de la colonne, éreintée par trois marches de nuit et à laquelle Yusuf ne voudrait probablement pas imposer la fatigante traversée des collines. Tout en descendant, côte à côte avec lui, je fis mes objections au capitaine, qui me répondit assez sèchement :

— Nous allons tomber sur tout ce monde, et si nous perdons la colonne, nous conduirons nos prises à Boghar.

Je me contentai de répondre :

— Vous savez que nous sommes à près de quinze lieues de Boghar !

A ce moment, nous arrivions dans la plaine, couverte de touffes d'alfas, obstacle fatigant pour les chevaux. Le capitaine partit au train de chasse. Mais, tout en galopant botte à botte avec lui, je m'aperçus que nous semions derrière nous tous nos cavaliers, aussi bien ceux du goum que les spahis. Je le lui fis remarquer, et il me répliqua brusquement :

— Eh ! si vous ne pouvez pas suivre, vous resterez en arrière.

— Pardon ! repris-je aussitôt, ce n'est pas de moi qu'il s'agit ; mon cheval vaut dix fois le vôtre, et quand votre bête ne pourra plus vous porter, la mienne sera encore pleine d'ardeur. Mais regardez en arrière, et vous verrez ce qui nous reste de monde sous la main.

— Bah ! fit-il, nous en avons assez pour commencer ; les autres nous rejoindront plus tard.

Le fait est que, se voyant poursuivis, les fuyards accélérèrent leur marche, abandonnant derrière eux les bêtes qui ne pouvaient pas suivre. De sorte que, sans combat, nous recueillîmes près de dix mille moutons et près de sept cents chameaux. Satisfait de ce premier résultat, le capitaine Ducrot songea à rallier son monde, éparpillé dans la plaine. Nous nous portâmes sur un monticule, où le fanion de mon escadron servit de centre de ralliement. Puis, le capitaine me chargea de ramener en arrière les troupeaux tombés dans nos mains, opération pénible et difficile, car ces maudites bêtes s'entêtent à rejoindre leurs camarades et tourbillonnent indéfiniment sur place, avant de se décider à suivre les chrétiens.

Comme je m'y attendais parfaitement, les Arabes avaient eu le temps de nous compter, et, notre petit nombre leur permettant l'espoir de reprendre leurs troupeaux, ils commencèrent à ouvrir le feu sur nous. La situation devenant tout à fait grave, j'envoyai un maréchal des logis de mon escadron, qui se nommait de Troussel d'Héricourt de Valincourt d'Estrée, à la recherche du capitaine Ducrot, pour qu'il vînt prendre la direction du combat. Mon sous-officier trouva le capitaine à pied, à côté de son cheval étalé sur le sable et en train de crever de fatigue. Quant à ses cavaliers arabes du goum, comme il n'y avait plus que des coups à recevoir, ils s'étaient éclipsés avec ensemble. Ducrot me fit dire de m'en tirer comme je pourrais, de faire pour le mieux.

C'était très joli, mais je n'avais plus à ma disposition que mes spahis, pour faire face à un ennemi qui devenait à vue d'œil plus nombreux, plus pressant et plus audacieux. La première chose à faire était évidemment de l'aborder avec la dernière vigueur, pour le rendre plus prudent. Mon sous-lieutenant était un excellent officier qui m'inspirait la plus entière confiance. Son cheval avait eu, peu de jours auparavant, le chanfrein traversé par une balle et était à bout de forces. Je donnai à ce camarade la moitié de mes hommes : une vingtaine. Je le postai sur une petite éminence, lui recommandant de ne pas bouger, en lui expliquant qu'il allait me servir de soutien et de centre de ralliement, si la charge que je voulais tenter ne réussissait pas. Puis, avec ce qui me restait, je me lançai à fond de train sur les Arabes. J'espérais bien qu'ils n'attendraient pas mon choc. Pas du tout! Ces braves gens firent la moitié du chemin et nous chargèrent nous-mêmes. Il en résulta une mêlée où nous étions loin de briller par le nombre. En un clin d'œil je perdis deux de mes meilleurs spahis, et l'un d'eux fut tué si près de moi, qu'en tombant il couvrit de sang le poitrail de mon cheval. Je fus immédiatement entouré de cinq grands escogriffes qui, n'osant pas tirer sur moi de peur de s'entre-tuer, s'étaient mis en tête de m'abattre à coups de crosse.

Joignez à cela que mon cheval, bête tout à fait hors ligne, avait le défaut de tenir aux juments. Dès qu'il en voyait une, il était impossible de l'en détacher. Et mes agresseurs étaient tous montés sur des juments. De sorte que, sans tenir le moindre compte des coups de crosse qui pleuvaient sur son bon maître, mon excellent cheval, uniquement préoccupé de la bagatelle, ne songeait qu'à faire des politesses aux montures de mes adversaires. Pour le coup, je me crus absolument perdu. Mais, tout en recommandant mon âme à Dieu, j'adressai aux barres et aux flancs de ma bête un appel si pressant qu'elle en oublia les douceurs de l'amour, et me tira de ce mauvais pas par un saut énorme, me laissant cependant le soin et le plaisir de me débarrasser d'un coup de pointe du plus audacieux des Arabes, qui la tenait déjà par la bride. Je ralliai mon monde et le ramenai vivement à la troupe de soutien de mon excellent camarade Périer, dont l'attitude en imposa assez à l'ennemi pour le tenir à distance.

Je n'avais plus évidemment qu'à m'en aller. Seulement, je voulais partir au pas, car je comprenais parfaitement que si j'avais permis à mes hommes les allures vives, la retraite eût dégénéré en fuite, la fuite en déroute et la déroute en anéantissement certain. Je déployai donc mes spahis en une ligne de tirailleurs espacés, en mettant à chaque aile un officier chargé de les empêcher de prendre le trot. Je me tins moi-même au centre, répétant à tue-tête : « Au pas ! au pas ! » et faisant mine de sabrer quiconque marcherait trop vite. J'avais avec moi mon porte-fanion, un brigadier indigène nommé Bou-Hannèche (l'homme au serpent). La tenue de Bou-Hannèche laissait parfois à désirer ; mais quel soldat ! quel courage ! et quelle belle figure il faisait en face du danger ! Ce brave garçon devait mourir l'année suivante, en sauvant la vie à un maréchal des logis français qui, démonté, allait tomber entre les mains des Kabyles. Nous reprîmes donc lentement la direction des Sebaâ-Rouss, en maintenant les Arabes en respect à coups de fusil. D'ailleurs, pour les occuper, de temps en temps je lâchais derrière moi quelques paquets de moutons et quelques groupes de chameaux. Leurs propriétaires les recevaient avec avidité et quittaient d'eux-mêmes le combat pour les ramener à la masse. De sorte que bientôt je n'eus plus affaire qu'à une tirerie insignifiante. En même temps, je voyais reparaître un de nos cavaliers auxiliaires, revenant vers nous en nous faisant, selon la mode arabe, des signes avec son burnous. C'était la voile attendue par les naufragés sur leur radeau. Derrière lui, un épais nuage de poussière nous signalait l'arrivée d'une nombreuse troupe de cavalerie : quatre escadrons de chasseurs d'Afrique qu'Yusuf envoyait à bride abattue pour nous dégager. Il avait appris en même temps le danger que nous courions et la présence, à une petite distance, d'Abd-el-Kader.

Les Sebaâ-Rouss, qui séparent la plaine d'Aïn-Oussera du Z'ahrès, se terminent par un défilé entre les deux plaines, où les eaux pluviales s'accumulent dans une espèce de citerne naturelle et qui porte le nom de Guelt-el-Stel. C'était là que l'Émir était établi, surveillant nos mouvements. S'il avait eu connaissance, en temps opportun, de notre marche audacieuse, il aurait pu, en s'interposant entre nous et la colonne, nous infliger un désastre. Prévenu trop tard, il préféra décamper. Pour plus de sûreté, Yusuf fit franchir les Sebaâ-Rouss à toute sa colonne, qui n'arriva que fort tard au bivouac, après avoir fait dans les vingt-quatre heures une étape d'au moins quatre-vingts kilomètres. Je la rejoignis, ramenant trois ou quatre blessés et quelques cavaliers démontés et même quelques prises. J'avais reperdu tous les moutons, mais il me restait environ deux cents chameaux qu'Yusuf nous abandonna libéralement, et qui furent vendus le lendemain à la criée. Je touchai de ce chef, si je m'en souviens bien, quatre-vingts francs de part de prise.

Ici, j'ouvre une parenthèse. Tout à l'heure, sous ma plume, sont venus les noms d'un de mes sous-officiers, qui en avait assez pour baptiser un peloton : de Troussel d'Héricourt de Valincourt d'Estrées. Il était grand d'Espagne de première classe, s'il vous plaît, ce qui ne l'avait pas empêché de débuter aux chasseurs d'Afrique. Il avait même adressé au lieutenant Henri de Carayon-Latour une lettre qu'il avait signée de tous ses titres : de Troussel d'Héricourt de Valincourt d'Estrées, grand d'Espagne de première classe et... chasseur de deuxième classe, à laquelle le lieutenant avait répondu en lui conseillant d'oublier sa première qualité, pour ne se souvenir que de la seconde.

Un jour que, sans la moindre prétention, du reste, il racontait ses splendeurs héraldiques et constatait qu'il avait le droit de rester couvert devant le roi d'Espagne :

— Ah ! tu peux rester couvert devant le roi d'Espagne, lui dit un vieux brisquard ; eh bien, tâche moyen de passer à quatre pas de moi sans me saluer, et je te colle au clou pour quatre jours !

Les opérations que je viens de raconter avaient eu du moins pour résultat de démonétiser Abd-el-Kader aux yeux des populations et de le rejeter dans l'Ouest, vers le Maroc, son refuge habituel. Le général Yusuf en profita pour accabler les tribus sahariennes, aidé dans sa tâche par la saison chaude dans laquelle nous entrions.

Le mouvement alternatif du Nord au Sud et du Sud au Nord est, pour les nomades, en quelque sorte la loi même de leur existence. Pendant la saison des pluies, ils s'enfoncent dans le Sud, où ils trouvent pour leurs troupeaux de plantureux pâturages, et pour eux-mêmes un climat agréable. Quand l'été survient avec ses chaleurs, quand le soleil a desséché les cours d'eau et brûlé la végétation, ils sont obligés d'abandonner le Sahara, qu'ils appellent eux-mêmes « le pays de la soif » (Blad-el-Atache), pour venir, sur les confins du Tell, chercher la verdure et l'eau. C'est ce qu'on appelle la loi de transhumance, la même qui s'applique, dans des proportions plus restreintes, aux bergers des Pyrénées et des Abruzzes.

Le général Yusuf, établi sur la ligne des eaux, que devaient suivre forcément les nomades, les rejetait dans le Sud, à une époque où ils n'y pouvaient plus vivre, frappait sans relâche toutes les portions de tribus qui s'exposaient à ses coups pour venir boire, de sorte que ce monde indomptable devait se soumettre ou mourir de soif. Il se soumit, et le général put annoncer à Alger que la confédération des Ouled-Nayls avait pris les campements qu'il lui avait assignés, et que le Sud était pacifié. Cela paraissait tellement beau qu'on n'y voulait pas croire et que le duc d'Aumale lui-même, avant d'aller prendre le commandement de la province de Constantine, où il devait signaler sa présence par de grands succès, fut chargé par le maréchal Bugeaud de venir à notre camp de Korrérich, pour vérifier en personne les résultats obtenus. Yusuf n'avait pas embelli la vérité. Il devait ces résultats à l'application stricte du système de Lamoricière, expérimenté sous ses yeux à Mascara, et qui consistait à récompenser sans limites les services, à châtier sans pitié les trahisons. Je veux transcrire ici un exemple de ces procédés.

Attachant un grand prix à ses communications avec l'état-major général d'Alger, auquel il rendait directement compte de ses opérations, il avait établi une ligne d'étapes que suivaient ses courriers, auxquels les chefs arabes devaient, à chaque gîte, aide et protection. Un jour, il trouva sur la route un de ces courriers à moitié nu, à moitié assommé et dépouillé de ses dépêches. L'Arabe raconta qu'en traversant le K'sar (au pluriel K'sour, village) de Cherf, il avait été maltraité par le caïd, qui lui avait reproché de s'être fait le serviteur des chrétiens et l'ennemi de ses coreligionnaires. Quelques jours après, le général campait aux portes de Cherf, et le caïd, qui n'avait pas la conscience tranquille, venait lui prodiguer des marques de zèle. Le général, dans sa tente, tout en interrogeant le caïd sur les nouvelles du pays, les dispositions des habitants, avait fait venir le courrier. « A propos, dit-il au caïd, j'ai envoyé un messager à Alger. Il a dû passer par ici. — Oui, Seigneur, répondit le caïd, je l'ai reçu de mon mieux. Son cheval était fatigué, je lui en ai donné un frais. A cette heure, il doit être à Alger. » Le général fit un geste et le courrier se montra. A sa vue, le caïd mit un pan de son burnous sur sa tête, en murmurant seulement : « Mectoub ! » (C'était écrit !) Deux chaouchs l'emmenèrent et il fut décapité devant la tente. C'était un brigadier de mon escadron, nommé Tahar-ben-Ahmeda, qui était l'exécuteur ordinaire de ces sortes de sentences. Et, malgré sa dextérité éprouvée, il confessait volontiers que nos sabres de cavalerie coupaient bien moins proprement une tête que le yatagan turc.

Cette justice sommaire était indispensable, au milieu de ces populations qui nous auraient assassinés les uns après les autres, si on ne leur avait pas persuadé que tout acte de trahison était immédiatement châtié. Yusuf, très consciencieux, quand il ordonnait une exécution, la vérifiait par lui-même, en se faisant apporter les oreilles du supplicié. Il donnait même dix francs par paire d'oreilles. Et, plus d'une fois, il fut mis dedans, comme on dit familièrement. On lui apporta des oreilles appartenant à une tête encore sur les épaules d'un condamné. C'est ce qui arriva à un pauvre diable nommé Si-Mohamed-ben-el-Senoussi, qui fut trouvé dans une position équivoque, louche. Le général, le considérant comme un espion, fit avec son doigt un petit signe qui voulait dire : « Coupez-moi cette tête. » Si-Mohamed-ben-el-Senoussi était estropié ; il boitait. Cette infirmité inspira peut-être de la pitié à mon brigadier. Peut-être l'autre avait-il dans sa poche quelques arguments moins nobles. Toujours est-il que le pauvre boiteux conserva sa tête, mais perdit ses oreilles. Je devais le retrouver à Laghouat, où il devint un de mes plus fidèles serviteurs. Si ses oreilles ne se sont pas égarées, elles doivent se trouver, avec beaucoup d'autres, à Bordeaux, dans la famille de Carayon-Latour, où les envoya, conservées dans du sel, comme souvenir de cette campagne, M. Henri de Carayon-Latour, lieutenant du régiment et officier d'ordonnance du général Yusuf. Les destinataires auraient pu les prendre, à première vue, pour des huîtres marinées !

Nous fîmes fête au duc d'Aumale, lieutenant général de vingt-quatre ans, mais déjà mûri par l'exercice du commandement, et très populaire dans l'armée d'Afrique. Le général Yusuf lui offrit un spectacle véritablement fantastique. Il fit défiler devant lui toute cette immense population des Ouled-Nayls qui venait de faire sa soumission : hommes, femmes, enfants, moutons, chameaux, tout y passa. Le défilé, exacte image d'une émigration en marche, dura à peu près toute la journée, sur un front d'au moins un kilomètre. En tête, s'avançaient, éclairant la route, de nombreux cavaliers, montés sur les fameuses juments du Sud. Puis, venaient les moutons, puis les chameaux. De loin en loin, s'avançaient les femmes, accroupies dans leur palanquin couvert d'étoffes de laine aux couleurs éclatantes, surmonté d'une longue tige terminée par un panache de plumes d'autruche, et porté par des chameaux de luxe, au riche harnachement. Elles étaient là dedans, se livrant aux soins du ménage, préparant leur repas du soir, s'occupant de leurs enfants en bas âge et répondant par leur hululement traditionnel aux coups de fusil des cavaliers d'escorte, qui faisaient la fantasia en leur honneur, sur les flancs de l'émigration. Enfin, la marche était fermée par un gros de cavalerie s'avançant dans un pittoresque désordre. L'ensemble de ce spectacle, que l'on voyait pour la première fois, était prodigieux. Ce fut la note à la fois poétique et grandiose de notre expédition.

A voir les vaincus, on n'eût certes pas dit qu'ils venaient à peine d'échapper au pire destin. A voir les vainqueurs, au contraire, on n'eût certes pas dit qu'ils étaient les maîtres redoutés de tous ces gens et de tous ces bestiaux si bien portants.

Nos unités étaient toutes réduites à des effectifs insignifiants. Les régiments de cavalerie venus récemment de France avaient été, naturellement, les plus éprouvés par l'excès de fatigue imposé aux chevaux, par le manque de soins et de nourriture. D'un de ces régiments qui avait envoyé d'Oran au général Yusuf deux beaux escadrons complets, il ne restait plus à la fin, comme échantillon et pour représenter le numéro, qu'un seul homme à cheval, un trompette, qui était bien l'image de la fièvre, de la misère et de l'abandon de soi-même. Le manteau dans lequel il était perpétuellement enveloppé, sa figure, ses vêtements, son cheval même, tout avait pris une teinte jaune, sous l'action incessante de la fumée du bivouac. Son pantalon, d'où pendaient ses sous-pieds, lui remontait sur les jambes, avec ses basanes qui portaient encore la boue du départ. La visière à moitié décousue de son képi déformé lui pendait minablement sur le nez. Son cheval, qui avait dû être gris probablement, avait le poil bourru d'un ours. Je ne sais pas au moyen de quel onguent il le traitait, mais c'était la seule bête du régiment qui n'eût jamais été blessée, bien qu'elle portât à la fonte droite un surcroît de charge, sous la forme d'une grosse bûche destinée au feu du bivouac. Tout son régiment avait disparu, officiers compris. Les hommes qui n'avaient pas été renvoyés au dépôt se traînaient dans le convoi. Les chevaux qui n'étaient pas crevés boitaient, conduits à la main et incapables de supporter une selle sur leur dos déchiré. Il était toujours là, toujours présent à son poste, toujours disponible, avec sa trompette et son air malheureux et résigné. Il faisait mon étonnement.

Il fallut relever la cavalerie de la colonne. Elle était commandée par le lieutenant-colonel de Noüe, du 1ᵉʳ de chasseurs d'Afrique. Elle fut remplacée par des escadrons frais qu'amena le lieutenant-colonel d'Allonville. Parmi ces escadrons, il n'y avait pas de spahis, et, pour en conserver quelques-uns, le général réunit tous ceux dont les chevaux pouvaient encore marcher, et il m'en donna le commandement. Il y en avait vingt-cinq. Mes deux chevaux étaient excellents et aussi frais que s'ils étaient sortis le matin de l'écurie. Grâce à eux, je vis, du commencement à sa fin, cette campagne qui devait marquer dans l'histoire de notre conquête, en étendant pour la première fois jusqu'au Sahara la domination française. Nous rentrâmes à Blidah, à la fin de juillet.

On se souvient peut-être que quatre ans plus tôt, après la fatigante campagne de Mascara, un soir, dînant avec Fleury sous les orangers parfumés de Blidah, je m'étais écrié : « Vivre ici comme officier, quel rêve ! » Eh bien, ce rêve, je le tenais enfin. Ce bonheur, entrevu jadis, était réalisé, et même au tableau de ma félicité il y avait quelques traits d'ombre, sans lesquels je n'en eusse peut-être pas savouré toutes les douces clartés. Mon colonel était toujours sévère et malveillant. Mon escadron avait changé de capitaine, M. de la Rochefoucauld étant entré aux lanciers, après avoir touché barre en Afrique pendant mon absence. Il avait été remplacé à l'ancienneté par le capitaine Abdellal, qui, le lecteur ne l'a peut-être pas oublié, avait obtenu la faveur insolite et antiréglementaire de passer du cadre étranger dans le cadre français, sans perdre son rang d'ancienneté.

Nous ne lui pardonnions pas cet avantage, conquis à notre détriment, et de son côté, il ne nous pardonnait pas le dommage qu'il nous avait causé. De sorte que nous étions un peu comme chien et chat. C'était de ma part un mauvais sentiment, dont je m'accuse et dont j'ai fait plus tard pénitence. Car, devenu général de division et inspecteur général, je m'évertuai à faire nommer général de brigade ce pauvre Abdellal, qui s'était attardé dans le grade de colonel du 1ᵉʳ de spahis.

Blidah était bien la plus ravissante de toutes les résidences militaires. D'abord le site était enchanteur, la température exquise. En outre, la garnison était nombreuse, remplie de bons camarades, et la société fort aimable. La garnison comprenait, outre nos deux escadrons et l'état-major du régiment, un bataillon du 51ᵉ, le bataillon des tirailleurs indigènes, le 1ᵉʳ bataillon des zouaves, deux escadrons du 1ᵉʳ de chasseurs d'Afrique, un escadron du 5ᵉ de chasseurs de France, une batterie d'artillerie, une cheffelie du génie et les services administratifs. Il y avait donc là, au bas mot, cent cinquante officiers, heureux de vivre, de se rendre mutuellement la vie agréable et de s'acquitter de tous les devoirs de la fraternité militaire. Des expéditions incessantes venaient rompre, par le charme de l'imprévu, la monotonie de la vie de garnison et fournir le prétexte de nombreux punchs d'adieu ou de retour où régnait une gaieté endiablée, tempérée par une aménité inaltérable. Le café Chapus avait le monopole de ces réunions, et bien qu'il changeât souvent de titulaire, il n'est pas démontré qu'elles fissent la fortune de ses nombreux propriétaires. Là, on mariait les bols de punch, les bols de vin chaud, les saladiers de vin à la française, à l'intarissable répertoire des romances sentimentales, des chansons bachiques et même des refrains licencieux. J'avais des camarades qui pouvaient chanter toute une nuit sans se répéter, et qui en étaient très fiers. Oserai-je dire qu'on mariait aussi les âmes et que telle connaissance, ébauchée le verre à la main, se répercuta dans une tranchée ou sur un champ de bataille par des actes de dévouement réciproque? Pour assister à ces petites fêtes, quoiqu'il n'appartînt pas à l'armée, le comte de Raousset-Boulbon venait souvent de sa ferme de l'Oued-Lalleg, avec sa maîtresse qu'on appelait la belle Diane. Il ne songeait pas encore à cette légendaire expédition de la Sonora, dans laquelle il se fit fusiller, à Hermosillo. Enfin, c'était pour nos chefs, déposant un instant le prestige du grade, et nous voyant tels que nous étions en dehors du carcan de la discipline, l'occasion de se faire connaître et de nous connaître, l'occasion de se faire aimer et de nous aimer.

Quelques-uns de ces chefs étaient des personnages tout à fait attachants ou tout à fait extraordinaires. Le commandant de place était, par une singulière exception, un lieutenant-colonel de nationalité napolitaine, venant de la légion étrangère. Obligé de s'expatrier pour des opinions politiques ultra-libérales, le colonel de Poerio était venu chercher du service en France, et avait rapidement conquis son grade important. Très sévère dans le service, très inflexible sur le point d'honneur, ainsi que l'avait démontré un tragique événement de famille, il était très affable dans l'intimité, et nous offrait des soirées rendues encore plus agréables par les charmes de sa fille Nina. Il nous quitta pour aller, en 1848, lorsque la révolution de Février fit sentir ses contre-coups en Italie, défendre, les armes à la main, la liberté de son pays, et se fit tuer dans l'armée de Charles-Albert.

Le chef du bureau arabe était le capitaine Bourbaki, le type le plus brillant de l'officier français. Encore dans un grade inférieur, il était universellement connu et aimé dans l'armée d'Afrique. Tête de flamme et cœur d'or, aussi ardent au combat qu'au plaisir, aussi disposé à aller sur le pré qu'au bal. Je l'aimai dès que je le vis, et plus je l'ai connu, plus je l'ai aimé. Les années ont passé sur lui, comme le flot sur le roc, sans lui enlever une parcelle de ces qualités, et une perte irréparable a été infligée à l'armée, le jour où une politique haineuse et étroite, méconnaissant de parti pris ses droits indéniables au maintien sans limite d'âge dans l'état-major général, a privé la France de ses services. Sous n'importe quel régime intelligent, Bourbaki eût atteint depuis longtemps la dignité militaire suprême, car elle semble avoir été faite exprès pour lui, cette noble devise gravée sur le bâton des maréchaux : *Terror belli. Decus pacis.*

Bourbaki est d'origine grecque ; son grand-père, marin intrépide et excellent, conduisit en qualité de pilote, sur le vaisseau amiral *l'Orient*, le général Bonaparte à l'île de Malte. Et plus d'une fois le général, qui aimait les hommes techniques, vint causer avec le pilote, dont l'intelligence et la résolution le frappèrent assez pour qu'arrivé en Égypte il confiât à l'énergique marin, à différentes reprises, la mission délicate et périlleuse de porter ses dépêches au Directoire, à travers les croisières anglaises. De son lit de mort, l'ancien pilote écrivit à l'ancien général, devenu empereur, pour lui recommander ses deux fils, qui furent placés immédiatement à l'école militaire de Fontainebleau. L'un d'eux, le père de notre Bourbaki, suivit en Espagne le roi Joseph. En 1827, lieutenant-colonel, en garnison à Bayonne, il demanda et obtint d'aller combattre pour l'indépendance de la Grèce, sa patrie d'origine. Dans un combat devant Athènes, il fut pris par les Turcs et mis à mort. Bourbaki, qui eut pour tuteur un ami de son père, le général de Rumigny, fut élevé à la Flèche, où il eut pour condisciples, Ducrot, Trochu et Cambriels. Il sortit de Saint-Cyr pour aller se couvrir de gloire au premier siège de Constantine, dans le régiment du colonel Petit d'Hauterive, le 59ᵉ de ligne, et dans la compagnie du capitaine d'Autemarre d'Ervillé.

Une physionomie tout à fait singulière était celle du commandant des zouaves, le chef de bataillon de Gardereins de Boisse du Bousquet. Il était devenu commandant à vingt-neuf ans. Sa spécialité était d'être le plus brave soldat de l'armée française, et il n'en faisait pas mystère, puisqu'un jour, un de ses camarades ayant été affublé de cette qualité pour laquelle il n'y a pas de diplôme, il alla le trouver et lui proposa sérieusement de se couper la gorge avec lui, pour qu'il n'y eût plus deux compétiteurs à un poste unique, d'après les lois mêmes du superlatif. Au second siège de Constantine, lorsqu'il fallut aller reconnaître si la brèche était praticable, le colonel de Lamoricière lui dit : « Choisissez les deux plus braves soldats de votre compagnie pour aller, cette nuit, reconnaître la brèche. » Gardereins répondit : « Mon colonel, le plus brave soldat de ma compagnie, c'est moi ; c'est donc à moi d'abord que revient la mission. J'emmènerai mon plus ancien sergent. » Il le fit comme il avait dit. Les Arabes, qui faisaient bonne garde, accueillirent les deux éclaireurs par une décharge générale. Le sergent fut tué et de Gardereins eut l'épaule fracassée par une balle. Il vint faire son rapport et demanda, pour toute récompense, la faveur de marcher le lendemain à la tête de la première colonne d'assaut, ce qui était d'ailleurs parfaitement inexécutable. On lui donna l'épaulette à gros grains, et bientôt sa santé l'obligea à passer dans le service du recrutement. C'était une impasse, une retraite anticipée. Il s'agita tellement qu'il rentra aux zouaves, où on lui fit attendre dix ans l'épaulette de lieutenant-colonel. C'est que, pour commander un corps, la bravoure ne suffit pas ; il faut encore de la prudence et du discernement. Et de Gardereins en manquait quelquefois vis-à-vis de ses subordonnés, passant sans transition du ton le plus cassant au ton le plus familier, et prêtant à rire à ses jeunes officiers, soit par l'exhibition de ses glorieuses blessures, soit par des confidences inénarrables sur ses prouesses amoureuses. Pourtant, à Inkermann, il commandait le 6ᵉ de ligne. Là, il se trouvait dans son élément et il conquit glorieusement les deux étoiles de général de brigade. Il conserva jusqu'à la fin la manie de montrer ses blessures à tout propos, et particulièrement une qu'il avait dans l'aine. Un préfet de l'Empire, le comte Remacle, m'a même raconté à ce sujet une historiette bien bizarre. Il était en tournée de revision avec le général de Gardereins, dans le Tarn. Arrivé à un chef-lieu de canton, le général de Gardereins se dirige vers un café, où sa présence en uniforme excite aussitôt une respectueuse admiration. « Garçon ! crie-t-il, donnez-moi un couteau et une serviette. » On lui apporte ces deux objets, et il se déculotte devant tout le monde, en disant très haut : « J'ai là une chienne de blessure qui me fait par trop souffrir. » Avec le couteau, il ouvre l'abcès qui s'était formé, transforme la serviette en un tampon, remet par-dessus son pantalon, en disant : « Ça va mieux, ça va bien mieux », et s'en va, emportant le couteau et la serviette, mais laissant les indigènes dans l'ébahissement le plus profond.

Primitivement composés d'indigènes et de Français, les zouaves, depuis leur réorganisation en 1840, ne comptaient plus guère que des Français. Cependant il y restait encore quelques gens du pays, Arabes ou Kabyles, qui avaient pris goût à la vie militaire ou qui n'avaient pas voulu quitter leurs frères d'armes. Le même phénomène se reproduisit souvent sous l'Empire, alors qu'on envoyait des turcos tenir garnison à Paris. On vit d'assez nombreux indigènes demander, pour ne pas s'éloigner, à passer dans les zouaves de la Garde. Il y a là, me semble-t-il, une confirmation de ma théorie favorite, qui consiste à soutenir qu'avec un peu d'attention et de bonne volonté, nous serions parvenus à nous assimiler, sinon la totalité, du moins de notables portions de l'élément indigène.

Le colonel du 1ᵉʳ de chasseurs d'Afrique était le fils cadet du héros de Hohenlinden, l'illustre général de Richepanse, mort de la fièvre jaune, à Saint-Domingue. Son frère aîné, chef d'escadrons de hussards, avait trouvé une mort glorieuse au second siège de Constantine, qu'il suivait en volontaire. Lui, était un officier très considéré dans l'arme de la cavalerie. Peu soucieux de suivre les traditions de son père, qui était un simplificateur, il montrait un fanatisme ardent pour l'ordonnance de 1829. Il en avait fait un commentaire qui était devenu classique et réglementaire. Il ne la trouvait même pas assez compliquée, et sous le prétexte, d'ailleurs fort juste, qu'elle n'avait pas prévu tous les cas, il passait son temps à lui mettre des rallonges. D'esprit très sarcastique et de caractère très emporté, il disait lui-même : « J'emploie la seconde moitié de la journée à réparer les maladresses que j'ai commises dans la première. »

Enfin, il y avait encore, à Blidah, un chef de corps qui surexcitait la curiosité des jeunes officiers. C'était le colonel Claparède, du 51ᵉ de ligne. Neveu d'un général fort connu sous l'Empire et la Restauration, un peu âgé déjà, mais d'apparence encore jeune, c'était un amoureux du luxe, de l'élégance, des plaisirs, qui trouva le moyen d'abréger sa vie, en la surmenant.

Mon compagnon préféré d'existence était mon capitaine en second, de Mirandol, qui exerçait les fonctions d'adjudant-major. J'éprouvais pour lui autant d'affection que d'admiration, et de son côté, il avait pour moi une amitié solide qu'il manifesta sérieusement, comme il faisait toutes choses, en m'aidant, en me contraignant, pour ainsi dire, à perfectionner mon éducation professionnelle. Il voulut qu'afin de profiter de toutes les chances d'avancement, je me misse en état de concourir pour les emplois de trésorier ou de capitaine d'habillement. J'obéissais, mais je fus bien heureux qu'aucune vacance ne se produisît, car mes goûts ne m'attiraient pas de ce côté. J'étais avant tout un officier d'escadron, de troupe, et de Mirandol n'avait pas besoin de me pousser dans cette voie, où je me donnai assez de mal pour arriver à être un bon instructeur de nos sous-officiers, à qui je faisais des cours, paraît-il, convenables.

Cette existence mouvementée, utile, me plaisait fort, et, comme je n'avais pas besoin de distractions, je n'avais pas besoin d'argent, ce qui cadrait parfaitement avec mes ressources. Cependant, je serais un hypocrite, si je posais ici pour l'anachorète. J'eus à Blidah une aventure d'amour, une seule, une toute petite, qui fut très gentille, qui n'amena aucune catastrophe, et dont le doux souvenir traverse encore ma pensée, semblable à ces fleurs depuis longtemps desséchées qu'on retrouve dans les papiers jaunis, et qu'elles embaument toujours du fantôme de leur parfum. Au quatrième et dernier étage d'une maison nouvellement bâtie, sur la place principale de Blidah, j'occupais un petit appartement de deux pièces, dont les fenêtres s'ouvraient sur une terrasse étroite, garnie d'un balcon. A gauche de ma terrasse, descendait la pente rapide du toit de la maison voisine, percé de mansardes qui éclairaient son étage supérieur. Par les belles soirées d'été, sous les étoiles brillantes du ciel africain, je m'attardais volontiers sur mon balcon, tandis qu'à la mansarde d'à côté venait s'accouder, pour chercher aussi un peu d'air, une jeune et jolie fille dont le père était, je le sus bientôt, employé à la sous-préfecture. Le moyen de ne pas lier conversation avec ma voisine ? L'auriez-vous trouvé ? Je ne le trouvai pas, et bientôt la jeunesse, la sagesse même et quelque diable aussi me poussant, je rentrais tous les soirs de très bonne heure, afin d'échanger avec ma jeune amie les plus tendres propos. Je ne lui cachais d'ailleurs pas que je désirais l'entretenir d'un peu plus près. Elle me rit au nez, sans se fâcher, me dit que je n'avais aucune raison de pénétrer chez elle par la porte, qui était toujours fermée, et mesurant de l'œil la distance qui nous séparait l'un de l'autre et celle qui nous séparait tous les deux du pavé de la rue, elle me dit en plaisantant : « Attendez qu'il vous pousse des ailes, et vous arriverez par la fenêtre. » Les ailes ne me poussèrent pas. Mais, une nuit, le siroco fit passer sur la ville tous ses énervements ; j'enjambai mon balcon et je sautai sur la pente du toit, au risque d'aller me briser en bas. Puis, avec des précautions infinies, je descendis jusqu'à la gouttière qu'affleurait la mansarde ouverte et je pénétrai dans la place. La claire nuit d'Afrique me montra une chambre vide, donnant sur un palier où s'ouvraient les portes de plusieurs autres chambres. Je n'avais que l'embarras du choix, c'est le cas de le dire. J'ouvris doucement une porte et j'entendis la légère respiration d'un être endormi. « Si c'était le papa ! » pensai-je. Je m'en allai à pas de loup jusqu'au lit, et ma main curieuse frôla une tête ronde garnie de cheveux très courts. Ce n'était pas le papa ; mais c'était le petit frère. Respectant ce sommeil de l'innocence, je m'en allai toujours à tâtons dans une autre pièce et j'eus la chance, cette fois, de rencontrer mon infante. Elle me reçut sans colère, sinon sans étonnement. D'ailleurs, je dois avouer que la perspective du retour inquiéta les plaisirs de ce court instant, et que l'effroi subit des conséquences d'une faute arrêta mon audace en deçà des limites permises. Le retour s'accomplit sans encombre pourtant, et cette escapade fut suivie de plusieurs autres. Une fois, je trouvai la fenêtre fermée, et en évoluant dans une position oubliée, avec bien d'autres, par l'ordonnance de 1829, mon pied porta dans la gouttière, qui céda sous mon poids. Je sus ce qu'éprouve un homme qui commence à tomber d'un toit. Je me raccrochai tant bien que mal et je rentrai.

Tout a une fin ici-bas, même les meilleures choses, surtout les meilleures choses. Et bientôt, dans une dernière entrevue, la pauvre enfant me faisait les adieux les plus tendres et les plus tristes. Elle partait, le lendemain, pour la France. Je ne l'ai jamais revue. Je n'en ai jamais entendu parler. S'est-elle souvenue de moi, qui me souviens encore d'elle ?

XI

LA RÉVOLUTION DE FÉVRIER.

Pacification. — Départ de Bugeaud. — Le général Baraguey-d'Hilliers. — Fausse joie. — Le duc d'Aumale. — Prise de l'Emir. — Patriotisme. — La République. — Cavaignac. — L'armée d'Afrique. — Policiers. — A Aumale. — Capitaine.

Cette année-là, nous eûmes pour inspecteur général le général l'Étang, ancien commandant de la province d'Oran. Il revenait en Afrique avec des idées vieilles de dix ans. Il avait la conviction que tout allait bien mieux de son temps. Aussi, quand il retrouva nos spahis, qui ne ressemblaient plus du tout à l'ancienne milice turque, mais à de vrais cavaliers arabes ; quand il vit nos escadrons, réduits par les insurrections récentes, ne sut-il pas dissimuler son désappointement. Ses critiques mettaient au supplice le colonel d'Allonville, fier de son passé et de son expérience. Elles devaient amener une scène qui éclata à la fin du dîner d'inspection, auquel j'assistai comme le plus ancien lieutenant du régiment. Aux observations du général sur l'ensemble du régiment, le colonel répliqua qu'il en savait assez pour qu'on lui épargnât les leçons. A quoi le général répondit sèchement, vertement, que les inspections générales avaient précisément pour but de constater l'état des troupes et de leur indiquer les progrès à accomplir. Comme, au fond, il était très juste et très impartial, cette scène ne l'empêcha pas de proposer le colonel pour l'avancement.

La même année, nous eûmes en Afrique la visite du comte de Salvandy, ministre de l'instruction publique, qui venait pour tâcher d'obtenir du maréchal des concessions sur un programme de colonisation jugé trop absolu par le gouvernement central. Cet homme d'État ne nous plut guère. On le trouva généralement hautain, gourmé. Ses manières et son costume trop chamarré contrastaient désavantageusement avec la simplicité charmante, avec la bonhomie séduisante du duc d'Isly. C'est que les résultats qu'il avait obtenus justifiaient parfaitement les exigences du maréchal. L'insurrection redoutable du Dahra était terminée, grâce à la vigueur sans pareille du colonel de Saint-Arnaud, admirablement secondé par le jeune commandant Canrobert. Bou-Maza, capturé, avait été expédié à Paris. Abd-el-Kader avait été chassé du Sud de l'Algérie et entamait dans le Maroc ses dernières intrigues. Toute la colonie était pacifiée, à l'exception du massif de la Kabylie. Le maréchal prépara, pendant l'hiver de 1846-47, une grande expédition contre les tribus du Djurjura, qu'il dirigea lui-même, au printemps. En quinze jours, il livra trois grands combats et nettoya tout le pâté montagneux entre Hamza, Sétif et Bougie. Pour n'être pas troublé par les tribus du Sud, il chargea le général Yusuf de parcourir les Hauts-Plateaux, à la tête d'une colonne légère dont je fis partie. Nous trouvâmes, au sein d'une paix profonde, les tribus que nous avions bousculées, l'année précédente, et nous n'eûmes pas un seul coup de fusil à tirer. Le seul incident intéressant fut une pointe poussée par quelques officiers jusqu'à Aïn-Madhi, et la visite qu'ils rendirent à Tidjeni, le chef puissant de la secte des Tedjaynas, qui dominent tout le sud de l'Algérie. Nous retrouverons bientôt ce chef et cette ville sur nos pas.

Enfin, ce printemps de 1847 fut marqué par quelques mutations dans le haut personnel du régiment. Le lieutenant-colonel d'Allonville alla, à Bône, commander comme colonel le 5ᵉ de hussards. J'avais dit adieu avec ivresse au major Billioud partant pour Lyon. Je dis adieu sans tristesse au colonel d'Allonville partant pour Bône, d'autant mieux que son successeur, le colonel Bâville, le grand Bâville, comme on disait, me le fit vite oublier par une bienveillance marquée. Le major de Goussencourt remplaçait le major Billioud, et le commandant Mignot de la Martinière remplaçait le commandant Desmaisons. Ces deux officiers, sortis des hussards, apportèrent aux spahis les saines traditions d'instruction, de régularité, de bonne administration des régiments réguliers.

Rentré à Alger à la fin de mai, après sa glorieuse campagne de Kabylie, le maréchal Bugeaud, dans les premiers jours de juin, quittait l'Algérie sans esprit de retour. Le maréchal n'était pas un dissimulé. Il aimait penser tout haut, et toute l'armée connaissait les motifs qui le portaient à abandonner, après sept années de travaux, de périls et de gloire, le gouvernement qui rendit son nom inséparable de celui de l'Algérie, conquise par lui. Il était irrité de voir ses plans contrecarrés sans cesse, à la Chambre, par une opposition ardente ; car bien des députés ne voyaient, avec le bruyant M. Desjobert, dans notre conquête, que les dépenses qu'elle nous imposait, sans apercevoir ses avantages moraux qui nous l'ont rendue si chère, et même ses avantages économiques qui, à mon sens du moins, se manifestaient déjà par le développement de la prospérité publique dans nos provinces du Midi. Il était irrité encore de constater, à chaque instant, que le gouvernement, sacrifiant tout à l'absurde mécanique parlementaire, le défendait mollement et l'abandonnait presque. Il était irrité enfin de trouver, jusque parmi ses collaborateurs, des résistances à ses théories sur la colonisation.

Militaire dans l'âme, Bugeaud aurait voulu tout faire par l'armée. Il rêvait des colonies militaires comme celles des anciens Romains ou, pour prendre un exemple plus moderne, comme celles des confins de l'Autriche.

Sa colonie de Beni-Méred, où le colon était soldat et où le village était caserne, lui semblait le dernier mot du système. Au fond, il considérait l'Algérie comme un champ de manœuvres admirable pour former des soldats, comme une position stratégique destinée à transformer, selon le vœu de l'Empereur, la Méditerranée en un lac français. Mais il ne croyait pas à la colonisation par l'élément civil, par l'initiative privée. Il ne l'encourageait pas. Il avait, pour ainsi dire, peur d'avoir trop de colons, parce qu'il sentait qu'avec eux s'introduirait fatalement le pouvoir civil, incompatible avec son humeur autoritaire.

Sans être absolument et directement opposées à celles du maréchal, les théories colonisatrices du général de Lamoricière en différaient cependant profondément. Le général admettait, lui, que le but principal de notre conquête devait être la constitution d'un territoire civil, sur lequel la colonisation se développerait librement. Avec sa vaste intelligence, il avait étudié ces questions si complexes par elles-mêmes, et compliquées encore par le problème de la population indigène, qu'on ne peut pourtant pas exterminer et qu'on peut si difficilement fondre avec les éléments venus de la mère patrie. Cette divergence de vues avait malheureusement refroidi le maréchal et le général l'un pour l'autre. Lamoricière venait de solliciter et d'obtenir un mandat législatif qui lui permît de défendre ses vues à la tribune. Il avait été élu député de Saint-Calais. Il entrait dans la politique, qui devait lui réussir moins que la guerre. Les événements, en le portant bientôt au pouvoir, allaient lui permettre d'essayer l'application de ses théories coloniales et de créer des colonies agricoles. L'essai coûta fort cher et réussit incomplètement ; car les colonies agricoles s'étiolèrent et ne reprirent vie que lorsque la disparition de la première couche de colons en amena une seconde, en état de s'adapter mieux à ce milieu nouveau.

Au mois de juillet 1847, je fus commandé pour escorter, avec un peloton de spahis, le général Baraguey-d'Hilliers, en tournée d'inspection d'infanterie dans la province d'Alger. La corvée me plaisait médiocrement. Le général passait pour être d'une inflexible sévérité. Le troupier l'avait baptisé « mauvais coucheur » et, en outre, mon capitaine Abdellal, plutôt malveillant, s'était amusé à composer mon peloton avec les rebuts de son escadron, en hommes et en chevaux. Je partis, sans enthousiasme et assez piteusement, à la tête de ma petite troupe. Dans un intéressant ouvrage sur l'insurrection du Sahara, le commandant Richard a jeté sur l'Arabe cet anathème : « Le vol et le meurtre dans l'ordre moral, la teigne et la syphilis dans l'ordre matériel, sont les plaies qui dévorent les Arabes. » Moi, qui ai beaucoup pratiqué les Arabes, qui parle leur langue, qui ai vécu avec eux et comme eux, je proteste contre ces dures paroles, et je déclare que j'ai toujours eu à me louer de mes rapports de service avec eux, et particulièrement en cette circonstance, qui aurait pu tourner en désastre pour moi.

Je haranguai mes cavaliers, je fis appel à leurs bons sentiments, à leur esprit de corps, à leur amitié pour moi. Ils m'écoutèrent si bien que j'arrivai à Dellys, où se trouvait le général, avec une troupe en parfait état. En mettant pied à terre, j'allai chez le commandant Périgot, commandant supérieur de Tenès, qui donnait l'hospitalité au général. Il régnait une chaleur épouvantable et tout le monde faisait la sieste. Je pénètre dans la maison, je frappe à la porte d'une chambre. On me crie d'entrer; j'entre, et, dans la pénombre, je distingue un corps blanc, absolument nu. C'était le commandant, qui combattait la chaleur par la nudité. Je m'excuse. Il m'indique la chambre du général. Là, changement de décor. Par les fenêtres ouvertes, entraient à flots la chaleur et la lumière. « Qu'est-ce que vous voulez? me dit le général. » J'explique que je venais prendre ses ordres. « Parfait, lieutenant, me dit-il. Nous partirons après-demain à trois heures du matin. » Je veux faire du zèle et je lui réponds : « En ce cas, mon général, je serai à votre porte à trois heures moins un quart. — Qu'est-ce que vous me chantez? reprend aussitôt le général. Je ne vous ai pas dit à trois heures moins un quart. Je vous ai dit à trois heures. Tâchez d'être exact. Vous dînez ce soir avec moi. » Si la journée était chaude, la réception était fraîche, et je me serais passé d'une invitation ainsi formulée. J'allai conter ma peine à l'aide de camp, qui me dit : « C'est le siroco. Vous verrez ce soir comme il sera gentil. »

En effet, le soir, au dîner, je trouvai un homme transformé, bon, aimable, gai, charmant, qui ne me laissa pas partir sans me dire que, pendant tout le temps de l'inspection, je n'aurais pas d'autre table que la sienne. J'employai la journée du lendemain à faire reluire mon peloton comme un sou neuf, et au moment où sonnait le deuxième coup de trois heures du matin, j'arrivais avec mes hommes devant le général, qui m'attendait sur le pas de sa porte et qui fut content. Nous fîmes la grande halte du déjeuner à onze heures, pour repartir à deux heures. Nous étions établis à l'ombre de grands arbres, sur le bord d'un ruisseau, et le général vit un de mes hommes qui menait boire, par le licol, un grand cheval dégingandé.

« Qu'est-ce que c'est que ce cosaque-là? me demanda-t-il. — Ah! mon général, gardez-vous d'en dire du mal; c'est un de vos anciens élèves. — Comment, un de mes anciens élèves? — Oui, c'est le marquis de Létang. Il était à Saint-Cyr quand vous commandiez l'école. Il est le camarade de promotion de mon colonel. Sorti dans l'infanterie, il est devenu lieutenant au 44° de ligne. Il a fait des bêtises qui l'ont obligé à quitter le service. Il s'est engagé dans la légion étrangère. Il ne s'y est pas plu et a fini par entrer aux spahis. Pour le moment, il est brigadier dans mon peloton, et il n'aura pas de sitôt les galons de sous-officier. » Ce marquis de Létang était un extraordinaire garçon, possédant beaucoup d'esprit, mais pas de sens commun. Il tournait habilement le couplet et jouissait d'une verve endiablée. Le lieutenant-colonel Bâville l'invitait de temps en temps à dîner; et alors il était aussi heureux et aussi gai que s'il était resté son camarade, son égal. Du reste, comme brigadiers français, j'étais véritablement gâté. Outre le marquis de Létang, qui a fini par redevenir officier, j'en avais trois autres dont j'ai suivi d'un œil attentif la fortune dans le monde : M. Renaud d'Avènes des Melaizes, mort lieutenant-colonel commandant le 3° régiment de spahis; M. Brunetières, qui a pris sa retraite comme colonel du 1ᵉʳ régiment de chasseurs d'Afrique, et le marquis de Bongars, qui a quitté le service pour se marier, étant capitaine, officier d'ordonnance du général comte de Goyon, et chevalier de la Légion d'honneur.

Je fis très bon ménage avec le général Baraguey-d'Hilliers. « Savez-vous, me dit-il un jour, que j'ai beaucoup connu votre père? — Je le sais, mon général. Vous étiez capitaine en second au 2° régiment des grenadiers à cheval de la Garde royale, quand mon père était capitaine commandant au 1ᵉʳ régiment. — Puisque vous le saviez, pourquoi ne me l'avez-vous pas dit? — Parce que je ne voulais devoir votre faveur qu'à mon zèle personnel. — Ça, c'est véritablement très bien, et, puisqu'il en est ainsi, puisque je vous ai fait manquer, en vous retenant près de moi, l'inspection générale de votre régiment, je vais faire une chose tout à fait en dehors de mes habitudes, en écrivant à votre inspecteur pour vous recommander, et lui dire combien j'ai lieu de me louer de vous. »

Cet inspecteur était le général Oudinot, duc de Reggio, qui avait été précisément le colonel de mon père, au 1ᵉʳ de grenadiers. Je ne sais pas s'il a tenu compte de la recommandation du général Baraguey-d'Hilliers. Dans tous les cas, le besoin de la double épaulette me tourmentait fort. Depuis deux ans que le régiment était formé, j'étais le plus ancien lieutenant, et pas une vacance de capitaine ne s'était produite. C'était d'autant plus vexant que, dans les deux autres régiments, je voyais mes cadets de grade passer avant moi, et qu'on s'obstinait toujours à ne pas remplir cette vacance de capitaine à l'escadron du Sénégal, que j'aurais acceptée avec empressement. Un jour pourtant, je crus que mes vœux étaient satisfaits. En revenant d'une tournée de remonte chez les Beni-Sliman, je trouvai sur la route mon colonel Bâville, qui venait au-devant de moi. « Ce pauvre capitaine Mesmer, me dit-il, est mort à l'hôpital d'Alger, et c'est vous qui le remplacez. J'ai voulu vous annoncer le plus tôt possible cette bonne nouvelle. »

Nous avions au régiment deux Mesmer : le Mesmer du shah de Perse, Ben-Matou, sous-lieutenant attaché à la direction des affaires arabes, et le gros Mesmer, vieux capitaine, qui avait eu des pages fort honorables dans l'historique du régiment, mais qui, découragé, dégoûté du service, attendait sa retraite en abandonnant son escadron à son capitaine en second. « C'est le maître tailleur du régiment, me dit le colonel, qui arrive d'Alger, où Mesmer était en permission, et qui nous a appris que le capitaine avait été subitement atteint d'une méningite à laquelle il a succombé en quelques heures. » Je donnai quelques regrets à la mémoire de ce pauvre Mesmer, et je commençai à tourmenter le capitaine trésorier, pour qu'il envoyât au ministère le bulletin de vacance qui devait provoquer ma nomination. « Je ne puis pas le faire, me disait-il, tant que l'hôpital d'Alger ne m'aura pas envoyé le billet de décès du capitaine. » Moi, je ne comprenais pas qu'il fallût tant d'histoires. Un soir, mon camarade Périer, qui demeurait dans la même maison que moi, me dit en rentrant : « A propos, vous savez, Margueritte arrive d'Alger. Il a vu Mesmer, qui va beaucoup mieux, qui est hors d'affaire. — Comment! Mesmer hors d'affaire? dis-je. Il est mort, c'est entendu! » Il n'était pas mort, et même il était assez bien portant pour s'en aller en France, en congé de convalescence. Notre maître tailleur avait rencontré un officier de chasseurs d'Afrique qui lui avait dit : « Mesmer vient d'être transporté à l'hôpital avec une méningite; il doit être mort à cette heure-ci. » Et le maître tailleur, revenant à Blidah, pour corser la nouvelle, avait raconté qu'il venait de voir un officier de chasseurs sortant des obsèques du capitaine Mesmer. D'ailleurs, la fausse nouvelle avait fait son chemin, car, en arrivant en France, Mesmer trouva sa famille qui portait son deuil, et je ne sais pas si la résurrection du capitaine fut plus agréable à ses parents affligés qu'à moi.

En septembre, le maréchal Bugeaud ayant maintenu sa démission, parce qu'on refusait de lui concéder les points essentiels de son programme, S. A. R. le duc d'Aumale, désigné par le maréchal lui-même comme le plus capable de lui succéder, fut nommé gouverneur général de l'Algérie. Cette nomination fut acclamée à la fois par l'armée et par la population civile, comme une promesse de bonheur et de prospérité. Le Roi, en confiant à l'un de ses fils le gouvernement de l'Algérie, témoignait à la colonie sa sollicitude et sa résolution de la développer. Le Prince, qui connaissait à fond l'Algérie, y avait révélé des talents de premier ordre, comme administrateur et comme homme de guerre. Son arrivée allait fournir une heureuse transition pour ôter au gouvernement de l'Algérie ce qu'il avait de trop exclusivement militaire, tout en maintenant sur l'armée une autorité incontestée. L'illustration de sa naissance, son titre de fils du Roi devaient consolider notre domination, en la rehaussant aux yeux des indigènes. Enfin la présence à Alger d'un prince possesseur d'une fortune immense plongeait le commerce dans le ravissement.

Sans vouloir bouleverser de fond en comble le système suivi jusqu'alors, le Prince, libre de tout engagement, ayant ses vues personnelles, un programme longuement médité, n'entendait pas se rendre absolument solidaire des actes de son prédécesseur. Il le prouva bien en ramenant avec lui, comme chef d'état-major général et commandant de la province d'Alger, le général Changarnier, qui avait conquis son illustration sur cette terre d'Afrique où, en des circonstances à jamais mémorables, il avait montré un si ferme courage et une si invincible énergie. Il adjoignit, en outre, à sa maison militaire plusieurs officiers d'ordonnance du plus haut mérite, entre autres le capitaine de Mirandol, le capitaine Doulcet, de l'état-major, qu'une attaque foudroyante de choléra devait, en 1849, enlever à un brillant avenir, le lieutenant d'état-major Foy, sorti récemment de l'École polytechnique et fils de l'illustre orateur libéral. Ils devaient être de très utiles auxiliaires, perpétuellement en courses, allant étudier toutes les questions sur place, allant porter les ordres du Prince et en surveiller l'exécution.

Enfin, par une suprême faveur de la fortune, coïncidant

presque avec cette nomination, l'émir Abd-el-Kader, l'insaisissable Émir, tombait dans nos mains. Chassé, comme je l'ai dit plus haut, de la Kabylie d'abord, puis du Sahara algérien, rejeté enfin dans le Maroc, il termina sa carrière par un rêve grandiose : s'emparer du Maroc lui-même et s'en servir pour reconstituer la nationalité arabe et nous jeter à la mer. Mais bientôt, inquiet de ses intrigues, au milieu des populations montagnardes du Riff, presque constamment en révolte contre le pouvoir central, l'empereur du Maroc envoya contre lui son fils, le vaincu d'Isly, à la tête de troupes qu'Abd-el-Kader vainquit deux fois, mais qui finirent par triompher et par le contraindre à la retraite. C'est ici que doit se placer, chronologiquement, la catastrophe que j'ai racontée plus haut, pour la commodité de mon récit, car ce fut à cette époque qu'Abd-el-Kader, embarrassé des prisonniers qu'il avait faits à Sidi-Brahim et à Aïn-Temouchen, ternit sa gloire en faisant décapiter les soldats, pendant qu'il vendait la vie des officiers.

Abd-el-Kader se trouvait donc, à ce moment, acculé sur la rive gauche de la Malouïa, non loin de la mer, entre vingt mille cavaliers marocains, munis d'artillerie, et toutes les troupes disponibles de la province d'Oran, que le général de Lamoricière, abandonnant pour quelques jours son nouveau poste de député, avait massées sur la frontière, afin de la garantir contre les coups de tête des Marocains. Pour soutenir la lutte, Abd-el-Kader n'avait plus dans son camp, dans sa deïra, que cinq ou six cents cavaliers, très aguerris, très intrépides et d'un dévouement absolu ; à peu près autant de fantassins, mais moins bons. Dans la deïra, qui comptait à peu près six cents tentes, soit trois mille personnes environ, tous les hommes étaient armés, même les nègres, et prêts à défendre leurs familles, au milieu desquelles se trouvaient la femme et les enfants d'Abd-el-

Kader lui-même. L'âme de l'Emir, qui grandissait avec l'infortune, était peut-être la seule à ne pas désespérer. Il se jeta, de nuit, sur l'un des camps marocains et l'enleva. Mais, au matin, accablé par les masses de ses adversaires, qui avaient repris courage, il dut céder le terrain et sacrifier la moitié de ses réguliers, pour faire franchir la Malouïa à sa deïra et la mettre en sûreté sur notre territoire. Il sortit du Maroc le dernier, les vêtements criblés de balles, et après avoir eu trois chevaux tués sous lui. Peut-être aurait-il pu parvenir à s'échapper encore, du côté du Sud. Mais il ne voulut pas abandonner les familles des guerriers qui étaient morts pour lui. A la nuit, ses éclaireurs se heurtèrent aux spahis. C'était la fin. Abd-el-Kader se soumit à son destin. Il fit appeler l'officier qui commandait le détachement. C'était un lieutenant indigène, avec qui j'avais été sous-officier, nommé Ahmed-ben-Bokouïa, auquel il donna, en signe d'accommodement, son cachet à porter au général de Lamoricière. Le général, immédiatement, détacha son sabre et le fit porter à l'Émir, en signe de paix. Au matin, une convention était signée, d'après laquelle l'Émir, sa famille et ses serviteurs principaux devaient être transférés à la Mecque, ou à Saint-Jean d'Acre.

Le général de Lamoricière, qui voulait présider par lui-même à l'internement de la deïra, s'était porté, avec son infanterie, vers le Kis, où se trouvait cette deïra, et avait laissé sa cavalerie sur le plateau de Sidi-Brahim. Abd-el-Kader, cherchant le général de Lamoricière, « le seul, disait-il, à qui il voulût faire son sacrifice », arriva sur ce lieu, théâtre d'un drame tragique, qui lui rappelait et qui nous rappelait tant de souvenirs. Les murs du marabout étaient toujours là, tachés du sang des nôtres. Les os des héros morts blanchissaient autour d'eux, mais peut-être que sur ce théâtre de mort, devenu théâtre de victoire, planait l'âme de cet admirable Dutertre qui avait dit, avant de mourir : « Chasseurs, on va me décapiter si vous ne vous rendez pas, et moi, je vous ordonne de vous défendre et de mourir tous jusqu'au dernier. »

En l'absence du général, le colonel de Montauban reçut l'Emir, qui passa sur le front des escadrons et qui, sous l'escorte de quelques chasseurs d'Afrique, arriva le soir à Nemours, où sa famille l'attendait déjà, et où le général de Lamoricière arrivait en même temps que lui, escorté par les cavaliers réguliers qui venaient de se rendre. Dans cette même matinée, l'artillerie de Nemours saluait le gouverneur général, le duc d'Aumale, qui débarquait, appelé par les dépêches répétées du général de Lamoricière. A peine rentré, le général de Lamoricière alla rendre visite à l'Émir, qui lui fit présent de son yatagan. Alors, enfin, une détente se produisit dans cette âme de fer, et pendant toute la nuit on entendit l'émir Abd-el-Kader pleurer et sangloter. Au matin, les yeux secs, il monta sa dernière jument, blessée comme lui, et s'avança, suivi de quelques serviteurs, vers le logis du duc d'Aumale. Avant d'y arriver, il mit pied à terre et marcha, conduisant sa monture par la bride, comme faisaient les Arabes qui venaient se soumettre. Dans l'après-midi, le même navire emmena à Oran le duc d'Aumale, le général de Lamoricière et Abd-el-Kader. Ils arrivèrent, pendant la nuit, à Mers-el-Kébir, où le colonel de Martimprey, le chef vénéré de qui je tiens tous ces détails, fut mis à la disposition de l'Émir, qui retrouva en lui un des assistants de sa fameuse entrevue avec Bugeaud, à Fid-el-Atach, lors de la paix de la Tafna, qui avait marqué le point culminant de sa carrière. A dix heures, enfin, une frégate emportait en France Abd-el-Kader, sa mère, sa femme, son fils et ses principaux officiers, et peu après, on chantait un *Te Deum* à l'église de Saint-Louis d'Oran.

Le gouvernement français refusa de ratifier la convention conclue par le général de Lamoricière et approuvée par le duc d'Aumale, sans cependant accepter la combinaison du général, qui répondit au reproche qu'on lui fit : « C'est bien simple ! remettons les choses en l'état : je refuserai la transportation en Orient, et Abd-el-Kader se jettera dans le Sud. » On retint Abd-el-Kader à Amboise, et rien ne peut excuser ce manque de parole que Napoléon III, heureusement, devait réparer.

Veut-on maintenant connaître le patriotisme des partis? La prise d'Abd-el-Kader aurait dû être célébrée en France comme une grande victoire. Sans passer inaperçue, elle fut, jusqu'à un certain point, étouffée par une opposition qui rêvait des victoires moins pénibles et plus fructueuses. Le jour même où l'on apprit à Paris la reddition de l'Émir, quelqu'un que j'ai connu plus tard rencontra M. Thiers, sortant des Tuileries, et lui dit qu'on devait se féliciter d'un succès affermissant notre domination en Algérie : « Peuh! répondit M. Thiers, la prise d'Abd-el-Kader est de maigre importance, en face des événements qui se préparent ici. » Les événements qui se préparaient, c'était une agitation en faveur de la réforme et contre M. Guizot, c'était, en définitive, la révolution de Février.

Cette année-là, le prince de Joinville vint avec la Princesse retrouver son frère, revenu d'Oran, et passer l'hiver avec lui à Alger. On disait tout haut, sans être démenti sérieusement, que le Roi l'avait mis en pénitence, pour le punir de l'opposition qu'il faisait à la politique réactionnaire du premier ministre.

Quoique nous fussions en pleine paix, l'hiver de 1847-48 fut extrêmement laborieux pour nous tous. Le Prince avait donné les ordres les plus précis pour que le troupier fût maintenu en haleine, et c'était, dans toute l'Algérie, un branle-bas continuel · des appels, des alertes, des marches et des contremarches, exécutées aussi strictement que si nous eussions été en guerre. Notre jeune gouverneur général était inflexible ; il fallait que ses ordres s'accomplissent à la lettre et à la minute, et le colonel des zouaves fut très sévèrement puni, pour avoir pris sur lui de retarder de vingt-quatre heures un mouvement prescrit, en face d'un temps affreux qui avait défoncé les routes et rendu les gués impraticables.

A Blidah, nos cinq escadrons de cavalerie passaient leur temps à évoluer et exécutaient quatre grandes marches militaires par semaine. Ces exercices forcés n'avaient pas pour unique but de nous entraîner. Pie IX venait de monter sur le trône pontifical. Les premières mesures libérales de son gouvernement avaient fait bouillonner, en Italie, l'esprit d'indépendance. On s'attendait à une insurrection générale des provinces soumises à l'Autriche, et le gouvernement français, prévoyant des complications internationales, voulait avoir sous la main, en Algérie, un corps d'armée tout prêt, pour le jeter brusquement sur les côtes italiennes. Et voilà pourquoi fantassins, cavaliers et artilleurs arpentaient, en grommelant, l'Algérie dans tous les sens.

Tout à coup, au milieu de notre vie laborieuse, un bruit sinistre circule : la République vient d'être proclamée à Paris ! Un navire de commerce a apporté cette nouvelle à Alger, d'où elle s'est répandue partout, avec la rapidité de l'éclair.

Nous l'accueillîmes d'abord avec une incrédulité parfaite. Nous savions que Bugeaud était à la tête des troupes, à Paris, qu'il avait sous ses ordres les plus renommés de nos généraux d'Afrique, et nous les connaissions assez pour être sûrs qu'ils viendraient à bout d'une insurrection dans la capitale. Si le glorieux maréchal avait pu entendre ce que disaient de lui ceux qu'il avait si souvent menés au combat, son orgueil eût été amplement satisfait ; car à toutes les tables d'officiers, le jour où l'on fut contraint d'admettre que l'émeute avait triomphé, ce ne fut qu'un cri : « Si Bugeaud est vaincu, c'est que Bugeaud est mort. » Et, de fait, le bruit de sa mort courut pendant quelque temps.

J'étais alors à Alger, où j'étais venu déposer comme témoin devant un conseil de guerre, et je vis l'agitation immédiate produite par la nouvelle de la proclamation de la République sur la lie de la population, qui déjà se croyait maîtresse de la ville et des richesses qu'elle contenait. L'armée restait totalement étrangère à cette agitation. La musique du 32ᵉ de ligne était venue, comme d'habitude, jouer sur la place du Gouvernement. Quelques énergumènes réclamèrent la *Marseillaise*. Ce morceau ne figurait pas sur le programme du concert communiqué à l'état-major, et le chef de musique, plutôt que d'obéir aux vociférations de la foule, ramena ses musiciens à la caserne.

Le duc d'Aumale n'avait reçu aucune confirmation officielle des événements. Il adressa toutefois à l'armée, à la population européenne et indigène des proclamations empreintes du plus pur patriotisme, prit d'urgence les mesures nécessaires à la défense des ports et des côtes de l'Algérie, mais resta muet sur la politique et le nouveau gouvernement de la métropole. Les basses classes de la population civile, dans leur impatience de voir proclamer le gouvernement de leurs rêves, affirmaient que le Prince cachait la vérité, et affichaient la singulière prétention d'aller elles-mêmes chercher, à bord du prochain courrier, les dépêches adressées au gouverneur général. La scène, à laquelle j'assistai, fut assez curieuse. Dès que l'aviso de la marine de guerre qui apportait les dépêches fut signalé, un bataillon des zouaves prit les armes et vint, sous le commandement du lieutenant-colonel Bouët, se ranger sur le quai, devant l'emplacement qu'allait occuper le navire. Avant de former les faisceaux, on chargea ostensiblement les fusils devant la foule, que cette démonstration rendit prudente. Le général Changarnier monta lui-même à bord et reçut les dépêches des mains du commandant. Il me frôla, montant de la Marine au palais du Gouverneur, à cheval, suivi de quatre chasseurs d'Afrique, et portant à la main les dépêches.

L'agitation grandissait dans la ville. Il était certain que la révolution avait triomphé à Paris, qu'un gouvernement nouveau avait remplacé celui de Louis-Philippe, et que la France s'y soumettait. Le président du tribunal et le procureur général se crurent autorisés, par ces circonstances exceptionnelles, à se mettre à la tête d'une députation de la population, pour aller demander au Prince ce qu'il comptait faire. Le duc d'Aumale et le prince de Joinville descendirent de leurs appartements pour recevoir les délégués, dans un espace assez étroit qui s'étend entre la grille et la façade du palais. J'étais, avec d'autres curieux, tout contre la grille, bien placé pour tout voir et tout entendre. Les deux magistrats exposèrent aux Princes que la population se plaignait d'être tenue dans l'ignorance des nouvelles venues de Paris. « Je ne suis moi-même guère plus avancé que vous, répondit le Prince. Le télégraphe ne fonctionne plus. — Cependant, ajoutèrent ces messieurs, il est arrivé des lettres qui ont un caractère d'authenticité indiscutable et qui présentent le changement de gouvernement comme un fait accompli et irrévocable. La famille royale aurait même quitté la France. — C'est vraisemblable, répondit le Prince, mais je ne puis régler ma conduite sur des lettres et des journaux. Je suis ici une sentinelle qui ne doit pas quitter sa faction avant d'en avoir été relevée régulièrement. »

Puis, comme il témoignait des inquiétudes poignantes que lui inspirait le sort des siens, les délégués répondirent par quelques protestations de dévouement à sa personne. Le prince de Joinville trouva l'occasion d'intervenir et de prononcer ces paroles, qu'il accentua d'un geste énergique :

« Messieurs, dans les circonstances où nous nous trouvons, il n'y a qu'un cri qui doit nous rallier tous : « Vive la France! et mourons pour la France! » La foule se retira en silence.

Dans la soirée, le Prince reçut enfin une communication officielle du gouvernement provisoire, lui annonçant les événements, la proclamation de la République, et faisant appel à son patriotisme, pour qu'il ne suscitât aucun embarras au pouvoir nouveau. Il était avisé, en même temps, de son remplacement par le général Cavaignac, et invité à remettre ses pouvoirs entre les mains du général Changarnier, en attendant l'arrivée très prochaine de son successeur.

Le général Cavaignac, titulaire de la subdivision de Tlemcen, faisait à Oran l'intérim du général de Lamoricière, retenu à la Chambre par son mandat. Il apprit là, le 5 mars, par des nouvelles venues d'Espagne, la révolution de Février, et il s'empressa d'envoyer son adhésion au nouveau gouvernement, qui le récompensa par le grade de général de division, tout nouvellement rétabli, et par le gouvernement général de l'Algérie. Avant de partir pour Alger, il dut subir les félicitations de toute la canaille d'Oran qui vint, précédée d'un drapeau rouge, lui serrer la main au Château-Neuf. Cette cérémonie ne fut pas de son goût, paraît-il, car, en rentrant dans son appartement, les yeux pleins de larmes, il dit à son chef d'état-major : « Ce n'était pas ainsi que je comprenais la République. »

Naturellement le duc d'Aumale ne l'attendit pas à Alger, et après avoir remis le commandement au général Changarnier, il fit, dans une proclamation admirable, ses adieux à la colonie, et partit à bord du *Solon*.

La veille, j'avais fait demander une audience, par le capitaine de Beaufort d'Hautpoul, au duc d'Aumale. Je tenais à apporter tous mes regrets, à témoigner toute ma reconnaissance au Prince, qui avait toujours été si bienveillant pour moi et qui m'avait fait décorer, à la prise de la Smala. Cette faveur me fut accordée, et j'eus aussi l'honneur d'être présenté à Mme la duchesse d'Aumale. J'étais bien sincère dans l'expression de mes sentiments, car j'étais positivement navré de cette inepte révolution de Février, et déjà convaincu que la République est le gouvernement qui convient le moins au caractère, au génie et aux traditions de la France.

J'assistai encore à l'embarquement et au départ des Princes. La scène fut grande et solennelle. Le temps était sombre; le ciel, bas, laissait tomber une pluie fine et pénétrante. Le général Changarnier avait consigné les troupes. Il n'y avait pas un soldat dans Alger, et les rares officiers qu'on y rencontrait n'appartenaient pas à sa garnison. Les Princes et les Princesses quittèrent le palais du Gouvernement à dix heures, et, suivis de leurs jeunes enfants, portés sur les bras des domestiques, descendirent à pied à la Marine, où le canot de l'amiral les attendait pour les conduire à bord du *Solon*. Ils furent salués et acclamés sur tout le parcours. Les femmes, aux fenêtres, agitaient leur mouchoir, en leur criant : « Au revoir ! » et jamais, au temps de leur puissance, ils n'avaient été l'objet d'une ovation aussi chaude. Quand ils eurent été embarqués, nous eûmes l'idée, mon camarade Mesmer et moi, de prendre un canot pour aller, près du *Solon*, les saluer une dernière fois. Notre exemple fut suivi, et en un instant la rade était couverte de canots portant une véritable foule de courtisans, désintéressés, du malheur. Comme de juste, l'accès du navire nous fut interdit, mais, jusqu'au dernier moment, les Princes restèrent sur la dunette, répondant par des signes et des saluts affectueux à nos acclamations.

L'Armée d'Afrique n'était pas républicaine, et, à part quelques officiers ambitieux inféodés par leurs attaches, par leur nom même, au parti triomphant, ou encore affligés d'une tare, soit publique, soit cachée, elle vit arriver la République non seulement sans enthousiasme, mais encore avec mauvaise humeur. Et comment en aurait-il été autrement, puisque pour quiconque veut réfléchir un peu, l'esprit républicain et l'esprit militaire sont deux états d'âme contradictoires et incompatibles? L'armée, c'est une sorte de pyramide hiérarchisée et terminée par un chef absolu, que les liens de l'obéissance passive, de la soumission et du respect relient, par les élites étagées, aux foules qui forment la base. La République, c'est l'opinion publique maîtresse; c'est l'égalité absolue de tous; c'est le libre examen de tous les actes de l'autorité; c'est l'écrasement de l'élite par le nombre; c'est le renversement de la pyramide. Rien que par sa devise, la République est la négation de l'armée, car liberté, égalité et fraternité veulent dirent indiscipline, oubli de l'obéissance et négation des principes hiérarchiques. Mais cette armée, qu'attristait la proclamation de la République, ne voulait pas non plus se séparer du reste du pays, et ils la connaissaient bien peu ceux qui ont prétendu que le duc d'Aumale n'aurait eu qu'à faire appel à la confiance et au dévouement des troupes d'Afrique, pour relever le trône de Louis-Philippe, soit au bénéfice du Roi, soit au bénéfice de son petit-fils, le comte de Paris.

D'abord, en admettant que l'armée eût suivi le duc d'Aumale, le Prince n'eût eu aucun moyen de transport pour la jeter en France; il n'avait pas de flotte, et, s'il avait eu les vaisseaux nécessaires, il n'aurait pas pu s'en servir, parce que toute résistance légale avait disparu. Ah! si le roi Louis-Philippe, au lieu d'abandonner la partie et de quitter la France, s'était retiré sur un point fortifié, avait appelé, avait attiré à lui les troupes restées fidèles à leur serment, avait constitué un semblant de gouvernement et avait fait appel au loyalisme des Français, la situation eût été toute différente. Nous eussions marché probablement, et le duc d'Aumale, arrivant à la tête de régiments habitués à la guerre, eût pu changer la face des choses. Mais, du moment que le gouvernement régulier avait disparu, du moment que la France était soumise à l'émeute, le Prince n'eût pas enlevé un régiment, et il n'y songea même pas.

Une fois les Princes partis, les choses changèrent un peu d'aspect, et pendant que le commerce d'Alger faisait son deuil des dépenses énormes effectuées par les Princes et dont il bénéficiait, les clubs, ouverts tout à coup, retentirent des propositions les plus hostiles au régime déchu. L'ingénieur en chef des ponts et chaussées, M. Bégin, se distinguait surtout par son républicanisme de fraîche date, qui lui valait les acclamations de la racaille, mais aussi les quolibets publics de Mesmer, les coups de griffe de Ben-Matou, auxquels le malheureux fonctionnaire n'osait pas répondre.

Le nouveau gouverneur général ne se fit pas attendre. Il trouva, dans une grande revue, l'occasion de témoigner aux troupes son enthousiasme pour le nouveau régime. Il était visiblement préoccupé de plaire à la populace. Il se laissa arracher, par un club démagogique, l'ordre d'abattre une statue équestre du duc d'Orléans, qu'on avait dressée en face du palais du Gouvernement. Un pareil ordre constituait plus qu'une faiblesse ; c'était une malpropreté. La partie honnête de la population le comprit. Elle protesta. Elle força les soldats, chargés du déboulonnement de la statue, à se retirer. C'est grâce à elle, et malgré Cavaignac, que le bronze est toujours là, disant aux générations la part personnelle prise par le Prince royal dans l'œuvre de civilisation accomplie par la France en Afrique.

Un autre fait se passa, indiquant la mollesse de Cavaignac. Naturellement, un arbre de la liberté avait été planté à côté de la statue. Cet arbre fut coiffé, pendant la nuit, d'un bonnet rouge qui y resta jusqu'à ce que deux capitaines du génie eussent pris sur eux de le faire enlever et jeter à la mer par leurs soldats.

J'étais rentré à Blidah, le lendemain même du départ des Princes, persuadé que j'allais trouver plongé dans le désespoir mon commandant, M. Damiguet de Vernon, commensal assidu de Leurs Altesses Royales et ordonnateur habituel de leurs parties de plaisir. Il était tellement bien consolé qu'il avait déjà bruyamment fait adhésion à la République, et en avait tiré le grade de lieutenant-colonel et le commandement de la garde républicaine, réorganisée par Caussidière. Ces manifestations étaient fort rares, comme je l'ai dit, si rares qu'on nous avait expédié de la capitale des agents militaires chargés de recruter des adhérents à la République, dans l'armée, et notamment parmi nos sous-officiers, à qui ils promettaient l'héritage des officiers qui seraient frappés pour leurs opinions réactionnaires. Il en vint jusque parmi nos spahis, et je sus plus tard que j'avais eu l'honneur de figurer un instant, en bonne compagnie, sur une de leurs listes de proscription. Je ne suis pas tout à fait sûr que quelques-uns de mes sous-officiers ne se soient pas laissé ébranler. C'est peut-être, aujourd'hui plus que jamais, le point faible de notre organisation militaire. Le sous-officier vit plus près de la troupe que l'officier. Il en connaît mieux l'esprit, il en partage les passions, et il ne serait pas étonnant qu'un jour d'émeute il prît sur elle une influence décisive.

En ce mois de mars, la République nous valut un nombre inaccoutumé de parades. On nous fit prendre les armes solennellement, pour recevoir un nouveau drapeau. Afin de le distinguer de celui de la monarchie de Juillet, on avait donné aux trois couleurs une disposition différente : le rouge à la hampe, puis le bleu et le blanc. Son règne ne fut pas long, et, devant les protestations générales, le gouvernement nous restitua le drapeau d'Arcole, de Marengo, de Friedland, de Wagram et d'Isly. Il fallut une nouvelle revue pour le recevoir, avec le même cérémonial que son frère aîné.

Mon séjour à Blidah touchait à son terme. L'escadron allait tenir garnison à Aumale, devenu subdivision militaire et poste important, par sa proximité de la Kabylie. On y travaillait depuis deux ans, et les constructions militaires étaient presque terminées. Celles de la ville proprement dite étaient beaucoup moins avancées, et nous eûmes toutes les peines du monde à nous loger. A Aumale, commandait le colonel des zouaves, de Ladmirault. Il avait pour chef de bureau arabe le capitaine Ducrot, avec qui je me suis rencontré bien souvent, dans le cours de ma carrière, et dont la bienveillance se changea en solide amitié. Notre établissement était d'ailleurs rudimentaire. Nos chevaux étaient à l'écurie, nos hommes sous la tente, et nos cadres français dans une chambre de caserne. D'ailleurs, en quittant Blidah pour Aumale, notre escadron devait être modifié par un recrutement local. Le spahi ne rend de services sérieux que s'il appartient au pays où il sert, et autant le recrutement régional serait dangereux en France, autant il est nécessaire pour les corps indigènes. Le chagrin que j'éprouvais à quitter Blidah était encore aggravé par le désagrément du séjour d'Aumale, où régnait la fièvre, la pâle fièvre, fille des terres remuées. Et puis, mes rapports avec mon capitaine Abdellal étaient toujours plus que frais,

Mais le bon colonel de Ladmirault, qui connaissait cette situation et y compatissait, s'efforçait de l'adoucir en m'envoyant perpétuellement en mission. Toutes les fois qu'un peloton sortait, c'était moi qui étais désigné pour le commander. C'est ainsi que j'accompagnai le directeur des télégraphes algériens, M. Lair, lors de la pose du télégraphe aérien entre Aumale et Sétif. Ce M. Lair était un très aimable compagnon, habitant depuis longtemps l'Algérie et ayant poussé le goût de la colonisation jusqu'à épouser une jeune Mauresque. A Sétif, nous fûmes les hôtes du colonel de Barral, qui y commandait, officier de haute allure qui, l'année suivante, devenu général de brigade, fut tué dans une expédition sur la circonscription de Bougie. A l'exemple du connétable de Bourbon au sac de Rome, il donna, en mourant, l'ordre qu'on couvrît son corps de son manteau, pour ne pas décourager ses troupes. Je fus encore accueilli à bras ouverts par le capitaine des spahis, Fournier, qui nous était venu de l'École polytechnique après avoir passé par l'état-major, et par son commensal et camarade d'école le capitaine Bonvallet, qui commandait la batterie d'artillerie. Nous passâmes ensemble plusieurs soirées délicieuses. Fournier, devenu chef d'escadrons, fut tué, dix-huit mois plus tard, en Kabylie. Quant à Bonvallet, je l'ai retrouvé par la suite commandant un cercle, en Algérie.

Pour rentrer à Aumale, il me fallut faire un grand détour par le Sud; car le district de l'Ouénnougha que je devais traverser fermentait. Il fermentait si bien que le colonel de Ladmirault dut faire marcher ses troupes contre lui. Tout le monde, à cette époque-là, reconnaissait, comme Bugeaud l'avait fait d'ailleurs, la nécessité d'en finir avec la Kabylie, mais l'opération, pour le moment, était au-dessus de nos forces, et on se bornait à resserrer, de jour en jour, la ligne d'investissement, si on peut appeler ainsi l'ensemble des postes qu'on créait l'un après l'autre autour du massif du Djurdjura.

Dans un de ces postes, qui dépendait d'Aumale et qui s'appelait Drâ-el-Mizam, le colonel de Ladmirault avait placé, comme commandant, un adjudant sous-officier de son régiment, nommé Beauprêtre. Beauprêtre n'avait pour ainsi dire pas d'instruction et semblait destiné à végéter indéfiniment dans son grade obscur ; mais, dans ce poste, il révéla soudain l'instinct de la guerre et du commandement. On le vit étendre rapidement son influence, non seulement par des coups de main d'une audace inouïe, mais encore par des décisions judiciaires qui eussent fait honneur à Salomon. En quelques mois, sa renommée rayonnait dans toute la Kabylie, et les femmes faisaient taire leurs enfants, en leur criant : « Voilà Beauprêtre ! » comme elles leur eussent crié : « Voilà Croquemitaine ! » Beauprêtre avança rapidement et justement. La grande insurrection de 1864 devait le trouver colonel et commandant supérieur de Tiaret. Il fut tué, dès les débuts du soulèvement, en essayant de ramener le calme dans une des tribus de son commandement.

Ce fut en rentrant à Aumale que je revis mon ancien colonel, M. d'Allonville, qui traversait la ville et y faisait étape avec son régiment, le 5ᵉ de hussards, rentrant en France. Il témoigna, en me revoyant, un plaisir que la froideur de nos anciennes relations ne m'aurait guère permis de prévoir. C'est que je lui rappelais des temps faciles, et qu'il traversait des temps difficiles. Aux spahis, il suffisait d'être brave, et le colonel l'était jusqu'au bout des ongles. L'indigène était obéissant par tempérament, et les cadres français, composés de braves garçons amoureux avant tout de coups de main et de coups de sabre, n'avaient ni exigences ni susceptibilités. Aux spahis, on ne savait pas ce que c'était que l'opposition. Aux hussards, il n'en allait plus de même. Le colonel, qui avait fait sa carrière dans l'état-major et non dans le service des troupes, réglait les choses suivant le hasard de ses inspirations plutôt que selon la lettre des règlements. Il avait, en outre, dans son corps d'officiers, des esprits frondeurs qui lui faisaient de l'opposition. Aussi revoyait-il avec plaisir mon uniforme, qui lui rappelait les jours sans opposition et les officiers soumis. Il passa toute la journée avec moi, à me faire ses doléances et à me répéter, en parlant de nos relations, qui pourtant n'avaient pas été agréables : « Ah ! c'était le bon temps ! »

En septembre 1848, le colonel de Ladmirault, nommé général de brigade, céda les zouaves et, bientôt après, la subdivision d'Aumale au colonel Canrobert. Avant de partir, il me confia la mission d'enlever, avec trente spahis, au milieu d'un douar, un agitateur, un faux chérif, un Mohammed-ben-Abdallah qui commençait à faire parler de lui et à nous créer des embarras. Je partis avec une compagnie de zouaves qui devait me servir de soutien et me recueillir à moitié route, dans le cas où j'échouerais. J'avais l'ordre, si je parvenais à mettre la main sur mon agitateur, de l'emmener, mort ou vif. J'eus la chance de réussir, de surprendre les gens du douar, au petit jour, de les terrifier assez pour qu'ils me livrassent le bonhomme, dont j'avais le signalement et que je fis lier solidement sur un cheval, tenu en main par mes deux meilleurs cavaliers et placé au centre du peloton. Je ralliai les zouaves, et je rentrai à Aumale avec mon agitateur intact.

Là, je trouvai enfin cette nomination de capitaine après laquelle je soupirais depuis si longtemps. Je remplaçais, comme capitaine adjudant-major, de Mirandol, qui remplaçait, comme chef d'escadrons, le commandant de Vernon. En même temps que le capitaine de Mirandol, deux de ses collègues étaient nommés chefs d'escadrons : le capitaine Ressayres, qui rentrait en France, et le capitaine Fleury, qui allait au 3ᵉ de spahis, à Constantine, poste que, par un singulier concours de circonstances, il devait échanger contre celui d'aide de camp du prince Louis-Napoléon, président de la deuxième république française.

XII

ZAATCHA.

Le 10 décembre. — Le grand Écuyer. — Une association. — Premiers colons. — Notre colonel. — Mon maître. — Un philosophe. — Phalanstère arabe. — Un grand cœur. — Les Ziban. — Une serre chaude. — Assaut repoussé. — Combats acharnés. — Le colonel Carbuccia.

Mes nouvelles fonctions de capitaine adjudant-major me rappelaient à l'état-major du régiment, c'est-à-dire à la charmante garnison de Blidah. Et j'en étais enchanté. D'autre part, elles constituaient une véritable sinécure. Le capitaine adjudant-major est chargé d'assurer la régularité du service commun à plusieurs escadrons, et tous nos escadrons étaient séparés les uns des autres. Je n'avais donc absolument rien à faire, et j'en profitai pour retourner voir ma mère, établie à Mauzé, dans les Deux-Sèvres. Parti d'Alger à la fin de 1848, j'étais en France pendant le mois de décembre, quand eut lieu l'élection du président de la République. Je ne connaissais le prince Louis-Napoléon que par les échauffourées de Strasbourg et de Boulogne. Par contre, je connaissais le général Cavaignac. Je m'étais rencontré plus d'une fois avec lui en Algérie. Je savais ses préférences, dont il ne faisait pas mystère, pour le régime républicain. Je savais, par conséquent, que voter pour lui, c'était voter pour la République.

C'est pourquoi je portai dans l'urne un bulletin au nom du prince Louis-Napoléon. Certes, on eût cherché longtemps en France avant d'y trouver un garçon plus étranger que moi à la politique. Non seulement je n'avais jamais parlé avec un homme politique, mais je ne possédais aucune donnée sur l'état de l'opinion, et les rares journaux que je lisais ne pouvaient pas me renseigner, puisque tous, en soutenant des théories contradictoires, ont eu de tout temps la manie de représenter l'opinion qu'ils servent comme celle de la majorité des citoyens. Ils ne m'apprenaient donc rien, et j'ajoute que les conversations que j'entendais tenir autour de moi, à Mauzé, étaient de nature à me faire croire que le nom de Napoléon ne sortirait pas vainqueur du scrutin du 10 décembre. Mais je sentais instinctivement qu'après les secousses terribles qui avaient ébranlé la France, depuis le 24 février, la nation avait besoin, avant tout, d'ordre et de tranquillité, et qu'elle ne trouverait ces deux biens qu'avec un gouvernement assez fort pour les faire respecter, en se faisant respecter soi-même. Or, le nom légendaire de Napoléon, qui remua si profondément le pays, représentait précisément cet idéal. En dépit de la fureur des partis, en dépit des calomnies de détracteurs, payant souvent de la plus noire ingratitude les bienfaits reçus, la mémoire du grand Empereur repose, dans l'âme de ce pays-ci, sur deux bases : l'ordre intérieur et la gloire extérieure. Certes, on ne trompe pas entièrement les Français quand on leur dit que cet ordre intérieur, ils l'ont payé par la servitude, et que cette gloire extérieure, ils l'ont expiée par l'invasion. Mais tout cela, c'est du raisonnement, et on ne mène pas les hommes par le raisonnement; on ne les mène que par le sentiment. Les nations ont toujours dédaigné les mathématiques pour l'imagination. Sur elles, le réel n'a pas d'action. L'humanité n'obéit qu'à ses rêves. Elle préféra toujours la

Légende à l'Histoire, et voilà pourquoi le scrutin de Décembre donna raison à mes instincts.

Mon congé terminé, avant de rentrer en Algérie, je voulus passer par Paris pour y voir mon ancien camarade, le commandant Fleury. Les circonstances l'avaient bien servi. Il était devenu un personnage. Il était aide de camp du Prince Président. Il exerçait déjà, sans en posséder encore le titre, les fonctions qu'il avait rêvées toute sa vie. Déjà en Afrique, quand il n'était encore que maréchal des logis de spahis, nous nous amusions à l'appeler : « Monsieur le Grand », comme on appelait autrefois Cinq-Mars le Grand Écuyer de Louis XIII. Il habitait le numéro 11 de la rue Montaigne, où étaient installées les écuries de la Présidence, écuries fort peu considérables encore, qui ne contenaient guère qu'une dizaine de chevaux. Dans cette maison, qui a fait place depuis à des constructions modernes, mais qui était alors une sorte d'annexe de l'Élysée, se trouvaient réunies presque toutes les personnes attachées au Prince : le commandant Fleury, le lieutenant-colonel Edgar Ney du 3ᵉ de hussards, le capitaine du génie de Béville, chef du bureau topographique, le capitaine d'état-major marquis de Toulongeon, et enfin un homme encore jeune, qui ne payait pas de mine, mais qui était certainement le plus influent de tous, l'âme damnée du Prince, son séide aveugle, son conseiller à la fois hardi et profond, l'ancien maréchal des logis Fialin de Persigny.

M. de Persigny a été l'artisan de la fortune du général Fleury. En 1837, à Londres, il l'avait présenté au prince. Onze ans plus tard, en 1848, au mois d'octobre, alors qu'il faisait feu des quatre pieds pour préparer l'élection présidentielle, il le ramena à Louis-Napoléon dans des circonstances assez bizarres pour qu'on les raconte.

Fleury était un très brillant capitaine de spahis;

mais il n'avait jamais pâli sur la théorie de son métier, et son instruction professionnelle était renfermée dans des limites assez étroites. Il ne comprenait qu'une manœuvre : tirer son sabre et charger. Il était très débrouillard, très intelligent, très metteur en scène, mais jamais il n'avait soupçonné qu'il y eût dans l'armée française un ensemble de coutumes et de règles qui s'appelait : l'Administration. Il pensait que la guerre doit nourrir la guerre, que les résultats des razzias ne sont pas faits pour les chiens, et que les questions dans lesquelles entre l'argent doivent être traitées par-dessous la jambe. Un vrai militaire! Aussi, pendant que nos escadrons, usés par les expéditions, étaient, comme hommes et comme chevaux, dans le plus piteux état, celui qu'il commandait, à Orléansville, se trouvait toujours au grand complet et monté sur des chevaux toujours frais. Les chefs voyaient le résultat, et ce résultat leur semblait magnifique. Ils n'allaient pas examiner si Fleury, de son autorité privée, avait réformé deux ou trois fois les chevaux de son escadron, tout en maintenant sur les contrôles le nom et le signalement des chevaux remplacés par d'autres. Ils n'allaient pas examiner si Fleury avait attiré dans son escadron des hommes, par des primes d'engagement extraréglementaires. Ils voyaient un escadron incomparable, et tous ils réclamaient de l'avancement pour son capitaine commandant. Ils réussirent, et au mois d'août 1848, après quatre années à peine de grade de capitaine, Fleury était nommé chef d'escadrons au 3ᵉ régiment de spahis, à Constantine. C'était superbe. Mais il fallait liquider sa situation à Orléansville. L'administration militaire lui laissait sur le dos de très nombreuses dépenses faites pour l'escadron, et il avait pris des engagements auxquels il ne pouvait pas faire face. En passant par Alger pour aller rejoindre son nouveau poste, le commandant Fleury alla voir le général Marey-Monge, qui remplissait par intérim les fonctions de gouverneur de la colonie et qui lui avait toujours témoigné plus que de la bienveillance : de l'amitié. Cet excellent et flegmatique personnage déclara au commandant qu'il avait reçu des réclamations pressantes et importantes, et il ajouta : « Mon ami, avant d'aller occuper votre nouveau poste, il est de toute nécessité que vous liquidiez votre situation à Orléansville. »

Fleury n'avait plus un sou. Il demanda au gouverneur général un congé, pour aller chercher en France de quoi désintéresser ses créanciers. Il comptait sur sa mère, qui s'était remariée avec un Italien : le marquis Prêtely. Or, non seulement cette ressource lui manqua, mais en arrivant à Paris, il tomba malade et resta un mois sans pouvoir sortir de sa chambre. Dès qu'il fut sur pied, il alla rendre visite au général de Lamoricière, son protecteur, son ami, qui venait de signer, comme ministre de la guerre, sa nomination.

Quand on lui annonça le commandant, le ministre était plongé dans l'étude d'un projet de loi qu'il devait présenter le lendemain à l'Assemblée, et il ne put pas le recevoir. Fleury pensa être plus heureux avec le président de la République et se rabattit sur le général Cavaignac. Mais à l'hôtel de la rue de Varennes, il reçut le même accueil qu'à l'hôtel de la rue Saint-Dominique. Il s'en revenait donc chez lui, l'oreille basse, et comparant avec amertume les procédés des généraux africains, si différents dans la capitale de ce qu'ils étaient en Algérie, lorsqu'en traversant le jardin des Tuileries, il se vit aborder par M. de Persigny, qu'il ne reconnaissait pas, mais qui le reconnut, lui, pour l'avoir vu à Londres et qui, dès les premiers mots, lui posa cette question : « Êtes-vous allé voir le Prince ? — Non, répondit Fleury, je n'ai pas pris cette liberté. D'ailleurs, certainement le Prince n'a pas conservé le souvenir de notre entrevue à Londres. — Détrompez-vous, repartit M. de Persigny. Le Prince n'a oublié aucun des Français qui sont venus le voir sur la terre d'exil. Il est justement à côté d'ici, à l'hôtel du Rhin. Venez avec moi. Vous verrez qu'il vous reconnaîtra. Vous verrez qu'il se souvient de vous. »

Fleury, froissé de la réception de ses chefs, avait l'âme ouverte à de pareilles avances, et il suivit M. de Persigny. Louis-Napoléon l'accueillit de la façon la plus gracieuse. Lui-même se mit en frais. Il fut invité à dîner pour le lendemain, et à l'issue de ce repas, qui scella leur amitié, le Prince dit à Fleury : « Voulez-vous lier votre sort au mien ? Les nouvelles qui m'arrivent de toute part me représentent mon élection comme assurée. Si je réussis, vous réussirez avec moi. Si, contre toute prévision, j'échoue, eh bien, nous tomberons ensemble. On me prévient de veiller sur moi. On m'assure que mes ennemis politiques ne reculeront pas devant un crime. Il n'est pas facile de venir à bout de deux hommes décidés à se défendre. Vivons ensemble, et attendons des événements qui ne sont plus bien loin. Voulez-vous ? » Fleury accepta, et à partir de ce moment il vécut dans l'ombre du Prince, dont il fut l'aide de camp, bien avant le 10 décembre. Particularité curieuse ! son congé étant expiré, il n'en demanda pas le renouvellement et resta plusieurs jours à Paris, dans une position irrégulière qui aurait eu pour lui des suites fort désagréables, si le Prince n'avait pas été élu. Il me raconta cela lui-même à table, en déjeunant, rue Montaigne.

Après le déjeuner, nous nous étions mis à la fenêtre pour regarder les chevaux du Président, que l'on promenait dans la cour. Je ne sais quelle idée me passa par la tête, mais tout à coup je dis à Fleury : « J'espère que nous n'allons pas nous arrêter en si beau chemin ! A quand l'Empire ? » Là-dessus, voilà mon Fleury qui s'emporte comme une soupe au lait et qui me fait une sortie violente, tout à fait disproportionnée avec mon petit manque de tact : « Oui ! criait-il, c'est par ces propos inconsidérés, imprudents, sans fondement et sans excuse, que l'on cause un préjudice peut-être irréparable au président de la République, en le représentant comme un adversaire secret des institutions que la France s'est données.

— Eh là ! mon Dieu ! calmez-vous, lui répondis-je. Je ne vous demande pas vos secrets. Nous savons tous les deux que la France ne s'est rien donné du tout et qu'elle a, comme toujours, subi le triomphe d'une émeute. J'ai voté pour le prince Louis-Napoléon, en haine de la République, et sans m'imaginer un seul instant que le neveu du grand Empereur se contenterait des pouvoirs précaires et éphémères inscrits dans la Constitution. Je me suis trompé ; c'est bien. Mais convenez que Strasbourg et Boulogne excusaient d'avance mon erreur. N'en parlons plus, et ne voyez dans ce que je viens de vous dire aucune mauvaise intention. » Je pris congé, et je m'en allai en murmurant dans l'escalier : « Oh ! oh ! le camarade Fleury est devenu bien politique ! »

Je m'en retournai à Blidah, où je trouvai installé le commandement de la division militaire, qui depuis la conquête n'avait pas quitté Alger, et qui a voyagé plus d'une fois entre les deux villes, sans qu'on ait jamais bien su laquelle il convenait de préférer ; car, au fond, et pendant très longtemps, le véritable gouverneur général de l'Algérie aurait dû s'appeler : Son Excellence l'Incertitude. Le nouveau commandant de la province était alors le brillant général de Saint-Arnaud. Peu après mon retour, il procéda, en grande cérémonie, à la réception du premier convoi de colons, envoyés de France pour peupler les villages agricoles qu'on venait d'établir, d'après le plan du général de Lamoricière. Tous ces pauvres diables, que nous allâmes recevoir aux portes de la ville, avec des morceaux de musique et de bonnes paroles, nous firent l'effet d'assez tristes pionniers de la civilisation, et nos soldats, qui n'ont pas besoin de beaucoup de phrases pour caractériser les choses, adoptèrent presque immédiatement le mot de *colon*, comme expression d'un joyeux et sympathique mépris. Le général harangua les colons avec chaleur et bienveillance. Il leur peignit la vie nouvelle qui les attendait et qui, pour la plupart d'entre eux, ne ressemblait guère à l'existence passée. Il leur promit sa bienveillance, sa sollicitude, s'engageant à leur venir en aide dans tout ce qui dépendrait de lui, mais ne leur dissimulant pas cependant que, pour acquérir sinon la fortune, du moins le bien-être et l'aisance, leurs efforts personnels et leur persévérance au travail seraient bien plus puissants que le concours de l'administration.

On avait dû courir au plus pressé et s'inquiéter davantage de la tranquillité de la France que de l'avenir de l'Algérie. Car il avait fallu, avant tout, débarrasser Paris et les grandes villes des éléments révolutionnaires qui avaient fait leurs preuves, aux journées de Juin. Aussi ces malheureux, qui venaient de traverser la France par les canaux et les rivières en bateaux plats, et la Méditerranée sur des transports à voiles, représentaient-ils plutôt une lie ouvrière qu'une élite agricole, dont nous aurions eu surtout besoin. Telle fut la cause profonde de l'échec facile à prévoir, inévitable même, de ce premier essai en grand de colonisation. A cette cause s'en ajoutèrent d'autres. D'abord le génie militaire, chargé de l'établissement de ces villages agricoles, les avait tous construits sur un plan uniforme, et s'était beaucoup plus inspiré des nécessités de la défense que des exigences de la vie champêtre. Ensuite, chacun de ces villages était administré militairement par un officier qui remplissait les fonctions de juge de paix, celles de maire, et qui, dans des notes mensuelles, rendait compte de la situation et des chances d'avenir de chacun de ses administrés. Il y avait parmi ces officiers des hommes du plus haut mérite, tels que le capitaine Malglaive, très savant officier du génie, philosophe humanitaire, qui commandait le village de Marengo, au fond de la Mitidja, et qui consacra sa fortune, considérable, à le faire prospérer ; ou encore le capitaine d'état-major Lapasset, commandant du bureau arabe de Ténès, créateur d'un village indigène et administrateur de la colonie agricole de Montenotte, faisant admirablement marcher de front ces trois services. Mais ils étaient des exceptions, et le personnel administratif n'était pas toujours aussi heureusement choisi. On prenait ce qu'on avait sous la main, et ce n'était généralement pas l'élite de l'armée qui sollicitait des fonctions si peu en harmonie avec l'éducation militaire, et encore aggravées par la déplorable insuffisance des gens qu'il fallait diriger.

On n'avait cependant rien négligé pour le bien-être du colon. En arrivant, il trouvait, prête à le recevoir, lui et sa famille, une petite maison semblable à celles qu'on rencontre aux environs des usines, très propre et très logeable. L'État lui fournissait des rations de vivres, en attendant les récoltes. Il lui faisait l'avance des grains pour semer et des animaux nécessaires à l'exploitation rurale, ainsi que de tout le matériel agricole. Mais il ne pouvait pas apprendre l'agriculture à des gens qui n'avaient jusqu'alors manié que la navette ou le tire-pied, et rien n'était caractéristique comme les notes mensuelles qui racontaient leur vie. J'en ai conservé une, donnée par le capitaine Lapasset à un de ses administrés. Elle est ainsi conçue :

« X... : n'entend rien aux travaux de la campagne ; a une peur affreuse de son bœuf. »

Ils en étaient tous à peu près là. Aussi ne prirent-ils pas racine sur le sol africain. Hommes, femmes, enfants, sortis des villes, en avaient la nostalgie et y retournèrent dès qu'ils le purent. Cette première couche de population fut donc perdue pour la colonisation. Mais le branle était donné, la route était ouverte par laquelle passèrent d'autres générations qui réussirent à s'adapter à ce nouveau milieu et ont procuré à l'Algérie la prospérité dont elle jouit aujourd'hui.

Le problème n'est pas résolu pourtant, puisqu'il reste toujours les indigènes, dont nous avons troublé si profondément les mœurs et les coutumes, et que nous n'avons pas réussi à nous concilier. Cette population est domptée ; elle n'est pas soumise. Et Dieu veuille que les complications de la politique européenne ne nous fassent pas expier nos négligences et nos imprévoyances, en la soulevant encore une fois contre nous.

Le général de Saint-Arnaud, avant d'installer les nouveaux colons en Algérie, y avait installé son nouveau ménage. Au moment de la révolution de Février, où il s'était fait remarquer par une conduite aussi loyale qu'énergique, et où il avait failli périr d'une blessure dont il ne guérit que par une sorte de miracle, il avait épousé en secondes noces Mlle de Traissègnies, qui lui apportait, pour toute dot, l'alliance d'une des plus illustres familles des Pays-Bas, et il partageait son temps entre ses devoirs militaires et les soins dont il entourait sa jeune et charmante femme. Il quitta bientôt Blidah, pour exercer le commandement beaucoup plus important et presque indépendant de Constantine. C'est de là qu'il devait partir pour commander, quelques jours et pour la forme, une division à l'armée de Paris, sous les ordres de Changarnier, et pour devenir ministre de la guerre, au moment du coup d'État.

Mon régiment possédait enfin son chef, si longtemps nominal, le colonel Daumas, le créateur des bureaux arabes et l'ancien directeur général des affaires indigènes. Il avait abandonné ce dernier poste pour aller auprès d'Abd-el-Kader adoucir les amertumes d'un internement ordonné en violation des engagements les plus formels, et il avait accompagné l'Émir au château de Pau, puis au château d'Amboise. Il avait été remplacé à Alger par le colonel Rivet, ancien officier d'ordonnance du maréchal Bugeaud, un artilleur passé dans la cavalerie, qui devait trouver dans les tranchées de Sébastopol une mort glorieuse, le jour de la prise de Malakoff. Comme le gouvernement ne voulait pas immobiliser plus longtemps auprès d'Abd-el-Kader les talents hors ligne du colonel Daumas, il lui donna pour successeur le capitaine d'artillerie Boissonnet, très fort arabisant, homme de bien par excellence, et le colonel vint prendre le commandement de ses spahis pour aller bientôt, d'ailleurs, comme général de brigade, diriger, au ministère de la guerre, les affaires de l'Algérie.

Ce fut encore à ma rentrée à Blidah que l'armée d'Afrique prit le deuil du maréchal Bugeaud, presque subitement emporté par le choléra. Nous pleurâmes ce grand homme, tout en continuant à nous demander comment il avait pu plier, le 24 février 1848, si facilement devant l'émeute. On a dit, je le sais, que M. Thiers arrivant au pouvoir, et pensant que tout le monde devait être content puisqu'il l'était lui-même, regardant sa nomination ministérielle comme une satisfaction suffisante accordée aux revendications populaires, avait invité le maréchal à retirer ses ordres de répression. Et dans sa remarquable *Histoire de la monarchie de Juillet*, M. Thureau-Dangin ajoute que le maréchal n'obéit aussi vite que parce qu'il comptait faire partie lui-même de la nouvelle combinaison. Ces explications sont insuffisantes. Bugeaud mieux que personne savait que, si l'armée n'a pas de rôle à jouer dans la politique, elle a toujours son honneur à sauvegarder, et, tout en ordonnant de cesser le combat, il a dû prescrire les mesures nécessaires pour que la troupe, en se retirant, ne se laissât pas pénétrer par la foule, ce qui rendit toute résistance impossible et fit tomber le pouvoir entre les mains des émeutiers, contre les intérêts et contre le sentiment général du pays.

Je ne devais pas jouir longtemps des charmes de Blidah, dont je ne me lassais pas. Le colonel de Martimprey venait de remplacer le général Bosquet dans le commandement de la subdivision d'Orléansville. Collaborateur des plus utiles du maréchal Bugeaud, élève préféré du général de Lamoricière, qu'il avait suivi au ministère de la guerre comme chef du cabinet, le colonel de Martimprey avait une place à part dans l'armée d'Afrique, où on l'estimait autant pour la noblesse de son caractère que pour l'éclat de ses services et l'étendue de ses connaissances militaires. D'un esprit plus juste que brillant, infatigable au travail, ne sachant pas ce que c'était qu'une distraction, très ferme, très exigeant même, mais bienveillant, bon comme du pain, il obtenait tout ce qu'il voulait, parce qu'il était toujours le premier à payer de sa personne. Il voulut bien se rappeler qu'il m'avait connu, sept ans auparavant, comme maréchal des logis aux spahis, dans la province d'Oran, qu'il m'y avait témoigné de l'affection, et me fit demander par le colonel Daumas si je voulais devenir son officier d'ordonnance. Orléansville passait alors pour l'un des postes les moins agréables de l'Algérie. Le climat en est extrêmement pénible, surtout l'été, et la ville, de création récente, ne présentait aucune ressource. Ce n'était donc pas à une partie de plaisir que me conviait le bon colonel. Mais sa démarche était trop flatteuse, et auprès d'un tel chef j'avais trop à apprendre pour que je pusse refuser. Je partis donc immédiatement pour Orléansville, et je n'y trouvai pas le colonel, qui était en tournée d'inspection dans le cercle de Ténès, commandé par le chef de bataillon Hugo, celui-là même qui m'avait dégagé, à la tête d'une compagnie de grenadiers, le 19 juin 1845, dans ce combat en Kabylie où fut tué le capitaine Piat, et qui avait pour chef du bureau arabe le capitaine Lapasset, dont je viens de parler.

En partant, et ce trait dépeint l'homme, le colonel de Martimprey avait laissé pour moi, sur ma table de travail, quelques préceptes écrits de sa main. Il ne les avait pas inventés; mais il les observait toujours, ceux-ci entre autres :

« Ne remettez jamais à demain ce que vous pouvez faire aujourd'hui. Considérez que rien n'est fait quand il vous reste encore quelque chose à faire. »

Le colonel de Martimprey a été pour moi une sorte d'oracle, et il m'a mis dans la tête quelques axiomes, quelques règles qui m'ont été des plus utiles dans ma carrière. Une maxime qu'il m'a développée maintes fois dans la suite, et sur laquelle il aimait à revenir presque perpétuellement, était celle-ci : « Quand vous recevez un ordre, employez toute votre intelligence à le bien comprendre et toute votre bonne volonté à en rechercher les moyens d'exécution. Cela seul vous donnera un avantage immense sur tous vos camarades; parce qu'en règle générale, quand on reçoit un ordre, l'esprit est frappé tout d'abord par les difficultés, par les impossibilités qu'il soulève. On dirait que c'est là un défaut du cerveau. »

Je recommande ce précepte, parce que j'en ai profité. C'est une vérité reconnue que, dans l'armée, sévit l'esprit critique et frondeur, qui sert en quelque sorte d'exutoire à la discipline elle-même. Déjà, après la guerre de Sept ans, le vieux maréchal de Broglie s'en plaignait amèrement. En outre, dans l'armée comme ailleurs, la jeunesse est présomptueuse et la science qu'elle acquiert dans les écoles, où l'on ne peut donner des leçons d'expérience, la porte à croire volontiers que les chefs, blanchis sous le harnais, ne représentent plus que des méthodes surannées. Aussi, je redis à mon tour, après mon maître, aux jeunes gens : « Quand vous recevez un ordre, cherchez à le bien comprendre et à découvrir ses facilités d'exécution. »

A Orléansville, je retrouvai avec joie le commandant de Mirandol, à la tête de l'escadron des spahis qui avait pour capitaine le frère de notre ancien commandant : Damiguet de Vernon. Il y avait encore là, le 16ᵉ de ligne, colonel Jolivet, deux sections d'artillerie de montagne et des détachements de troupes accessoires. Le génie était dirigé par le commandant Le Bretevillois. Le chef du bureau arabe, figure très originale, était le capitaine Richard, du génie, officier de la Légion d'honneur, distinction assez rare dans son grade. C'était ce qu'on appelle un joli homme, avec de longs cheveux blonds, bouclés, rejetés en arrière, des traits fins, un œil bleu et rêveur, des manières exquises, une parole facile et entraînante, d'une douceur pénétrante. Il avait une très vive et très haute intelligence, mais une imagination qui nuisait parfois à son jugement. Toujours maître de lui dans les discussions, il développait ses idées avec une ténacité rare et, malheureusement, ces idées étaient celles de Saint-Simon, de Fourier et de Considérant. Ces décevantes théories sociales dont il était l'apôtre étaient l'antithèse absolue des convictions du colonel de Martimprey qui, lui, ne voyait de salut que dans la pratique inflexible des devoirs de famille et des vertus patriarcales.

Le capitaine Richard avait été le bras droit du colonel de Saint-Arnaud, pendant l'insurrection du Dahra, dont il a d'ailleurs raconté les phases dans un livre intéressant. La répression de ce mouvement lui avait donné une grande influence sur les chefs arabes des tribus voisines. Il avait eu l'idée d'en profiter, pour appliquer aux Arabes les théories phalanstériennes. Suivant lui, la première chose à faire pour tirer l'Arabe de la barbarie et le faire monter jusqu'à notre niveau dans la civilisation, c'était de l'obliger à renoncer à ses habitudes nomades de peuple pasteur, et de le fixer sur le sol, en substituant à la tente mobile la maison bâtie. C'est à peu près comme si on disait que le meilleur moyen de rendre le lion timide et le mouton courageux, c'est de forcer le premier à manger de l'herbe et le second à manger de la viande. Pour ménager les transitions, le capitaine Richard avait fait construire des villages, des phalanstères, sur le modèle du campement arabe, c'est-à-dire une grande place centrale et, tout autour, des constructions n'ayant qu'un rez-de-chaussée, et toutes reliées les unes aux autres, comme des alvéoles de ruche. Avec toute sa grande intelligence, il était enchanté d'avoir découvert la « tente en pierre ». L'emplacement de ces villages était bien choisi, sur le versant d'une colline, près d'une source, sous de très beaux arbres. De loin, cela ressemblait à un décor d'opéra-comique. Mais quand on y mettait le pied, il ne fallait pas deux minutes pour se convaincre que les fameuses tentes en pierre étaient aussi parfaitement inhabitables pour des Arabes que pour des Européens.

Fait bizarre, mais qui n'étonnera aucun sociologue sérieux ! La conception du capitaine devint tout d'abord, entre les mains des chefs arabes, un instrument d'exaction et de rapine. Les aghas et les caïds s'étaient bien gardés de soulever la moindre objection. Au contraire, ils avaient prodigué au philosophe des marques d'enthousiasme et ces louanges hyperboliques dans lesquelles ils sont passés maîtres : « Tu es le miroir de la vérité. » « Tu es le soleil de la justice », disaient-ils. « Ta parole est la manne céleste qui nourrit un peuple. ». « Tu sais tout ; il est inutile de chercher à te tromper. » « Tu veux le bien par-dessus tout. » « Heureux qui t'approche et qui t'écoute ; il lit le livre de la Sagesse. » Puis, rentrés chez eux, ils avisaient l'homme le plus opulent de la tribu et lui tenaient ce langage : « Tu sais? Je viens de chez le Chrétien. Tu as vu la prison qu'il a fait bâtir. Il veut maintenant qu'elle soit habitée, et il m'a donné l'ordre de t'y envoyer, avec ta famille. » Le malheureux se récriait : « Qu'ai-je fait, Seigneur, pour aller en prison? Je n'ai trempé dans aucun des méfaits qui nous ont valu des amendes. Je paye très exactement le zékkat (impôt sur les bestiaux) et l'achour (impôt sur les récoltes). » Alors, les chefs laissaient entendre que leur désobéissance à l'ordre du Chrétien leur ferait courir des risques, qu'il était juste qu'une indemnité convenable... L'homme opulent comprenait, et payait pour ne pas aller dans la tente en pierre. Les chefs recommençaient leur manège avec un autre, et, après avoir battu monnaie sur le dos de tous les Arabes aisés, ils descendaient jusqu'aux plus indigents qui, n'ayant rien à donner, étaient bien obligés de s'exécuter et d'aller s'installer dans les douars permanents du capitaine Richard, où ils se considéraient bientôt comme de véritables Latudes, tandis que notre philosophe, satisfait de voir grouiller du monde dans ses bâtisses, se promenait en se frottant les mains et en disant à ses camarades : « Croyez-vous que ces gredins-là sont assez heureux de m'avoir? Regardez comme ils montent sur l'échelle de la civilisation. » Et voilà comment les faiseurs de systèmes n'hésitent jamais à travailler au bonheur de l'humanité en la rendant, pour son bien, aussi malheureuse que les pierres. Le colonel de Martimprey, heureusement, mit le holà aux fantaisies humanitaires de son subordonné, et les tentes en pierre du capitaine Richard retournèrent à leur destinée naturelle, en devenant des ruines, envahies par les herbes folles et habitées par les scorpions.

Une institution moins prétentieuse, mais plus pratique, était en train de périr aussi, quand je vins à Orléansville. Le colonel de Saint-Arnaud, qui savait combien l'oisiveté des camps est redoutable pour la santé et les mœurs des troupes, avait imaginé de leur offrir une distraction chère aux Français, en installant un théâtre à Orléansville. Il avait fait venir une troupe de comédiens assez passable, à laquelle s'étaient joints les militaires de la garnison doués de dispositions dramatiques. Il avait nommé directeur du théâtre un lieutenant d'infanterie nommé Ameleu, qui avait de l'esprit et des goûts artistiques. Quant à la subvention, les insurgés du Dahra l'avaient fournie. Elle manqua naturellement quand ils furent domptés. Le colonel de Martimprey, ennemi par nature de toute espèce de virement, n'ayant plus de fonds pour payer les artistes, fut obligé de les laisser partir. Et le théâtre, réduit aux seules ressources de la garnison, fut bientôt contraint de fermer ses portes. C'était dommage, car le théâtre d'Orléansville était devenu presque célèbre en Algérie, et il nous eût été bien utile pour relever un peu le moral de nos hommes, en face du terrible fléau qui vint fondre sur eux à ce moment : le choléra.

En octobre 1849, le général du génie Charron, gouverneur de la colonie, fit relever à Orléansville le 16º de ligne par le 12º de ligne, venant de Marseille et apportant avec lui le germe de l'affreuse maladie qui, pendant l'été précédent, avait ravagé toute la France. Le jour même de l'arrivée du régiment, un homme entra à l'hôpital, présentant des symptômes suspects. Le lendemain, quelques-uns de ses camarades le rejoignirent, et bientôt nous ne pûmes plus nous dissimuler la vérité : nous avions le choléra. Les médecins, à cette époque, ne savaient guère comment prévenir ni comment combattre l'épidémie, qui, au bout de quelques jours, sévit d'une façon cruelle sur toute la garnison. Un détail montrera son intensité et l'importance de la mortalité. Nous étions cinq officiers de spahis, à Orléansville. Trois moururent : le capitaine commandant l'escadron,

M. Damiguet de Vernon; son lieutenant en premier, Curély, le fils du célèbre cavalier du premier Empire, mon ancien camarade aux spahis d'Oran, et un sous-lieutenant, M. de Dampierre. Le commandant de Mirandol et moi, nous fûmes seuls épargnés. Dans les autres corps de la garnison, la proportion fut peut-être moindre, mais tous payèrent un large tribut à la mort. A force de calme, d'énergie et de dévouement, le colonel de Martimprey réussit pourtant à maintenir le moral de ses troupes. Il se multiplia pour combattre l'épidémie, non seulement dans l'armée et dans la population civile, mais encore chez les tribus voisines, parmi lesquelles elle s'était propagée. Tous les jours, nous nous rendions à l'hôpital pour surveiller et encourager les services sanitaires, pour voir et pour consoler les malades, et tous les jours, je revenais, pénétré d'une admiration croissante, en face de la hauteur de caractère et de la sérénité d'âme de mon chef. Quel grand cœur! Et j'ajouterai : quel grand chrétien! Cette situation atroce se maintint pendant deux longs mois. Le choléra s'était rapidement étendu sur tout le territoire de l'Algérie, et ce fut au moment où il atteignait son maximum qu'éclata l'insurrection des Ziban, terminée par le siège meurtrier de Zaatcha, un des épisodes de guerre qui ont fait le plus d'honneur à l'armée d'Afrique et qui suffirait, à lui seul, à immortaliser le nom de Canrobert.

Il fallait s'attendre à ce que la révolution de Février eût son contre-coup en Algérie, à ce qu'elle réveillât, dans l'âme des chefs, l'espoir de la délivrance, à ce qu'ils en profitassent pour essayer de secouer un joug abhorré dont la haine, après dix-huit années de guerre incessante, était assoupie, mais non pas éteinte. Heureusement pour nous, il n'y avait plus, en Algérie, une tête assez forte et assez puissante pour grouper en un seul faisceau les fanatismes, les rancunes et les mécontentements. Abd-el-Kader avait fait sa soumission entre les mains du duc d'Aumale. Il était notre prisonnier. S'il eût été libre, son génie lui aurait révélé les embarras du vainqueur, obligé de concentrer ses forces pour faire face à de redoutables éventualités, au milieu de l'Europe troublée par ses propres folies; et son prestige en eût fait le chef incontesté, capable de nous ravir peut-être notre conquête. Jamais on n'avait vu surgir autant de Si-Mohammed-ben-Abdallah, car c'était là le nom invariable que se donnaient tous les faux chérifs, se disant envoyés par Dieu pour chasser les chrétiens. Mais ces Si-Mohammed-ben-Abdallah agirent isolément, et nous n'eûmes à combattre que des insurrections partielles, isolées, des efforts incohérents qui ne purent mettre en cause notre domination. De toutes ces révoltes, l'insurrection des Ziban fut la plus grave. Elle est la seule dont on se souvienne encore. Insignifiante au début, elle emprunta son importance à l'impossibilité où nous nous trouvâmes, momentanément, de réunir des forces suffisantes pour l'écraser dans l'œuf, et aux efforts considérables que nous dûmes faire, par la suite, pour ressaisir tout le sud de la province de Constantine.

On appelle Zab au singulier, et Ziban au pluriel, une vaste région sablonneuse qui s'étend au sud des montagnes de l'Aurès, et que ses nombreuses oasis, piquetant la surface jaunâtre du désert qui commence, ont fait comparer à une peau de panthère. Biskra est la principale de ces oasis. Occupée en 1844, sous le commandement du duc d'Aumale, après une lutte meurtrière, elle était devenue le chef-lieu d'un cercle militaire important, dépendant de la subdivision de Batna. Son commandant supérieur, en 1849, était le commandant de Saint-Germain, officier de haute mine et de grandes allures, très estimé de ses chefs, qui avait acquis une réelle influence sur les indigènes, par une administration à la fois honnête, forte et bienveillante, et dont la réputation dépassait de beaucoup les limites de son cercle.

Au mois de juin, des avis secrets lui étaient parvenus, annonçant que les habitants de plusieurs oasis, fanatisés par un certain Bouzian, homme d'un courage indomptable et d'une énergie farouche, montraient de mauvaises dispositions. Pour jeter un coup de sonde au milieu de tout ce monde-là, le commandant de Saint-Germain fit partir son chef du bureau arabe, le capitaine Seroka, afin de lever dans les oasis des Ziban l'impôt sur les palmiers : la « lezma », pensant que la rentrée plus ou moins facile de cet impôt lui donnerait des indications mathématiques sur l'état moral du pays.

Le capitaine Seroka n'éprouva d'abord pas de difficultés sérieuses. Mais au village de Zaatcha, situé à une trentaine de kilomètres au sud-ouest de Biskra, les cavaliers qu'il avait envoyés, pour porter au chef de l'oasis les lettres de commandement, trouvèrent une population franchement hostile, refusant l'impôt. Ils eurent toutes les peines du monde à s'échapper.

Le commandant de Saint-Germain, informé de l'incident, pensa que sa présence et son influence personnelle suffiraient à tout calmer. Il réunit les forces indigènes dont il disposait : les cavaliers du goum, leur adjoignit une compagnie de tirailleurs indigènes et se porta rapidement à leur tête sur Zaatcha. Les gens de l'oasis, qui se rendaient bien compte des conséquences de leur attitude, s'étaient mis en défense. Il fallut en découdre, et dans une lutte inégale, le brave commandant trouva une mort glorieuse. Ce fut une grande perte pour nous, et pour les insurgés un succès qui enflamma leur audace. Bientôt les habitants des oasis voisines, Farfar, Lichana, se joignaient à eux et faisaient le serment solennel de partager leur sort, quel qu'il fût. Pour bien comprendre la situation où cette révolte nous surprenait, il faut se rendre compte, d'abord, que la saison chaude rendait toute opération dans le Sud extrêmement pénible, et ensuite qu'un peu partout, des agitations semblables absorbaient toutes nos forces disponibles.

Le colonel de Martimprey, fanatique de l'Algérie, entretenait, avec les principaux officiers des trois provinces, une correspondance active qui passait sous mes yeux et me permettait de suivre, presque jour par jour, les opérations militaires les plus diverses. Ainsi, le général Herbillon, commandant la division de Constantine, était avec le gros de ses forces en Kabylie, occupé à châtier la tribu des Beni-Toufout. Le général de Salles opérait, sur la route de Sétif à Bougie, contre les Beni-Barhim. Le colonel Carbuccia, commandant la subdivision de Batna, sur le territoire duquel, par conséquent, avait éclaté la révolte des Ziban, manœuvrait à la tête de trois bataillons et de trois escadrons de chasseurs d'Afrique, pour ramener à l'obéissance les Ouled-Sahnoun, qui s'étaient révoltés contre leur caïd et le tenaient assiégé dans une maison fortifiée. La division d'Alger était trop occupée de ses propres affaires pour venir en aide à la division de Constantine. Le général Blangini manœuvrait contre les Guetchoulas, et le colonel Canrobert, le colonel des zouaves, guerroyait en Kabylie, sur les cimes du Djurdjura, où il livra de très glorieux combats dans lesquels se distingua un jeune chef de bataillon, le commandant de Lavarande, dont un boulet de canon devait plus tard, en Crimée, interrompre la magnifique carrière, alors qu'il était déjà devenu général de brigade. C'est à la dislocation de cette colonne que le 12ᵉ de ligne nous apporta le choléra, à Orléansville.

Tout le monde avait donc, peu ou prou, des Arabes sur les bras, et les insurgés des Ziban profitaient de cette dissémination de nos forces. Enfin le colonel

Carbuccia, redevenu libre, se rabattit sur eux. Il crut qu'il viendrait facilement à bout de Zaatcha. Mais, comme il ne disposait pas d'artillerie, il fut repoussé. Ce nouveau succès porta à son comble l'enthousiasme des insurgés. Presque toutes les oasis des Ziban s'unirent à eux. Les grandes tribus sahariennes réunirent leurs meilleurs cavaliers pour venir à leur secours. Les montagnards de l'Aurès s'agitèrent à leur tour, à tel point qu'il fallut faire escorter solidement les convois, entre Batna et Biskra, et tout ce que put faire le colonel Carbuccia fut de se poster en observation devant Zaatcha, pour attendre les renforts et surtout l'artillerie qu'il demandait.

Jetons un coup d'œil sur l'oasis, et nous comprendrons devant quel obstacle se trouvait l'assaillant déconcerté, qui n'avait pas su proportionner les moyens d'attaque au but à atteindre. Figurez-vous trois couches de végétaux superposées. D'abord une forêt de palmiers portant dans les airs leurs têtes épanouies. Au-dessous, une seconde forêt d'arbres fruitiers de toute espèce; et enfin, au ras du sol, un tapis de plantes herbacées et légumineuses. Sous nos arbres d'Europe, le soleil anémique ne pénètre pas assez pour faire pousser des plantes. Mais là, les rayons de feu passent à travers les palmes de la première couche comme à travers un tamis. Ils réchauffent et fécondent les arbres de la seconde couche, qui se couvrent de fleurs et de fruits, et arrivent enfin, amortis et tempérés, sur les plates-bandes des jardins. Les serres chaudes, avec leur fouillis, peuvent seules donner une idée de l'oasis de Zaatcha.

Dans cet amoncellement de verdure, jetez au hasard des maisons bâties en brique crue, qui ressemblent à de gigantesques fourmilières, et, dans tous les sens, des murs de même matière qui entourent chaque jardin. Posez au milieu de cet inextricable labyrinthe, défendu par de nombreux et invisibles combattants, un gros village, protégé par un mur d'enceinte élevé derrière un large et profond fossé que l'on peut, en un clin d'œil, remplir d'eau, et vous aurez la représentation exacte de la formidable forteresse dont la nature avait fait presque tous les frais, qu'il s'agissait d'emporter.

Le général Herbillon jugea l'entreprise assez considérable pour en venir prendre lui-même la direction, attirant à lui tous les renforts disponibles, laissant à Constantine le général de Salles, avec trois bataillons et trois escadrons destinés à assurer la marche de ses convois entre Batna et Biskra, et portant sur Bouçaâda le colonel de Barral, chargé d'appuyer la colonne principale.

Le 5 octobre seulement, à cause de l'éparpillement des troupes et de la chaleur, le général Herbillon fut en mesure d'agir. Il commença par manœuvrer pour isoler Zaatcha des oasis voisines. Mais il n'avait pas assez de monde pour l'investir, et il résolut de marcher lentement et directement sur le village. Un véritable siège, auquel vint prendre part la colonne du colonel de Barral, commença et dura jusqu'au 20 octobre. Ce jour-là, l'artillerie ayant ouvert, depuis la veille, deux brèches qui semblaient praticables, l'assaut fut donné, à six heures et demie du matin. Vingt-cinq sapeurs du génie, précédant une compagnie d'élite de la légion étrangère, suivie par une compagnie du 5ᵉ bataillon de chasseurs à pied, abordèrent, sous les ordres du colonel Carbuccia, la brèche de gauche, au milieu d'une grêle de balles. Arrivée sur la brèche, la tête de colonne se trouva arrêtée par un pan de mur que les défenseurs firent tomber sur elle et qui écrasa neuf soldats ; d'où désordre et retraite de la colonne, qui alla chercher un abri dans les tranchées.

A droite, le colonel Dumonteil, du 42ᵉ de ligne, à la

tête du premier bataillon de son régiment, précédé par une section du génie, traverse le fossé, ayant de l'eau jusqu'aux épaules, et aborde la brèche, qu'il occupe pendant deux heures. Mais, malgré les efforts des sapeurs du génie, il est impossible de franchir les décombres. Plus de cent hommes, dont dix-sept tués, sont à terre, et parmi les blessés, un nombre disproportionné d'officiers. Parmi les défenseurs, beaucoup ont été portefaix à Alger et visent uniquement les chefs. Le général Herbillon se décide à faire sonner la retraite. Ce nouvel insuccès attire de nouveaux défenseurs dans Zaatcha, et exalte tellement les Arabes qu'à la nuit, ils tentent une attaque contre les tranchées. Mais ils sont promptement et vigoureusement repoussés.

Force fut donc au général Herbillon d'appeler encore à lui de nouveaux renforts et de pousser les travaux du siège, entravés à chaque instant par des attaques venues du dehors ou de la place elle-même. Dans un de ces engagements, nous perdîmes le colonel Petit, directeur du génie, chargé en cette qualité des travaux d'approche. Il eut l'épaule brisée, et mourut de cette blessure, qui avait exigé la désarticulation du bras. Les journées des 30 et 31 octobre appartinrent à la cavalerie, qui se mesura deux fois, dans des conditions identiques, avec les cavaliers sahariens venus au secours de Zaatcha et appuyés par de nombreux tirailleurs, embusqués derrière les murailles de l'oasis. Elle fournit plusieurs charges très brillantes, sous les ordres du colonel de Mirbeck, du 3ᵉ de chasseurs, et finit par avoir raison des nomades, que la venue de nombreux renforts, se rendant à marches forcées sur Zaatcha, allait rendre plus prudents.

En effet, le colonel Canrobert, à qui l'on recourait toujours quand il y avait de grands services à rendre et de grands dangers à affronter, accourait d'Aumale, amenant avec lui l'élite de ses zouaves, 1,800 hommes, qui arrivèrent, au commencement de novembre, avec une précision mathématique, à la minute indiquée, encore qu'ils eussent parmi eux quelques cas isolés de choléra. En même temps, le colonel Daumas partait de Médéah pour aller contenir les Ouled-Nayls et les empêcher de venir au secours de Zaatcha. Enfin, deux bataillons vinrent par la mer, l'un d'Oran, l'autre de Bougie, jusqu'à Philippeville, d'où ils furent dirigés sur le théâtre des hostilités.

Le 26 novembre, à huit heures du matin, l'assaut suprême fut donné par trois colonnes de huit cents hommes chacune, franchissant, avec une ardeur irrésistible, trois brèches pratiquées par la sape et le canon. A leur tête marchaient trois héros : le colonel Canrobert, c'est-à-dire la bravoure faite homme, le colonel de Barral, qui devait être tué quelques mois plus tard, comme général de brigade, dans une expédition aux portes de Bougie, le lieutenant-colonel de Lourmel, du 8⁰ de ligne, qui devait mourir en Crimée des suites d'une blessure reçue le jour d'Inkermann, en poursuivant les Russes jusque dans les fossés de Sébastopol. Une quatrième colonne, sous les ordres du commandant Bourbaki, complétait, cette fois-ci, l'investissement de la place ; et toute la cavalerie, rangée en bataille, était prête à repousser les attaques du dehors.

Au moment de se ruer sur la brèche, Canrobert, se tournant vers ses hommes, leur adressa ces paroles enflammées qui les électrisèrent : « Zouaves ! si aujourd'hui on sonne la retraite, ce ne sera pas pour vous. En avant ! » Et il se précipita. Derrière lui marchaient, formant son état-major, le capitaine d'état-major Besson, le capitaine Toussaint, le sous-lieutenant Rosetti, du 1ᵉʳ de spahis, le lieutenant de Schar, des zouaves. Puis venait un second groupe, composé de douze sergents et caporaux de bonne volonté. Sur les quatre officiers, deux, le capitaine Toussaint et le sous-lieutenant Rosetti, furent tués en mettant le pied sur la brèche. Les deux autres furent blessés. Sur les douze sergents et caporaux, huit furent tués ou blessés. L'élan des troupes fut admirable ; mais la défense de Zaatcha fut héroïque. On employa une heure à se rendre maître des rues et des terrasses des maisons. Il fallut ensuite prendre chaque maison l'une après l'autre, et faire le siège de tous les rez-de-chaussée où s'étaient réfugiés les défenseurs. Pas un d'eux ne demanda quartier. Tous, jusqu'au dernier, périrent les armes à la main, et quatre heures après la prise de la ville, des coups de feu partaient encore de dessous les décombres. Bouzian, ses deux fils et Si-Moussa, l'ancien agitateur du sud de Médéah, qui s'était jeté depuis quelques jours dans la place, poursuivis de maison en maison, s'étaient retirés dans la demeure de Bouzian lui-même. Ils s'y défendirent comme des lions, et il fallut faire jouer la mine pour en venir à bout. Leurs têtes furent apportées au général Herbillon, qui les laissa exposées plusieurs jours, afin que leur mort fût bien démontrée. L'assaut de Zaatcha nous coûta deux cents hommes, dont quarante morts. Les officiers furent particulièrement éprouvés. Pendant l'assaut, le commandant Bourbaki, de son côté, livrait un combat très vif contre les gens de Lichana, tandis que les cavaliers du colonel de Mirbeck et les goums du cheik El-Arab refoulaient le mouvement offensif des gens de Tolga.

La prise de Zaatcha produisit un effet moral considérable et amena rapidement la pacification des Ziban. Cependant, il y eut encore comme une dernière convulsion, car les Arabes les plus compromis qui avaient réussi à s'échapper s'étaient réfugiés dans la petite ville de Nahara, dont la position assez curieuse semblait inexpugnable. Au milieu des derniers contreforts de l'Aurès, est creusée une vallée assez large, du sein de laquelle émerge un piton isolé, en forme de pain de sucre. Sur le sommet, qu'on dirait réservé à l'habitation des aigles, est construite la petite ville de Nahara, où l'état-major de l'insurrection vaincue se croyait en pleine sûreté. Et de fait, il semblait qu'on n'en pût venir à bout que par une sorte de blocus et par la famine. En disloquant ses troupes, le général Herbillon chargea le colonel Canrobert d'éteindre ce dernier brandon d'incendie, et voici quelle ruse imagina le colonel. Il lança ses hommes contre le piton, après leur avoir donné des instructions minutieuses, et brusquement fit sonner la retraite. Les zouaves se retirèrent, dans un désordre apparent dont les défenseurs de Nahara voulurent profiter. Ils descendirent par l'étroit sentier qui serpente sur le flanc de leur colline et s'aventurèrent dans la plaine. Immédiatement la scène changea ; la charge sonna et les zouaves, tombant à la baïonnette sur les Arabes, remontèrent avec eux les pentes escarpées et, avec eux, entrèrent dans la ville imprenable. Ce fut le dernier exploit de Canrobert sur cette terre d'Afrique, berceau de sa gloire. Ainsi finit l'insurrection des Ziban.

Les chefs qui l'avaient domptée furent largement récompensés, et en première ligne, les commandants des trois colonnes d'assaut. Le colonel Canrobert et le colonel de Barral furent nommés généraux de brigade, le lieutenant-colonel de Lourmel fut nommé colonel. Le colonel Daumas, nommé général, fut appelé au ministère de la guerre comme directeur des affaires de l'Algérie, poste pour lequel il était tout indiqué. Quant au général Herbillon, il fut remplacé à Constantine par le général de Saint-Arnaud. On laissa cependant s'écouler quelques mois, pour enlever à cette mesure l'apparence d'une disgrâce. Le général avait évidemment fini par triompher de l'insurrection, mais on pouvait lui reprocher de l'avoir laissée grandir, en en méconnaissant l'importance et en lui opposant successivement des moyens de répression insuffisants.

Parmi les officiers qui avaient figuré dans ces opérations, nous avons revu le colonel Carbuccia, dont le nom, plus d'une fois, est tombé de ma plume. Le colonel était Corse d'origine, et la finesse italiennne revivait tout entière sur sa physionomie, plus éveillée que régulière, et dans ses petits yeux que des lunettes abritaient sans en dissimuler la vivacité. Son menton carré, sa mâchoire puissante, garnie de dents petites et blanches, disaient l'énergie de son caractère. Il était obligeant et aimable, jusqu'à paraître servile aux malintentionnés. Il avait une activité dévorante et lui cherchait partout des aliments nouveaux. Ainsi on l'avait vu, en souvenir des dromadaires de l'expédition d'Égypte, former un petit corps de troupes destiné aux marches rapides dans le Sud et monté sur des dromadaires. Il échoua pour avoir voulu trop bien faire. Au lieu de se borner à employer les dromadaires comme moyen de transport, permettant à l'infanterie de faire, sans trop de fatigue, de longues étapes dans le Sahara, il eut l'idée, un peu biscornue, de vouloir les dresser à des manœuvres d'escadron, ce qui était impraticable. A Batna, il s'adonna à l'archéologie, fouilla les vastes ruines romaines de Lambessa et y fit des découvertes intéressantes. La troisième légion romaine, celle qu'on appelait la « Légion Auguste vengeresse », parce qu'elle avait vengé les désastres subis par Varrus, a été longtemps établie à Lambessa, où l'on trouve à chaque pas ses traces. On y voit encore un temple, fort beau, sur le fronton duquel on a rétabli l'inscription latine primitive, dont voici la traduction : « Ce temple a été élevé par la troisième légion au dieu Esculape, pour le remercier d'avoir conservé la santé à son empereur, Septime-Sévère. » Le colonel Carbuccia fit même restaurer le tombeau d'un tribun militaire, et le décora de cette épitaphe : « Le colonel Carbuccia, à son collègue de la troisième légion romaine. »

Grâce aux succès de nos armes, l'année 1849, si féconde en événements dans la vieille Europe, finit en Algérie, au sein d'une tranquillité parfaite. Chez nous, à Orléansville, l'état sanitaire était devenu parfait, et le colonel de Martimprey profita de cette sorte d'accalmie pour prendre, au commencement de 1850, un congé, afin d'aller embrasser en France un fils qui venait de lui naître et que, hélas! nous conduisions au tombeau l'an dernier, après une carrière militaire et parlementaire aussi brillante que courte. L'intérim du commandement de la subdivision fut confié au colonel du 12º de ligne, le colonel Dolomieu-Beauchamp, un excellent homme qui cachait un cœur tendre sous un aspect rébarbatif et terrible. Il me conserva auprès de lui, et j'employai mon temps à tenir le colonel de Martimprey si bien au courant des moindres incidents que, lorsqu'il revint, il put croire qu'il n'avait pas un seul instant quitté son poste.

XIII

MON ESCADRON.

Le colonel Lauër. — Un mot de Wellington. — Une inspection générale. — Chef de bureau arabe. — Le capitaine Sauvage. — Les comptes des spahis. — Lettres anonymes. — Prévarication. — Mes officiers. — Mes sous-officiers. — Mes soldats. — Un bon nègre. — L'escadron a passé !

Mes fonctions spéciales auprès du colonel de Martimprey prirent fin au milieu de l'été de 1850, au moment où je fus appelé à prendre le commandement du 1ᵉʳ escadron du régiment, à Blidah, où je revins vivre, et dont les délices, succédant à la température infernale d'Orléansville, me semblèrent encore plus exquises. Ce poste, objet de mon ambition, revenait par droit d'ancienneté au capitaine Bréauté, du 3ᵉ escadron. La chance voulut que cet officier eût obtenu à Médéah une concession importante, où il s'adonnait avec succès à la culture de la vigne, qui apparaissait déjà vaguement comme une des sources de la future prospérité de notre colonie. Il s'était donc transformé en *gentleman farmer*, ce qui lui avait attiré une boutade spirituelle du capitaine Piat, lui envoyant un jour un ordre de service, avec cette inscription humoristique : « A Monsieur Bréauté, jardinier à Médéah, faisant fonction d'officier de spahis. » Il fit valoir l'intérêt de la colonisation, pour être maintenu à Médéah, et sacrifia la première classe de son grade aux gains importants qu'il retirait déjà de son exploitation. C'est ainsi qu'un peu prématurément, et à mon grand profit, je devins commandant d'un escadron. Je quittais avec beaucoup de regrets l'excellent colonel de Martimprey, qui m'avait si bien accueilli et si bien fait travailler. Mais, en restant près de lui plus longtemps, j'aurais compromis ma carrière; d'ailleurs, j'étais avant tout un officier de troupe, et les fonctions de l'état-major faisaient en quelque sorte violence à ma vocation.

Le général Daumas avait eu pour successeur, au 1er régiment de spahis, le colonel Lauër, le fils du général Lauër, grand prévôt de la Grande Armée et comte du premier Empire. Il venait du 2e de chasseurs d'Afrique. C'était encore un fort bel officier, mais qui eût été bien mieux placé à la tête d'un régiment régulier, où tout se passe réglementairement, qu'à la tête d'un corps de spahis où le recrutement, le service, les rapports avec l'autorité locale, le caractère spécial des troupes, constituent des questions délicates et importantes qui d'ailleurs n'ont pas encore reçu, à l'heure qu'il est, une solution satisfaisante. Son prédécesseur ne s'occupait pas beaucoup de son régiment, qu'il considérait comme un couloir devant le mener aux plus hautes destinées, et comme un cadre trop restreint pour ses facultés supérieures; mais sa connaissance parfaite des affaires arabes et son génie pratique lui faisaient toujours trouver le moyen de résoudre les difficultés, tandis que le colonel Lauër se trouvait dépaysé au milieu de choses nouvelles. D'ailleurs, il montait fort peu à cheval et n'était pas porté à rechercher le commandement de la cavalerie, dans une colonne expéditionnaire. Il avait un certain fonds de bienveillance, alliée à un peu de susceptibilité et à une suffisance qui, sans aller jusqu'à la morgue, le portait à se défier de l'influence de son entourage. Aussi, avant mon arrivée, mes chefs lui ayant fait de moi un éloge peut-être exagéré, il me reçut avec une froideur extrême, froideur qui s'atténua dans la suite, sans disparaître complètement, en dépit de mon empressement et de mon souci de lui plaire, non seulement dans ses droits de chef, mais dans sa manie de collectionneur de vieilles armes qu'il recherchait, faisait réparer, et disposait en panoplies.

Le changement du colonel n'était pas le seul qui se fût accompli dans les hauts grades du régiment, depuis mon départ. Le lieutenant-colonel Bâville, le grand Bâville, un des officiers de l'armée les plus populaires et les plus aimés, nous avait quittés, pour aller prendre le commandement du 3º de dragons, qu'il ne garda malheureusement pas longtemps ; car il mourut bientôt d'une maladie de foie et succomba dans la force de l'âge, dans la plénitude de ses facultés, au moment où il était si heureux de se trouver à la tête d'un beau régiment, qu'il avait déjà transformé, en lui inculquant son ardeur et sa manière large de comprendre le service. Il avait eu pour successeur le lieutenant-colonel Delmas de Lapérouse, qui semblait destiné à une carrière illimitée, lorsqu'une cruelle maladie le terrassa, jeune encore, dans le grade de général de brigade de la Garde, à Paris. C'était un vieil Africain, venu en Algérie en 1833, à sa sortie de l'École, et n'en ayant pas bougé depuis, bien que ses aptitudes le portassent davantage vers les corps réguliers.

Le bon major de Goussencourt avait eu pour successeur, au régiment, le major de Juniac, qui sortait du 4º de chasseurs de France, où il avait été capitaine instructeur. Enfin nous avions encore un nouveau chef d'escadrons : le commandant Fénis de Lacombe, lui aussi ancien capitaine instructeur au 4º de chasseurs d'Afrique, à Mostaganem, où, sans sortir du dépôt de son régiment, sans avoir fait un seul jour d'expédition, il avait pu émailler ses états de service de nombreuses campagnes.

Dans les régiments, on donne volontiers des surnoms. On l'avait nommé « le maître d'armes », à cause de son goût pour l'escrime, qu'il pratiquait en professeur. Il avait installé chez lui une salle d'armes, et, pour être de ses amis, il ne fallait pas en bouger. Avec ses moustaches grises tombantes, et sa tête dans les épaules, il affectait les allures d'un vieux militaire, insupportable, pontifiant, régentant tout le monde, se mêlant de toute chose, et s'attirant toutes sortes de déboires. Le général Pélissier, entre autres, qui commandait à Mostaganem, lui avait un jour lavé la tête en public, parce qu'il s'était permis de gloser sur des visites que le général faisait de loin en loin à la femme d'un officier. En sa qualité d'ancien capitaine instructeur, il joignait à ses prétentions en escrime d'autres prétentions très grandes et très peu justifiées en équitation. D'abord, il avait là spécialité de rendre rétifs tous les chevaux qu'il s'imaginait dresser. Quand il était en selle, il affectait plutôt la pose d'un écuyer de manège, qui recherche les allures raccourcies et cadencées, que celles d'un officier de cavalerie, à qui on demande de l'élan et de la fougue.

Me permettra-t-on, à ce propos, de protester contre un préjugé trop répandu ? On admet volontiers que la principale qualité d'un officier de cavalerie consiste à savoir monter parfaitement à cheval, et on est porté à sacrifier à cette qualité toutes les autres. Sans doute, il faut qu'un officier de cavalerie monte bien à cheval, car, autrement, comment pourrait-il instruire ses hommes, les entraîner, leur servir, en toute occasion, de guide et d'exemple ? Mais l'équitation est un moyen ; ce n'est pas le but. Lorsque la cavalerie française était la première du monde, parce que, comme dit Marmont, « elle chargeait toujours à fond », l'instruction équestre du cavalier se réduisait à fort peu de chose. Les recrues apprenaient à monter à cheval sur les routes, en allant rejoindre leur régiment aux armées. Les leçons étaient des étapes, et cependant le cavalier français méritait ce singulier compliment, que l'on prête au duc de Wellington : « Quand je vois ce misérable à côté de sa rosse, j'ai pour lui le plus souverain mépris. Quand je vois ce misérable monté sur sa rosse, je suis inquiet et regarde avec la plus grande attention ce qu'il va faire. Mais quand je vois ce misérable charger sur sa rosse, j'ai pour lui la plus grande admiration. »

Le général de Brack, qui a laissé un nom fameux dans la cavalerie, n'était pas lui-même, si j'en crois les récits de ses contemporains, un cavalier remarquable. Dans un livre resté classique, malgré tous les changements apportés depuis sa publication dans la tactique de l'arme, il décrit de main de maître les qualités que l'on doit surtout rechercher dans un chef de cavalerie.

Outre, bien entendu, le talent de conserver, le plus longtemps possible et dans le meilleur état possible, hommes et chevaux, en maintenant ses effectifs au chiffre le plus élevé, ces qualités principales sont : le sang-froid dans le danger, le coup d'œil assuré et la rapidité de décision, qui permettent de discerner le moment fugitif où l'action de la cavalerie peut fournir son maximum. Alors, il faut avoir assez d'énergie pour la prodiguer sans compter, après avoir su la ménager jalousement, malgré les sollicitations les plus pressantes, tant que les circonstances ne rendent pas son intervention utile. On a une tendance, dans toutes les crises imprévues du combat, à réclamer l'action instantanée de la cavalerie. On lui demande de se sacrifier, et ses chefs ne doivent consentir à ce sacrifice que lorsqu'il est indipensable ; ils doivent se souvenir que son action, qui est la charge à outrance, n'a de chance de succès que lorsqu'elle a été vigoureusement et habilement préparée.

J'arrivai à Blidah, juste à temps pour me disposer à

l'inspection générale. A cette époque où les corps de troupes n'étaient pas endivisionnés, et ne se trouvaient pas sous l'autorité permanente des mêmes généraux, l'inspection générale était la grande solennité annuelle, d'où pouvait dépendre la carrière d'un officier. Le général inspecteur n'avait pas le temps d'étudier à fond le personnel, et le plus souvent, il le jugeait sur une première impression, bonne ou mauvaise. Notre inspecteur général, cette année, était le baron l'Étang, dont j'avais déjà subi l'examen, en 1846. Je le connaissais assez pour savoir que, moins que tout autre, il se défendait contre la première impression. Je savais, en outre, qu'il s'appliquait à sortir des sentiers battus, à surprendre son monde, et qu'on ne pouvait pas prévoir le détail sur lequel porterait principalement son attention. Enfin, l'inspection devait commencer par mon escadron, qui était seul à Blidah. Je ne devais donc pas être apprécié comparativement, mais absolument et du premier coup d'œil. Depuis que j'étais entré en fonction, je m'étais occupé de mon escadron, j'ose le dire, nuit et jour. Mais je n'étais pas tranquille et j'arrivai, avec un véritable tremblement intérieur, devant le général l'Étang, dont l'abord était d'ailleurs des plus intimidants.

J'eus le bonheur inespéré de conquérir du premier coup son attention et sa bienveillance. Il passa rapidement en revue l'escadron, et parut satisfait du maintien des hommes et de l'état des chevaux. Puis, me faisant placer en face de lui, il me commanda de lui nommer de mémoire tous les sous-officiers, au fur et à mesure qu'ils défilaient entre nous. Ce n'était pas difficile et je m'en tirai fort bien : « Pourriez-vous faire la même chose pour les brigadiers? me dit-il. — Parfaitement, mon général, je les connais tous comme les sous-officiers. » Et la seconde épreuve réussit aussi bien que la première. Je prenais goût à la chose et je lui dis : « Si vous voulez, mon général, je peux également vous appeler tous les cavaliers ? — Comment ! me dit-il, vous savez de mémoire les noms de tous vos cavaliers indigènes ? — Sans doute, répondis-je. — Ah ! je serais curieux de voir ça. » Et l'escadron de redéfiler entre nous ; moi, nommant au passage tous ces braves gens qui portaient des noms infiniment plus compliqués que ceux de Durand, Dupont ou Lambert ; lui, les arrêtant de temps en temps, pour voir sur leur livret si je ne me trompais pas. Quand ce fut fini, le général demanda au colonel depuis combien de temps je commandais l'escadron. Et quand le colonel lui répondit : « Pas tout à fait six semaines », il me félicita, trouva, à partir de ce moment, tout parfait, et poussa la gentillesse jusqu'à me dire, après l'inspection, qu'il regrettait que mon peu d'ancienneté ne lui permît pas de me proposer pour le grade supérieur, mais qu'il me noterait de façon à me le faire obtenir dans le plus bref délai possible. Ce petit succès était d'autant plus important pour moi que j'allais être l'objet d'une mesure spéciale. Je ne l'avais pas sollicitée, mais elle devait me mettre dans une position fausse vis-à-vis de mon colonel, en me soustrayant à son autorité, tout en me maintenant nominalement sous ses ordres.

Un jour, le commandant Ducrot, qui dirigeait les affaires arabes de la province d'Alger, vint chez moi, pour me proposer les fonctions de chef du bureau arabe de la subdivision de Blidah. Je le remerciai avec effusion d'une marque d'estime et de confiance qui me touchait et me flattait, mais je déclinai sa proposition. « J'ai quitté récemment, lui dis-je, l'emploi que j'occupais près du colonel de Martimprey, pour ne pas renoncer au commandement d'un escadron. Je ne peux pas accepter une mission qui m'éloignerait du service des troupes, objet de mes préférences et dont doit dépendre ma carrière. — Il ne s'agit pas de cela, me répondit le commandant Ducrot. Il n'est pas question de vous faire quitter votre commandement. Vous cumulerez les deux emplois. C'est une idée du général Blangini. Tout votre escadron passera, avec vous, au service du bureau arabe, et nous verrons s'il ne serait pas à la fois judicieux et économique d'employer les spahis à l'administration et à la surveillance du territoire arabe. Vous serez donc, à la fois, commandant d'escadron et chef du bureau arabe. Essayez, je suis sûr que ça réussira. »

Dans de pareilles conditions, je n'avais plus qu'à m'incliner. C'est ce que je fis, tout en prévoyant que j'allais m'attirer des ennuis de la part de l'état-major du régiment. Les ennuis survinrent bientôt; mais le général Blangini, qui avait imaginé cette nouvelle combinaison, m'appuya de telle façon que j'en triomphai facilement. Je remplaçai, au bureau arabe, un jeune capitaine d'artillerie sortant de l'École polytechnique : Peltingeas, employé dans ce service depuis plusieurs années, et ayant déjà servi d'adjoint à Bourbaki. Peltingeas appartenait à une école qui devait disparaître devant les progrès de la colonisation. Il ne croyait pas à cette colonisation. Trompé par les commencements difficiles de la colonie et par la tenue déplorable des premiers émigrants, qui n'étaient pas des modèles de probité et de vertu, il estimait qu'il était injuste de dépouiller le peuple arabe de biens dont il jouissait depuis un temps immémorial, pour en doter des déclassés faméliques, incapables de les faire fructifier. Et dans tous les litiges, il concluait invariablement en faveur des Arabes. Sans doute, nombre de colons avaient pour tout revenu les indemnités qu'ils extorquaient aux Arabes dont les troupeaux passaient sur leurs champs, laissés en friche, et qu'ils s'étaient bien gardés de borner, car ils ne voulaient pas perdre les bénéfices du délit qu'ils provoquaient ainsi. Mais il fallait envisager la question par un autre côté, et aller jusqu'au bout dans la voie où l'on venait de s'engager en créant des colonies agricoles. Dans certaines parties du territoire, l'élément européen était devenu assez nombreux pour justifier l'introduction de l'administration civile. Le rôle des bureaux arabes n'était pas de faire, par de petits moyens, une opposition sournoise aux mesures adoptées par le gouvernement. Leur rôle était de préparer, au contraire, sans secousse et sans crise, le passage du régime militaire au régime civil. La magnifique plaine de la Mitidja, qui relevait du bureau arabe de Blidah, était manifestement destinée à voir bientôt cette transformation. L'Européen y fourmillait. L'indigène s'y raréfiait ou s'y modifiait. Les Hadjoutes, les Beni-Khélil, qui l'avaient mise tant de fois à feu et à sang, étaient devenus, au moins en apparence, doux comme des moutons.

C'est dans ces conditions-là que je pris le service, en modifiant un peu le système de Peltingeas, c'est-à-dire en essayant de tenir la balance égale entre l'Arabe et le colon, protégeant les droits du premier contre l'avidité âpre et aveugle du second, mais tendant aussi l'oreille aux revendications de l'autorité civile. Tout terminer à l'amiable, amener les gens qui venaient chez moi en grognant comme des dogues prêts à s'élancer l'un sur l'autre, les amener à s'en aller bras dessus, bras dessous : tel était mon système à moi ; car il fallait bien que j'eusse aussi un système, puisque tout le monde en avait un. Il y avait, à l'extrémité ouest de la Mitidja, une colonie agricole très prospère : Marengo, dirigée par cet homme de bien, de science et de dévouement, par ce croisé mâtiné de bénédictin qui s'appelait le capitaine Malglaive. Naturellement, les habitants de Marengo avaient continuellement maille à partir avec les tribus limitrophes. Je m'arrangeai avec Malglaive, et, à nous deux, nous arrivions presque à être la monnaie de Salomon. Il n'y a jamais eu un seul différend dont nous ne soyons sortis à la satisfaction réciproque des deux parties. Aussi, au bout de quelque temps, le général Blangini me donnait, en note d'inspection, cette mention un peu singulière : « Très conciliant en territoire civil. » C'était flatteur pour un militaire ; mais rien n'est plus facile au fond, quand on représente la guerre, que de faire régner la paix ; rien n'est plus facile que de raccommoder les gens, quand on a un sabre au côté.

Ce capitaine Malglaive était réellement un homme fort remarquable. Près de chez lui, il y avait un lac considérable formé par la réunion de deux rivières : l'Oued-Djer et la Chiffa, dont les eaux, arrêtées par les collines du Sahel de Koléah, avaient un déversoir insuffisant par la petite rivière de Massafran. Ce lac Alloula montait pendant les pluies d'hiver et descendait pendant les chaleurs d'été, qui transformaient alors ses bords en marais pestilentiels, quartier général des fièvres paludéennes. On réclamait depuis fort longtemps son dessèchement, et l'autorité reculait devant les dépenses indiquées par les devis des ingénieurs. Malglaive en vint à bout avec ses seules ressources et fit, à lui tout seul, ce que le gouvernement n'osait pas entreprendre. Il donna à la contrée, non seulement de vastes et fertiles terrains, mais ce qui vaut mieux encore : la santé.

Et maintenant, je veux prier mon lecteur de succéder au général l'Étang, dans l'inspection générale de mon escadron. Je vais donc me placer en face de lui, pour faire défiler entre nous deux la famille militaire dont j'étais si fier, tous ces braves gens dont j'essayais consciencieusement d'être le père, et qui me procuraient des jouissances infinies, lorsque j'entendais, derrière moi, résonner le pas cadencé de leurs chevaux.

Voici d'abord mon capitaine en second. Je l'avais

reçu peu de jours après mon entrée en fonction, et il avait près de cinq ans de grade de plus que moi. C'était là une situation bizarre, pleine d'inconvénients pour nous deux ; car, entre deux officiers du même grade dont le plus ancien est placé sous les ordres directs du plus jeune, les froissements sont inévitables. J'avais connu le capitaine Sauvage, sous-lieutenant au 2ᵉ de chasseurs d'Afrique, à Mostaganem, avant même de m'engager aux spahis. Mon père l'avait fait décorer pour l'affaire de Mazagran, et le 11 novembre 1840, sous les murs d'Oran, Sauvage avait reçu une blessure dont il portait au front la profonde et glorieuse balafre. Il avait passé en France, dans un régiment de dragons, était devenu rapidement capitaine, et, à la révolution de Février, il exerçait les fonctions d'adjudant-major, réservées aux officiers de choix. Mais ambitieux, peu scrupuleux sur les moyens de parvenir, il s'était imaginé que la politique allait le pousser rapidement. Il s'était mis à faire de la propagande radicale dans son régiment et à lire à ses dragons les feuilles révolutionnaires. Aussi, quand il fallut, dans l'armée, rétablir la discipline un instant ébranlée, on le choisit pour faire un exemple, et on le mit en retrait d'emploi. Au bout de dix-huit mois pourtant, on jugea l'expiation suffisante et sa demande de réintégration à l'activité fut admise par le ministère de la guerre. Une seule place était vacante : celle de capitaine en second à mon escadron. Sauvage dut l'accepter. Quand il me vit nommer chef du bureau arabe, il espéra que je lui céderais le commandement de l'escadron ; mais je ne l'entendais pas de cette oreille-là et, pour rien au monde, je n'aurais abandonné ma troupe. Le malheureux séchait d'envie, d'autant plus qu'aucune perspective d'expédition ne lui permettait d'espérer sortir d'une position fausse et réparer les dommages causés à sa carrière par ses imprudences politiques. Tôt ou tard une explication vive à ce sujet devait survenir entre nous. Elle se produisit, un soir, à la pension, en présence de nos camarades.

De but en blanc, il me dit brusquement que j'occupais une situation sans exemple dans l'armée, que je ne pouvais pas cumuler deux fonctions distinctes, et que quand un officier de mon grade était détaché pour un service spécial, il était de règle qu'il renonçât à la première classe, pour reprendre rang parmi les capitaines en second. J'aurais pu l'envoyer promener. Je préférai, sans me fâcher, lui adresser un petit discours fort net dont je me souviens encore : « Je ne suis pas la cause, lui dis-je, de vos déboires, et je ne suis pas chargé de les réparer. Je n'ai certes pas demandé à vous avoir comme capitaine en second dans mon escadron, et j'ai mis tous mes soins à ce que la situation, gênante pour moi, ne fût pas trop désagréable pour vous. Aujourd'hui, vous voulez changer les rôles et me prendre mon escadron? Eh bien, rappelez-vous ceci : Vous ne l'aurez pas. Si je suis à la fois capitaine-commandant et chef de bureau arabe, cela ne vous regarde pas. Cela vous regarde d'autant moins que je ne vous demande jamais rien en dehors de votre service réglementaire. Maintenant, faites tout ce que vous voudrez, réclamez si bon vous semble. En supposant que vos plaintes soient entendues, vous n'aurez pas pour cela gain de cause. Tout ce que vous pourrez obtenir, c'est que je sois mis en demeure d'opter entre le bureau arabe et l'escadron. Dans ce cas, j'opterai mille fois pour l'escadron. Ainsi, vous voilà bien prévenu, n'est-ce pas? »

Mon Sauvage, devant cette sortie, renonça à l'idée de me mettre à la porte, et chercha une autre combinaison pour abandonner ses fonctions de capitaine en second, car elles lui étaient devenues tout à fait insupportables, en raison même de son ancienneté qui le plaçait à la tête de tous les capitaines du régiment. Cette combinaison, il la trouva pour son malheur.

Notre capitaine-trésorier Lefort, mort général de division en 1878, venait de passer comme major au 5° de hussards. Faute de candidats dans le régiment, sa place avait été donnée à un lieutenant du 2° de chasseurs d'Afrique, M. Toulier, celui-là même qui, en 1844, avait eu à Oran, avec Chambry, un duel fameux.

Sans aptitudes particulières pour la comptabilité, il n'avait accepté que pour avoir le grade de capitaine, auquel on n'arrivait, même en Afrique, qu'assez tardivement, à moins de circonstances exceptionnelles, et il n'aspirait qu'à rentrer dans le service actif. Aussi accepta-t-il avec empressement de permuter avec Sauvage.

Déjà très compliquée, la comptabilité chez les spahis allait le devenir bien davantage encore, quand on inaugura le système des Smalas dont je parlerai bientôt, et qui entraîna le payement en argent des rations de fourrage.

Sauvage n'était pas un comptable émérite, mais il trouva dans son bureau un maréchal des logis, nommé Môle, qui avait la bosse de la comptabilité, et qui, entré comme soldat secrétaire chez le capitaine Lefort, devait arriver rapidement au grade de lieutenant adjoint au trésorier. Et le nouveau capitaine-trésorier n'eut pour ainsi dire qu'à signer les pièces, les yeux fermés. On me pardonnera d'anticiper sur les événements, pour en finir tout de suite avec la lamentable histoire de Sauvage.

Les comptes du 1ᵉʳ de spahis passaient pour des modèles, et Sauvage passa lui-même bientôt pour un trésorier excellent, à ce point qu'en 1854, son ancienneté aidant, il fut nommé chef d'escadrons au 2° de chasseurs d'Afrique, à Oran. Au lieu de rejoindre son poste, on le vit avec étonnement exercer encore, pendant six mois, à Médéah, les fonctions de capitaine-trésorier, sous prétexte de passer son service à son successeur, le capitaine Allix, que nous connaissons déjà et que nous avons vu, maréchal des logis chef, employer Fleury, arrivant aux spahis, à rayer du papier blanc. Allix lui-même céda bientôt la trésorerie à Môle, nommé capitaine, et, changeant de bureau, alla remplacer à l'habillement le meilleur et le plus honnête des hommes, le capitaine Barbier, promu à l'ancienneté chef d'escadrons, au 6ᵉ de cuirassiers.

Sauvage, à Oran, semblait n'avoir qu'une idée : revenir aux spahis, et la place de major étant devenue vacante chez nous, il la sollicita et l'obtint. On n'avait jamais vu un officier supérieur, encore jeune, plein de force et de santé, abandonner, pour des fonctions sédentaires, le service actif dans un régiment en campagne. On attribua cette fantaisie à des motifs d'ordre privé, et on n'y pensa plus.

A cette époque, le colonel Lauër, promu général, avait cédé le régiment au colonel de Lauriston, un très brave homme, un chef très paternel, mais qui, nouveau venu en Afrique, se trouvait comme dans un four, au milieu de ce monde particulier qu'on appelle un régiment de spahis. Les bureaux de la rue Saint-Dominique s'entêtaient alors à confondre un régiment de cuirassiers avec un régiment de spahis, et à envoyer indifféremment dans l'un ou dans l'autre, au hasard du classement, les officiers, sans tenir compte ni de leurs aptitudes ni de leur passé. On ne saura jamais ce que cette manie a coûté, aussi bien aux officiers qu'au pays.

Donc, les choses en étaient là : Sauvage, major, Môle, capitaine-trésorier, Allix, capitaine d'habillement, lorsque le maréchal Vaillant, ministre de la guerre, transmit au maréchal Randon, gouverneur général de l'Algérie, une lettre anonyme qu'il venait de recevoir et qui le prévenait que le plus grand désordre régnait dans la comptabilité du 1ᵉʳ de spahis.

Sans attacher à cette dénonciation une importance exagérée, le ministre invitait le gouverneur général à faire examiner, inopinément et minutieusement, les livres et la caisse du régiment.

Deux sous-intendants, MM. Friant et Geoffroy, furent chargés de cette vérification, et non seulement ils ne découvrirent rien, mais ils rédigèrent un rapport tout à fait élogieux pour l'administration du régiment, disant que sa comptabilité pourrait servir de modèle à toute l'armée.

A quelque temps de là, nouvelle lettre anonyme au ministre de la guerre, affirmant qu'un déficit considérable devait se trouver dans la caisse et que si les deux intendants n'avaient rien découvert, c'était parce qu'ils avaient mal cherché. Le maréchal Vaillant envoya cette seconde dénonciation au maréchal Randon, qui délégua l'intendant de son corps d'armée, M. Donop. Celui-ci arriva à l'improviste dans les bureaux du major, à Médéah, vérifia les livres, ligne par ligne, fit compter devant lui, sou par sou, l'argent de la caisse, trouva les livres exacts et les fonds intacts. En rendant compte au ministre de cette seconde inspection, le gouverneur général ajouta qu'il était infiniment regrettable de voir, sur la foi de dénonciations anonymes, suspecter l'honneur et la probité d'officiers irréprochables. L'affaire semblait enterrée, lorsque le hasard fit découvrir le pot aux roses.

Un jour, le commandant du 2ᵉ bataillon des zéphyrs, rentrant à Alger après un congé passé en France, vint faire au maréchal Randon la visite d'usage. Le maréchal ne perdait aucune occasion de causer avec les chefs de corps, pour tirer d'eux des renseignements sur tout ce qui pouvait intéresser leurs troupes. Il interrogea donc ce commandant, qui partait le lendemain pour rejoindre son bataillon à Cherchell, et lui demanda s'il ne voyait pas quelque amélioration à introduire dans le service. Le commandant lui répondit que tout lui semblait parfaitement réglé, sauf un seul point : le versement au trésor des vivres remboursables. « Comment ça ? dit le maréchal. — Voici, répondit le commandant : mon bataillon est constamment employé aux travaux des routes, et éparpillé par compagnie ou demi-compagnie. Mes hommes, très souvent éloignés des marchés, des centres de population, ne trouvent pas à acheter les vivres dits de l'ordinaire. L'administration, alors, leur fournit ces vivres contre remboursement. Les capitaines les payent, au moyen de bons dont le trésorier retient le montant, au moment où il fait le prêt. Le capitaine-trésorier garde ces retenues dans sa caisse, sans les faire figurer sur ses écritures, jusqu'à ce que le Trésor les lui réclame, c'est-à-dire un an ou quinze mois. Il y a donc dans les caisses des régiments des sommes parfois considérables, dont le conseil d'administration serait responsable si un accident survenait. Il faudrait supprimer cette responsabilité, ou tout au moins l'alléger. — Comment ? — D'une façon bien simple. En nous autorisant à verser, tous les mois, le montant des vivres remboursables au Trésor, quitte à régler définitivement avec l'administration, après l'apurement de ses comptes. De cette façon, nous ne serions pas obligés de traîner avec nous, dans nos déplacements perpétuels, des fonds qui ne sont pas toujours en sûreté. »

Le maréchal fit appeler son intendant, pour lui demander s'il y avait quelque règle d'administration contraire aux vœux du commandant des zéphyrs. Il n'y en avait pas, et bientôt tous les corps furent invités à verser au Trésor les fonds qu'ils détenaient, à titre de vivres remboursables. Tous s'exécutèrent immédiatement, à l'exception du 1ᵉʳ régiment de spahis. Les fonds provenant des fourrages fournis à la troupe et remboursés par elle avaient disparu. C'était là le déficit signalé par deux fois au ministre de la guerre, et il n'était pas mince : cent huit mille francs. Les malversations avaient commencé au temps où Sauvage était capitaine-trésorier, avaient continué sous ses successeurs, et c'était pour soutenir cette situation irrégulière que Sauvage avait tant tenu à revenir au régiment, comme major.

Ce fut un scandale énorme, sans précédent. Sauvage, Môle et Allix furent déférés au conseil de guerre. Les deux derniers disparurent. On retrouva le corps d'Allix sur la route de Médéah à Aumale. Il s'était fait sauter la cervelle, pour échapper au déshonneur. Une perquisition, faite à son domicile, amena la découverte d'une quantité considérable de billets de la loterie de Hambourg. Môle resta introuvable. On m'a assuré, mais je n'affirme rien, qu'il avait fini par se placer comme caissier à l'isthme de Suez. La compagnie ne pouvait pas trouver de comptable plus expérimenté, sinon plus honnête. Quant au pauvre Sauvage, si mal inspiré d'avoir quitté mon escadron, parce qu'il ne pouvait pas me le prendre, il fut arrêté et condamné par le conseil de guerre à cinq ans de prison. Ce fut un de ses anciens camarades, le lieutenant-colonel de Gondrecourt, qui occupa le siège du ministère public et requit contre lui. Il était destiné à me mettre toujours dans une position gênante, car, dans les commencements de sa détention, il m'accablait de lettres, dans lesquelles il affectait de me traiter en camarade, pour me conjurer de lui faire obtenir sa grâce, par l'entremise du général Fleury. J'eus toutes les peines du monde à lui faire comprendre que cette démarche me répugnait. Je ne sais pas ce qu'il est devenu. Il doit être mort.

Maintenant que j'ai présenté mon premier capitaine en second, héros d'une cause célèbre, voici son successeur : le capitaine Toulier, déjà nommé. Charmant officier, d'un commerce agréable et toujours prêt à me seconder avec une bonne volonté parfaite, mais un peu dépaysé dans les troupes indigènes, et quand mon escadron quitta, comme je le raconterai plus tard, la délicieuse garnison de Blidah pour le triste séjour de Boghar, Toulier, dégoûté, permuta pour passer au 6° de lanciers. Je l'ai retrouvé, bien des années après, à Versailles, toujours très aimable garçon. Il y est toujours, chef d'escadron de cavalerie en retraite.

Mon lieutenant du cadre français était M. de Romans, appartenant à une excellente famille d'Angers, jeune homme de bonnes manières et de physique élégant, mais sans la moindre vocation militaire. Il s'était fait soldat, faute de savoir ou de pouvoir faire autre chose. Après avoir mangé, en menant la vie à grandes guides, les trois ou quatre cent mille francs que lui avait laissés son père, il avait dû, à vingt-quatre ans, s'engager au 4° de chasseurs d'Afrique, qui était alors le refuge des fils de famille à la côte. Fleury, qui avait beaucoup de goût pour cette classe de la société, peut-être à cause de ses souvenirs personnels, l'avait recommandé chaudement à Yusuf, qui l'avait pris aux spahis comme maréchal des logis, et l'avait fait promptement arriver à l'épaulette. Une fois sous-lieutenant, de Romans avait trouvé le moyen de se faire attaché à l'état-major particulier du général de Saint-Arnaud, qui l'avait emmené et gardé quelque temps auprès de lui, à Constantine. Homme du monde, avec plus de bagout que d'esprit, connaissant tout Paris, la mémoire farcie d'anecdotes et de détails sur toutes les personnes en vue, il était, au fond de l'Algérie surtout, une ressource précieuse. Il n'avait plus le sou; mais il dépensait de l'argent comme s'il eût eu encore sa fortune, montait à cheval comme quelqu'un qui a beaucoup chassé à courre, adorait le luxe. C'était vraiment un officier d'ordonnance fort commode, à condition qu'on ne lui demandât aucun travail.

Quand on forma le régiment des guides, son protecteur, Fleury, qui avait carte blanche pour la composition du corps d'officiers, le prit comme capitaine. Mais la vie régimentaire, même avec la tolérance de Fleury, avait encore des exigences dures pour les habitudes d'indépendance de ce garçon, qui demanda sa mise en disponibilité, lorsque l'Empereur constitua sa maison, et devint écuyer de l'Empereur, en restant sous les ordres de Fleury, nommé premier écuyer. Lancé à corps perdu dans un monde de luxe et de plaisir dont il voulut suivre le train, il compromit sa position et fut obligé de la quitter. On refusa de le rappeler à l'activité et, pendant la guerre de Crimée, il fut, ainsi que bien d'autres épaves de la vie parisienne, réduit à prendre du service dans les troupes irrégulières de la Turquie. A la paix, la protection infatigable de Fleury le fit replacer comme capitaine de hussards, à Sétif. Dans un congé qu'il passa en France, il mourut subitement, un soir, en rentrant chez lui. Il n'avait pas quarante ans, mais les excès l'avaient usé jusqu'à la corde.

Mes deux sous-lieutenants français étaient assez insignifiants. L'un, M. Morel, caractère fruste, âpre, susceptible, demandait à être traité avec beaucoup plus de ménagement qu'il n'en montrait pour ses subordonnés. Je le tenais perpétuellement en bride, pour l'empêcher de se livrer, au moins en paroles, à des violences contre les indigènes, dont on fait tout ce qu'on veut avec un peu de douceur et de fermeté. Je l'avais vu arriver au régiment, en 1842, maréchal des logis-fourrier, venant du 2ᵉ de hussards. Je devais le voir disparaître de l'armée, en 1873, comme major du 3ᵉ de dragons. Du reste, je le gardai peu de temps à l'escadron, où il fut remplacé par M. de Galbois, fils du général de division. Le jeune de Galbois était un très brave soldat. C'était même sa principale qualité. Malheureusement il paya prématurément de sa vie des excès de toute nature, auxquels on ne pouvait pas l'empêcher de se livrer. J'avais eu mon autre sous-lieutenant, M. Monin, comme maréchal des logis chef au 3ᵉ escadron, quand j'en avais pris le commandement, à la mort du capitaine Piat. Sa spécialité était la comptabilité. Marié à une jolie femme, fille d'un capitaine en retraite, il aspirait à un emploi sédentaire qu'il obtint dans les remontes de l'Algérie. Pas sot du tout! Monin était notre ténor attitré. Il avait un répertoire inépuisable de chansonnettes.

Le cadre des officiers indigènes, un lieutenant et deux sous-lieutenants, était composé de braves gens vieillis sous nos drapeaux. Ils venaient tous les trois des anciens gendarmes maures et s'étaient toujours bien battus. L'un d'eux, M. Ben-Zégri, affirmait qu'il descendait des anciens Maures de Grenade, mais n'apportait aucun parchemin à l'appui de cette prétention. Il n'y avait rien à leur demander, en dehors du service journalier qu'ils accomplissaient par routine. Gens des villes, déshabitués de la vie arabe, ils prirent tous les trois leur retraite, quand l'escadron quitta Blidah.

Mes sous-officiers français et indigènes étaient tout ce que je pouvais désirer. Parmi les premiers, plusieurs ont fait une belle carrière. Pendant mon commandement, j'ai eu deux maréchaux des logis chefs; tous les deux ont été retraités comme capitaines. Un de mes maréchaux des logis s'est retiré récemment du service, général de brigade et commandeur de la Légion d'honneur. Un autre est mort lieutenant-colonel dans la gendarmerie coloniale. Trois autres ont obtenu la croix d'honneur comme sous-officiers, ce qui était fort rare en ce temps-là.

J'avais pour brigadier-fourrier un garçon que j'aimais

beaucoup et qui s'appelait Bonnardel. Il avait la tête près du bonnet, mais le cœur près de la main, et en le prenant par les sentiments j'en faisais tout ce que je voulais. Sans être querelleur, il était assez batailleur. Il me fit un jour une réponse épique. Il avait été malmené par un sous-officier et voulait à toute force se battre avec lui. J'eus vent de la chose et, naturellement, je mis le holà, en expliquant à Bonnardel qu'il risquait le conseil de guerre, attendu qu'il n'était pas encore sous-officier, et que pour un brigadier-fourrier, un maréchal des logis était un supérieur hiérarchique. Quelques jours plus tard, il se prenait de bec avec un brigadier et voulait aller encore sur le pré. Je m'y opposai, en lui disant que le brigadier-fourrier était le premier brigadier de l'escadron, qu'il commandait aux autres et qu'il devait être considéré comme leur supérieur. Alors Bonnardel de s'écrier avec un désespoir comique : « Mais, mon capitaine, vous ne voulez pas que je me batte avec les sous-officiers. Vous ne voulez pas que je me batte avec les brigadiers. Avec qui, alors, voulez-vous que je me batte? » Je me mordis la moustache pour ne pas rire, et je parvins avec peine à lui faire comprendre que je ne voyais pas une nécessité absolue à ce qu'il se battît avec les uns ou avec les autres. Bonnardel fit son chemin, et plus tard je le retrouvai capitaine de gendarmerie, dans les environs de Paris.

Mes sous-officiers indigènes, si on tenait compte des défauts inhérents à leur race et à leur situation sociale, pouvaient passer pour d'excellents serviteurs, de bons et intelligents soldats. Plus d'une fois, je les employai dans les affaires arabes, et ils ne me donnèrent que de la satisfaction. J'ai déjà parlé de l'un d'eux, nommé Tahar-ben-Ahmeda, qui, lors de notre expédition dans le Sahara, avait été promu à la dignité d'exécuteur des hautes œuvres, et, pour ne pas mâcher les mots, de bourreau du général Yusuf. Je le fis nommer caïd d'une tribu de montagnards des environs de Blidah : les Beni-Messaoud, qui passaient à juste titre pour des gens indépendants. Étranger au pays, et, par conséquent, aux misérables intrigues qui travaillaient la tribu, il y ramena bientôt l'ordre et l'obéissance. Il y réussit tellement qu'il passa, toujours en qualité de caïd, au commandement d'une tribu beaucoup plus importante et encore plus remuante : les Beni-Menad, habitant, entre Blidah et Milianah, un pays âpre. Quand je quittai l'Afrique, Tahar-ben-Ahmeda, le soldat de fortune qui n'avait jadis pour tout bien que sa maigre solde de sous-officier, était devenu un gros personnage possédant de bonnes terres au soleil et des troupeaux. C'est que les Arabes se mettent très rapidement au niveau des situations imprévues, et savent en user et même en abuser. Mais il est admis dans le pays qu'un chef indigène peut tirer de son poste des bénéfices sérieux, voire exagérés. Cela ne le déconsidère pas aux yeux de ses administrés, au contraire, cela lui donne un parti qui vit de ses largesses.

Il me reste enfin à présenter les hommes de troupe de ce cher escadron qui faisait mon orgueil et ma préoccupation de tous les instants. Son recrutement était plus difficile et moins homogène que celui des autres escadrons du régiment. Il tenait garnison à Blidah depuis sa formation, c'est-à-dire depuis 1842. Son premier fond avait été l'excellent personnel des gendarmes maures. Mais peu à peu, il avait épuisé les ressources du pays en hommes disponibles. Sa majeure partie était composée de citadins, auxquels étaient venus se joindre des cavaliers des tribus voisines, mais en petit nombre ; car les Arabes, reculant devant le colon qu'ils avaient perdu l'espoir de chasser, allaient plutôt, quand ils voulaient prendre du service, s'engager dans les escadrons de Médéah et de Milianah, plus éloignés que le mien du territoire civil. On devait donc, pour maintenir l'effectif, se montrer coulant, accepter sans y regarder de trop près tout ce qui se présentait, et admettre des éléments assez dissemblables.

Les spahis, n'étant pas casernés, devaient se loger à leurs frais, et cette dépense pesait sur leur solde. Ceux qui avaient l'habitude du séjour des villes avaient trouvé à se caser à Blidah même. Mais l'Arabe des tentes, qui a contracté le goût et l'habitude de la vie en plein air, répugne à s'abriter dans une maison qu'il rend, d'ailleurs, bientôt inhabitable par son manque de soin et de propreté intérieure. Il trouve bien plus commode la tente, qu'on peut lever quand les alentours sont contaminés, et transporter un peu plus loin. Pour cette fraction de l'escadron, on avait vainement cherché, autour de Blidah, un terrain disponible, et, faute de mieux, on avait loué fort cher à un industriel français, M. de Cardy, sur le territoire des Beni-Mered, un terrain distant de huit kilomètres de Blidah, et dont le prix de location était prélevé sur la solde des occupants. C'était une complication dont souffrait le service. Et pourtant, malgré toutes ces conditions désavantageuses, grâce à son fond de vieux serviteurs, et à la valeur de son cadre, une discipline irréprochable régna toujours au 1er escadron, et toujours il fit une très bonne figure dans les faits de guerre auxquels il fut mêlé.

Lors de son inspection générale, ainsi que je l'ai raconté, le général l'Étang eut la bonté, l'indulgence, de se déclarer émerveillé de ma mémoire, parce que je lui nommai l'un après l'autre tous mes cavaliers. Je ne veux pas infliger au lecteur la répétition d'un défilé qui serait sans intérêt pour lui ; mais il ne m'en voudra pas de lui présenter au moins un de mes braves soldats, un pauvre diable qui s'était attaché à moi dans des circonstances dramatiques, et que je retrouvai, plusieurs années après notre première rencontre, en prenant le commandement de l'escadron.

Il s'appelait Belkrèr-ben-Salem. C'était un nègre du centre de l'Afrique. Tout enfant, il avait été enlevé dans une de ces razzias que les peuplades noires exécutent les unes sur les autres pour alimenter leur commerce d'esclaves, et il avait été emmené vers le Nord, c'est-à-dire vers les côtes algériennes, par une de ces caravanes terribles qui cheminent dans le désert, suivant un itinéraire invariable, tracé, jalonné par les ossements blanchis d'êtres humains ou d'animaux que les caravanes précédentes ont laissés derrière elles, et qui sont morts au milieu de privations et de souffrances inouïes. Acheté, revendu, il se trouvait avec son dernier maître dans la smala d'Abd-el-Kader, lorsque nous entrâmes au galop au milieu d'elle.

Dans l'épouvantable confusion qui accompagna notre charge, le pauvre diable courait, éperdu, sur ses mauvaises jambes. Car Belkrèr portait un buste puissant et athlétique sur des jambes grêles, aux tibias fortement arqués. Un de mes spahis l'ajustait et allait l'abattre. Je relevai son fusil du revers de mon sabre et je sauvai le nègre, qui, à partir de ce moment, se mit sous ma protection, empoigna mon étrier gauche et, jusqu'à la fin de l'affaire, courut tant bien que mal à côté de mon cheval. Quand on s'occupa de réunir le butin, j'envoyai Belkrèr au troupeau des prisonniers, et je n'y pensai plus.

Il eut la chance de ne pas tomber entre les mains d'un Arabe, comme part de prise, et, arrivé à Médéah, il se réclama de moi. On s'intéresse toujours à ceux qu'on a sauvés. M. Périchon nous l'affirme, et avant même qu'il eût émis cet aphorisme, j'en avais compris la justesse. J'obtins pour Belkrèr, devenu libre, un engagement aux spahis. J'avais donné là au régiment une excellente recrue, car mon protégé se fit tellement remarquer par sa bonne conduite qu'il fut désigné pour être un des quatre chaouchs nègres qui faisaient le service près du duc d'Aumale, quand le Prince vint prendre le gouvernement de l'Algérie. Après le départ du duc d'Aumale, le capitaine de Mirandol s'attacha Belkrèr et l'emmena à Orléansville, quand il y fut envoyé comme chef d'escadron.

Belkrèr avait fini par réaliser quelques économies dans les modestes emplois qu'il avait occupés. Il se maria avec une jeune Bédouine de race blanche qui, ma foi, n'était pas mal du tout. Il en eut deux enfants, deux garçons. Le premier était un mulâtre, très foncé en couleur. Mais le second tirait si peu sur le noir que, si on n'avait pas connu la couleur du père, on eût juré qu'il n'avait pas une goutte de sang mêlé dans les veines. Toutes les préférences, toutes les adorations de ce bon Belkrèr étaient pour ce second garçon. Il le portait sans cesse dans ses bras. Il le caressait, du matin au soir, disant que c'était la bénédiction du ciel (El-Baraka) qui l'avait fait si joli et si blanc.

Quant à l'autre, l'aîné, il le traitait de nègre, d'esclave, et rien n'était comique comme l'expression de mépris avec laquelle il lui disait : « Ya el Oussif ! Fi ! l'esclave ! » On eût blanchi Belkrèr lui-même, avant de lui persuader que ces deux enfants avaient droit, pour le moins, à une part égale de sa tendresse. La voix du sang, la fameuse voix du sang, ne lui parlait qu'en faveur du second.

Quand je pris le premier escadron, j'y retrouvai mon fidèle Belkrèr, qui avait dû y rentrer, de Mirandol ayant quitté l'Algérie pour passer dans un régiment de France. Il y avait, dans la maison où étaient installés les services de mon bureau arabe, une chambre de sûreté, munie de grilles à ses fenêtres et de verrous à sa porte, où l'on enfermait les Arabes, délinquants ou criminels, jusqu'à ce que l'autorité eût prononcé sur leur sort. Comme Belkrèr était incapable de manquer à une consigne ; comme la garde des prisonniers pouvait lui rapporter quelques petits profits, je lui confiai l'emploi de geôlier.

Un soir, la prison contenait un malfaiteur qui avait l'air très malade et qui demanda à Belkrèr, comme un bienfait sans prix, d'être conduit aux bains maures : « Tu n'as rien à craindre, disait-il, puisque tu m'accompagneras, ne me quitteras pas et me ramèneras dans cette prison, où je ne resterai pas longtemps d'ailleurs, car je suis innocent, et je ne sais même pas ce qu'on me reproche. » Belkrèr, fort comme il était, ne craignait pas que son prisonnier lui échappât. Il se fit acheter cette faveur le plus cher qu'il put et, content de prendre par-dessus le marché un bain gratuitement, il le fit sortir à onze heures du soir, puis l'emmena aux bains maures, en le tenant aussi étroitement que possible. Chemin faisant, l'Arabe, qui avait l'air d'être sur le point de rendre l'âme, donne un croc-en-jambe à Belkrèr, le jette par terre et retrouve subitement, pour s'enfuir, la vigueur et la santé. Mon spahi fut vite debout et s'élança, aussi rapidement que le lui permettaient ses mauvaises jambes, à la poursuite de son prisonnier, en poussant des clameurs féroces. L'Arabe, heureusement, ne connaissait pas Blidah. Il s'égara dans le dédale des petites rues, et vint donner sur un poste de tirailleurs qui, voyant un homme fuyant devant un autre, les arrêtèrent tous les deux. Belkrèr, en retrouvant son prisonnier, se jeta sur lui pour l'étrangler. On les enferma séparément, pour la nuit, et le lendemain matin, on les conduisit sous bonne escorte au commandant de place, qui me les renvoya. Le Bédouin était un fauteur de troubles des plus actifs et des plus dangereux. Son affaire fut instruite à Alger, et il fut déporté aux îles Sainte-Marguerite. Quant à Belkrèr, je lui retirai ses fonctions, pour l'exemple et à regret, mais sans me séparer entièrement de lui. Il resta auprès de moi tant que je restai moi-même aux spahis; sa reconnaissance et son dévouement ne se démentirent jamais.

Plus tard, bien plus tard, dans un bal, aux Tuileries, un sénateur de l'Empire, que le hasard rendit témoin de ses derniers moments, me raconta qu'en mourant, le bon nègre m'appelait encore, comme s'il eût voulu se mettre, une dernière fois, sous ma protection.

Et maintenant, c'est fini. L'escadron a passé. Que sont devenus aujourd'hui ces officiers, ces sous-officiers et ces soldats ? Les officiers et les sous-officiers ont disparu, après des carrières diverses, mais honorables. Quant aux soldats, la terre d'Afrique qu'ils foulaient si fièrement recouvre leurs os, et j'ai bien peur que de tout l'escadron il ne reste plus que le capitaine commandant. Il devait à ses compagnons d'armes un dernier souvenir, car, s'il a connu l'ivresse de mener, dans la poussière des champs de manœuvre et dans la fumée des champs de bataille, des divisions de cuirassiers qui semblaient, hélas ! brillantes comme l'éclair et irrésistibles comme la foudre, il n'a jamais été plus heureux et plus fier que lorsqu'il s'en allait, dans la force et la magie de sa jeunesse, entraînant derrière lui cette troupe dévouée, aimante et aimée, qui dansait, pour ainsi dire, au soleil sur ses ardents petits chevaux barbes.

XIV

LES ARABES.

La vie civile. — Luttes intestines. — L'aristocratie. — L'Arabe et le Juif. — La jeunesse arabe. — Incomparables soldats. — Difficulté du recrutement. — École de cadets. — Responsabilité. — Assimilation. — Les smalas. — Les impôts.

Me voilà donc à la fois chef de bureau arabe et capitaine commandant d'un escadron de spahis. La première de ces deux fonctions me mettait en rapport avec l'Arabe dans sa vie civile. La seconde me mettait en rapport avec lui dans sa vie militaire. J'étais à la fois un chef pacifique et un chef de guerre. On me permettra de profiter de cette dualité pour exposer quelques-unes de mes idées sur l'Arabe, considéré sous les deux points de vue. Je n'ai pas la prétention qu'elles soient neuves et surtout irréfutables, mais j'ai la prétention qu'elles soient sincères. Et comme elles sont appuyées sur un séjour de vingt années consécutives en Algérie, peut-être ne valent-elles guère moins que les théories des gens qui jugent et tranchent les questions algériennes, sans s'être donné la peine de quitter leur fauteuil de cuir pour traverser la Méditerranée.

J'ai un défaut. Je m'intéresse à ce que je fais, et quand j'ai entrepris une besogne, si je ne réussissais pas, j'en perdrais le sommeil et l'appétit. Aussi, le service du bureau arabe que j'avais accepté peut-être un peu présomptueusement, sans vouloir abandonner mon service d'escadron, m'occupait-il jour et nuit, j'ose le dire. Il était très intéressant. Les affaires qui me passaient par les mains étaient nombreuses, compliquées. Elles exigeaient presque toujours de ma part des décisions rapides et pouvaient entraîner pour moi des responsabilités lourdes. Mais elles me plaisaient. D'ailleurs, je jouissais de deux avantages précieux qui rendaient ma tâche peut-être moins ardue. J'étais dirigé par des chefs bienveillants qui me soutenaient en toute circonstance, et depuis quinze ans, je vivais avec les Arabes. J'avais fréquenté leurs tentes en temps de paix, et, comme spahi, j'avais partagé avec eux, pendant plus de dix ans, les émotions et les travaux de la guerre.

La subdivision de Blidah n'avait, d'ailleurs, rien à redouter d'une de ces insurrections soudaines qui plus d'une fois avaient trompé notre vigilance, et de ces fameux cavaliers Hadjoutes qu'ont chantés nos poètes. Tout le Tell, à l'exception du massif de la Kabylie, c'est-à-dire tout l'espace compris entre la mer et les Hauts-Plateaux, était pacifié, et le territoire que j'administrais, englobé dans nos possessions, enveloppé par nos postes, ne pouvait être troublé sérieusement, sans que des signes avant-coureurs d'une agitation vinssent, longtemps à l'avance, nous mettre sur nos gardes. Certes, l'espoir de la revanche vivait toujours dans le cœur des Arabes. Toujours ils attendaient le prophète qui devait nous chasser ; mais l'inutilité d'un nouvel effort leur était démontrée, et ils subissaient avec les apparences de la résignation un sort que, dans leur fatalisme, ils attribuaient à la volonté de Dieu. A travers les tribus, circulaient toujours les émissaires des confréries religieuses, chargés d'entretenir la haine contre nous; mais ils y mettaient de la prudence et, de loin en loin, quelques-uns d'entre eux tombaient dans nos mains, non pas grâce au zèle des autorités indigènes, mais grâce à quelques écarts de langage et de conduite. Le personnel des bureaux arabes avait l'œil ouvert sur eux et les soustrayait à temps à leur mission de prédicateurs.

La partie véritablement délicate de notre tâche consistait à nous débrouiller, au milieu des intrigues de toute sorte dont la moindre tribu est le foyer, et à nous reconnaître au milieu des mensonges intéressés qui nous assaillaient. Tout groupe humain est un microcosme, et dès que deux hommes vivent ensemble, les passions humaines qui bouleversent les grandes nations surgissent entre eux. La tribu arabe, pour être un théâtre des plus restreints, n'en présente pas moins toutes les péripéties de nos luttes politiques et tous les enchevêtrements qui résultent du choc des intérêts. Le fond de ces luttes est invariablement la conquête du pouvoir, tout comme chez nous. Et, ce qui les rend plus ardentes encore, c'est que, chez l'Arabe, l'exercice du pouvoir est considéré par tout le monde comme le moyen le plus pratique et le plus rapide de s'enrichir. Je n'oserai pas ajouter ici : tout comme chez nous ; j'en serais pourtant bien tenté, et il faut avouer que, dans ces dernières années surtout, il nous a été donné d'assister à plus d'un fait qui excuserait cette tentation. Avant notre arrivée en Afrique, le pouvoir, dans les tribus, se conquérait à coups de fusil et à coups de yatagan, par la force. Quand nous fûmes là, quand nous y eûmes établi l'ordre, tel que nous le comprenons, l'Arabe dut recourir à la diplomatie, et ce changement de système lui fut d'autant plus aisé que, s'il est un bon soldat, il est aussi un diplomate excellent. Il est passé maître en ces sortes de perfidies et de mensonges qui ont procuré aux hommes d'État européens tant de plaques et de grands cordons. Et rien n'était curieux, rien n'était dangereux aussi, comme l'habileté avec laquelle les ambitieux des tribus essayaient d'endormir ou d'égarer l'intelligence des officiers dont ils dépendaient.

« Tu es, leur disaient-ils, le soleil de la justice, le miroir de la vérité. Nul ne saurait songer à te tromper, car tu sais lire dans les âmes. Ce pays-ci n'est administré que depuis que tu es chargé d'y faire régner la justice et la prospérité. »

Tout cela, débité avec un air de sincérité et de conviction qui tromperait un vieil avocat. On n'ajoute pas foi à de pareilles flagorneries; mais on se persuade volontiers, tant la vanité vous rend dupe! que du moins on a su inspirer une bonne opinion de soi à ses administrés et qu'ils rendent justice à vos bonnes intentions.

Et puis, comment refuser quelque chose à des gens qui viennent vous dire : « Je me suis compromis pour toi. Quand tu quitteras ce pays, je partirai avec toi » ? Cela n'indique pas une grande confiance, mais cela suppose un grand dévouement. Alors, on se laisse aller, et on commet des fautes.

Ici, tout d'abord, une sorte de question préjudicielle s'impose : celle de savoir si nous pouvons administrer les Arabes, uniquement avec des fonctionnaires français, ou si nous devons prendre dans le peuple conquis des auxiliaires de notre administration. Ceux qui tiennent pour la première solution jettent toujours à la tête de leurs adversaires l'exemple de l'Inde, où toutes les familles qui ont régné sur les différentes parties de cet immense territoire ont été, par une politique habile et persévérante, successivement éloignées du pouvoir, confinées dans une oisiveté dorée, pour laisser tomber toute l'administration aux mains des Anglais. Ceux-ci ne disposent pas d'une armée de cinquante mille Européens dans les Indes, mais elle leur suffit pour tenir, par une savante organisation, une population de deux cents millions d'habitants courbée sous leur joug.

C'est vrai ! Mais on ne saurait comparer les populations molles de l'ancien empire des Mongols, de races si diverses, efféminées par des siècles d'oppression et par tant d'autres causes de faiblesse, avec les peuples guerriers de l'Afrique. Et puis, il faut rendre hommage à l'habileté rare avec laquelle l'Angleterre recrute son personnel colonial. Une école spéciale d'administration a été établie pour l'Inde. Il faut, pour y entrer, faire preuve d'une instruction très étendue et d'une santé très robuste. Et on n'en sort qu'après avoir traversé victorieusement les épreuves d'un long stage, très minutieusement suivi. Pourtant, malgré toutes ces précautions du vainqueur, malgré toute l'apathie du vaincu, nul ne saurait dire que l'avenir, et peut-être un avenir prochain, ne réserve pas de cruels mécomptes à l'inflexible politique coloniale de l'Angleterre.

Est-ce avec le même soin, est-ce avec la même science qu'est choisi et préparé notre personnel politique colonial? Tant que l'Algérie a été soumise au régime militaire, le recrutement des bureaux arabes s'accomplissait au moyen d'officiers pris dans tous les corps, et choisis même, parfois, parmi ceux qui venaient d'arriver en Afrique. Le bureau arabe n'était pas une carrière pour eux. Il était tout au plus un accident de leur carrière. On ne leur demandait que de l'honnêteté, du zèle et de l'intelligence. C'est déjà beaucoup, dira-t-on. Oui, mais ce n'était pas assez, car on ne leur demandait pas de faire preuve de connaissances spéciales, ni même d'aptitudes particulières. On ne les laissait même pas assez longtemps en fonction pour qu'ils pussent acquérir de l'expérience et obtenir des résultats sensibles, qui eussent fait aimer et regretter leur administration par la masse arabe. Aujourd'hui, la direction des affaires indigènes est confiée à des fonctionnaires civils choisis au petit bonheur, et les choses n'en vont pas mieux ; et le personnel nouveau n'offre même pas la sécurité que présentait l'élément militaire. Donc, je me range délibérément parmi ceux qui pensent qu'on doit demander aux Arabes eux-mêmes, et autant que possible, un concours administratif.

Nous n'avons jamais rien eu de plus à cœur, cela n'est pas douteux, que de choisir, pour nos principaux agents, les chefs indigènes qui nous paraissaient capables de rendre à notre cause les plus utiles services. Avons-nous choisi judicieusement ? C'est ce que je ne crois pas. D'abord, nous avons débattu très longtemps la question des grandes familles et celle des hommes nouveaux. Valait-il mieux, dans le gouvernement des indigènes par les indigènes, nous appuyer sur les influences établies de l'aristocratie reconnue de temps immémorial, ou bien faire appel à une seconde couche, dont les représentants tireraient toute leur autorité de l'appui que nous leur prêterions et nous donneraient des gages d'un zèle inspiré par leur propre intérêt ?

C'est la seconde opinion qui a prévalu. Systématiquement, nous avons employé des hommes de naissance obscure, de condition modeste. Systématiquement, nous avons tenu à l'écart les grandes familles d'autrefois, dont la plupart ont fini par tomber dans la misère et disparaître. Nous avons pensé que ces familles féodales n'accepteraient pas l'espèce de déchéance que leur apportait notre conquête, et qu'elles ne se rallieraient jamais de bon cœur à nous. Et, cependant, nous avions vu les représentants des plus grandes familles du pays, le général Mustapha-ben-Ismaïl, les principaux chefs des Douairs et des Smélahs, le khaliffa Sidi-el-Aribi, l'agha Bou-Alem-ben-Chériffa, Si-Mokrani lui-même, servir avec une fidélité inébranlable. Rien n'y a fait. Nous leur avons préféré des hommes nouveaux, et ces illustres guerriers ont encore attendu, pour la plupart, avant de nous quitter, que nous eussions dédaigné et oublié leurs services, et qu'aux amertumes de leur chute nous eussions ajouté l'humiliation de se voir contraints d'obéir à ceux qu'ils considéraient jusque-là comme leurs serviteurs. Je crains bien que notre manie démocratique ne nous ait encore joué là un mauvais tour, et qu'au fond nous n'ayons été emportés par le désir secret, instinctif, si l'on veut, mais déplorable, d'imposer au vaincu les institutions égalitaires du vainqueur. C'est là une grave erreur. L'Arabe n'est pas mûr, et ne sera probablement jamais mûr, pour un quatre-vingt-neuf. Il ne comprend pas la démocratie. Il a conservé, au fond de son cœur, le respect, le préjugé, si on le préfère, de l'aristocratie. Toutes les fois qu'une insurrection a éclaté, on l'a vu abandonner instantanément, ou même entraîner avec lui, les chefs nouveaux dont il subissait l'administration, pour courir se ranger sous la bannière de ses grandes familles féodales. Et ces insurrections, c'est triste à dire, c'est presque toujours nous qui les avons provoquées.

Quand j'ai été mêlé à l'administration du pays arabe, j'ai pu étudier les causes de la désaffection profonde que l'indigène nourrissait contre nous, et par conséquent les causes de ses révoltes. Parmi ces révoltes, il en est qui ont tenu au résultat de notre occupation elle-même, et, celles-là, il fallait bien les subir. Nous étions bien obligés, par le fait même du développement de la colonie, de gêner l'Arabe dans ses habitudes nomades et d'installer des cultivateurs sédentaires sur ce qu'il considérait comme ses meilleures terres. C'était une conséquence inévitable de la conquête. Mais il en est d'autres qui proviennent des erreurs de notre politique, de notre légèreté, de notre imprévoyance, des blessures cruelles que nous avons faites au cœur fier de l'Arabe, à ses sentiments les plus enracinés.

Et celles-là nous pouvions, nous devions les éviter.

L'Arabe déteste et méprise le Juif, et quand on a fréquenté le seul Juif qu'il connaisse, on comprend l'antisémitisme de l'Arabe. Or, en 1871, un décret fameux de la Défense nationale conférait aux coreligionnaires de M. Crémieux la qualité de citoyens français, que nous n'avons jamais accordée aux Arabes. C'était une iniquité, doublée d'une maladresse. Représentez-vous quelles idées durent hanter, à ce moment, la cervelle d'un Arabe! Il savait que ses frères combattaient l'Allemagne avec nous, qu'ils venaient de verser sans compter leur sang pour la France, et que tous ceux qui n'étaient pas restés sur les champs de bataille languissaient dans les froides prisons du vainqueur. Et il voyait cette France, oublieuse, lui infliger cette humiliation suprême de lui préférer le Juif, le Juif qu'il considère moins que ses chiens, le Juif qui n'avait pas porté les armes, lui! Qu'auriez-vous fait à sa place? Moi, je ne sais pas, mais je crois que je me serais soulevé, comme se souleva le noble Mokrani, renvoyant au gouverneur sa croix de commandeur et le prévenant loyalement de l'ouverture des hostilités. Cette insurrection porta la terreur jusqu'aux portes d'Alger, et si elle eût éclaté cinq mois plus tôt, au moment le plus aigu de la guerre franco-allemande, je ne dis pas que nous aurions perdu l'Algérie, mais je dis que notre corps d'expédition eût été acculé à la côte, et que nous eussions été forcés de verser des torrents de sang pour reconquérir l'Algérie. Je dois ajouter que les Juifs algériens ne songèrent pas un instant à prendre les armes, pour défendre une cause qui était devenue la leur, par le fait même de leur naturalisation. Dans les grandes villes, à Alger, à Oran, ils se signalèrent, en soufflant à la population la révolte contre l'autorité militaire, qui s'imposait dans ces circonstances douloureuses, et, loin de reconnaître par le moindre acte de patriotisme la faveur inconcevable dont ils venaient d'être l'objet, ils profitèrent du désarroi général pour réaliser des bénéfices vraiment scandaleux.

Donc, notre politique, méconnaissant de parti pris les mœurs, les habitudes, les préjugés arabes, non seulement a fourni des prétextes aux insurrections, mais encore leur a ménagé des chefs, en tenant à l'écart les représentants de la noblesse arabe, en les éloignant de l'exercice lucratif du pouvoir, en les appauvrissant, en les forçant à considérer notre conquête, et comme un attentat contre leur nationalité, et comme un attentat contre leur bien-être. Il faut bien comprendre que le noble arabe ne peut pas se refaire par un mariage riche, comme le noble français ruiné. Il n'épouse pas d'héritières américaines. S'il n'est plus chef, il se ruine ou on le ruine. Mais, tout ruiné qu'il est, il est encore à craindre; il est peut-être plus à craindre, parce qu'il lui reste encore, avec le prestige de la race, la haine du conquérant et une influence qui renaît au moindre retour. Nous avons donc mal agi en voulant démocratiser une nation à coups de décrets, la violenter dans ses mœurs, au lieu d'adapter ses mœurs à nos intérêts.

Taine a dit, à propos des Jacobins de 93, que nous étions doués d'une si naïve infatuation de nous-mêmes que nous croyions sincèrement faire le bonheur du genre humain, en lui imposant les constitutions successives qu'il nous plaît d'imaginer. Nulle part plus qu'en Algérie, nous n'avons justifié cette remarque philosophique. Nous avons été maladroits et prodigieusement naïfs. N'est-ce pas, par exemple, une naïveté que de vouloir imposer notre code, nos institutions judiciaires à des gens qui en sont encore, comme les vieux Gaulois, à se racheter d'un meurtre par une somme d'argent? Décidément, ce qui perd le Français, c'est la métaphysique, en vertu de laquelle il s'occupe toujours des principes et jamais des hommes. Il rêve et ne voit pas. Aussi, la nature, brusquée, se venge, et ce tyran voit disparaître dans ses mains les ressources sur lesquelles il croyait devoir compter.

Songez, pour ne citer qu'un détail, qu'autrefois les pirates barbaresques dévastaient les côtes de l'Espagne, de la France et de l'Italie, qu'ils étaient la terreur des marines européennes, à ce point que l'ordre de Malte avait pour unique mission de les combattre ! Or, aujourd'hui, depuis Djemaâ-Gazaouat (le repaire des pirates), devenu notre Nemours, jusqu'à Sfax, en Tunisie, nous possédons, dans le nord de l'Afrique, l'immense étendue des côtes qui servaient de berceau et de repaire à ces intrépides et innombrables marins. Et le littoral algérien et tunisien ne nous donne pas un seul matelot !

Je ne prétends pas, cependant, que nous aurions dû respecter les mœurs arabes jusqu'à ne pas essayer de les modifier, et l'aristocratie indigène jusqu'à proscrire des hommes nouveaux; non. Nous avions autre chose à faire : nous avions à acclimater l'Arabe à nos propres mœurs, en le prenant à l'âge où il est plastique comme tous les hommes, dans son enfance. Nous aurions dû attirer dans les villes les fils des grandes familles, les enfants arabes qui, sans appartenir à l'aristocratie, auraient montré des dispositions intellectuelles, et les préparer à nos grandes écoles gouvernementales, d'où ils seraient sortis, imbus de notre esprit et maîtres de nos procédés, pour aller répandre cet esprit et ces procédés parmi leurs concitoyens.

Les jeunes Arabes, dans les écoles et les collèges où ils ont la chance de tomber sur des maîtres qui les aiment, qui se dévouent à eux, apprennent avec une facilité, une rapidité incroyables, et il serait très possible, si on le voulait bien, d'en mettre, chaque année, un certain nombre en état de subir victorieusement les épreuves des concours et des examens.

On dit, je le sais, que l'Arabe retient tout ce qu'on

lui enseigne jusqu'à l'âge de treize ou quatorze ans, mais qu'à cet âge son intelligence semble s'endormir, et qu'il ne peut plus dépasser le niveau rapidement conquis. On attribue ce phénomène à une cause commune à tous les pays d'Orient : les écarts de mœurs qui signalent l'âge de la puberté, la vie de harem. Je ne nie pas, loin de là, que dans l'éducation arabe il y aurait des déboires et des pertes; mais, cependant, on a des exemples, de jour en jour plus nombreux, qui prouvent que l'Arabe n'est point si réfractaire à notre mouvement intellectuel. Il y a, à Alger, des médecins indigènes qui ont leur diplôme de docteur de nos grandes Facultés. Or, un peuple qui fournit des médecins peut fournir des ingénieurs, des jurisconsultes, des administrateurs; car, de toutes les branches du savoir humain, la médecine est certainement celle dont l'étude entraîne le plus grand effort intellectuel. Ce n'est donc pas une utopie que je poursuis, en insistant sur un système qui, s'il était adopté et poursuivi avec persévérance malgré les accidents passagers, produirait un grand effet sur la population de l'Algérie et nous vaudrait plus qu'un demi-siècle de guerre.

Après ces quelques considérations, trop rapides et trop superficielles, sur l'Arabe dans sa vie civile, j'aborde un autre ordre d'idées, en examinant sommairement l'Arabe dans son rôle militaire, et là, les réflexions que le lecteur a eu la patience de lire deviendront plus pressantes, tout en restant les mêmes.

Ce qui m'a toujours porté à aimer l'Arabe, ce qui fait qu'aujourd'hui la vue d'un burnous blanc m'attire, m'attendrit presque, la raison pour laquelle j'ai toujours protesté contre l'anathème jeté à la race arabe par le capitaine Richard et reproduit plus haut, c'est que l'Arabe est, avant tout, un soldat incomparable. A la guerre, le mépris de la mort qu'il puise dans sa foi religieuse lui donne une bravoure sans limites. Avec cela il est obéissant, discipliné, il reste sobre tant que les fréquentations malsaines ne lui font pas oublier les préceptes du Coran. Enfin, il est fidèle, attaché, dévoué, reconnaissant pour les chefs qui lui témoignent de l'intérêt et de l'affection, et je ne connais pas de commandement plus agréable, pour un officier, que celui d'une troupe indigène. Dans les crises qu'a traversées l'Algérie, on a eu certainement à signaler des cas individuels de désertion parmi nos soldats arabes. Mais on en a relevé, malheureusement aussi, parmi les soldats français, et il n'y a pas eu d'exemple d'une troupe, d'un corps constitué, arabe, faisant défection. Nos troupes indigènes nous ont toujours servi fidèlement, même quand elles avaient à combattre des insurrections dont, au fond du cœur, elles pouvaient, elles devaient désirer le succès, et ce lien mystérieux qui les retenait sous nos drapeaux s'appelle : le sentiment du devoir militaire. L'Arabe est fait pour porter les armes, et c'est bien notre faute si nous n'avons pas su mieux utiliser les précieuses ressources qu'il peut fournir à notre puissance militaire.

Dans les pages de ce chapitre, qui contient des vues générales plutôt que des faits particuliers, et dans lequel j'expose, pour ainsi parler, le résidu d'une expérience que je n'avais certes pas acquise à l'instant de ma vie auquel je le rattache, je ne puis respecter, on le conçoit, les dates successives, et je suis amené à parler immédiatement d'un incident qui marqua plus tard ma carrière, et qui eut sur elle une heureuse influence.

Lorsque le général Randon fut appelé au ministère de la guerre, avant le coup d'État, il s'occupa, avec un intérêt tout particulier, de toutes les questions qui concernaient l'Algérie, où il songeait à revenir bientôt comme gouverneur général. Il étudia tout d'abord, non pas la constitution d'une armée indigène, mais l'organisation des forces indigènes, et, en ce qui concerne la cavalerie, il demanda à l'inspecteur général, qui, en ce moment, était encore le général Yusuf, un rapport détaillé sur les progrès que pourraient faire les trois régiments de spahis. Yusuf fit appel aux lumières de nos trois colonels et leur envoya un questionnaire, embrassant toutes les parties du travail réclamé par le ministre. Le colonel Laüer était peu ferré sur toutes ces questions-là, qui l'intéressaient médiocrement. Il se contenta de transmettre à ses capitaines-commandants le questionnaire, et de les prier d'y répondre. Cette besogne me plut infiniment, et j'y consacrai tout le temps libre que me laissaient mes fonctions. Je me croyais dans mon élément. Depuis onze ans que j'appartenais à l'armée, je n'avais jamais quitté les spahis. J'y avais débuté comme simple soldat et j'y avais toujours servi dans des conditions qui me permettaient, je le crois du moins, de les bien connaître. J'accumulai donc les détails, les faits et les arguments autour d'une thèse dont les lignes générales sont applicables à toute la vie militaire arabe, aussi bien aux troupes à pied qu'aux troupes à cheval.

Voici ces grandes lignes :

La cavalerie indigène peut et doit être appelée à jouer un double rôle : un rôle guerrier et un rôle pacifique. En temps de guerre, elle doit fournir à la défense de la patrie la perpicacité et la fougue de ses escadrons. En temps de paix, elle doit concourir à l'administration et au développement de la colonie. Par conséquent, il convient avant tout d'apporter un soin extrême à son recrutement, pour en faire une troupe solide, de l'instruire, pour en faire une troupe intelligente, et de la répartir au mieux des intérêts algériens.

Quand on organisa pour la première fois les spahis, on rêva d'en faire une troupe en quelque sorte aristocratique, composée des cavaliers des grandes tentes, des jeunes gens aisés, et la première condition qu'on imposait aux recrues supposait des ressources personnelles, puisque chaque engagé devait arriver, monté sur un cheval de guerre lui appartenant, et muni d'un équipement convenable. On fut bientôt obligé d'éluder, par différents moyens, cette condition, qui paraissait essentielle au début, et de renoncer à cet idéal, car le recrutement passait par des phases inattendues, incompatibles avec une organisation régulière. Dans les périodes où notre domination était incontestée, il était bon et facile, pour devenir insuffisant et difficile quand le pays était troublé, ou simplement menacé par une insurrection. Alors, personne ne venait plus demander à servir sous le burnous rouge des spahis. Même pendant les années paisibles, il était entravé par l'antagonisme, tantôt latent, tantôt aigu, des spahis et des bureaux arabes.

Jamais les bureaux arabes n'ont favorisé le recrutement des spahis, et cela pour une raison fort simple. Leurs chefs étaient intéressés à garder pour eux les beaux et bons cavaliers qu'ils pouvaient se procurer. Ils les versaient dans la cavalerie irrégulière, connue sous le nom de goums, qu'ils commandaient eux-mêmes pendant les expéditions, et qui était chargée du service des éclaireurs, ou encore ils les gardaient pour le service même du bureau arabe. Ces cavaliers, qu'on appelait des Mekaznis (Cavaliers du Maghzen), préféraient eux-mêmes le burnous bleu, qui était leur uniforme, au burnous rouge, qui était le nôtre. D'abord, ils n'étaient pas soumis à la discipline militaire et aux punitions qu'elle comporte. Et puis, si leur solde était plus mince que celle de nos hommes, ils se dédommageaient par de nombreux bénéfices. Une lettre, une seule lettre, portée à un caïd, leur rapporte dix francs. Cela s'appelle : Hak-el-Braouat, et comme c'est la tribu qui paye, on ne se prive pas de leur confier ces petites missions.

Puis, les chefs indigènes, les aghas, les caïds, les cheiks voient d'un très mauvais œil un de leurs administrés passer au service du chrétien. C'est un contribuable qu'ils perdent, par conséquent, un tort pécuniaire qu'ils supportent. En outre, comme ils n'ont jamais la conscience bien tranquille, ils redoutent toujours qu'une indiscrétion intéressée vienne révéler un de leurs méfaits à l'autorité. Ils font donc tous leurs efforts pour garder tout leur monde auprès d'eux. Il en résulte qu'en fait de spahis se rapportant au type primitif rêvé, on ne reçoit guère au régiment que des cavaliers animés de rancunes contre les caïds de leur tribu, des sortes d'exilés volontaires qui continuent à notre service les hostilités contre leurs chefs. Le spahi se plaint avec passion de son caïd. « Le caïd, dit-il, persécute ma famille, parce que j'ai pris du service chez les Français. » De son côté, le caïd représente le spahi comme un mauvais sujet, un homme dangereux, qui est parti sans avoir acquitté ses contributions. Le bureau arabe se fait l'interprète des réclamations du caïd. De là, des difficultés sans nombre, des contestations interminables, d'autant plus difficiles à régler que généralement les torts sont réciproques.

Enfin, les cavaliers des grandes tentes, les jeunes gens bien posés dans leurs tribus, répugnent à venir s'engager comme simples soldats dans un régiment. A quoi peuvent-ils espérer d'arriver ? A devenir un jour officiers, sans pouvoir jamais dépasser le grade de lieutenant ?

C'est insuffisant pour compenser les déboires de la vie militaire. Ils trouvent insupportable d'être confondus dans le rang avec des hommes dont la position sociale est inférieure à la leur, et parfois d'être soumis à l'autorité de chefs indigènes qui, dans la vie civile, eussent été leurs bergers ou leurs palefreniers ; sans compter que parfois les officiers français, peu initiés aux habitudes du pays, blessent, sans le vouloir, ces cœurs fiers qui demandent à être traités avec ménagement.

Voilà pourquoi le recrutement des spahis, comme celui des tirailleurs, laissait et laisse encore à désirer. Voilà pourquoi on est forcé d'y admettre des Arabes qui se font soldats pour échapper à la misère, pour fuir le travail régulier, et auxquels on est réduit, non seulement à fournir des chevaux et des vêtements, mais encore à apprendre à monter à cheval.

Mais ces conditions défectueuses pouvaient être combattues. Ce qui constitue une troupe d'élite, c'est la bonne composition de ses cadres d'officiers et de sous-officiers. L'armée anglaise contient la lie de la population. Elle est peut-être la plus belle armée du monde, parce qu'elle a pour sous-officiers des gens de métier, et pour officiers, l'élite même de la nation. Au moment de la guerre d'Espagne, on vida, pour ainsi dire, les bagnes et les prisons dans les rangs de l'armée du duc de Wellington. Forçats et prisonniers trouvèrent là des cadres solides, qui les transformèrent en excellents soldats. Aussi, toutes les nations ont-elles, comme nous, des écoles spéciales, uniquement consacrées à la formation des cadres.

Je pensais donc, et je pense encore, que ce qu'il faut demander aux classes élevées de la population arabe, ce n'est pas des soldats : c'est des cadres ; c'est des officiers. Et, partant de ce principe que toute la force d'une troupe réside dans son cadre, que le grand mérite de l'organisation de l'armée allemande, par exemple, consiste à avoir donné pour cadres, à l'armée, les cadres sociaux de la nation, j'aurais voulu qu'on tirât le meilleur parti possible de la situation sociale du peuple arabe, et je disais : L'Arabe est un peuple aristocratique. Dans les peuples aristocratiques, c'est le privilège de la noblesse d'occuper les grades d'officier, dans l'armée; pourquoi ne pas accorder ce privilège à la noblesse arabe? On aurait pu me répondre, je le sais, que les jeunes Arabes n'ont qu'à aller à Saint-Cyr, à Polytechnique ou à Saumur. Ce serait, en effet, l'idéal, et je voudrais voir tous les efforts de l'administration tendus vers ce résultat. Mais à ce moment-là, et peut-être encore aujourd'hui, l'instruction n'était pas assez répandue parmi les indigènes pour qu'ils pussent affronter les examens d'entrée à ces écoles. D'ailleurs, l'instruction n'est pas la seule qualité que l'on doive rechercher chez l'officier. L'Histoire fourmille d'exemples qui prouvent qu'on y supplée, et nos écoles militaires, telles qu'elles existent actuellement, n'ont été créées que lorsque l'esprit démocratique s'est développé dans ce pays-ci. Auparavant, les officiers se recrutaient autrement, et ils ne faisaient pas encore trop mauvaise figure sur les champs de bataille. La noblesse envoyait ses fils à des écoles de « cadets », d'où sont sortis pas mal de soldats convenables, Napoléon Ier entre autres.

Pourquoi n'aurait-on pas créé et pourquoi ne créerait-on pas, même encore, à Alger, par exemple, une sorte d'école de cadets dans laquelle on attirerait les jeunes gens des bonnes familles du pays et dans laquelle ils recevraient, dans des conditions déterminées, une instruction et une éducation suffisantes pour en faire d'excellents officiers de cavalerie et d'infanterie, à leur sortie? On leur épargnerait ainsi l'insurmontable dégoût des débuts du métier. On aurait ainsi des officiers indigènes vigoureux et braves, pourvus d'une instruction suffisante, qu'on garderait dans les régiments ou qu'on détacherait au commandement des tribus. J'ai montré tout à l'heure un simple maréchal des logis de mon escadron devenu le chef d'une puissante tribu. C'était un cas accidentel et exceptionnel. Pourquoi ne pas le généraliser, et pourquoi n'avoir pas dans les cadres sociaux de l'Arabe des jeunes gens de sa race, imbibés de notre esprit et attachés à nos drapeaux ?

Plus tard, quand le maréchal Randon vint gouverner l'Algérie, il vit tout de suite que la pierre d'achoppement pour le bon recrutement des spahis était l'obligation universelle de débuter comme soldat, et, ne pouvant violer la loi, il la tourna. Il obtint quelques engagements de jeunes Arabes riches, les attacha aux affaires arabes et les fit parvenir rapidement au grade d'officier, sans passer par le régiment. Mais ce n'était là qu'une mesure provisoire, et pour qu'elle produisît des effets appréciables, il aurait fallu l'entretenir et la réglementer. Au terme de leur engagement, ces jeunes gens prirent d'autres directions.

Ce n'était pas encore tout que d'avoir un cadre d'officiers indigènes ; ces officiers, il fallait les conserver, et pour les conserver, il fallait leur donner de l'avenir, en ouvrant devant eux l'accès des grades supérieurs. C'est un phénomène aussi curieux que facile à observer qu'en général, nos officiers indigènes ne représentent pas une valeur militaire correspondante à celle qu'ils avaient comme soldats et sous-officiers. Ils ont été des soldats hors ligne, sans quoi ils ne seraient pas passés sous-officiers. Ils ont été des sous-officiers excellents, sans quoi ils ne seraient pas passés officiers. Ils ont accompli avec intelligence et vigueur des missions difficiles, délicates, qu'on oserait à peine confier à des sous-officiers français ; mais, dès qu'ils ont l'épaulette, ce n'est plus cela du tout. Plus de zèle, plus d'initiative, plus d'entrain. On dirait qu'ils ne songent plus qu'à jouir d'un repos bien gagné. Il y a des exceptions. Ainsi, en 1847, M. Ahmed-ben-Bokouïa montra autant d'intelligence que de courage en barrant à Abd-el-Kader le chemin de la retraite et en le capturant. Mais ces exceptions sont rares, et, si j'osais me servir d'une expression pittoresque et familière, je dirais que, pour l'indigène, l'épaulette, c'est l'éteignoir.

Je suis persuadé que ce phénomène ne tient pas à un arrêt de croissance cérébrale qu'on pourrait combattre, d'ailleurs, par une instruction analogue à celle de Saint-Cyr, mais mise à la portée des Arabes. En science militaire, comme dans les autres branches du savoir humain, l'Arabe, quand il veut, n'est inférieur à personne. J'ai parlé de médecins indigènes. J'aurais pu parler de vétérinaires indigènes ayant passé par l'école d'Alfort et par celle de Saumur. Il n'y a pas très longtemps que le 3° de spahis, à Oran, avait pour colonel un des chefs de la tribu des Douairs. M. Mohammed-ben-Daoud, c'est son nom, avait été élève à Saint-Cyr et avait fait une partie de sa carrière dans les régiments français. Pendant la guerre franco-allemande, il servait à l'armée de Metz comme capitaine au 2° de chasseurs d'Afrique, et il n'avait rien à envier à ses camarades. Non, je suis persuadé que l'indigène ne s'arrête que parce qu'il trouve devant lui la porte fermée. Il sait qu'en principe il ne doit pas dépasser le grade de lieutenant, et, en outre, il n'a jamais aucune part de responsabilité dans l'administration ou dans le commandement de la troupe. Il est perpétuellement sous la tutelle, pour ne pas dire sous l'autorité d'un officier français du même grade que lui, et très souvent beaucoup plus jeune et beaucoup moins expérimenté que lui. Lui apprendre à supporter les responsabilités, lui donner les mêmes droits qu'aux Français, puisqu'il doit accomplir les mêmes devoirs, ce serait à la fois un acte de justice et un moyen de relèvement.

En somme, on demande aux indigènes les mêmes choses qu'aux Français. Donc, les troupes indigènes et les troupes françaises doivent être sur un pied d'égalité parfaite et de fusion intime. Donc, pour les indigènes comme pour les Français, l'armée doit offrir un avenir illimité. Donc nous devons faire tomber les barrières injurieuses qui ferment aux Arabes l'accès des grades supérieurs. Il faut renoncer à la contrefaçon anglaise. Il faut adopter le système de la Russie. Quand les populations du Caucase voient, à Saint-Pétersbourg, les fils de Schamyl colonels russes, aides de camp de l'Empereur, elles comprennent qu'elles sont entrées définitivement dans la grande famille moscovite, après l'avoir vaillamment combattue. De même, si nous avions ouvert à ce peuple arabe, guerrier par nature, notre hiérarchie militaire tout entière, il est plus que probable que nous serions très avancés sur le chemin de l'assimilation.

Le questionnaire que m'avait remis mon colonel demandait une réponse à cette question : Faut-il conserver pour les spahis l'organisation régimentaire, ou bien une autre formation serait-elle préférable ? Je conclus contre l'organisation régimentaire, qui me semblait une superfétation.

Un régiment, dans la main de son colonel, est un être complet et compact qui doit fonctionner et se mouvoir sous une impulsion unique. L'instruction des officiers et des hommes, la discipline, le service, l'administration, tout aboutit à un chef responsable de l'ensemble des détails. Séparés momentanément de la portion centrale du régiment, les escadrons obéissent encore aux instructions et aux ordres du colonel, et reviennent périodiquement se remettre au moule, sous sa main, pour apprendre ces manœuvres d'ensemble indispensables à la cavalerie. Enfin, tout le personnel évoluant, vivant, sous les yeux de son chef, doit être minutieusement étudié, apprécié et noté par lui, afin que la justice y règne et que chacun reçoive l'avancement ou les récompenses qu'il mérite.

Les spahis ne réalisaient pas, et ne pouvaient pas réaliser, cet idéal régimentaire, puisqu'ils étaient répandus, par escadrons détachés, sur tout le territoire algérien et qu'ils comptaient même un escadron au Sénégal. Dans de pareilles conditions, le colonel, malgré toute son activité, ne pouvait guère visiter ses détachements qu'une fois ou deux par an, et souvent même, il ne les voyait qu'en accompagnant l'inspecteur général, dans sa tournée annuelle. En réalité, donc, l'escadron relevait, non de son colonel, mais du commandant local, qui le tenait sous ses ordres, qui en connaissait le personnel et qui seul était à même d'apprécier les mérites de chacun, les services qu'on pouvait demander à chacun.

Et puis, quel état-major inutile! Quel hypertrophie de cadres dont on pouvait faire l'économie! Un colonel, un lieutenant-colonel, trois chefs d'escadrons, un major, trois adjudants-majors, un capitaine d'état-major, tout le bureau du capitaine-trésorier, tout le bureau du capitaine d'habillement, des médecins, des vétérinaires. Ne valait-il pas mieux utiliser tout ce personnel oisif, en lui donnant des fonctions dans les bureaux arabes, dans les commandements territoriaux, et en économisant du même coup les officiers détachés des autres corps de troupes, où leur présence est bien plus nécessaire. En temps d'expédition, on reconstituerait instantanément l'état-major du régiment, et ces officiers, commandant des corps de cavalerie réguliers ou irréguliers, rendraient d'autant plus de services qu'ils auraient été mêlés à la vie arabe, qu'ils en connaîtraient les intérêts, les intrigues et les passions. Enfin, que dire de ce peloton hors rang, de ces maîtres ouvriers qui ne confectionnaient rien, qui se bornaient à tirer du commerce et de l'industrie les objets nécessaires à la troupe et qui n'étaient même pas utiles aux officiers, habitués à se pourvoir ailleurs, et à meilleur compte?

Je préconisais donc la formation des spahis en escadrons habituellement indépendants les uns des autres, et réunis, en temps de guerre seulement, sous les ordres d'un état-major occupé, en temps de paix, à des fonctions territoriales.

J'étais ainsi amené à me demander si les emplacements fixés aux escadrons actuels étaient bien choisis, si les spahis y jouaient un rôle utile, à me demander, par exemple, à quoi servait un escadron de spahis, à Blidah, sinon à y justifier la présence d'un état-major régimentaire qui semblait se complaire dans cette ravissante garnison. Et finalement, voici ce que je proposais : pousser tous les escadrons à la frontière, les établir, à l'ouest, le long de la frontière du Maroc, à l'est, le long de la frontière de la Tunisie, et dans le sud, aux postes les plus avancés; imiter l'Autriche, dans l'organisation de ses troupes de frontières, de ses confins militaires, et constituer, sur toutes les limites de nos possessions, de véritables smalas. Nous avions assez de terres domaniales pour accomplir cette opération, sans grands frais.

Dans ces smalas, les spahis vivraient sous la tente, avec leur famille. Cette existence était conforme à leurs mœurs, à leurs habitudes. Par l'exemption de certains impôts, par la culture de lots de terre temporairement concédés, et même par l'élevage, ils y trouveraient assez d'avantages pour attirer dans leurs rangs bien des cavaliers avides d'y participer. Mais, la situation même de ces smalas, en bordure de notre civilisation, devait les exposer, je le prévoyais, à des agressions. Aussi, je proposais de les appuyer sur quelque chose de stable : une enceinte carrée, construite sur un terrain choisi, facile à défendre, et entourée d'un mur crénelé flanqué aux quatre coins d'une sorte de bastion. Cette enceinte contiendrait un pavillon pour le cadre français, des dépendances pour les différents services, magasins, salles de discipline, etc.; plus, un simple abri pour les chevaux, dans le cas où on jugerait convenable de les soustraire à la vie en plein air. Elle devait être assez vaste pour recevoir, en cas de danger pressant, les spahis et leurs familles. Là, ils pourraient braver une insurrection que, la plupart du temps, ils auraient pu prévoir; car, établis au milieu d'un pays pour le garder et le surveiller, ils noueraient fatalement, dans le train-train habituel de la vie, des relations et posséderaient des intelligences avec les populations et les tribus voisines.

Le commandant de la smala aurait donc, presque toujours, le temps de prévenir, à l'arrière, les autorités supérieures, dont il attendrait le secours, en parfaite sécurité.

Mais ce n'était pas là le seul avantage que je trouvais à mes smalas. Je ne voulais pas seulement en faire, pour la colonie, des tentacules qui lui permettraient de sentir, j'en voulais aussi faire des pieds qui lui permettraient d'avancer. Je me figurais que, derrière la smala, la colonisation marcherait et viendrait la rejoindre. Alors, les spahis plieraient leurs tentes et iraient établir une nouvelle smala à quelques lieues en avant de l'ancienne, dont les bâtiments deviendraient le noyau d'un village.

J'avais soutenu toutes ces théories avec une profusion d'arguments et une grande abondance de détails, et j'avais laissé courir ma plume, comme je laissais courir mon cheval, car je pensais que mon travail ne verrait jamais le jour. J'étais convaincu que le colonel Lauër n'avait demandé ce rapport à ses capitaines que pour puiser, au milieu des idées de chacun d'eux, les éléments d'un rapport d'ensemble, destiné à l'inspecteur général. Il n'en fut pas ainsi. Le colonel réunit nos rapports et, sans se donner la peine de les annoter, sans même s'imposer, probablement, la corvée de les lire, il les envoya tels quels au général Yusuf. Celui-ci distingua, paraît-il, mon rapport et le transmit au ministre de la guerre, tout en lui en signalant certains points controversables. Le ministre lui-même trouva le temps de le lire. Je dirai plus tard quelle fut la fortune de ces pages, et comment j'eus l'honneur d'essayer l'application du système des smalas, que je venais de proposer.

Pour le moment, content d'avoir terminé ma besogne, je n'y pensai plus et je continuai à travailler comme un nègre, faisant manœuvrer mes hommes, puis, pour me délasser, répartissant et percevant les impôts que nous devaient les Arabes.

On sait qu'il y en a trois : la lezma (l'impôt sur les palmiers) ; avec celui-là pas de contestations, car il est bien difficile de dissimuler un palmier, et malheureusement, je n'avais pas de palmiers à taxer; l'achour (impôt sur les céréales), qui se perçoit généralement après la moisson, en automne; et le zekkat (impôt sur le bétail), qui se percevait au printemps, après les naissances. Ces deux derniers sont moins faciles à recueillir; car comment évaluer, en céréales et en animaux de toutes sortes, la fortune individuelle des Arabes d'une tribu, dont le caïd lui-même est intéressé à nous tromper? On s'en tire comme on peut, en consultant les rôles des années précédentes, en provoquant, en rapprochant et en contrôlant les uns par les autres les renseignements qu'on peut se procurer. Mais ce n'est pas commode, et, pour ces fonctions, le sabre que porte le percepteur ne vaut réellement pas une bonne paire de lunettes.

XV

LE COUP D'ÉTAT.

Le général d'Hautpoul. — Le général Mac Mahon. — Suisse africaine. — Mon petit brigadier. — Un déluge. — Répression impitoyable. — Pourparlers. — Confidence. — Bosquet. — Les récalcitrants. — L'armée et le coup d'État. — Une conversation historique. — Aveu impérial. — Pélissier et Mac Mahon. — Rendez-vous au Sahara.

Au printemps de 1851, le général d'Hautpoul avait été appelé au gouvernement général de l'Algérie, en remplacement du général Charron. Ce dernier, vieil Africain, avait longtemps commandé le génie en Algérie. C'était un chef aimable et bienveillant, mais qui était mieux à sa place à la direction de l'arme spéciale dans laquelle il avait toujours servi, qu'au gouvernement d'une colonie et au commandement d'une armée. Il avait auprès de lui, comme officier d'ordonnance, un jeune lieutenant de zouaves intelligent, laborieux, dont je fis la connaissance et que tout le monde aimait, sans prévoir cependant la prodigieuse fortune politique et militaire que lui réservaient plus tard les malheurs de la patrie. Ce lieutenant de zouaves s'appelait Chanzy.

Le général d'Hautpoul portait un grand nom militaire auquel il devait surtout, je crois, la haute situation qu'il obtint. Il était le neveu du fameux général de cavalerie du premier Empire, d'Hautpoul, dont la belle manœuvre nous valut le succès du combat de Hof et que l'Empereur félicita publiquement devant l'armée. Aux compliments impériaux, le général fit cette noble réponse : « Sire, voilà des paroles qui m'obligent à me faire tuer à la première affaire. » Cette première affaire ne se fit pas attendre. Ce fut Eylau. D'Hautpoul y conduisit, avec Murat et Lepic, la charge légendaire dans laquelle notre cavalerie écrasa du sabot de ses chevaux le centre de l'armée russe, et ramena sous nos drapeaux la victoire, un instant incertaine. D'Hautpoul y tint la parole qu'il avait donnée, deux jours auparavant à l'Empereur, et s'y fit tuer glorieusement.

Le nouveau gouverneur de l'Algérie ne devait d'ailleurs rester que six mois à son poste. A ce moment-là, les trois provinces algériennes étaient commandées par de simples généraux de brigade : Alger, par le général Camou, qui résidait à Blidah ; Oran, par le général Pélissier, et Constantine par le général de Saint-Arnaud. Le général Pélissier était le plus vieux des trois en grade, et en cette qualité, il exerçait par intérim les fonctions de gouverneur général, pendant les absences du titulaire.

Ce fut encore en ce même printemps de 1851 que mon camarade, le commandant Fleury, officier d'ordonnance du Prince-président, fit en Algérie un voyage qui devait avoir une influence considérable sur les destinées de notre pays. J'allai plusieurs fois le voir, à Alger. J'ignorais, comme tout le monde, ce qu'il venait chercher au milieu de nous ; car il était peu admissible qu'il fît uniquement un voyage de plaisir. Il m'avait trop vertement rabroué, à Paris, pour que j'osasse remettre la conversation sur les projets qu'on prêtait à son président, et pour que j'osasse lui demander si le Prince nourrissait toujours, à l'égard des institutions républicaines, cette tendresse profonde dont la maison de la rue Montaigne avait entendu l'aveu. Mais il était visible pour tous, et malgré ses allures diplomatiques, que Fleury était chargé du poids d'un grand secret.

Dans un des voyages que je fis à Alger pour le revoir, le hasard me mit pour la première fois en contact avec un homme qui devait fixer plus tard mon affection, mon admiration et mon dévouement respectueux. J'avais pris de grand matin la première diligence retournant à Blidah, et je n'avais trouvé de place que dans l'intérieur. En face de moi était assis un homme jeune, presqu'un jeune homme, de fort grande allure, mais d'aspect froid, réservé. Il était élégamment habillé en civil, mais la rosette d'officier de la Légion d'honneur qu'il portait à la boutonnière me fit penser que c'était un militaire. Et pour occuper les loisirs de la route, je me posai ce problème : « Quel grade peut-il bien avoir ? Il ne peut pas encore être un officier supérieur, c'est sans doute un simple capitaine comme moi. Oui, mais alors il ne serait pas officier de la Légion d'honneur. » Quand la diligence eut franchi la banlieue d'Alger, mon compagnon de route entama lui-même la conversation, en me demandant si je connaissais le pays que nous traversions. Je lui répondis qu'étant chef du bureau arabe de Blidah, j'étais en mesure de lui fournir tous les renseignements qu'il désirerait. Il me fit plusieurs questions, de l'air d'un homme qui veut raviver et préciser des souvenirs déjà anciens. Nous arrivâmes à Blidah en causant. Je ne lui demandai pas son nom, par discrétion, et je rentrai chez moi en me creusant toujours la tête pour deviner quelle position pouvait bien occuper cet homme si distingué, si aimable, dont la parole avait, néanmoins, une autorité qui ne prêtait pas à la familiarité. Il m'en avait imposé, et je l'avais quitté avec une déférence involontaire.

Dans la journée, je dus aller faire signer des papiers au quartier général et, dans la cour de l'hôtel de la division, je retrouvai mon inconnu de la diligence causant, sur un pied d'égalité et d'intimité, avec le général Camou. J'eus un mouvement de surprise. Le général le remarqua et me dit : « Comment ! vous ne connaissez donc pas le général de Mac Mahon ? Il est venu voir son vieux camarade des chasseurs à pied, avant d'aller prendre le commandement de la province de Constantine, auquel il vient d'être nommé. » J'avouai qu'avant le voyage que nous venions de faire ensemble dans la même diligence, je n'avais pas eu la bonne fortune de rencontrer le général de Mac Mahon. J'ajoutai que les bulletins de l'armée d'Afrique m'avaient d'ailleurs raconté toutes les étapes de sa glorieuse carrière, et je m'excusai auprès de lui de n'avoir pas répondu, peut-être, avec tout le respect que je lui devais, aux quelques questions qu'il m'avait fait l'honneur de m'adresser. « C'est un peu de votre faute, mon général, ajoutai-je. Vous avez l'air trop jeune. Je me demandais si vous étiez chef de bataillon ou capitaine, et sans votre rosette, je vous eusse irrévérencieusement classé parmi mes collègues. » Mac Mahon se mit à rire. De ce jour date la bienveillance qu'il m'a toujours témoignée, qu'il m'a conservée jusqu'à sa mort. Les preuves d'affectueuse estime qu'il m'a données sont l'honneur de ma carrière, et je n'en perdrai le souvenir attendri qu'en perdant la vie.

Il allait en effet remplacer à Constantine le général de Saint-Arnaud, avec qui Fleury venait de s'aboucher... Depuis longtemps déjà, Saint-Arnaud méditait d'ouvrir des communications entre Sétif et Bougie, par une expédition à travers la Kabylie. On lui accorda l'autorisation, on lui fournit les moyens d'exécuter cette marche, qui fut courte, mais laborieuse et disputée.

En arrivant à Bougie, il trouva sa troisième étoile et vint aussitôt à Paris prendre le commandement d'une division qui lui servit d'échelon pour arriver au ministère de la guerre. Cette marche de Saint-Arnaud à travers la Kabylie était plutôt dictée par des intérêts politiques que par des nécessités militaires. L'été amena bientôt, dans l'est de la province d'Alger et dans le sud de la colonie, des complications qui nous mirent à cheval.

Depuis plusieurs années déjà, on employait vis-à-vis de la Kabylie un système qui consistait à pénétrer peu à peu dans le pays, en construisant ou en relevant, aux débouchés de ses montagnes, des redoutes qui permettaient de tenir en bride ou, au moins, de surveiller étroitement ses populations remuantes et belliqueuses. Beauprêtre, par de hardis et heureux coups de main à Dra-el-Mizam, avait montré tout le parti qu'on pouvait tirer du système. On l'avait continué, d'abord en occupant Bordj-el-Menaïel, puis en élevant, sur les dernières pentes septentrionales du Djurdjura, le fort de Tizi-Ouzou.

A la fin de l'été, le chef du bureau arabe d'Alger, le capitaine du génie Pechot, était venu s'établir à Tizi-Ouzou, dont les environs étaient le théâtre d'une agitation inquiétante. C'était un officier très brave et très intelligent, qui devait être tué vingt ans plus tard, comme général de brigade, au pont de Neuilly, dès les premiers jours de la Commune. Mais il n'avait, pour le soutenir, que des forces insuffisantes, les cavaliers arabes, les goums, appuyés par une division, détachée de mon escadron. Aussi les mesures de répression qu'il fut contraint de prendre, loin de rétablir l'ordre et de calmer le pays, y allumèrent un véritable incendie, encore attisé par un aventurier, un nouveau prophète qui s'intitulait Moul-Saâ, comme tous ses congénères. Les choses empirèrent de telle sorte que le général Cuny, commandant le territoire d'Alger, dont dépendait cette partie de la Kabylie, dut composer une colonne légère avec quelques bataillons d'infanterie, une batterie de montagne et un escadron du 1ᵉʳ de chasseurs d'Afrique, pour se porter sur le théâtre des événements. J'obtins, à force d'instances, l'autorisation d'aller, avec la seconde portion de mon escadron, rejoindre la première, déjà engagée, et je passai ainsi momentanément sous les ordres du général Cuny. On espérait, à Alger, que cette démonstration militaire pourrait être pacifique. Mais les Kabyles, jugeant leur indépendance menacée, étaient bien décidés à ne pas la perdre sans avoir fait parler la poudre. L'arrivée soudaine de la colonne française précipita la crise, et lorsque le général Cuny ébranla ses troupes pour les porter en avant, il trouva devant lui toutes les populations en armes, prêtes à lui disputer le passage. Devant cette attitude franchement hostile, nous ne pouvions plus hésiter. La prudence elle-même ordonnait d'attaquer sans retard, avant l'arrivée des nombreux contingents kabyles qui allaient certainement accourir à la rescousse.

C'était le 17 octobre 1851.

Nous nous trouvions dans une contrée comparable, jusqu'à un certain point, à des portions de la Suisse ; des pentes de montagnes semées çà et là de points culminants, séparés les uns des autres par des vallées, ou plutôt par des ravins boisés, abrupts, inextricables. Les Kabyles, comme de juste, étaient postés sur toutes les crêtes. Le général lança contre eux ses fantassins, vivement conduits par le colonel Carondelet. Ils abordèrent les crêtes et en délogèrent l'ennemi, après un engagement court mais meurtrier. Les Kabyles, se reconnaissant hors d'état de lutter, ne songèrent plus qu'à se mettre en sûreté et à s'échapper par les ravins dans lesquels nous les avions culbutés. Pour leur malheur, un grand nombre d'entre eux battirent en retraite par une vallée un peu moins étroite que les autres et accessible à la cavalerie. Le capitaine de Staël de Holstein, qui commandait les chasseurs d'Afrique, et moi, nous saisîmes l'occasion propice, et nous lançâmes nos deux escadrons à fond de train sur ces fuyards. Il est tout à fait remarquable que les Kabyles, si tenaces et si courageux pour défendre leurs montagnes contre l'infanterie, une fois qu'ils sont en plaine et abordés résolument par la cavalerie, semblent frappés de terreur et incapables de se défendre. Nous leur tuâmes, ce jour-là, beaucoup de monde, sans éprouver nous-mêmes de pertes sérieuses.

Nous venions de remporter un incontestable succès. Mais la journée avait été pour le général Pélissier, qui faisait l'intérim du gouverneur, une véritable révélation. Elle lui avait appris qu'il ne s'agissait pas de quelques troubles locaux à réprimer, comme il le pensait, mais que nous nous trouvions en face d'une belle et bonne insurrection qui pouvait, si nous éprouvions le moindre échec, prendre une gravité exceptionnelle. Il résolut de venir diriger lui-même les opérations. C'était la tribu des Matkas qui avait pris la tête du mouvement, car le fort de Tizi-Ouzou était construit sur son territoire. Ce fut elle que le général Pélissier résolut d'accabler, pour commencer. Il donna l'ordre au général Cuny de suspendre tout mouvement offensif, en attendant sa prochaine arrivée, et de concentrer les troupes autour du fort.

Dans notre charge du 17 octobre, j'avais eu quelques blessés, et entre autres un brigadier indigène nommé Messaoud-ben-Saïd, un très joli petit soldat qui avait eu la cheville broyée par deux balles. L'affaire terminée, mon premier soin avait été de le faire transporter à l'ambulance et de l'y accompagner, pour le recommander à toute la sollicitude du chirurgien en chef de la colonne, le docteur Lachronique, que je devais retrouver, bien des années après, médecin en chef de l'hôpital Saint-Martin. Le docteur, dès qu'il fut libre, examina la blessure avec la plus grande attention et déclara qu'aucune hésitation n'était permise, que le seul moyen de sauver la vie du blessé était de lui couper la jambe, sur l'heure. Je n'ai pas besoin de dire que tout le monde a de la répugnance à se laisser amputer. Les Arabes portent cette répugnance au suprême degré, et devant la déclaration formelle du chirurgien, mon spahi me fit appeler, et me dit avec une confiance et un langage d'enfant : « Le thébib français veut me couper la jambe. Il dit qu'il ne peut pas me guérir sans cela; moi, je ne veux pas. Nous avons des thébibs arabes qui ne coupent ni bras ni jambes et qui guérissent des blessures aussi mauvaises que la mienne. Je t'en supplie, mon capitaine, ne permets pas qu'on me coupe la jambe. » J'avais dans la science, l'habileté et le dévouement du docteur Lachronique une confiance illimitée et justifiée, d'ailleurs, et j'étais convaincu qu'il ne pouvait pas se tromper. Je me mis à raisonner mon petit brigadier pour qu'il se soumît au couteau. Et comme, à cette époque-là, on commençait à se servir du chloroforme pour les grandes opérations, je l'assurai qu'on l'endormirait, qu'il ne souffrirait pas : « Tu verras! tu ne sentiras rien », lui disais-je. Mais lui ne voulait rien entendre : « Ce qui est écrit est écrit, répétait-il; si je dois mourir, rien ne pourra me sauver. Je ne veux pas me laisser couper la jambe. » Que faire? Je pensai qu'il était de mon devoir de respecter sa volonté, et j'allai trouver le général en personne, pour lui soumettre le cas. Le docteur Lachronique fut mandé, lui aussi, au quartier général. Il se montra inébranlable, déclarant que c'était une question d'humanité, qu'il y allait de la vie pour le blessé, et qu'il ne fallait pas tenir compte de ses résistances.

— Je suis convaincu que vous avez raison, dis-je au docteur; mais c'est pour moi une règle indiscutable que, quelle que soit la gravité du cas, on ne peut pas faire une pareille opération sans l'assentiment du patient, dût son obstination lui coûter la vie.

— Eh bien, puisqu'il en est ainsi, me répondit le docteur, faites immédiatement enlever votre homme de l'ambulance. Je n'accepte pas la responsabilité de ce qui va sûrement arriver.

Messaoud ne demandait que cela. A côté de Tizi-Ouzou se trouvait un village kabyle. Avec la permission du général, je l'y fis transporter. Je l'installai dans une maison, et un thébib arabe vint lui donner ses soins. Je le considérais comme perdu. Songez donc, une espèce de charlatan arabe entreprenant une cure devant laquelle avait reculé un de nos médecins militaires les meilleurs, les plus instruits et les plus dévoués! Tant que nous restâmes autour du fort, tous les matins j'allai voir mon petit brigadier. Il était dévoré par une fièvre intense. Mais, malgré tout, il avait confiance. Et quand j'arrivais, on eût dit que, dans ses yeux, la reconnaissance abattait la fièvre. Quand nous nous portâmes en avant, je le quittai, convaincu que j'apprendrais bientôt sa mort. Aussi, quand, l'expédition terminée, je ramenai mon escadron à Blidah, quelle ne fut pas ma surprise, et j'oserai ajouter, quelle ne fut pas ma joie, d'apercevoir, en tête de ceux qui venaient au-devant de nous, Messaoud-ben-Saïd! Il marchait avec des béquilles, et il devait rester boiteux toute sa vie; mais il avait gardé sa jambe, et sa guérison n'était plus qu'une affaire de temps. J'obtins pour lui les galons de maréchal des logis, plus tard la décoration, et enfin quand, dans la suite, je fus appelé à un commandement dans le Sud, je lui assurai une position qui fut pour lui une retraite lucrative.

Cependant, sans perdre de temps, le général Pélissier s'était mis en route avec les troupes disponibles d'Alger et de Blidah, attirant à lui celles de la subdivision d'Aumale. Voici quel était son plan de campagne : suivre en personne la vallée de l'Oued-Menaïel, pour aborder le territoire des Matkas par le versant méridional du Djurdjura, tandis que le général Cuny se porterait sur le même territoire, par les pentes septentrionales. Ainsi, l'ennemi se trouvait abordé par les deux côtés accessibles, à la fois. Le point de jonction des deux colonnes devait être le Khamis des Matkas, c'est-à-dire l'endroit où, chaque jeudi, la tribu tient son marché.

Ce mouvement combiné devait avoir lieu le 1er novembre, et les ordres les plus précis avaient été donnés pour qu'il s'exécutât à la date indiquée. Il échoua, et ce fut, je crois, très heureux pour nous. La pluie durait depuis plusieurs jours. Dans la nuit qui précéda le 1er novembre, elle avait redoublé d'intensité. Le terrain était détrempé. La marche était non seulement pénible, mais à peu près impraticable, sur les pentes boueuses. Le général Cuny considéra ces circonstances exceptionnelles comme un cas de force majeure justifiant un retard dans l'exécution des ordres, et il fit rester sa colonne à Tizi-Ouzou. La cavalerie avait reçu l'ordre de quitter son bivouac avant le jour, et nous étions déjà en marche par une pluie battante, quand j'aperçus, dans le brouillard, deux cavaliers arabes. Ils nous apportaient l'ordre de rentrer. Quand je dis rentrer, c'est par euphémisme, car nous campions en plein air. Nous eûmes toutes les peines du monde à faire prendre une allumette sous les manteaux, pour lire le papier qui nous rappelait. Évidemment, le général Cuny venait de commettre une faute militaire fort grave. Il en fut vivement et légitimement blâmé par le gouverneur général intérimaire, qui lui prescrivit catégoriquement d'exécuter, le lendemain 2 novembre, le mouvement ordonné pour le 1er. En fait, cette faute, cette erreur furent plus utiles que nuisibles à l'ensemble de l'opération. Ce n'est d'ailleurs pas là une raison pour les excuser, car à la guerre, sur cent cas, il en est un à peine où une désobéissance est profitable. Dans les quatre-vingt-dix-neuf autres, elle est funeste. Mais en indiquant comme objectif commun, aux deux colonnes, le Khamis des Matkas, le général Pélissier avait peut-être oublié lui-même une règle de stratégie qui défend d'assigner comme lieu de rassemblement, à deux corps manœuvrant séparément, un point occupé en force par l'ennemi. Et si le mouvement combiné avait été exécuté tel qu'il avait été préparé, nous aurions très bien pu constater à nos dépens la justesse de cette règle.

Les Kabyles avaient en effet négligé la marche du général Pélissier, qui s'accomplissait sur un terrain meilleur que le nôtre. Ils avaient accumulé tous leurs moyens de défense contre la colonne du général Cuny, et s'étaient portés en nombre sur des positions qui commandaient la seule route que nous pouvions suivre; ils nous auraient certainement infligé un échec, en nous empêchant de déboucher sur leur plateau. Le général Pélissier profita donc de la faute de son lieutenant, et il put exécuter son mouvement, par un temps épouvantable, sans rencontrer d'autres difficultés que le débordement subit de l'Oued-Menaïel. La crue fut si soudaine, que la dernière section d'infanterie, à l'arrière-garde, dut rester de l'autre côté de la rivière et rétrograder par une contremarche où elle eût pu subir un désastre, si l'ennemi, au milieu de ce déluge, avait pu constater l'incident. La colonne arriva sans résistance au lieu du rendez-vous manqué, et ce fut seulement après qu'elle y eut établi son bivouac qu'elle fut assaillie par les Kabyles, se rabattant sur elle, après avoir constaté qu'ils n'avaient plus rien à craindre, pour ce jour-là, du général Cuny. Leur attaque fut vigoureuse et conduite par le faux prophète en personne. Mais le terrain, sur le plateau, se prêtait à l'action de toutes les armes, et, sans même se donner la peine de lever son camp, le général Pélissier écrasa les assaillants à coups de canon pour commencer, à coups de fusil pour continuer, et, pour finir, les mit en pleine déroute en les faisant charger par toute sa cavalerie, commandée par le colonel Cassaignolles, du 1ᵉʳ de chasseurs d'Afrique, mon ancien capitaine aux spahis d'Oran.

Le lendemain, maître de la situation, il envoya au-devant de nous cinq bataillons sans sacs, qui occupèrent toutes les positions culminantes et protégèrent notre marche ascensionnelle. Nous n'arrivâmes, néanmoins, que fort tard au bivouac du Khamis des Matkas, et les difficultés de toute sorte que nous eûmes à surmonter nous apprirent quels dangers nous aurions courus la veille, si nous avions trouvé l'ennemi sur notre route.

Le jour suivant, le commandant en chef évacua sur le fort de Tizi-Ouzou ses blessés, et les hommes que les intempéries avaient déjà rendus malades. La cavalerie les escorta, et ramena un grand convoi de vivres et de munitions. Puis, les deux colonnes, fondues en une seule, débarrassée de tous les *impedimenta*, sévirent avec la dernière énergie contre les malheureux Matkas, brûlant leur village, coupant les figuiers et les oliviers, qui forment le plus clair de leurs biens, les attaquant ainsi dans leurs intérêts vitaux.

J'ai entendu bien souvent blâmer cette manière de faire la guerre. Elle est barbare, disait-on, indigne d'un peuple civilisé, qui doit respecter les propriétés privées, l'existence et la fortune des non-belligérants. Fondée en théorie, quand il s'agit d'un peuple dont la population en masse reste étrangère à la guerre que soutiennent ses armées, cette critique est injuste et inapplicable dans le cas particulier qui nous occupe. Les opérations militaires ont pour but de désorganiser les forces de l'ennemi, afin de faire tomber sa résistance. Alors, tout ce qui est en dehors de l'armée et de ses dépendances : places fortes, arsenaux, magasins, doit être protégé par le droit international. C'est ainsi que les villes ouvertes, lorsqu'elles ne font pas acte d'hostilité, les hôpitaux, les ambulances, les services et le personnel, couverts par la convention de Genève, en un mot tout ce qui n'est pas belligérant, doivent être soustraits aux horreurs de la guerre. Mais, quand la nation tout entière est en armes, quand tout lui est bon pour résister, quand tout homme est un soldat, quand toute maison est un centre de résistance ou d'approvisionnement, c'est la nation tout entière qu'il faut réduire. C'est ce qui se passa en Espagne pendant le premier Empire. C'est ce qui se passa en Vendée, en Bretagne, en Normandie, pendant les grandes guerres civiles de la Révolution, et nous n'avons fait qu'appliquer à l'Algérie des procédés terribles, c'est vrai, mais usités jadis et rendus nécessaires par les circonstances.

Quoi qu'il en soit, les moyens employés par le général Pélissier ne tardèrent pas à produire les effets attendus. Battus dans toutes les rencontres, où ils perdaient leurs meilleurs guerriers, voyant leurs villages en flammes et leurs vergers détruits, les Matkas comprirent que la lutte était impossible. L'honneur était sauf, car la résistance avait été énergique. Ils réunirent la grande assemblée de la tribu, la Djemaâ, comme ils l'appellent, sorte de parlement démocratique, qui décida d'entrer en pourparlers avec les Français et, pour donner un gage de ses bonnes intentions, convint de renvoyer préalablement le faux prophète, cause de tout le malheur. De son côté, le général Pélissier était désireux d'en finir. Le mauvais temps et la pluie, qui semblaient s'attacher aux pas de ses troupes, lui avaient infligé plus de pertes que le feu de l'ennemi. Les hommes étaient exténués. Les résultats obtenus étaient considérables et avaient produit déjà un effet moral profond sur toute la Kabylie. Il résolut de s'en contenter et fit connaître aux délégués de la tribu à quelles conditions il accepterait leur soumission. Il leur accordait quarante-huit heures, pour décider leurs compatriotes à mettre bas les armes et à payer contribution, s'engageant, pendant ce délai, à cesser tout acte d'hostilité. Passé ce terme, si ces conditions n'étaient pas acceptées et exécutées, il reprendrait l'offensive.

Le Kabyle est un être rusé et démocratique. Chez lui, tout doit être longuement discuté et tout donne lieu à d'interminables débats, dans une assemblée nombreuse et tumultueuse. Or, nous savons par expérience combien, dans nos parlements civilisés, il est difficile d'arriver à une solution quelconque. Pendant les deux jours, entre la Djemaâ et notre camp, ce fut une procession continuelle de délégués, cherchant à obtenir des concessions et se heurtant à l'inflexibilité du général. Pendant ce temps-là, nous nous occupions aux travaux ordinaires de la vie militaire.

Le premier jour de cette sorte d'armistice, j'étais allé avec toute la cavalerie à un grand fourrage, non loin du bivouac, quand je vis entrer au camp un petit groupe de spahis, suivis de quelques mulets chargés. La venue de ces cavaliers, que personne n'attendait, me parut insolite. Elle me fut expliquée à mon retour. C'était le commandant de Lacombe, qui était tranquillement resté jusque-là avec l'état-major, à Blidah, et que le colonel Laüer envoyait pour prendre le commandement de ses deux escadrons, qu'à tort il supposait réunis à la colonne du général Pélissier. En arrivant, le commandant alla se présenter au général, qui trouva l'occasion excellente de lui faire payer certaines intempérances de langage auxquelles j'ai déjà fait allusion. La réception fut plus que fraîche :

— Que venez-vous faire ici, commandant ?

— Mais, mon général, je viens prendre le commandement de mes deux escadrons, que le colonel croyait réunis dans votre colonne.

— Il y a longtemps qu'ils ne sont plus ensemble. Je ne vous ai pas demandé et je n'ai pas besoin de vous. Jusqu'ici, le capitaine du Barail a parfaitement suffi à sa tâche et il continuera à commander seul son escadron, jusqu'à la fin de la campagne. Vous repartirez demain pour Blidah, comme vous êtes venu.

Et le lendemain, le commandant de Lacombe repartit avec son escorte et ses mulets. Ce n'était pas de ma faute ; mais il m'en voulut tout de même. Pourtant, comme il ne m'avait jamais accordé ses bonnes grâces, je n'eus pas la douleur de les perdre.

Le lendemain, après une journée extrêmement pluvieuse, j'étais allé, dans la soirée, rendre visite à quelques amis de l'état-major général, dont le bivouac était placé à côté du nôtre. Nous causions fort gaiement autour d'un bon feu, quand le général Pélissier vint nous rejoindre, pour se chauffer, lui aussi. Il m'aperçut et se mit à me décocher quelques-unes de ces plaisanteries amicales qu'il tenait en réserve pour ceux d'entre nous qui avaient la chance de lui plaire, puis, tout à coup il me dit :

— Venez donc à ma tente ; j'ai quelque chose à vous raconter.

J'obéis et le général, sans préambule, m'interpella ainsi :

— Savez-vous que votre ami Fleury est venu me proposer de faire un coup d'État pour le président de la République?

— Non, mon général, mais j'imagine que vous avez accepté?

— Moi! pas le moins du monde. Je lui ai répondu par le mot de Changarnier : « Pas un sou ; pas un jour », et c'est sur mon refus positif qu'il s'est adressé à son ami Saint-Arnaud. Il a failli n'être pas plus heureux avec lui qu'avec moi. Saint-Arnaud n'a accepté définitivement qu'en arrivant à Bougie, où il s'est embarqué pour la France. Le voilà fourré dans une singulière histoire et je suis curieux de savoir comment il s'en tirera.

Je n'ai pas besoin de dire avec quelle surprise j'accueillis cette confidence, que je gardai d'ailleurs pour moi, que des événements prochains allaient confirmer et que des événements plus éloignés devaient rendre plus piquante.

Cependant les quarante-huit heures accordées s'achevaient. La Djemaâ faisait son œuvre, c'est-à-dire que les Kabyles n'étaient pas plus avancés qu'auparavant, après deux jours uniquement employés à user leur salive. Leurs délégués étaient encore dans le camp à ergoter. Le général fit prendre les armes à son infanterie et elle partit, pour continuer notre œuvre de destruction. Cette démonstration suffit pour persuader aux Kabyles que nous étions des gens tout à fait sérieux. Ils agirent en conséquence, se soumirent et nous livrèrent des otages. La présence du général Pélissier n'était plus nécessaire. Il partit pour Alger, laissant au général Camou la mission de ramener les troupes. Et ce dernier me garda auprès de lui, pendant le retour, pour m'occuper des affaires indigènes.

Le mauvais temps nous avait pour ainsi dire pris au départ. Il continua à faire rage. Les moindres ruisseaux étaient devenus des torrents, et nous dûmes passer quarante-huit heures sur les bords de l'Isser, sans pouvoir traverser ce cours d'eau qui, en temps normal, n'a qu'un filet d'eau. Nous commencions à devenir de véritables amphibies, et, pour comble de malheur, nous n'avions plus un morceau de pain. Toutes nos communications étant interrompues, nous fûmes,—le terme n'est pas trop fort— réduits en quelque sorte à la mendicité, puisqu'il fallut prier les tribus que nous venions de traverser de nous apporter à manger. Quand on tenta le passage de la rivière, les eaux étaient encore assez hautes et le courant assez violent pour rendre cette opération, sinon périlleuse, au moins très difficile. La cavalerie entra la première dans l'eau et y resta en amont du gué, en serrant ses chevaux les uns contre les autres et en constituant ainsi une espèce de barrage vivant, qui rompait la force du courant et permettait aux fantassins de traverser, sans trop de dangers. Une partie de cette cavalerie fut disposée en aval, pour rattraper les fantassins qui se seraient laissés entraîner. Le poitrail de chaque cheval était devenu le centre d'un remous, et les eaux filaient autour de nous, assez rapidement pour nous donner le vertige, et nous rendre l'immobilité fort pénible. Le général Camou présida lui-même à cette manœuvre délicate avec tant de soin et tant de prudence, que ce barbotage général n'amena pas le moindre accident.

Le 1ᵉʳ décembre 1851, je reprenais à Blidah mes doubles fonctions. Presque aussitôt, une affaire m'appelait à Alger où je descendis, comme j'en avais l'habitude, chez mon excellent ami le capitaine Faure. Le lendemain, de grand matin, nous vîmes arriver un de nos camarades, le capitaine d'état-major Hartung.

— C'est fait! nous cria-t-il en entrant.
— Quoi ? qu'est-ce qui est fait ?
— Le coup d'État.

Et il nous raconta ce que les affiches officielles et les dépêches placardées dans les rues venaient d'apprendre à la population d'Alger.

Tout se passa sans secousse en Algérie. Le général Pélissier, gouverneur par intérim, nous fit reconnaître les nouveaux pouvoirs dont le Prince se trouvait investi, et pas plus en 1851 qu'en 1848, personne ne songea à bouger ou à protester. En ces graves circonstances, le général eut une attitude d'une correction et d'une dignité parfaites. Je savais, d'après ce qu'il m'avait dit à moi-même, quelques jours auparavant, sous sa tente, qu'il n'approuvait pas la façon dont le Prince président venait de trancher par l'épée le nœud gordien. Mais il sut si bien renfermer en lui-même ses sentiments intimes que très peu de personnes les soupçonnèrent. Il accomplit loyalement son devoir de soldat et de gouverneur, qui d'ailleurs était tout tracé. Il eut le mérite de maintenir l'armée d'Afrique dans une union parfaite, dans un éloignement absolu des passions politiques du moment. Un de ses anciens amis, qui était en même temps un des amis les plus fidèles du général de Lamoricière, exerçait un important commandement en Algérie. On savait qu'il nourrissait à l'égard du Prince président les mêmes sentiments que le général de Lamoricière, membre influent de l'Assemblée nationale et engagé dans une opposition ardente.

Le général Pélissier écrivit à cet ami une lettre, à la fois amicale et soldatesque, le mettant en garde contre un coup de tête et lui en exposant les conséquences désastreuses. On pourrait résumer familièrement ainsi cet avertissement : « Je vous aime bien ; mais si vous bougez, si vous ne marchez pas droit, je vous f..... dedans. » L'autre, quoique républicain par tradition de famille, ne broncha pas. Il est devenu un des plus glorieux soldats du second Empire. Il s'est appelé le maréchal Bosquet.

Je revins, quelques jours après, d'Alger à Blidah et, avec la grande majorité de l'armée d'Afrique, je votai « Oui » pour le plébiscite.

Je n'avais pas la moindre opinion politique, et le mérite comparé des différentes formes de gouvernements n'avait jamais jusqu'alors occupé mon esprit. Mais, j'étais soldat, et je nourrissais contre les institutions républicaines cette antipathie instinctive qui est au fond de l'âme de tout soldat, cette antipathie que les républicains eux-mêmes comprennent, puisqu'ils traitent toujours l'armée comme un instrument à la fois dangereux et nécessaire, et puisqu'ils considéreraient comme une catastrophe pour leur gouvernement l'arrivée au pouvoir d'un chef militaire. L'esprit républicain est l'antipode de l'esprit militaire. L'esprit républicain engendre fatalement, dans l'armée, l'indiscipline, l'insubordination dont il est la formule civile. Telles étaient, à cette époque, mes convictions profondes, et je dois avouer qu'aujourd'hui je ne suis pas plus avancé. Mais en dehors de la République, j'aurais salué n'importe quel gouvernement. Seulement, le grand nom de Napoléon avait à mes yeux un prestige incomparable, et le gouvernement d'un neveu de l'Empereur n'était pas pour me déplaire.

Je partageais, je crois, sur ce point, l'opinion de la plupart de mes camarades, professionnellement amoureux de la gloire, et qui considéraient le premier Empire comme le point culminant de notre gloire. Et puis, où serait-on patriote sinon dans l'armée? Le patriotisme nous faisait croire que les institutions napoléoniennes, ressuscitées sous une forme quelconque, étaient les seules qui offrissent quelque chance de durée, parce qu'elles représentaient, sinon la négation, du moins la revision des traités de 1815, qui nous rappelaient les humiliations de la défaite. Aujourd'hui encore, un sentiment analogue est au fond de l'âme française, et tous, petits et grands, nous sentons qu'il n'y aura de solide et de durable, dans ce pays, que le gouvernement qui saura profiter de l'état de l'Europe pour obtenir, d'une manière ou d'une autre, l'abrogation du traité de Francfort, imitant, dans l'hypothèse la plus avantageuse, la Russie, qui est arrivée, en 1871, à déchirer le traité de Paris.

La masse de l'armée était donc toute prête à acclamer

le coup d'État ; mais ses principaux chefs restaient de cœur attachés à la monarchie de Juillet, renversée, disaient-ils, par surprise et grâce à un malentendu. Les jeunes princes avaient laissé les plus chers souvenirs. Ils avaient conquis l'affection de tous ceux qui les avaient approchés, non seulement par leur talent, mais encore par leur affabilité, et ceux-là seuls avaient échappé à leurs séductions qu'éloignaient d'eux des traditions de famille, ou encore des habitudes frondeuses, en honneur dans certains corps spéciaux où des opinions avancées paraissaient, et paraissent encore, de bon goût. C'est pourquoi bien des officiers haut placés signèrent, sur les registres du plébiscite, un vote négatif, qu'ils durent amèrement regretter plus tard, mais qui, on doit le dire pour l'honneur de Napoléon III, ne nuisit jamais à leur avancement.

Et ce n'était pas seulement leur attachement à la monarchie disparue qui les guidait. Ils croyaient que l'Assemblée nationale, dans son duel avec le Prince président, représentait exactement les aspirations du pays. Ils voyaient leurs anciens chefs, leurs amis, ceux qu'on appelait les « généraux d'Afrique », se déclarer les adversaires de Louis-Napoléon, à ce point qu'il avait cru nécessaire de sévir contre quelques-uns d'entre eux. Ils ignoraient donc, au fond de leurs garnisons, l'antagonisme profond de l'Assemblée et du pays. Ils ne savaient pas que le peuple, toujours simple, à présent on dit simpliste, avait la tête tournée par ce nom de Napoléon, dans lequel il voyait certaines conquêtes légitimes de la Révolution, et les revendications nationales contre le système européen, qu'on appelait encore la « Sainte-Alliance ». Ils n'apercevaient pas que le Prince président incarnait les aspirations populaires du moment, et que l'Assemblée nationale ne représentait qu'une oligarchie bourgeoise, le parlementarisme, c'est-à-dire le régime néfaste et forcément débile, où le rhéteur impuissant l'emporte fatalement sur l'homme d'action et de courage marchant droit à son but.

Comment ne pas excuser leurs hésitations, à ces chefs à qui l'âge et l'expérience avaient donné l'esprit critique, tandis que nous autres, nous étions encore soumis aux impulsions et aux entraînements de la jeunesse? Ces hésitations, le maréchal de Mac Mahon, causant un jour avec l'Empereur, les caractérisait, en lui disant qu'il était des époques où l'homme le plus scrupuleux et le mieux intentionné peut ignorer où est le devoir. La conversation mérite d'être historique. Elle eut lieu en 1864, et le maréchal lui-même me l'a bien des fois racontée.

L'Empereur accomplissait son voyage en Algérie. Il arrivait de Tlemcen à Oran, et, par une belle soirée du mois de juin, il prenait le café, en fumant sa cigarette, en compagnie du maréchal, du général Castelnau et du colonel Gresley, directeur général des affaires indigènes, sur la terrasse du palais du gouvernement d'Oran : le Château-Neuf, ce magnifique spécimen de l'art architectural militaire des Espagnols au dix-septième siècle. Sous la voûte étoilée, caressés par les brises maritimes, ayant sous leurs yeux le plus splendide des panoramas : d'un côté l'infini de la montagne, et de l'autre l'infini de la mer, les quatre hommes causaient, et les hasards de la conversation avaient amené l'Empereur à parler du devoir. « Oh! le devoir, dit le maréchal, un soldat sait toujours où il est. » Puis, l'œil perdu, comme dans la rêverie d'un souvenir, il ajouta :

— Une fois, cependant, j'ai ignoré véritablement de quel côté il se trouvait.

— Comment cela et à quel propos? demanda l'Empereur.

— Eh, mon Dieu! Sire, au coup d'État. J'étais

ici, dans ce palais. Je commandais provisoirement la division d'Oran, en l'absence du général Pélissier, qui remplissait par intérim les fonctions de gouverneur général. Un soir de décembre, le courrier d'Alger m'apporta les instructions du gouverneur. Il s'agissait de faire reconnaître le coup d'État par les différentes troupes stationnées dans ma province. J'appelai mon chef d'état-major, le colonel de Beaufort, l'ancien aide de camp du duc d'Aumale, et je lui dis : « Voilà les instructions du gouverneur général. Vous n'avez qu'à les transmettre aux généraux, chefs de corps et chefs de service de la province. Elles sont précises et détaillées ; je n'ai rien à y ajouter. Quant à la garnison d'Oran, vous ferez établir ici, en bas, sur cette petite place qui se trouve entre votre maison et la porte d'entrée du fort, des tables avec des registres et vous donnerez des ordres pour qu'à partir de huit heures du matin, tous les corps de troupes et les employés de tous les services militaires viennent, successivement et sans interruption, déposer leur vote en signant sur les registres. A droite, un registre pour les « oui ». A gauche, un registre pour les « non ». C'est compris ?

« — Parfaitement, mon général, mais vous-même, permettez-moi de vous demander comment vous voterez ?

« — Vous n'avez pas besoin de le savoir. Je voterai « non », mais il est inutile de le dire. Il faut laisser chacun libre de voter comme il l'entend. » Le lendemain matin à huit heures, j'étais ici, sur cette terrasse où nous sommes, appuyé sur cette balustrade que voilà, dominant de haut les tables et les registres, et très curieux de savoir quel usage allait faire la troupe du droit politique qui venait de lui être accordé. Je vis d'abord arriver le régiment d'infanterie. Parmi ses hommes, les uns votèrent « oui », les autres votèrent « non », mais manifestement, les « oui » étaient plus nombreux que les « non ». Puis, vinrent les zouaves.

Ils votèrent presque tous « oui ». Après les zouaves, les cavaliers du 2ᵉ de chasseurs d'Afrique. Ils votèrent tous « oui ». Après le 2ᵉ de chasseurs d'Afrique, le détachement du génie. On y vota « non » en grande majorité. Ensuite l'artillerie. Il y avait autant de « non » que de « oui ». Survinrent les zéphirs. Ils votèrent tous « non ». Enfin les disciplinaires et les pionniers fermèrent la marche. Ils votèrent également tous « non ». Quand la cérémonie fut terminée, je vis accourir toute la racaille d'Oran, précédée de drapeaux et hurlant des chants démagogiques. Elle venait féliciter de leur indépendance et de leur courage les hommes qui avaient voté « non ». Alors, je me dis : Comment! toi, un bon soldat et un brave homme, tu irais voter avec ce qu'il y a de plus mauvais dans l'armée! Tu mériterais les félicitations de cette populace! Ce n'est pas possible. Je commençai par faire chasser les manifestants, et enfin, contre mon sentiment intime, je descendis pour signer sur le registre des « oui ».

L'Empereur avait écouté, sans mot dire, cette confidence assez originale, exposée avec cet entrain et cette verve dont le maréchal était coutumier; car il n'y avait pas d'homme plus spirituel et prime-sautier que lui, quand il n'était pas glacé par la présence des hommes politiques. Napoléon répondit lentement, selon son habitude :

— Je vous comprends parfaitement, et ce que vous venez de me dire ne m'étonne pas. Moi-même, je vous assure, je ne songeais pas du tout à faire ce coup d'État, qui m'a été en quelque sorte imposé par l'opinion publique. Tous les hommes politiques de l'époque venaient successivement me le conseiller. Chaque matin, je voyais arriver M. Thiers qui me faisait part de ses doléances : « Prince, me disait-il, cela ne peut pas durer plus longtemps. Il faut faire un coup d'État ». Et au fond de sa pensée, les princes d'Orléans devaient profiter du conseil qu'il me donnait. Après M. Thiers, je voyais arriver le comte Molé, qui me tenait le même langage. Seulement, lui, c'était au comte de Chambord qu'il pensait. Alors, arrivait M. Odilon-Barrot, réclamant, lui aussi, un coup d'État pour fortifier les institutions républicaines. Que vouliez-vous que je fisse? J'étais bien forcé de suivre un conseil qui m'était donné par tout le monde. Je me suis donc décidé au coup d'État. Seulement, au lieu de l'exécuter pour un prétendant quelconque et d'envenimer ainsi les divisions dont souffrait le pays, j'ai mis tout le monde d'accord en faisant le coup d'État à mon profit. Et vous voyez que j'ai eu raison, puisque l'immense majorité de la nation m'a approuvé.

C'était rigoureusement vrai, et ceux d'entre nous qui avaient déjà l'âge d'homme en 1851, devraient se souvenir que le coup d'État, désiré par tout le monde, fut acclamé comme une mesure de salut social. Mais allez donc raisonner avec les passions politiques qui travestissent l'Histoire et pervertissent l'opinion! On appelle, encore aujourd'hui, le « Crime de décembre » l'acte qui parut une délivrance à la France, et il faudra, pour réhabiliter ce grand fait, que les socialistes et les anarchistes inspirent aux hommes d'aujourd'hui des terreurs égales à celles qu'éprouvèrent leurs pères. Cette besogne semble d'ailleurs en assez bonne voie.

Quoi qu'il en soit, sans être considérés comme des opposants, le général Pélissier et le général de Mac Mahon ne furent pas en grande faveur, au commencement du règne de Napoléon III. Ces deux héros n'obtinrent pas d'abord l'honneur qu'ils avaient sollicité de faire partie de l'armée d'Orient, lorsqu'elle partit de France. Et il ne fallut pas moins que les difficultés de toute sorte, que rencontra cette armée au siège de Sébastopole, pour qu'ils fussent mis à même d'illustrer leur patrie par un des plus beaux faits d'armes dont puisse se glorifier une nation. On me pardonnera de rappeler encore ici un souvenir peu connu sur ces grands capitaines.

Tout le monde sait par quel acte sublime d'abnégation et de patriotisme le commandement en chef de l'armée de Crimée passa, des mains du général Canrobert, dans celles du général Pélissier. Mais on ignore généralement que le général Pélissier ne dut qu'à l'intervention du général de Mac Mahon de conserver ce commandement, dont il tira si grand parti pour la gloire de nos armes.

Ce fut seulement après la sanglante journée du 18 juin 1855 que le général de Mac Mahon fut désigné pour remplacer à l'armée de Crimée le général Meyran, tué à la tête de ses troupes, dans la première attaque manquée contre Malakoff. Il avait quitté Constantine et commandait une division de réserve, au camp de Boulogne, guettant, pour ainsi dire, un commandement de guerre. Il était prêt à partir, et le jour même où il reçut sa lettre de service, il se mettait en route, pour aller s'embarquer à Marseille. Il devait passer par Paris, pour prendre les derniers ordres du ministre. Le maréchal Vaillant exigea qu'il attendît vingt-quatre heures et qu'il allât se présenter à l'Empereur, établi à Saint-Cloud. Il s'y rendit, le soir même. Il était neuf heures, et l'Empereur venait de se retirer dans ses appartements. Le général, pensant en être quitte par une formalité de politesse, s'apprêtait à repartir, lorsque l'Empereur vint le recevoir.

— Général, lui dit-il après les premiers compliments échangés, vous allez trouver de grands changements à l'armée de Crimée. Après l'échec du 18 juin, je me suis décidé, non sans de grandes hésitations, à changer le commandant en chef.

Au geste involontaire de surprise que cette nouvelle arracha à son interlocuteur, l'Empereur répondit :

— Est-ce que cette décision vous étonne, mon cher général?

— Beaucoup, Sire.

— Et pourquoi?

— Parce que le général Pélissier, par ses talents et surtout par son caractère, me paraît de tous le plus capable d'exercer un si grand et si difficile commandement. Mais, puis-je demander à l'Empereur quel est l'officier général désigné pour remplacer le général Pélissier?

— C'est le général Niel. Il sort, comme vous le savez, de l'arme du génie, et il est, par conséquent, plus compétent que tout autre pour diriger une opération telle que le siège de Sébastopol. Il me semble que vous paraissez plus surpris encore de ce choix que du départ de votre camarade Pélissier?

— Sans aucun doute, Sire. Le général Niel est un très savant officier du génie. Mais, sortant d'une arme spéciale, il est encore à peu près inconnu des troupes. Or, dans un siège, c'est la valeur du soldat encore plus que la science de l'ingénieur qui assure le succès. Rappelez-vous, Sire, le siège de Dantzig. A qui l'Empereur en confia-t-il le commandement? Fut-ce au général de Chasseloup-Laubat, qui était cependant ingénieur de premier ordre? Non, ce fut au maréchal Lefebvre, qui n'avait d'autres talents que sa vaillance et son caractère. Et puis, si à chaque insuccès le général en chef est changé, on s'expose à de très fâcheux mécomptes. Toujours sous le coup d'une disgrâce, un chef n'a plus ni liberté d'esprit, ni audace. Il perd, du même coup, la confiance de son armée, qui ne voit plus dans ses généraux que des chefs éphémères, soumis aux caprices de l'inconstante fortune.

L'Empereur resta silencieux, mais visiblement frappé par cette argumentation. Le lendemain matin, avant de partir pour Marseille, le général de Mac

Mahon alla prendre congé du maréchal Vaillant et lui raconta cette conversation.

— Comment! lui dit le maréchal, vous avez osé tenir ce langage à l'Empereur?

— Et pourquoi pas? répondit le général. L'Empereur me demandait mon opinion. Je la lui ai donnée. C'était tout naturel.

— Et vous avez eu raison, parbleu! Il faut que l'Empereur entende la vérité. D'ailleurs, je pense comme vous. Ce changement est déplorable.

Après avoir fait ses adieux à son subordonné, le maréchal s'en alla à Saint-Cloud, pour travailler avec l'Empereur, qui ne tarda pas à lui faire cette confidence.

— Mac Mahon m'a dit hier soir des choses très fortes, auxquelles j'ai pensé toute la nuit, et ce matin, si la dépêche relative à Pélissier n'était pas partie, je ne sais pas trop si je l'enverrais.

— Il est encore temps, Sire, répondit aussitôt le ministre. La dépêche est à Marseille. Je l'ai envoyée chiffrée au général Rostolan, qui commande là-bas, en lui recommandant de ne l'expédier que sur un nouvel avis de ma part. Si l'Empereur juge à propos de revenir sur sa décision, je n'ai qu'à télégraphier à Rostolan de me renvoyer la dépêche chiffrée; et il n'aura été question de rien.

— Ah! fit l'Empereur, qui passa à un autre sujet de travail. Puis, quand le ministre prit congé, Napoléon III lui dit : « Faites revenir la dépêche chiffrée envoyée au général Rostolan, et laissons provisoirement les choses telles qu'elles sont en Crimée. »

C'est ainsi que le futur duc de Malakoff conserva son commandement, grâce au frère d'armes qui allait s'immortaliser en entrant, l'épée haute, dans le bastion célèbre, et en bravant le volcan que les Russes y avaient préparé.

En ce temps-là les généraux de l'Empire étaient

encore jeunes, comme l'Empire lui-même. En ce temps-là, l'émulation qui régnait parmi nos chefs militaires ne détruisait pas leur solidarité. En ce temps-là, nul ne songeait à se tailler un succès dans l'échec d'un rival. Tout le monde avait assez de clairvoyance pour découvrir le mérite et assez de patriotisme pour s'effacer devant lui.

Me voilà bien loin de Blidah, de mon bureau arabe et de mes cavaliers, de mes enfants !

La montagne paraît grandir quand on s'en approche et diminuer quand on s'en éloigne. Pour les hommes, c'est le phénomène contraire qui se produit, et leurs proportions ne se développent que dans le recul de l'Histoire. Ceux dont je viens de parler commencent à nous apparaître ce qu'ils étaient réellement, aujourd'hui, quand, dans notre voyage à travers le temps, nous retournons vers eux la tête, c'est-à-dire de grands cœurs et de grands caractères. Le lecteur me pardonnera, je l'espère, de les lui avoir présentés tels que je les vois moi-même.

Et j'espère aussi, qu'indulgent pour ma longue conversation à bâtons rompus, ce lecteur, si ce premier volume de *Mes Souvenirs* ne l'a pas trop ennuyé, consentira bientôt à retourner, encore une fois, avec moi, jusque dans la fournaise du Sahara, où je vais aller dresser ma tente.

FIN DU TOME PREMIER.

TABLE DES MATIÈRES

DU TOME PREMIER.

I. — Enfance.

Mon père. — Au collège Rollin. — Cuirassiers d'Orléans. — En Afrique. — Oran. — Le maréchal Clausel. — Le général d'Arlanges. — Deux corvées. — Le colonel Combes. — Deux révoltes. — Arzew. — Une correspondance. — Mostaganem. — Mon premier cheval. — Chevaux arabes. — Mon professeur d'arabe. — Un échouage. — Paix de la Tafna. — Un procès criminel. — Première mission. — Un sânglier.................... 1

II. — Aux Spahis.

Yusuf. — Un sauvetage. — Troupes indigènes. — Prise de Bône. — A Constantine. — Le colonel de Thorigny. — A la cantine. — Maurice Persat. — Duel à cheval. — Élève trompette. — Avec les Nègres. — A la chambrée.................... 45

III. — Mazagran.

Mon maréchal des logis chef. — La peur des turcos. — Fleury. — A la côte. — Un bon secrétaire. — Aïn-Madhi. — Première étape. — Préparatifs de défense. — Première rencontre. — Mazagran. — Attaque. — Sortie. — Épilogue inattendu.. 71

IV. — La succession de Fleury.

Le combat de Tem-Salmet. — Monicolle. — Le col de Mouzaïa. — Généraux d'Afrique. — Le général de Lamoricière. — Colonisation. — Deux capitaines. — En congé. — Retour en Afrique. — Bugeaud et Changarnier. — Gendarmes maures. — Moissonneurs. — Altercation. — Le capitaine Bertrand. — Le caïd Osman. — Nourri d'escargots. — Mes deux chemises. — Secrétaire du colonel. — Un festin.................................... 98

V. — Le système du général de Lamoricière.

Pélissier. — En route. — Renault de l'arrière-garde. — Un héros. — Sybaritisme. — Nos sorties. — Trop de blé. — Un convoi d'ânes. — Pauvre Rativet. — Perdus ! — Voltigeurs égarés. — Retour triomphal. — Réconciliation. — Une délivrance. — Un rêve... 135

VI. — Sous-Lieutenant !

Canrobert. — La peau d'un capitaine. — Les gendarmes maures. — Mesmer Ben-Matou. — Les princes d'Orient. — Comme en Espagne. — Soirées algériennes. — Visite à nos escadrons. — Un officier d'élite. — Le colonel Bouscaren. — Sous l'averse. — Saint-Arnaud. — Aux Moukalias..................... 166

VII. — La Smala.

Un prisonnier indiscret. — Deuil. — La colonne du duc d'Aumale. — Exécution. — Jobard III. — La Smala ! la Smala ! — En éclaireurs. — Charge à fond. — Décoré ! — Mort de Mustapha-ben-Ismaïl. — Récompenses. — Le trompette Escoffier. — Le capitaine Cassaignolles. — Quatre généraux. — Un diplomate.. 191

VIII. — Isly.

Bals masqués. — En quarantaine. — A Sidi-Bel-Abbès. — L'odyssée de Rovigo. — La mère Anselme. — Présage de mort. — En face des Marocains. — Négociations. — Le capitaine Delachèvre. — Pressentiments réalisés. — Les deux armées. — Un punch. — La tête de porc. — Le capitaine Lecomte. — Une désertion. — Bataillons, en avant ! — A coups de lance. — A l'ambulance. — Lieutenant.. 221

IX. — En Kabylie.

Le général Marey-Monge. — A Médéah. — M. de Saint-Amand. — Un petit roman. — Au bagne de Toulon. — Fabius Cunctator. — Le capitaine Piat. — Les spahis en régiments. — Sidi-Brahim. — Un Régulus français. — Catastrophe d'Aïn-Témouchen. — Un Montmorency arabe. — Au 1ᵉʳ escadron.............. 259

X. — A la poursuite d'Abd-el-Kader.

Au bout du sabre. — Deux victimes. — Le capitaine Ducrot. — Ça se gâte. — En retraite. — Va-et-vient. — Oreilles salées. — Cavalerie ruinée. — Vie de garnison. — Bourbaki. — Un original. — Histoire d'amour. — Souvenir.................. 286

XI. — La révolution de Février.

Pacification. — Départ de Bugeaud. — Le général Baraguey-d'Hilliers. — Fausse joie. — Le duc d'Aumale. — Prise de l'Émir. — Patriotisme. — La République. — Cavaignac. — L'armée d'Afrique. — Policiers. — A Aumale. — Capitaine................ 313

XII. — Zaatcha.

Le 10 décembre. — Le grand Écuyer. — Une association. — Premiers colons. — Notre colonel. — Mon maître. — Un philosophe. — Phalanstère arabe. — Un grand cœur. — Les Ziban. — Une serre chaude. — Assaut repoussé. — Combats acharnés. — Le colonel Carbuccia.................................. 340

XIII. — Mon escadron.

Le colonel Lauër. — Un mot de Wellington. — Une inspection générale. — Chef de bureau arabe. — Le capitaine Sauvage. — Les comptes des spahis. — Lettres anonymes. — Prévarication. — Mes officiers. — Mes sous-officiers. — Mes soldats. — Un bon nègre. — L'escadron a passé !.................... 369

XIV. — Les Arabes.

La vie civile. — Luttes intestines. — L'aristocratie. — L'Arabe et le Juif. — La jeunesse arabe. — Incomparables soldats. — Difficulté du recrutement. — École de cadets. — Responsabilité. — Assimilation. — Les smalas. — Les impôts 396

XV. — Le coup d'État.

Le général d'Hautpoul. — Le général Mac Mahon. — Suisse africaine. — Mon petit brigadier. — Un déluge. — Répression impitoyable. — Pourparlers. — Confidence. — Bosquet. — Les récalcitrants. — L'armée et le coup d'État. — Une conversation historique. — Aveu impérial. — Pélissier et Mac Mahon. — Rendez-vous au Sahara 420

www.ingramcontent.com/pod-product-compliance
Lightning Source LLC
Chambersburg PA
CBHW051819230426
43671CB00008B/766